CW01660140

Table de 6

0	×	6	=	0
1	×	6	=	6
2	×	6	=	12
3	×	6	=	18
4	×	6	=	24
5	×	6	=	30
6	×	6	=	36
7	×	6	=	42
8	×	6	=	48
9	×	6	=	54
10	×	6	=	60

Table de 7

0	×	7	=	0
1	×	7	=	7
2	×	7	=	14
3	×	7	=	21
4	×	7	=	28
5	×	7	=	35
6	×	7	=	42
7	×	7	=	49
8	×	7	=	56
9	×	7	=	63
10	×	7	=	70

Table de 8

0	×	8	=	0
1	×	8	=	8
2	×	8	=	16
3	×	8	=	24
4	×	8	=	32
5	×	8	=	40
6	×	8	=	48
7	×	8	=	56
8	×	8	=	64
9	×	8	=	72
10	×	8	=	80

Table de 9

0	×	9	=	0
1	×	9	=	9
2	×	9	=	18
3	×	9	=	27
4	×	9	=	36
5	×	9	=	45
6	×	9	=	54
7	×	9	=	63
8	×	9	=	72
9	×	9	=	81
10	×	9	=	90

Table de 10

0	×	10	=	0
1	×	10	=	10
2	×	10	=	20
3	×	10	=	30
4	×	10	=	40
5	×	10	=	50
6	×	10	=	60
7	×	10	=	70
8	×	10	=	80
9	×	10	=	90
10	×	10	=	100

Table de 11

0	×	11	=	0
1	×	11	=	11
2	×	11	=	22
3	×	11	=	33
4	×	11	=	44
5	×	11	=	55
6	×	11	=	66
7	×	11	=	77
8	×	11	=	88
9	×	11	=	99
10	×	11	=	110

PETIT PHARE

CM2

MATHÉMATIQUES

MANUEL DE L'ÉLÈVE

Roger Brault
Professeur agrégé de mathématiques

Corinne Ribanier
Professeur des écoles

Nathalie Roques
Professeur des écoles

hachette
ÉDUCATION

Je m'appelle **Elyna** et voici **Manoha**. Tout au long de l'année, nous te donnerons des conseils pour réussir !

Commençons par découvrir ton manuel. Il est organisé en cinq périodes.

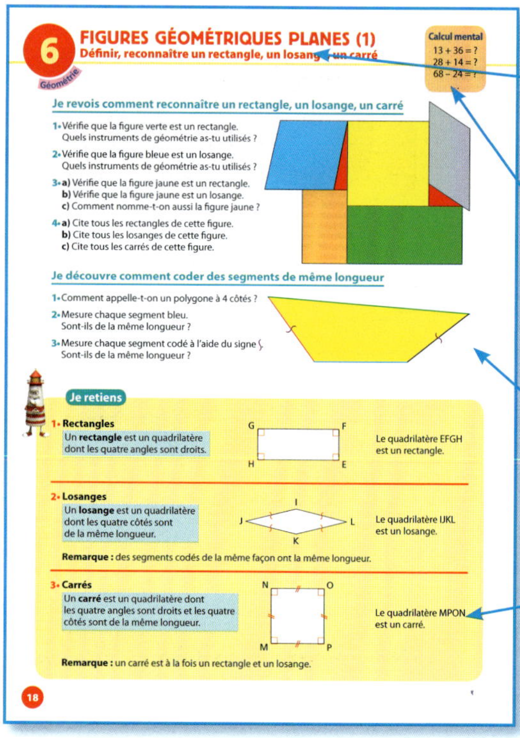

6 FIGURES GÉOMÉTRIQUES PLANES (1)
Définir, reconnaître un rectangle, un losange, un carré
Géométrie
Calcul mental
13 + 36 = ?
28 + 14 = ?
68 – 24 = ?

Je revois comment reconnaître un rectangle, un losange, un carré
1• Vérifie que la figure verte est un rectangle. Quels instruments de géométrie as-tu utilisés ?
2• Vérifie que la figure bleue est un losange. Quels instruments de géométrie as-tu utilisés ?
3• a) Vérifie que la figure jaune est un rectangle.
b) Vérifie que la figure jaune est un losange.
c) Comment nomme-t-on aussi la figure jaune ?
4• a) Cite tous les rectangles de cette figure.
b) Cite tous les losanges de cette figure.
c) Cite tous les carrés de cette figure.

Je découvre comment coder des segments de même longueur
1• Comment appelle-t-on un polygone à 4 côtés ?
2• Mesure chaque segment bleu. Sont-ils de la même longueur ?
3• Mesure chaque segment codé à l'aide du signe. Sont-ils de la même longueur ?

Je retiens
1• Rectangles
Un **rectangle** est un quadrilatère dont les quatre angles sont droits.
Le quadrilatère EFGH est un rectangle.
2• Losanges
Un **losange** est un quadrilatère dont les quatre côtés sont de la même longueur.
Le quadrilatère IJKL est un losange.
Remarque : des segments codés de la même façon ont la même longueur.
3• Carrés
Un **carré** est un quadrilatère dont les quatre angles sont droits et les quatre côtés sont de la même longueur.
Le quadrilatère MPON est un carré.
Remarque : un carré est à la fois un rectangle et un losange.
18

Les pages leçons.
Le titre t'indique la notion abordée. Le sous-titre la compétence. Tu sais aussi dans quel domaine tu travailles : « **géométrie** » ; « **nombres et calcul** » ; « **grandeurs et mesures** » ; « **organisation et gestion de données** ».

Le « **Calcul mental** » pour s'entraîner à chaque séance !

Des activités pour **réviser** ou **découvrir** un objectif de la séance.

L'essentiel à retenir.

Cet **exercice résolu** sert de modèle aux exercices A, B, C...

« **Je m'entraîne** » : des exercices d'application de la leçon.

Des exercices à faire à l'**ORAL**.

« **J'approfondis** » : des exercices pour aller un peu plus loin.

Des **PROBLÈMES** pour se creuser la tête tout en s'amusant !

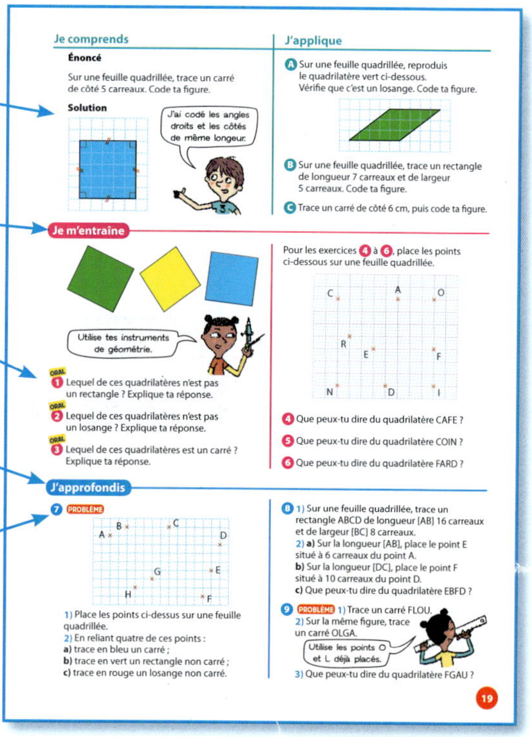

Je comprends
Énoncé
Sur une feuille quadrillée, trace un carré de côté 5 carreaux. Code ta figure.
Solution
J'ai codé les angles droits et les côtés de même longueur.

J'applique
A Sur une feuille quadrillée, reproduis le quadrilatère vert ci-dessous. Vérifie que c'est un losange. Code ta figure.
B Sur une feuille quadrillée, trace un rectangle de longueur 7 carreaux et de largeur 5 carreaux. Code ta figure.
C Trace un carré de côté 6 cm, puis code ta figure.

Je m'entraîne
Utilise tes instruments de géométrie.
ORAL 1 Lequel de ces quadrilatères n'est pas un rectangle ? Explique ta réponse.
ORAL 2 Lequel de ces quadrilatères n'est pas un losange ? Explique ta réponse.
ORAL 3 Lequel de ces quadrilatères est un carré ? Explique ta réponse.
Pour les exercices 4 à 6, place les points ci-dessous sur une feuille quadrillée.
4 Que peux-tu dire du quadrilatère CAFE ?
5 Que peux-tu dire du quadrilatère COIN ?
6 Que peux-tu dire du quadrilatère FARD ?

J'approfondis
7 PROBLÈME
1) Place les points ci-dessus sur une feuille quadrillée.
2) En reliant quatre de ces points :
a) trace en bleu un carré ;
b) trace en vert un rectangle non carré ;
c) trace en rouge un losange non carré.
8 1) Sur une feuille quadrillée, trace un rectangle ABCD de longueur [AB] 16 carreaux et de largeur [BC] 8 carreaux.
2) a) Sur la longueur [AB], place le point E situé à 6 carreaux du point A.
b) Sur la longueur [DC], place le point F situé à 10 carreaux du point D.
c) Que peux-tu dire du quadrilatère EBFD ?
9 PROBLÈME 1) Trace un carré FLOU.
2) Sur la même figure, trace un carré OLGA.
Utilise les points O et L déjà placés.
3) Que peux-tu dire du quadrilatère FGAU ?
19

ISBN : 978-2-01-117484-0

« **Je vérifie mes connaissances** »
pour vérifier que tu as acquis les compétences de la période. Tu peux vérifier tes réponses à la fin du manuel.

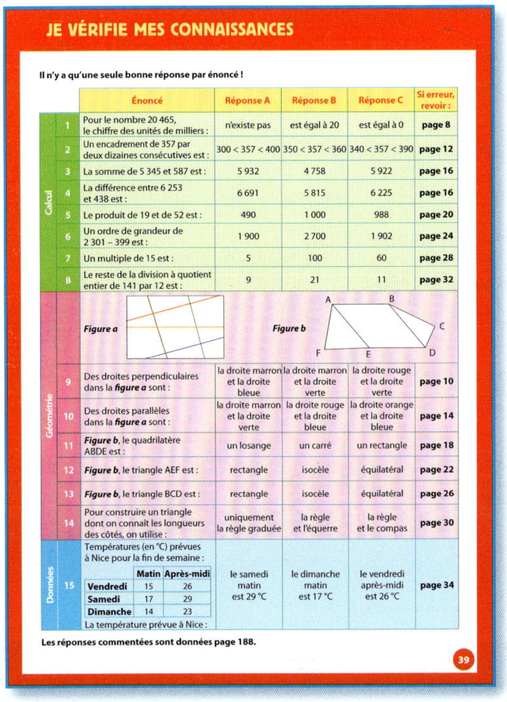

JE VÉRIFIE MES CONNAISSANCES

Il n'y a qu'une seule bonne réponse par énoncé !

		Énoncé	Réponse A	Réponse B	Réponse C	Si erreur, revoir :
Calcul	1	Pour le nombre 20 465, le chiffre des unités de milliers :	n'existe pas	est égal à 20	est égal à 0	page 8
	2	Un encadrement de 357 par deux dizaines consécutives est :	300 < 357 < 400	350 < 357 < 360	340 < 357 < 390	page 12
	3	La somme de 5 345 et 587 est :	5 932	4 758	5 922	page 16
	4	La différence entre 6 253 et 438 est :	6 691	5 815	6 225	page 16
	5	Le produit de 19 et de 52 est :	490	1 000	988	page 20
	6	Un ordre de grandeur de 2 301 – 399 est :	1 900	2 700	1 902	page 24
	7	Un multiple de 15 est :	5	100	60	page 28
	8	Le reste de la division à quotient entier de 141 par 12 est :	9	21	11	page 32
Géométrie		Figure a / Figure b				
	9	Des droites perpendiculaires dans la *figure a* sont :	la droite marron et la droite bleue	la droite marron et la droite verte	la droite rouge et la droite verte	page 10
	10	Des droites parallèles dans la *figure a* sont :	la droite marron et la droite verte	la droite rouge et la droite bleue	la droite orange et la droite bleue	page 14
	11	*Figure b*, le quadrilatère ABDE est :	un losange	un carré	un rectangle	page 18
	12	*Figure b*, le triangle AEF est :	rectangle	isocèle	équilatéral	page 22
	13	*Figure b*, le triangle BCD est :	rectangle	isocèle	équilatéral	page 26
	14	Pour construire un triangle dont on connaît les longueurs des côtés, on utilise :	uniquement la règle graduée	la règle et l'équerre	la règle et le compas	page 30
Données	15	Températures (en °C) prévues à Nice pour la fin de semaine : (Vendredi : matin 15, après-midi 26 ; Samedi : matin 17, après-midi 29 ; Dimanche : matin 14, après-midi 23) La température prévue à Nice :	le samedi matin est 29 °C	le dimanche matin est 17 °C	le vendredi après-midi est 26 °C	page 34

Les réponses commentées sont données page 188.

39

« **Je fais des maths autrement** » :
pour découvrir des exemples concrets d'utilisation des mathématiques.

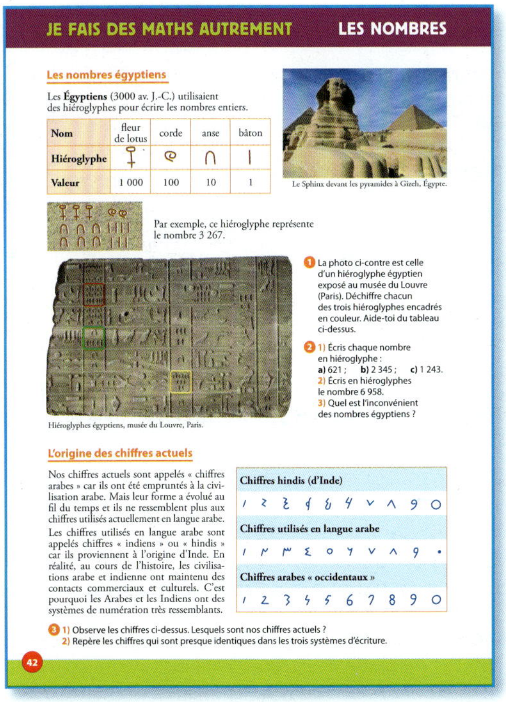

JE FAIS DES MATHS AUTREMENT — LES NOMBRES

Les nombres égyptiens

Les **Égyptiens** (3000 av. J.-C.) utilisaient des hiéroglyphes pour écrire les nombres entiers.

Nom	fleur de lotus	corde	anse	bâton
Hiéroglyphe				
Valeur	1 000	100	10	1

Le Sphinx devant les pyramides à Gizeh, Égypte.

Par exemple, ce hiéroglyphe représente le nombre 3 267.

1 La photo ci-contre est celle d'un hiéroglyphe égyptien exposé au musée du Louvre (Paris). Déchiffre chacun des trois hiéroglyphes encadrés en couleur. Aide-toi du tableau ci-dessus.

2 1) Écris chaque nombre en hiéroglyphe : a) 621 ; b) 2 345 ; c) 1 243.
2) Écris en hiéroglyphes le nombre 6 958.
3) Quel est l'inconvénient des nombres égyptiens ?

Hiéroglyphes égyptiens, musée du Louvre, Paris.

L'origine des chiffres actuels

Nos chiffres actuels sont appelés « chiffres arabes » car ils ont été empruntés à la civilisation arabe. Mais leur forme a évolué au fil du temps et ils ne ressemblent plus aux chiffres utilisés actuellement en langue arabe.
Les chiffres utilisés en langue arabe sont appelés chiffres « indiens » ou « hindis » car ils proviennent à l'origine d'Inde. En réalité, au cours de l'histoire, les civilisations arabe et indienne ont maintenu des contacts commerciaux et culturels. C'est pourquoi les Arabes et les Indiens ont des systèmes de numération très ressemblants.

Chiffres hindis (d'Inde)
Chiffres utilisés en langue arabe
Chiffres arabes « occidentaux »
1 2 3 4 5 6 7 8 9 0

3 1) Observe les chiffres ci-dessus. Lesquels sont nos chiffres actuels ?
2) Repère les chiffres qui sont presque identiques dans les trois systèmes d'écriture.

42

« **Je rédige la solution d'un exercice** »
pour te préparer à la classe de 6e !

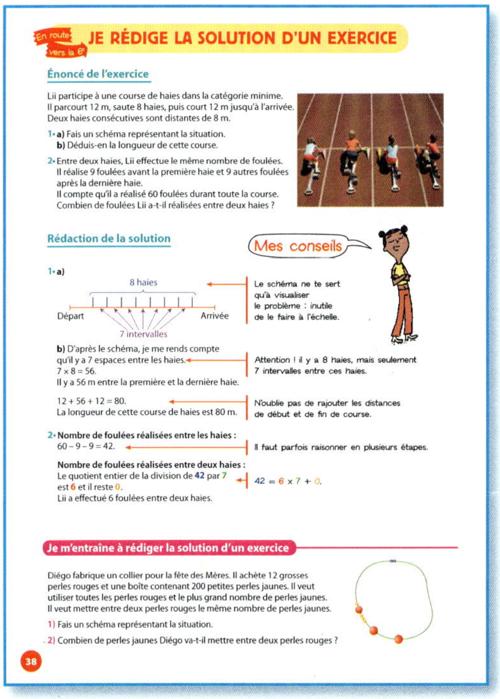

En route vers la 6e — JE RÉDIGE LA SOLUTION D'UN EXERCICE

Énoncé de l'exercice

Lii participe à une course de haies dans la catégorie minime. Il parcourt 12 m, saute 8 haies, puis court 12 m jusqu'à l'arrivée. Deux haies consécutives sont distantes de 8 m.

1 a) Fais un schéma représentant la situation.
b) Déduis-en la longueur de cette course.

2 Entre deux haies, Lii effectue le même nombre de foulées. Il réalise 9 foulées avant la première haie et 9 autres foulées après la dernière haie.
Il compte qu'il a réalisé 60 foulées durant toute la course.
Combien de foulées Lii a-t-il réalisées entre deux haies ?

Rédaction de la solution

Mes conseils

1 a) 8 haies — Départ — Arrivée — 7 intervalles
Le schéma ne te sert qu'à visualiser le problème : inutile de le faire à l'échelle.

b) D'après le schéma, je me rends compte qu'il y a 7 espaces entre les haies.
7 × 8 = 56.
Il y a 56 m entre la première et la dernière haie.
Attention ! il y a 8 haies, mais seulement 7 intervalles entre ces haies.

12 + 56 + 12 = 80.
La longueur de cette course de haies est 80 m.
N'oublie pas de rajouter les distances de début et de fin de course.

2 Nombre de foulées réalisées entre les haies :
60 – 9 – 9 = 42.
Il faut parfois raisonner en plusieurs étapes.

Nombre de foulées réalisées entre deux haies :
Le quotient entier de la division de 42 par 7 est 6 et il reste 0.
Lii a effectué 6 foulées entre deux haies.
42 = 6 × 7 + 0.

Je m'entraîne à rédiger la solution d'un exercice

Diégo fabrique un collier pour la fête des Mères. Il achète 12 grosses perles rouges et une boîte contenant 200 petites perles jaunes. Il veut utiliser toutes les perles rouges et le plus grand nombre de perles jaunes. Il veut mettre entre deux perles rouges le même nombre de perles jaunes.
1) Fais un schéma représentant la situation.
2) Combien de perles jaunes Diégo va-t-il mettre entre deux perles rouges ?

38

« **Je prépare l'évaluation** » :
pour t'entraîner sur toutes les compétences de la période avant l'évaluation !

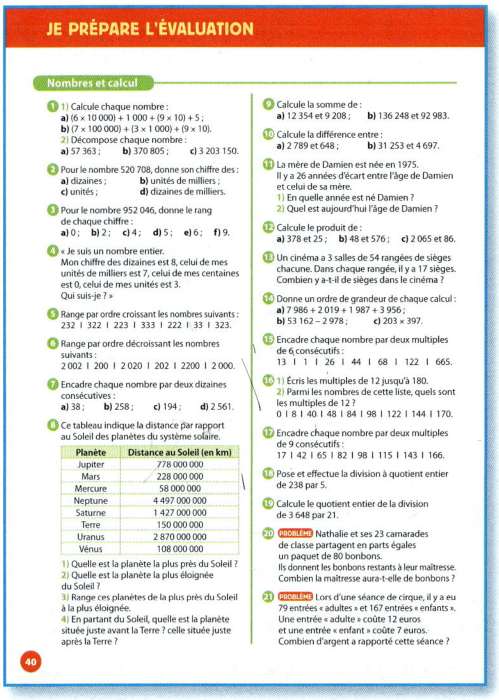

JE PRÉPARE L'ÉVALUATION

Nombres et calcul

1 1) Calcule chaque nombre :
a) (6 × 10 000) + 1 000 + (9 × 10) + 5 ;
b) (7 × 100 000) + (3 × 1 000) + (9 × 10).
2) Décompose chaque nombre :
a) 57 363 ; b) 370 805 ; c) 3 203 150.

2 Pour le nombre 520 708, donne son chiffre des :
a) dizaines ; b) unités de milliers ;
c) unités ; d) dizaines de milliers.

3 Pour le nombre 952 046, donne le rang de chaque chiffre :
a) 0 ; b) 2 ; c) 4 ; d) 5 ; e) 6 ; f) 9.

4 « Je suis un nombre entier.
Mon chiffre des dizaines est 8, celui de mes unités de milliers est 7, celui de mes centaines est 0, celui de mes unités est 3.
Qui suis-je ? »

5 Range par ordre croissant les nombres suivants :
232 I 322 I 223 I 333 I 222 I 33 I 323.

6 Range par ordre décroissant les nombres suivants :
2 002 I 200 I 2 020 I 202 I 2200 I 2 000.

7 Encadre chaque nombre par deux dizaines consécutives :
a) 38 ; b) 258 ; c) 194 ; d) 2 561.

8 Ce tableau indique la distance par rapport au Soleil des planètes du système solaire.

Planète	Distance au Soleil (en km)
Jupiter	778 000 000
Mars	228 000 000
Mercure	58 000 000
Neptune	4 497 000 000
Saturne	1 427 000 000
Terre	150 000 000
Uranus	2 870 000 000
Vénus	108 000 000

1) Quelle est la planète la plus près du Soleil ?
2) Quelle est la planète la plus éloignée du Soleil ?
3) Range ces planètes de la plus près du Soleil à la plus éloignée.
4) En partant du Soleil, quelle est la planète située juste avant la Terre ? celle située juste après la Terre ?

9 Calcule la somme de :
a) 12 354 et 9 208 ; b) 136 248 et 92 983.

10 Calcule la différence entre :
a) 2 789 et 648 ; b) 31 253 et 4 697.

11 La mère de Damien est née en 1975.
Il y a 26 années d'écart entre l'âge de Damien et celui de sa mère.
1) En quelle année est né Damien ?
2) Quel est aujourd'hui l'âge de Damien ?

12 Calcule le produit de :
a) 378 et 25 ; b) 48 et 576 ; c) 2 065 et 86.

13 Un cinéma a 3 salles de 54 rangées de sièges chacune. Dans chaque rangée, il y a 17 sièges.
Combien y a-t-il de sièges dans le cinéma ?

14 Donne un ordre de grandeur de chaque calcul :
a) 7 986 + 2 019 + 1 987 + 3 956 ;
b) 53 162 – 2 978 ; c) 203 × 397.

15 Encadre chaque nombre par deux multiples de 6 consécutifs :
13 I 1 I 26 I 44 I 68 I 122 I 665.

16 1) Écris les multiples de 12 jusqu'à 180.
2) Parmi les nombres de cette liste, quels sont les multiples de 12 ?
0 I 8 I 40 I 48 I 84 I 98 I 122 I 144 I 170.

17 Encadre chaque nombre par deux multiples de 9 consécutifs :
17 I 42 I 65 I 82 I 98 I 115 I 143 I 166.

18 Pose et effectue la division à quotient entier de 238 par 5.

19 Calcule le quotient entier de la division de 3 648 par 21.

20 PROBLÈME Nathalie et ses 23 camarades de classe partagent en parts égales un paquet de 80 bonbons.
Ils donnent les bonbons restants à leur maîtresse.
Combien la maîtresse aura-t-elle de bonbons ?

21 PROBLÈME Lors d'une séance de cirque, il y a eu 79 entrées « adultes » et 167 entrées « enfants ».
Une entrée « adulte » coûte 12 euros et une entrée « enfant » coûte 7 euros.
Combien d'argent a rapporté cette séance ?

40

SOMMAIRE

La couleur sous le numéro de chaque leçon indique son domaine :
Nombres et calcul — Grandeurs et mesures — Géométrie — Organisation et gestion de données

La couleur sous le numéro de chaque leçon indique son domaine :

Nombres et calcul — Grandeurs et mesures — Géométrie — Organisation et gestion de données

SOMMAIRE PAR DOMAINE

Géométrie

Nombres et calcul

Organisation et gestion de données

Grandeurs et mesures

1 NOMBRES ENTIERS (1)
Décomposer un nombre entier, un grand nombre

Calcul

Calcul mental
37 + 20 = ?
58 + 40 = ?
92 + 10 = ?
…

Je fais la différence entre chiffres et nombres

1• Quels chiffres utilise-t-on pour écrire les nombres ?

2• À ton avis, pourquoi l'homme a-t-il choisi de compter avec 10 chiffres ?

3• Recopie et complète les phrases suivantes à l'aide des mots chiffre(s) ou nombre(s) :
a) « 740 est un … constitué de trois … ; il est écrit à l'aide des … 0, 4 et 7. »
b) « Le … 6 est à la fin du … 386. »
c) « 8 est un … constitué d'un seul … : le … 8. »

Je revois comment compter des objets en les regroupant

Ali découvre un coffre rempli de pièces d'or.
Il remplit des sachets bleus en mettant 10 pièces d'or dans chacun.
Il remplit ensuite des sacs violets contenant chacun 10 sachets bleus.

1• Combien de pièces d'or chaque sac violet contient-il ?

2• Le trésor trouvé par Ali est représenté sur le dessin ci-contre. Combien de pièces d'or Ali a-t-il trouvées ?

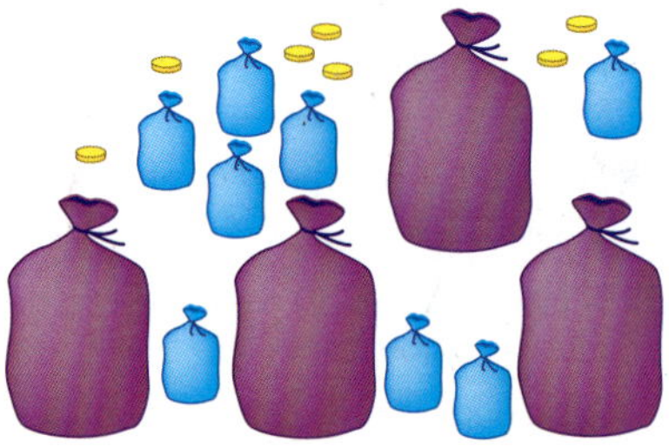

Je retiens

1• Chiffres et nombres

Les **chiffres** sont **0**, **1**, **2**, **3**, **4**, **5**, **6**, **7**, **8** et **9**.
Les **nombres** sont écrits à l'aide de ces **chiffres**.

Le nombre 33 est constitué de deux chiffres. Mais le nombre 33 est uniquement écrit à l'aide du chiffre 3.

2• Décomposition d'un nombre entier

Dans l'écriture d'un nombre, la valeur de chacun de ses chiffres dépend de son **rang**.

5 302 = (5 × 1 000) + (3 × 100) + (0 × 10) + 2

unités de milliers — centaines — dizaines — unités

Le chiffre 3 occupe le rang des centaines : il a pour valeur 300.

3• Tableau de numération

milliards			millions			milliers			unités		
centaines	dizaines	unités	centaines	dizaines	unités	centaines	dizaines	unités	centaines	dizaines	unités
		7	**2**	**0**	**3**	**0**	**1**	**6**	**9**	**0**	**8**

Remarque : 1 **million** est égal à 1 000 milliers
et 1 **milliard** est égal à 1 000 millions.

Pour le nombre **7 203 016 908** :
• le chiffre des dizaines de milliers est **1** ;
• le chiffre **2** occupe le rang des centaines de millions.

Ce nombre se lit « sept milliards deux cent trois millions seize mille neuf cent huit ».

Je comprends

Énoncé

1) Calcule : (7 × 1 000) + 100 + (3 × 10) + 9.
2) Décompose le nombre 7 905.

Solution

1) (7 × 1 000) + 100 + (3 × 10) + 9 = 7 139

Son chiffre des centaines est 1.

2) 7 905 = (7 × 1 000) + (9 × 100) + 5

Son chiffre des dizaines est 0.

J'applique

A Calcule chaque nombre :
a) (8 × 10 000) + (5 × 1 000) + (4 × 10) + 7 ;
b) (9 × 100 000) + (4 × 100) + (5 × 10) ;
c) (3 × 1 000 000) + (6 × 1 000) + (8 × 10) + 1 ;
d) (3 × 100 000) + (5 × 1 000) + 100 + (2 × 10).

B Décompose chaque nombre :
a) 32 781 ; **b)** 502 873 ; **c)** 2 356 079.

C Décompose chaque nombre :
a) 20 150 036 ; **b)** 300 050 080.

D Décompose chaque nombre :
a) 5 601 093 027 ; **b)** 80 072 900 105.

Je m'entraîne

ORAL
1 1) Lis le nombre 134 672.
2) Donne son chiffre :
a) des dizaines ; **b)** des centaines.

ORAL
2 1) Lis le nombre 2 067 503.
2) Donne son chiffre :
a) des dizaines ; **b)** des millions.

ORAL
3 1) Lis le nombre 651 082.
2) Donne le rang des chiffres :
a) 0 ; **b)** 6 ; **c)** 2 ; **d)** 1 ; **e)** 5 ; **f)** 8.

ORAL
4 1) Lis le nombre 87 803.
2) Quel chiffre occupe deux rangs différents dans ce nombre ? Quels sont ces rangs ?

ORAL
5 Donne tous les nombres entiers inférieurs à 1 000 uniquement écrits à l'aide du chiffre 7.

6 Recopie et complète les phrases suivantes avec les mots chiffre ou nombre :
a) « Le … 841 commence par le … 8. »
b) « Le … 6 se trouve au début du … 65. »
c) « Le … d'élèves présents est 26. »
d) « Le … d'élèves absents est 2. »

7 Donne tous les nombres entiers inférieurs à 100 uniquement écrits à l'aide des chiffres 2 ou 9.

8 1) Recopie la liste des nombres suivants :
663 | 336 | 665 | 563 | 33 | 635 | 536 | 555.
2) Entoure en rouge tous les nombres ayant pour chiffre des dizaines 3.
3) Entoure en vert tous les nombres ayant pour chiffre des unités 5.
4) Entoure en bleu tous les nombres ayant pour chiffre des centaines 6.
5) Quel est le seul nombre non entouré ?

J'approfondis

9 « Je suis un nombre entier de quatre chiffres. Mon chiffre des unités est 7, celui de mes centaines est 3, celui de mes dizaines est 0. Mon chiffre des unités de milliers est le double de celui de mes centaines.
Qui suis-je ? »

10 PROBLÈME « Je suis un nombre entier de quatre chiffres.
Mon chiffre des unités est la moitié de mon chiffre des centaines. Mon chiffre des dizaines est le double de mon chiffre des centaines. Mon chiffre des unités de milliers est le triple de mon chiffre des centaines. Mon chiffre des centaines est 2.
Qui suis-je ? »

11 PROBLÈME Le code pour ouvrir ce coffre est un nombre entier à quatre chiffres :
- son chiffre des dizaines est le double de son chiffre des unités de milliers ;
- son chiffre des centaines est le triple de son chiffre des unités ;
- la somme de ses chiffres est égale à 18.

Trouve le code qui ouvre le coffre.

2 DROITES (1)

Reconnaître, tracer des droites perpendiculaires

Géométrie

Calcul mental

325 + 400 = ?
1 280 + 300 = ?
352 + 50 = ?
…

Je décris une équerre

1• Pour chacune des deux équerres ci-contre, indique la couleur de l'angle droit.

2• À quoi sert une équerre ?

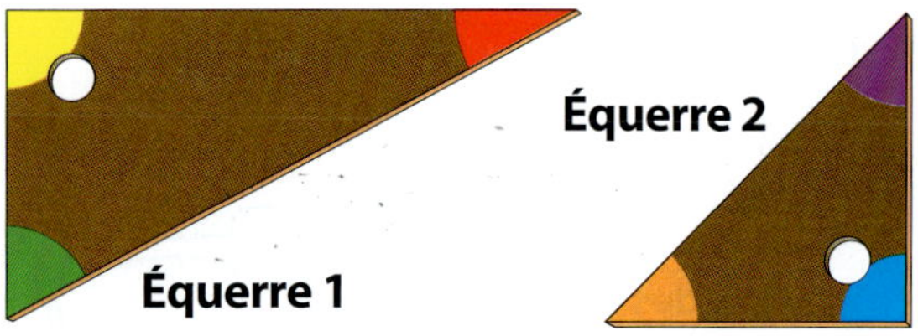

Je découvre comment fabriquer un angle droit

1• Prends une feuille blanche.
Plie un de ses coins **(Figure 1)**.
Colorie le pli avec un feutre rouge.

2• Replie ta feuille le long du pli rouge.
Les deux parties du pli rouge doivent se superposer **(Figure 2)**.
Repasse en vert le nouveau pli obtenu.

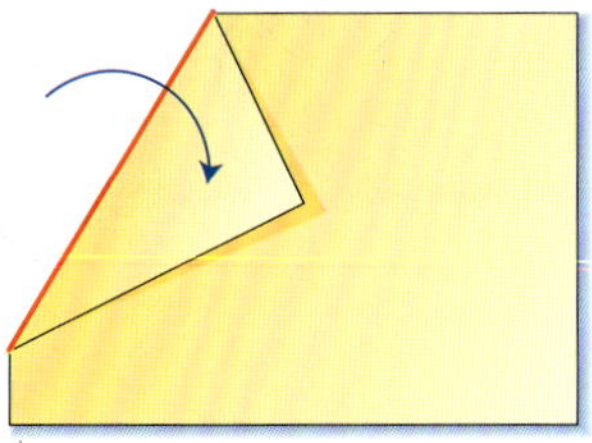

Figure 1

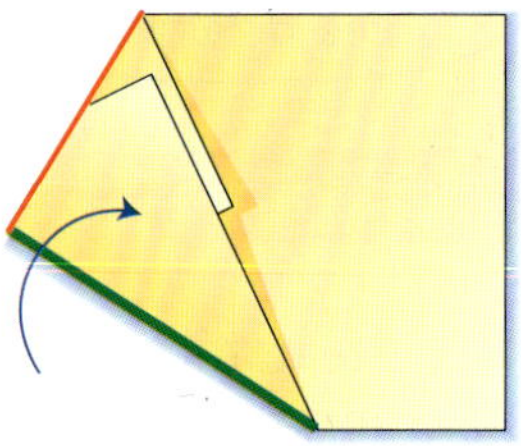

Figure 2

3• Déplie ta feuille.
Parmi les étiquettes ci-dessous, lesquelles peuvent compléter la phrase suivante ?
« Les angles formés par l'intersection de la droite rouge et la droite verte sont… »

au nombre de 4 | superposables | carrés | parallèles
verts | droits | des triangles

Je retiens

1• Définition

Dans le plan, **deux droites** sont **perpendiculaires** lorsqu'elles se coupent en formant 4 angles droits.

Les droites (d) et (d_1) sont **perpendiculaires**.

Remarque : on ne code qu'un seul des 4 angles droits.

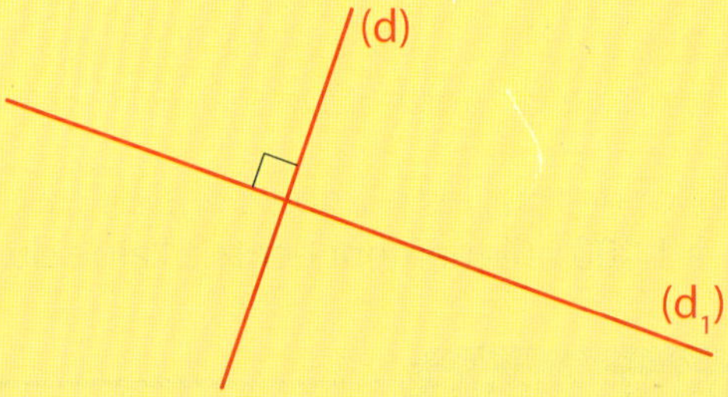

2• Utilisation de l'équerre

On veut tracer la droite (d_1) perpendiculaire à la droite (d) et passant par le point A.

Étape 1 : on place un des côtés de l'angle droit de l'équerre le long de la droite (d), son autre côté passant par le point A.

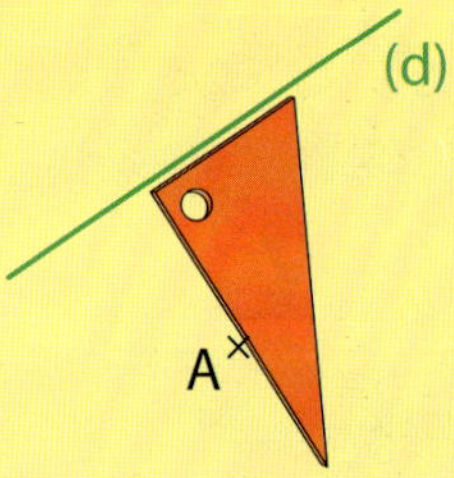

Étape 2 : on trace la droite (d_1) le long du côté de l'équerre passant par le point A.

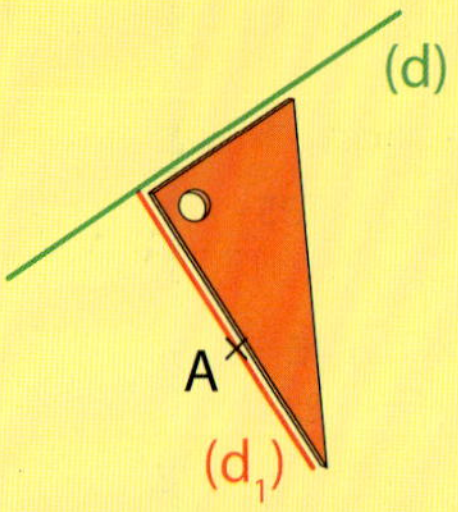

Étape 3 : on utilise une règle pour prolonger le tracé de la droite (d_1).

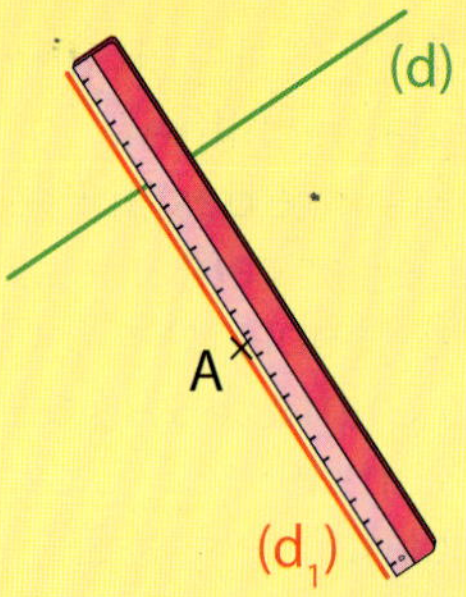

Je comprends

Énoncé

Trace la droite (d_1) perpendiculaire à la droite (d) passant par le point A.

Solution

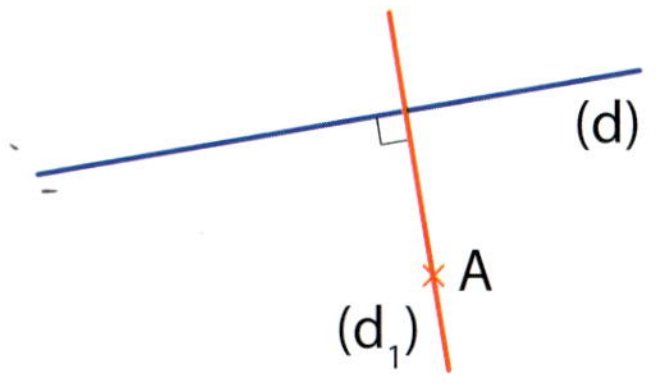

J'applique

Pour les exercices **A**, **B** et **C**, reproduis ce schéma.

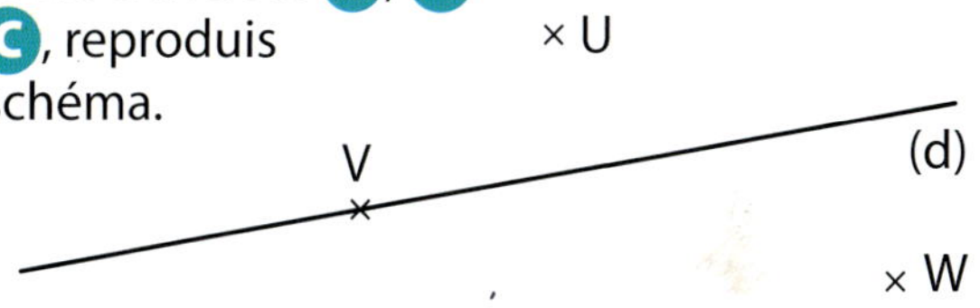

A Trace en bleu la droite perpendiculaire à la droite (d) passant par le point U.

B Trace en vert la droite perpendiculaire à la droite (d) passant par le point V.

C Trace en rouge la droite perpendiculaire à la droite (d) passant par le point W.

Je m'entraîne

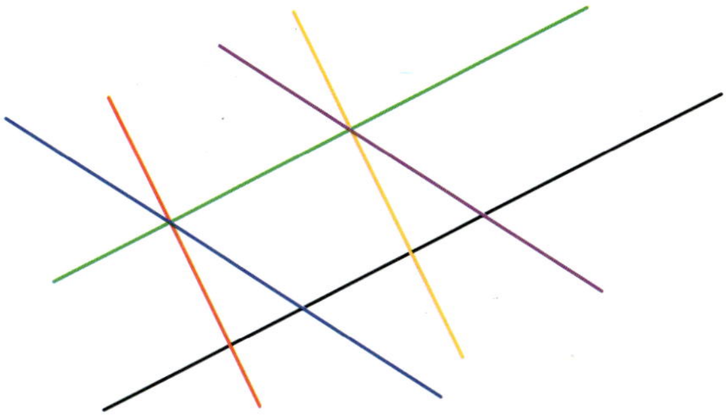

ORAL
1 Quelles sont les droites perpendiculaires à la droite verte ?

ORAL
2 Quelles sont les droites perpendiculaires à la droite rouge ?

ORAL
3 Trouve un angle droit :
1) dans la classe ; **2)** dans la cour d'école.

ORAL
4 Trouve deux droites perpendiculaires :
1) dans la classe ; **2)** dans ta chambre.

Pour les exercices **5** à **7**, prends un papier quadrillé et place les points comme sur le dessin ci-contre.

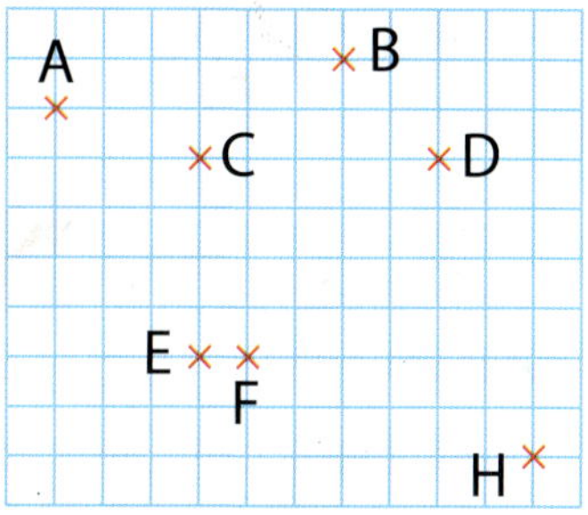

5 **1)** Trace en vert le polygone ECDH.
2) Lesquels de ses côtés sont perpendiculaires ?

6 **1)** Trace en bleu le polygone AEB.
2) Trace en bleu la droite (BC) passant par les points B et C. Cette droite est-elle perpendiculaire à la droite (AE) ?

7 **1)** Trace en rouge le polygone FBDH.
2) Lesquels de ses côtés sont perpendiculaires ?
3) Trace la droite (BH) passant par les points B et H. Trace la perpendiculaire à cette droite passant par le point F.

J'approfondis

8 **1)** Sur une feuille blanche, trace un triangle ABC et place un point M à l'intérieur de ce triangle.
2) Trace la droite perpendiculaire :
a) au côté [AB] et qui passe par le point M ;
b) au côté [BC] et qui passe par le point M ;
c) au côté [AC] et qui passe par le point M.

9 PROBLÈME Reprends l'énoncé de l'exercice **8** en plaçant le point M à l'extérieur du triangle ABC.

10 PROBLÈME **1)** Sur une feuille blanche, place trois points A, B et C non alignés.
Trace la droite (AB) passant par les points A et B.
Trace en rouge la droite perpendiculaire à la droite (AB) et qui passe par le point B.
Trace en bleu la droite perpendiculaire à la droite rouge et qui passe par le point C.
Trace en vert la droite perpendiculaire à la droite bleue et qui passe par le point A.
2) Cite toutes les paires de droites perpendiculaires.
3) La droite bleue coupe la droite rouge au point E et coupe la droite verte au point F.
Quelle est la nature du quadrilatère ABEF ?

3 NOMBRES ENTIERS (2)
Comparer, ranger, encadrer des nombres entiers

Calcul

Calcul mental
Compare :
27 et 29
32 et 17
112 et 98
…

Je revois comment comparer des nombres entiers

Ce tableau présente les populations (en nombre d'habitants) de chaque continent en 2009.

Continent	Population
Amérique	915 409 000
Asie	4 081 982 700
Europe	737 086 200
Antarctique	1 500
Océanie	34 947 600
Afrique	976 216 000

1• Construis un tableau de numération.
Écris ces six populations dans ce tableau de numération.

2• En 2009, quel était le continent le plus peuplé ? Quel était le continent le moins peuplé ?

3• Compare la population de l'Amérique avec celle de l'Europe.
Quels chiffres as-tu comparés ?

4• Range ces populations dans l'ordre croissant.

Je revois comment encadrer un nombre entier

Ce tableau présente les prévisions de population des trois continents les plus peuplés en 2050.

Continent	Population
Afrique	1 766 000 000
Asie	5 268 000 000
Amérique	1 201 000 000

1• **a)** Quels continents auront une population comprise entre 1 et 2 milliards d'habitants en 2050 ?
On a encadré ces populations par deux unités de milliards consécutives.
b) Encadre la population du continent restant **par deux unités de milliards consécutives**.

2• Les encadrements précédents te permettent-ils de comparer la population :
a) de l'Amérique à celle de l'Asie ? **b)** de l'Amérique à celle de l'Afrique ?

3• Encadre la population de l'Afrique, puis celle de l'Amérique, par deux centaines de millions consécutives. Peux-tu alors comparer ces deux populations ?

Je retiens

1• Comparer

Comparer deux nombres revient à déterminer lequel est **le plus grand**, lequel est **le plus petit** ou s'ils sont **égaux**.

Le signe > signifie « est supérieur à ». 543 > 432
Le signe < signifie « est inférieur à ». 123 < 152
Le signe = signifie « est égal à ». 12 + 3 = 11 + 4

2• Ranger

Ranger des nombres dans l'ordre **croissant** revient à les ranger du plus petit au plus grand.
Ranger des nombres dans l'ordre **décroissant** revient à les ranger du plus grand au plus petit.

Les nombres 11, 7, 97 et 93, rangés dans l'ordre croissant, sont : 7 < 11 < 93 < 97
Les nombres 34, 8, 86 et 63, rangés dans l'ordre décroissant, sont : 86 > 63 > 34 > 8

3• Encadrer

Il y a plusieurs façons d'encadrer un nombre.
107 < 123 < 163 est un encadrement de 123.
120 < 123 < 130 est un encadrement de 123 par deux dizaines consécutives.
100 < 123 < 200 est un encadrement de 123 par deux centaines consécutives.

Je comprends

Énoncé

1) Compare les nombres 123 869 et 62 296.
2) Compare les nombres 86 325 et 85 981.

Solution

1) 123 869 > 62 296

« 123 869 a plus de chiffres que 62 296 ! »

2) 86 325 > 85 981

« Comme ils ont le même nombre de chiffres, j'ai comparé les chiffres de gauche à droite. »

J'applique

A 1) Compare les nombres 34 895 et 234 113.
2) Compare les nombres 45 765 et 98 342.
3) Compare les nombres 81 098 et 74 876.
4) Compare les nombres 143 876 et 120 543.

B 1) Compare les nombres 123 532 et 167 987.
2) Compare les nombres 56 983 et 56 198.
3) Compare les nombres 1 453 763 et 1 453 673.
4) Compare les nombres 2 354 620 et 2 354 618.

C Compare les nombres « cinq cent soixante-neuf mille trois cent vingt-trois » et « cinq cent soixante-huit mille trois cent vingt-quatre ».

Je m'entraîne

ORAL
1 Parmi les nombres suivants, quel est le plus petit ? le plus grand ?
4 454 | 40 445 | 4 545 | 4 455 | 40 405.

ORAL
2 Encadre le nombre 4 569 par deux dizaines consécutives.

ORAL
3 Encadre le nombre 7 903 par deux centaines consécutives.

ORAL
4 Range les nombres suivants dans l'ordre croissant :
2 143 | 2 134 | 1 342.

ORAL
5 Range les nombres suivants dans l'ordre décroissant :
65 671 | 65 761 | 65 176.

6 Encadre chacun des nombres suivants par deux unités de milliers consécutives :
7 630 | 79 561 | 120 662 | 1 765 876.

« ? 000 < 7 630 < ? 000 »

7 1) Recopie les nombres suivants :
2 395 | 2 934 | 2 493 | 2 393 | 2 594 | 2 943.
2) Entoure en bleu le plus grand et en rouge le plus petit.
3) Range ces nombres dans l'ordre croissant.

8 Range les nombres suivants dans l'ordre décroissant :
10 010 | 10 100 | 10 110 | 11 101 | 10 011.

J'approfondis

9 PROBLÈME Trois amis comptent leurs points aux fléchettes.
Jacques dit :
« J'ai gagné : j'ai 32 centaines ! »
Irina répond :
« Non, le vainqueur c'est moi, j'ai 321 dizaines. »
Peter dit :
« C'est moi qui ai gagné : j'ai 3 208 points ! »
1) Qui a raison ?
2) Donne le classement du concours.

10 1) Trouve tous les nombres entiers de trois chiffres différents que tu peux former avec les chiffres 2, 7 et 9.
2) Range ces nombres dans l'ordre croissant.

11 1) Trouve tous les nombres entiers de 4 chiffres formés à partir des chiffres 0 et 2.

« J'ai trouvé 8 nombres. »

2) Range ces nombres dans l'ordre décroissant.

12 PROBLÈME En fin d'année, un enseignant range les crayons non utilisés par ses élèves.
Il reste :
- 7 boîtes de 25 stylos bleus ;
- 17 boîtes de 10 stylos rouges ;
- 14 boîtes de 12 stylos verts.

Range par ordre croissant les nombres de stylos qui n'ont pas été utilisés.

4 DROITES (2)
Reconnaître, tracer des droites parallèles

Géométrie

Calcul mental
42 + ? = 50
38 + ? = 40
192 + ? = 200
...

Je revois comment obtenir un angle droit par pliage

Imagine que tu as oublié ton équerre chez toi.
Comment peux-tu obtenir un angle droit juste par pliage d'une feuille de papier ?

Je découvre comment obtenir par pliage deux perpendiculaires à une droite

1• Prends une feuille blanche.
Rabats un coin de la feuille **(Figure 1)**.
Colorie le pli obtenu avec un feutre rouge.

2• Replie ta feuille pour obtenir un angle droit le long de la droite rouge **(Figure 2)**.
Repasse en vert le pli obtenu.

3• Replie à nouveau la feuille afin d'obtenir un angle droit sur la droite verte **(Figure 3)**.
Repasse en rouge le nouveau pli obtenu.

4• **a)** Combien d'angles droits as-tu ainsi obtenus ?
b) Quelles droites sont perpendiculaires ?
c) Que peux-tu dire des deux droites rouges ?

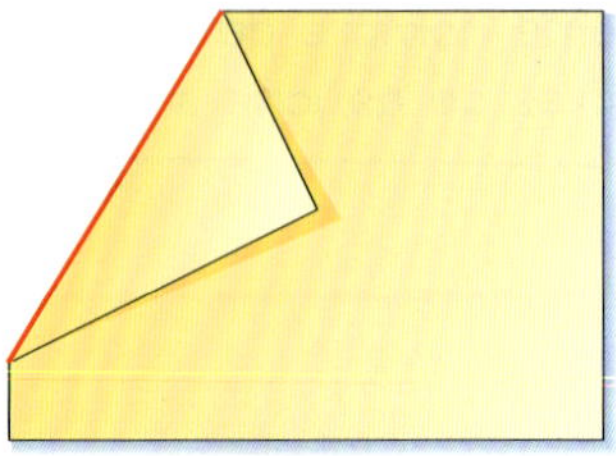
Figure 1

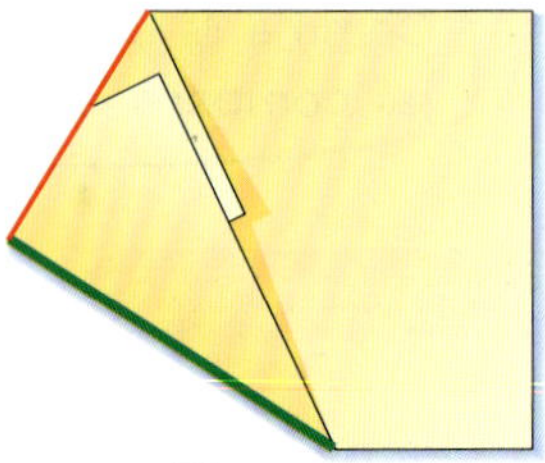
Figure 2

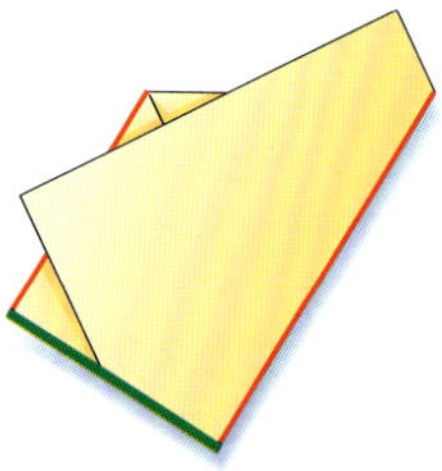
Figure 3

Je retiens

1• Définition

Dans le plan, **deux droites** (d) et (d') sont **parallèles** lorsqu'elles ne se coupent pas.

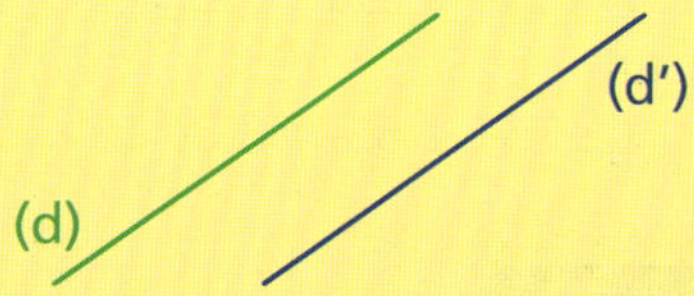

2• Méthode de construction

Pour tracer une droite (d') parallèle à une droite (d) donnée, on utilise la règle et l'équerre.

Étape 1 : on place un des côtés de l'angle droit de l'équerre le long de la droite (d).

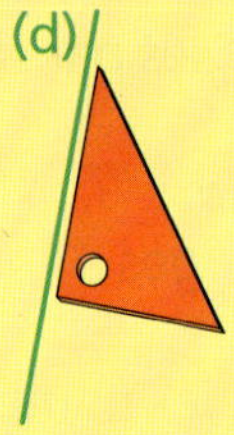

Étape 2 : on place la règle le long de l'autre côté de l'angle droit de l'équerre.

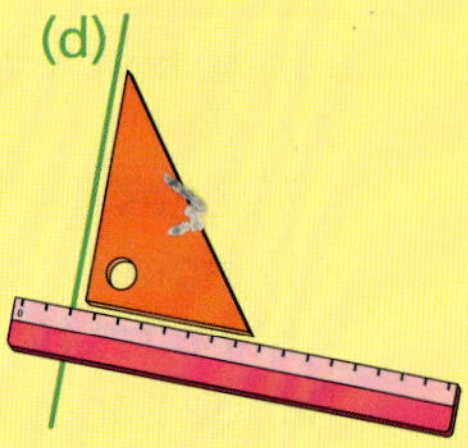

Étape 3 : en tenant fermement la règle, on fait glisser l'équerre le long de la règle.

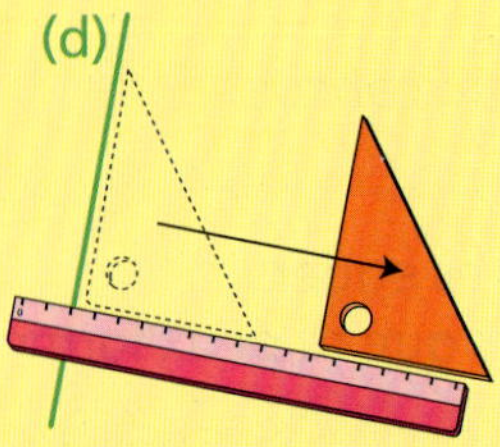

Étape 4 : on trace une droite (d') le long du côté de l'angle droit de l'équerre.

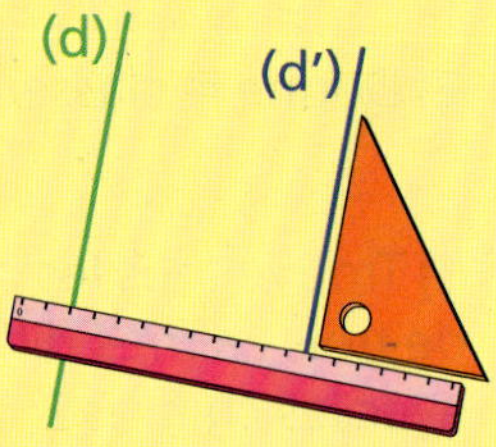

Je comprends

Énoncé

1) Trace la droite (d′) perpendiculaire à la droite (d) passant par le point A.
2) Trace la droite (d″) parallèle à la droite (d) passant par le point A.

Solution

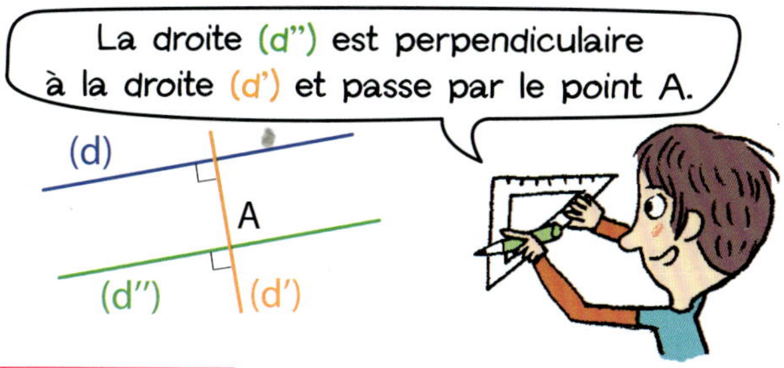

J'applique

A **1)** Place trois points A, B et C non alignés. Trace en rouge la droite passant par les points A et C.
2) Trace en bleu la droite perpendiculaire à la droite rouge passant par le point B.
3) Trace en vert la droite parallèle à la droite rouge passant par le point B.

B **1)** Place trois points M, N et P non alignés. Trace en rouge la droite passant par les points M et N.
2) Trace en bleu la droite perpendiculaire à la droite rouge passant par le point M.
3) Trace en vert la droite parallèle à la droite rouge passant par le point P.

C **1)** Place trois points E, F et G non alignés. Trace en rouge la droite passant par les points E et G.
2) Trace en vert la droite parallèle à la droite rouge passant par le point F.

Je m'entraîne

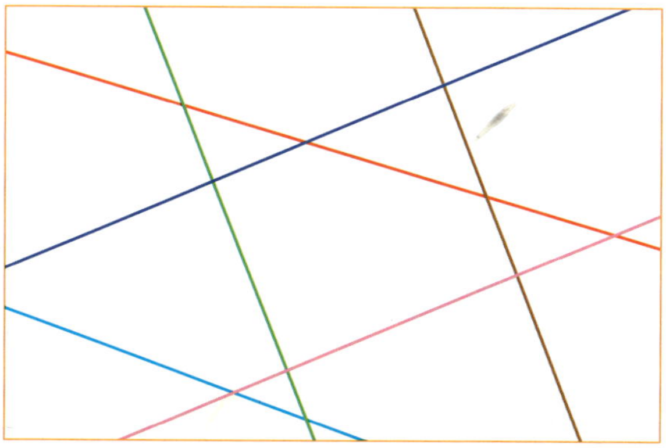

ORAL

1 Utilise des instruments de géométrie afin de citer toutes les paires de droites de la figure ci-dessus :
a) perpendiculaires ; **b)** parallèles.

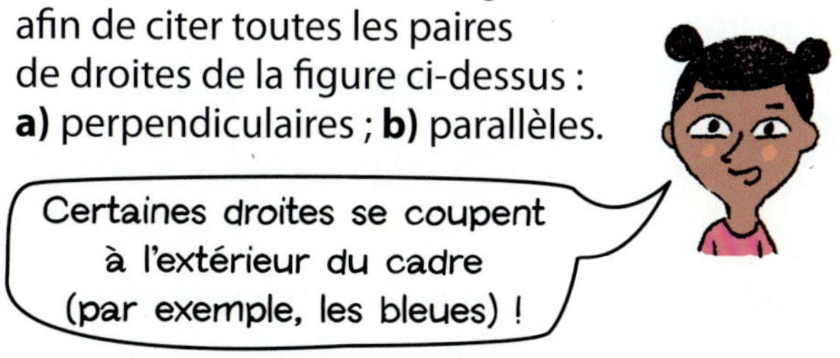

Pour les exercices **2** à **5**, reproduis la figure ci-contre sur une feuille quadrillée.

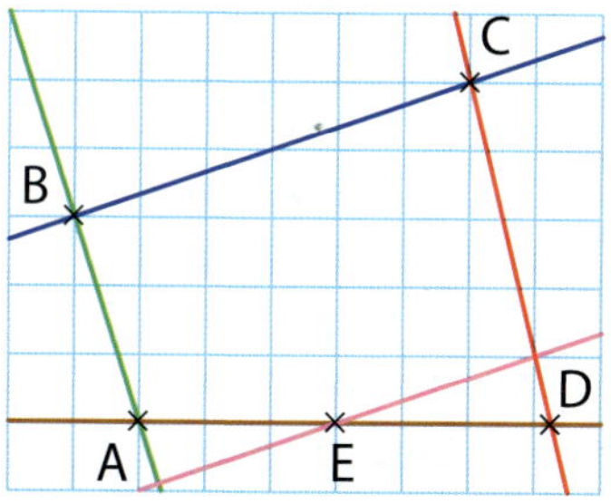

2 Cite toutes les paires de droites :
a) perpendiculaires ; **b)** parallèles.

3 Trace en rouge la droite passant par le point E et parallèle à la droite rouge (CD).

4 Trace en bleu la droite passant par le point A et parallèle à la droite bleue (BC).

5 Trace en vert la droite passant par le point C et parallèle à la droite verte (AB).

J'approfondis

6 **1)** Sur une feuille blanche, trace un triangle quelconque ABC. Place un point M à l'intérieur du triangle ABC.
2) Trace la droite parallèle :
a) au côté [AB] et qui passe par le point M ;
b) au côté [BC] et qui passe par le point M ;
c) au côté [AC] qui passe par le point M.

7 Reprends l'énoncé de l'exercice **6** en plaçant le point M à l'extérieur du triangle ABC.

8 PROBLÈME **1)** Sur une feuille quadrillée, trace un rectangle EFGH. Trace la droite (EG) passant par les points E et G.
2) Trace la droite parallèle à :
a) la droite (EG) et passant par le point F ;
b) la droite (EG) et passant par le point H.
3) Trace la droite parallèle à la droite (FH) et passant par le point E.
4) Trace la droite parallèle à la droite (FH) et passant par le point G.

5 NOMBRES ENTIERS (3)
Additionner, soustraire des nombres entiers

Calcul

Calcul mental
32 + 9 = ?
57 + 50 = ?
35 − 7 = ?
…

Je revois quand utiliser une addition, une soustraction

Un groupe d'amis part en vacances. Pour traverser une rivière, ils montent sur un bateau avec leurs véhicules. À chaque traversée, le bateau ne peut pas transporter plus de 6 500 kg. Les amis voyagent dans 5 voitures et 2 caravanes dont les masses sont précisées ci-dessous :

Voiture 1 : 937 kg
Voiture 2 : 856 kg
Voiture 3 : 1 190 kg
Voiture 4 : 788 kg
Voiture 5 : 1 022 kg
Caravane 1 : 545 kg
Caravane 2 : 839 kg

1• a) Calcule la masse totale de ces 7 véhicules. Quelle opération as-tu effectuée ?
b) Ce groupe d'amis pourra-t-il effectuer ensemble la traversée ? Justifie ta réponse.

2• Lors de cette traversée, ils veulent aussi embarquer un Quad.
a) Quelle masse ce Quad ne pourra-t-il pas dépasser ? Quelle opération as-tu effectuée ?
b) Vérifie ton résultat à l'aide d'un autre calcul. Quelle opération as-tu effectuée ?

Je retiens

1• Addition

L'**addition** est une opération qui permet d'**ajouter** des nombres.
Le résultat d'une addition s'appelle une **somme**.

568 + **37** = **605**

Remarque : les nombres que l'on ajoute sont les **termes** de l'addition.

2• Soustraction

La **soustraction** est une opération qui permet de **retrancher** un nombre à un autre nombre.
Le résultat d'une soustraction s'appelle une **différence**.

568 − **37** = **531**

Remarques :
- Les nombres que l'on soustrait sont les **termes** de la soustraction.
- Pour calculer l'**écart** entre deux nombres, on **soustrait** le terme le plus petit au terme le plus grand. L'**écart** entre 7 et 12 est égal à la **différence** entre 7 et 12 : c'est-à-dire **12 − 7 = 5.**

3• Technique opératoire

Pour effectuer des additions et des soustractions sur les nombres entiers :
- on aligne les unités sous les unités, les dizaines sous les dizaines, les centaines sous les centaines ;
- on n'oublie pas les **retenues** et on les positionne correctement.

```
    1  1  1
       6  5  3
 +  3  4  5  6
 +        4  8
 -------------
    4  1  5  7
```

```
     7  16  5  14
 - 1    7  1+4  6
 ----------------
     6   9  0   8
```

653 + 3 456 + 48 = 4 157

7 654 − 746 = 6 908

Je comprends

Énoncé

1) Pose et calcule : 3 482 + 74 + 13 765.
2) Pose et effectue la différence entre 6 084 et 3 944.

Solution

1)

		1	2	1	
		3	4	8	2
+				7	4
+	1	3	7	6	5
	1	7	3	2	1

2)

	6	1 0	8	4
−	1+3	9	4	4
	2	1	4	0

J'applique

A Pose et effectue ces sommes :
a) 348 + 3 453 ; **b)** 459 + 7 899 + 9 ;
c) 345 043 + 675 987.

B Pose et effectue ces différences :
a) 765 − 154 ; **b)** 2 529 − 619 ;
c) 753 745 − 49 646.

C Pose et effectue la somme de 2 674 avec 786 et 1 765.

D Pose et effectue la différence entre 3 587 et 21 360.

E Calcule la différence entre 5 127 et 2 345.
Calcule la somme de cette différence et de 3 268.

Je m'entraîne

ORAL
1 Calcule ces sommes et ces différences :
a) 123 + 17 ; **b)** 738 + 11 ; **c)** 617 − 15.
d) 27 + 35 ; **e)** 23 − 14 ; **f)** 519 − 211.

ORAL
2 Trouve toutes les sommes de deux nombres entiers égales à 9.

ORAL
3 Trouve quatre différences de deux nombres entiers égales à 5.

ORAL
4 Calcule l'écart entre les nombres :
a) 8 et 24 ; **b)** 32 et 25 ; **c)** 144 et 266.

ORAL
5 Que peux-tu dire de deux nombres dont la différence est égale à zéro ?

6 Recopie et complète ces opérations.

	.	7	4	7
+	4	.	4	.
	6	1	.	9

	.	4	.	3
−	2	3	9	.
	3	.	9	2

7 Calcule toutes les sommes de deux termes différents que l'on peut écrire avec :

453 — 7 432 — 14 876

8 Calcule toutes les différences de deux termes différents que l'on peut écrire avec :

75 — 932 — 7 821

9 Calcule la différence entre la somme de 945 et de 78 et la somme de 765 et de 23.

J'approfondis

10 Olga est partie trois semaines en vacances. Avant de partir, le compteur de la voiture indiquait : 32 654 km.
La première semaine, elle a parcouru 563 km.
La deuxième semaine, elle a parcouru 973 km.
De retour chez elle, le compteur kilométrique indiquait : 35 127 km.
1) Combien de kilomètres a-t-elle parcourus en tout durant les trois semaines ?
2) Combien de kilomètres Olga a-t-elle parcourus pendant la troisième semaine ?

11 PROBLÈME Louis XIV est né en 1638.
Il commence son règne en 1643.
Il meurt à l'âge de 77 ans.
1) En quelle année Louis XIV est-il mort ?
2) Calcule la durée de son règne.

12 PROBLÈME Le TGV qui va de Marseille à Paris fait un arrêt à Lyon. Ce train a une capacité de 476 passagers. À Marseille, 287 passagers montent dans le train.
À Lyon, 129 passagers descendent et 248 personnes montent.
1) Combien de passagers le contrôleur compte-t-il au départ de Lyon ?
2) Combien reste-t-il de places libres à Lyon ?

FIGURES GÉOMÉTRIQUES PLANES (1)

Définir, reconnaître un rectangle, un losange, un carré

Calcul mental
13 + 36 = ?
28 + 14 = ?
68 − 24 = ?
…

Je revois comment reconnaître un rectangle, un losange, un carré

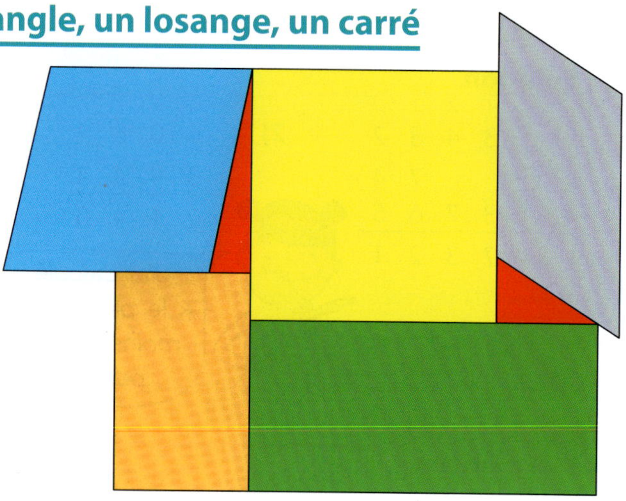

1• Vérifie que la figure verte est un rectangle.
Quels instruments de géométrie as-tu utilisés ?

2• Vérifie que la figure bleue est un losange.
Quels instruments de géométrie as-tu utilisés ?

3• **a)** Vérifie que la figure jaune est un rectangle.
b) Vérifie que la figure jaune est un losange.
c) Comment nomme-t-on aussi la figure jaune ?

4• **a)** Cite tous les rectangles de cette figure.
b) Cite tous les losanges de cette figure.
c) Cite tous les carrés de cette figure.

Je découvre comment coder des segments de même longueur

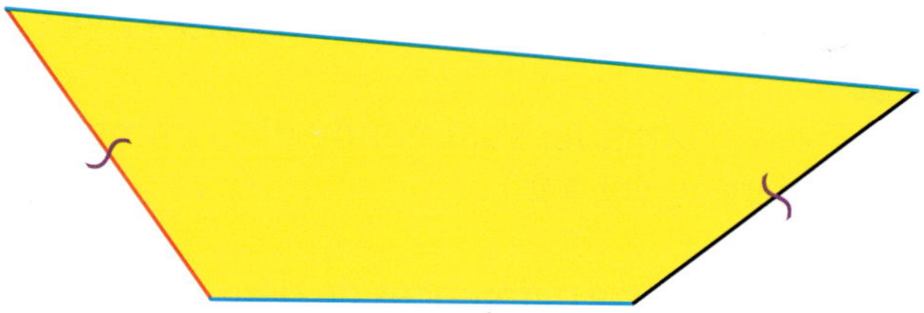

1• Comment appelle-t-on un polygone à 4 côtés ?

2• Mesure chaque segment bleu.
Sont-ils de la même longueur ?

3• Mesure chaque segment codé à l'aide du signe ʃ.
Sont-ils de la même longueur ?

Je retiens

1• Rectangles

Un **rectangle** est un quadrilatère dont les quatre angles sont droits.

Le quadrilatère EFGH est un rectangle.

2• Losanges

Un **losange** est un quadrilatère dont les quatre côtés sont de la même longueur.

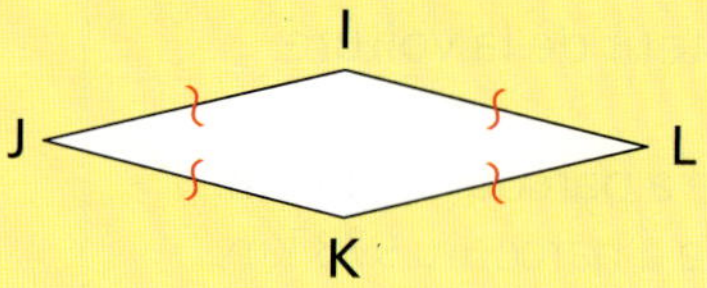

Le quadrilatère IJKL est un losange.

Remarque : des segments codés de la même façon ont la même longueur.

3• Carrés

Un **carré** est un quadrilatère dont les quatre angles sont droits et les quatre côtés sont de la même longueur.

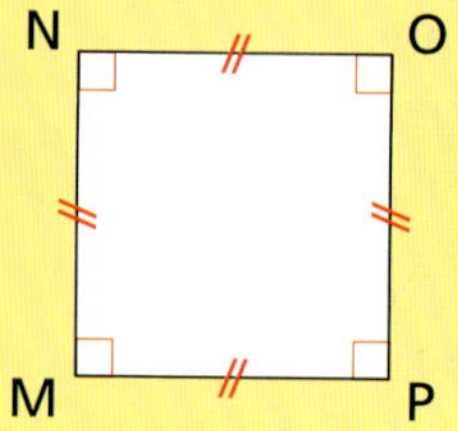

Le quadrilatère MPON est un carré.

Remarque : un carré est à la fois un rectangle et un losange.

Je comprends

Énoncé

Sur une feuille quadrillée, trace un carré de côté 5 carreaux. Code ta figure.

Solution

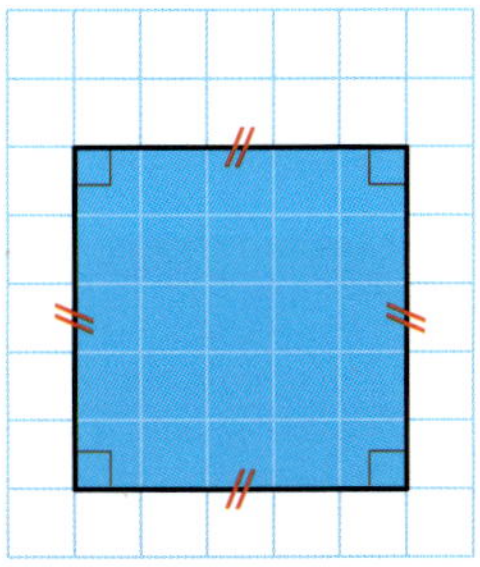

J'applique

A Sur une feuille quadrillée, reproduis le quadrilatère vert ci-dessous.
Vérifie que c'est un losange. Code ta figure.

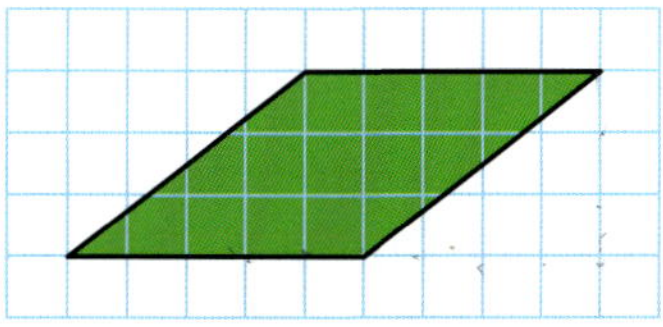

B Sur une feuille quadrillée, trace un rectangle de longueur 7 carreaux et de largeur 5 carreaux. Code ta figure.

C Trace un carré de côté 6 cm, puis code ta figure.

Je m'entraîne

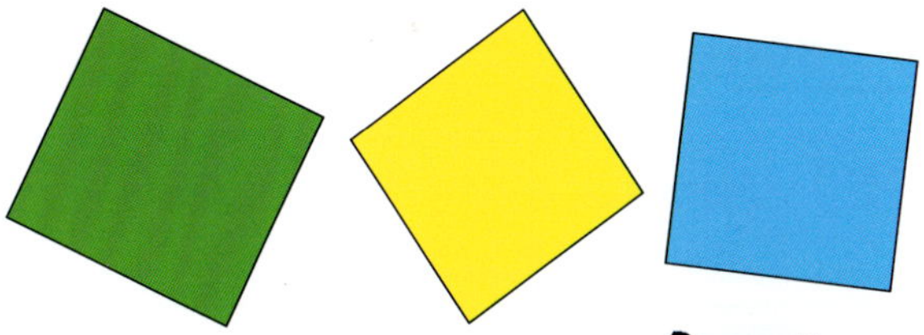

ORAL
1 Lequel de ces quadrilatères n'est pas un rectangle ? Explique ta réponse.

ORAL
2 Lequel de ces quadrilatères n'est pas un losange ? Explique ta réponse.

ORAL
3 Lequel de ces quadrilatères est un carré ? Explique ta réponse.

Pour les exercices **4** à **6**, place les points ci-dessous sur une feuille quadrillée.

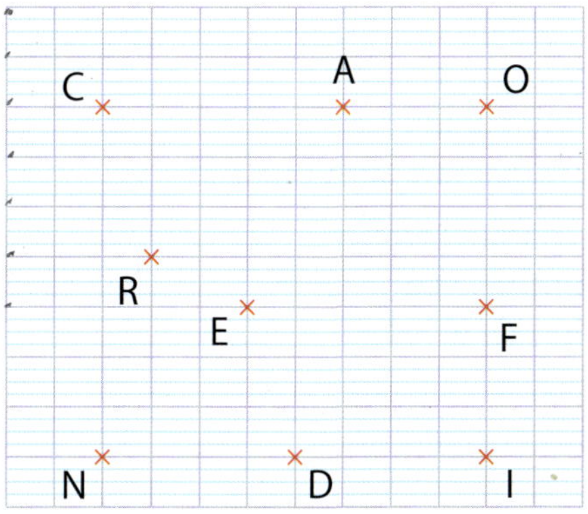

4 Que peux-tu dire du quadrilatère CAFE ?

5 Que peux-tu dire du quadrilatère COIN ?

6 Que peux-tu dire du quadrilatère FARD ?

J'approfondis

7 PROBLÈME

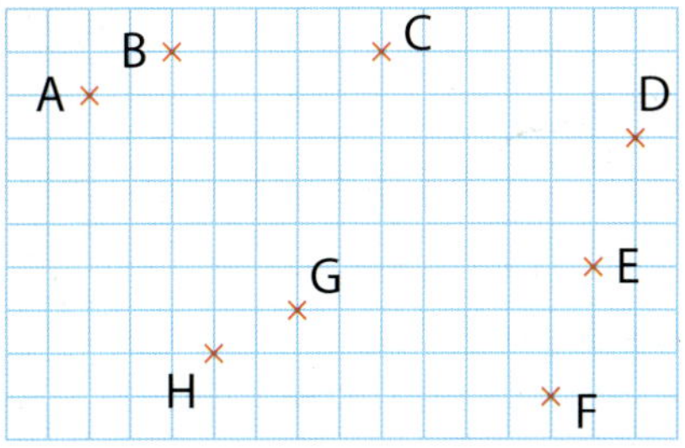

1) Place les points ci-dessus sur une feuille quadrillée.
2) En reliant quatre de ces points :
a) trace en bleu un carré ;
b) trace en vert un rectangle non carré ;
c) trace en rouge un losange non carré.

8 **1)** Sur une feuille quadrillée, trace un rectangle ABCD de longueur [AB] 16 carreaux et de largeur [BC] 8 carreaux.
2) a) Sur la longueur [AB], place le point E situé à 6 carreaux du point A.
b) Sur la longueur [DC], place le point F situé à 10 carreaux du point D.
c) Que peux-tu dire du quadrilatère EBFD ?

9 PROBLÈME **1)** Trace un carré FLOU.
2) Sur la même figure, trace un carré OLGA.

3) Que peux-tu dire du quadrilatère FGAU ?

MULTIPLICATION (1)
Multiplier deux nombres entiers

Calcul mental
6 × 3 = ?
4 × 7 = ?
9 × 5 = ?
…

Je revois quand utiliser une multiplication

Un artisan veut carreler la salle de réunion d'une mairie.
Cette salle, de forme rectangulaire, mesure 9 m de longueur et 5 m de largeur.
4 carreaux carrés permettent de carreler une longueur de 1 mètre.

1• Combien de carreaux a-t-il posés sur la largeur de cette salle ?

2• Combien de carreaux va-t-il poser sur sa longueur ?

3• Combien de carreaux va-t-il utiliser pour carreler toute la salle ?

4• Quelle(s) opération(s) as-tu effectuée(s) ?

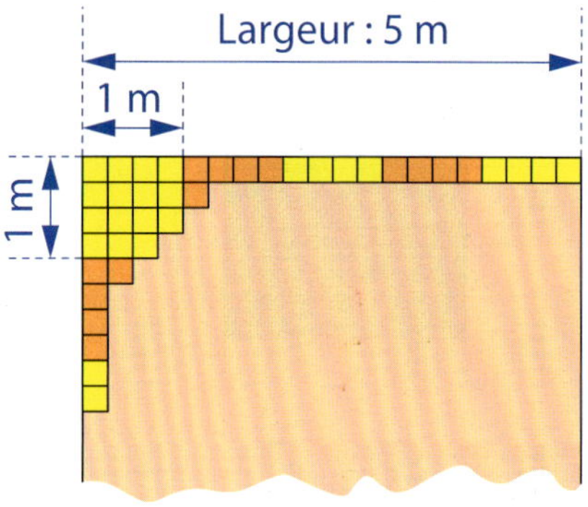

Je revois comment effectuer une multiplication

Trois élèves ont essayé de calculer 32 × 27 sur leur cahier.
Leurs résultats sont faux.

1• Explique l'erreur commise par chaque élève.

2• Effectue correctement cette opération.

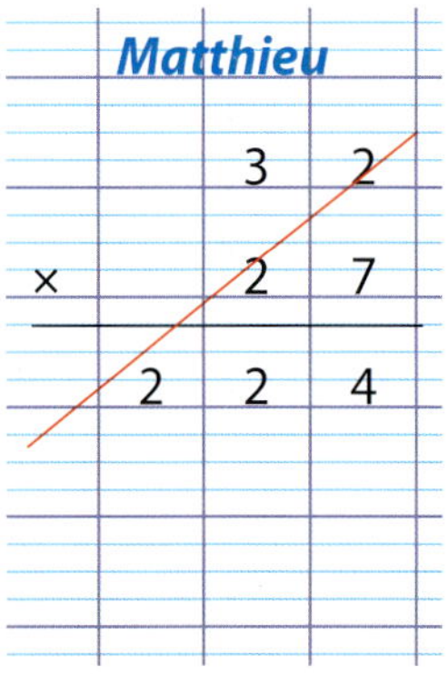

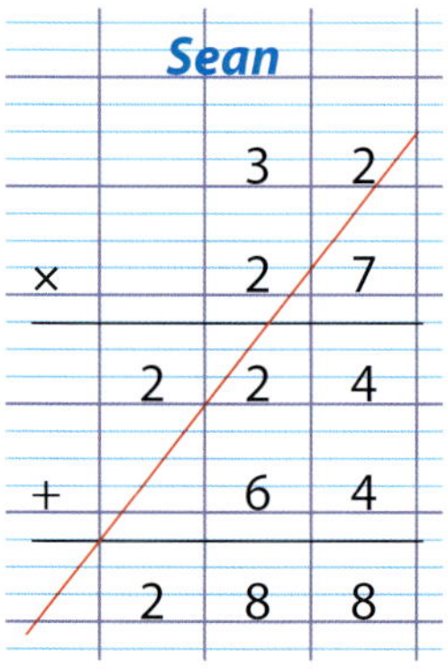

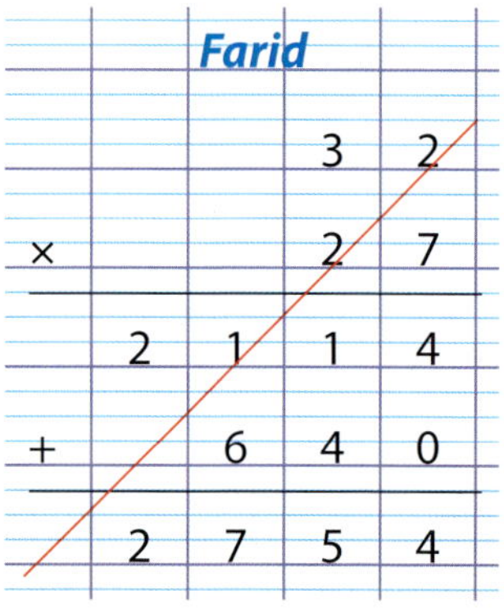

Je retiens

1• Vocabulaire

La **multiplication** est une opération qui permet de **calculer plus rapidement** une addition dont tous les **termes** sont **identiques**.

3 + 3 + 3 + 3 + 3 + 3 + 3 = 7 × 3 = 21
7 + 7 + 7 = 3 × 7 = 21
} On remarque que 3 × 7 = 7 × 3.

Remarques :
- Le résultat d'une multiplication s'appelle un **produit**.
- Les nombres que l'on multiplie sont les **facteurs** du produit.

} **3 × 7 = 21**

2• Technique opératoire

			3	5	6
×			2	1	7
			12	14	9 2
+			3	5	6 0
+	7	1	2	0	0
	7	7	2	5	2

356 × 217 = 77 252

On multiplie le **premier facteur** :
- par le **chiffre des unités** du second facteur ;
- puis par le **chiffre des dizaines** du second facteur : on marque le décalage à l'aide d'un **0** ;
- puis par le **chiffre des centaines** du second facteur : on marque le décalage à l'aide de **00**…

Je comprends

Énoncé

Pose l'opération en colonnes et effectue-la :
564 × 253

Solution

			5	6	4	++
×			2	5	3	2 3
	1	1 1	6	9	2	+
+		2	8	2	0	0
+	1	1	2	8	0	0
	1	4	2	6	9	2

564 × 253 = 142 692

J'applique

A Pose et effectue ces opérations en colonnes :
a) 342 × 3 ; **b)** 754 × 5 ; **c)** 629 × 8.

B Pose et effectue ces opérations en colonnes :
a) 276 × 12 ; **b)** 1 439 × 30 ; **c)** 8 653 × 79.

C Pose et effectue ces opérations en colonnes :
a) 731 × 200 ; **b)** 3 692 × 604 ; **c)** 7 652 × 896.

D 1) Recopie, puis effectue ces opérations :

		2	7			8	6	5
×	8	6	5		×		2	7

2) Que remarques-tu ?

Je m'entraîne

ORAL
1 Calcule ces produits :
a) 25 × 3 ; **b)** 25 × 5 ; **c)** 80 × 6 ; **d)** 52 × 4 ;
e) 13 × 3 ; **f)** 60 × 9 ; **g)** 50 × 4 ; **h)** 51 × 7.

ORAL
2 Je pense à un nombre, je le multiplie par 5 et je trouve 60. Quel est ce nombre ?

ORAL
3 Trouve tous les produits de deux nombres entiers qui sont égaux à :
a) 10 ; **b)** 25 ; **c)** 19 ; **d)** 24 ; **e)** 36.

ORAL
4 Trouve un produit de trois nombres entiers qui est égal à :
a) 36 ; **b)** 60 ; **c)** 9.

ORAL
5 1) Qu'obtient-on lorsqu'on multiplie un nombre entier par 1 ?
2) Qu'obtient-on lorsqu'on multiplie un nombre entier par 0 ?

6 On considère les nombres 18 et 26. Calcule :
a) leur somme ; **b)** leur produit ; **c)** leur différence.

7 1) Calcule la somme de 78 et du produit de 17 et 39.
2) Calcule le produit de 78 et de la somme de 17 et 39.

8 Une école commande du matériel pour préparer la rentrée des classes.
Recopie puis complète le bon de commande.

Produit	Quantité	Prix par objet	Totaux
Cahier	135	2 €	...
Imprimante	2	73 €	...
Dictionnaire	23	14 €	...
Ciseaux	45	7 €	...
Ordinateur	3	957 €	...
		TOTAL	...

J'approfondis

9 PROBLÈME Voici le dessin d'une mosaïque. Calcule le nombre de carreaux rouges et le nombre de carreaux bleus nécessaires pour sa fabrication.

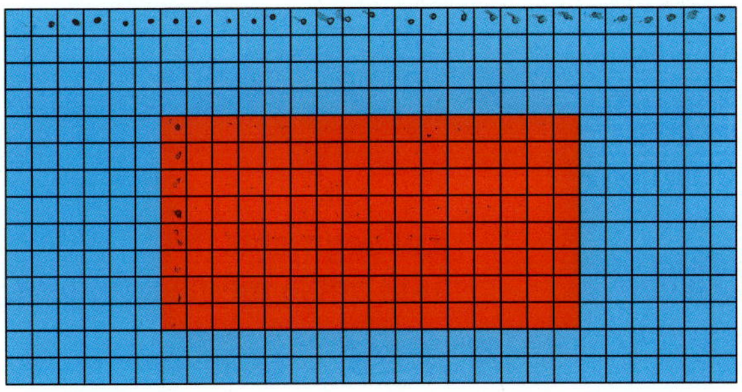

10 Julien a obtenu à l'aide de sa calculatrice le résultat suivant : 32 × 13 = 416
À l'aide du résultat précédent et sans poser la multiplication, calcule :
a) 320 × 13 ; **b)** 13 × 32 ; **c)** 64 × 13 ;
d) 33 × 13 ; **e)** 31 × 13 ; **f)** 32 × 14.

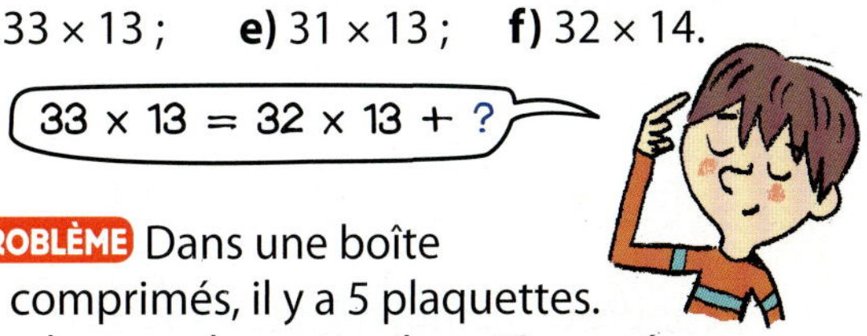

11 PROBLÈME Dans une boîte de comprimés, il y a 5 plaquettes.
Sur chaque plaquette, il y a 12 rangées de 6 comprimés. Combien y a-t-il de comprimés dans 19 boîtes ?

8 TRIANGLES (1)

Définir, reconnaître les triangles particuliers

Géométrie

Calcul mental

7 × ? = 42
3 × ? = 24
? × 4 = 36
…

Je découvre les noms des triangles particuliers

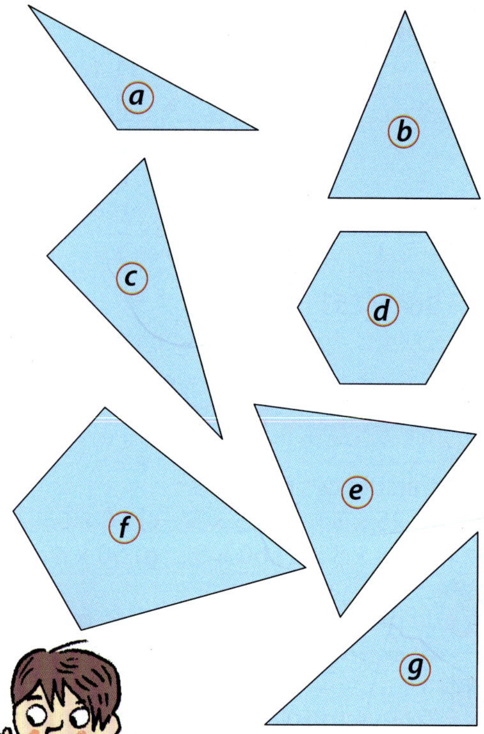

1• Recopie et complète la phrase suivante :
« Les sept figures ci-contre sont des … . »

2• Parmi ces figures, lesquelles sont des triangles ?

Isocèle : *isos* (égal) et *skêlos* (jambe).

Équilatéral : *aequus* (égal) et *latus* (côté).

Rectangle : *rectus* (droit) et *angulus* (angle).

a) Parmi les triangles ci-contre,
lesquels sont des triangles rectangles ?
Comment les as-tu reconnus ?
b) Quelle est la nature de la figure ***e*** ?
Quel instrument de géométrie as-tu utilisé ?
c) Cite tous les triangles isocèles.
Quel instrument de géométrie as-tu utilisé ?

Je retiens

1• Triangles

Un **triangle** est un polygone ayant trois côtés.

Le triangle ABC a trois côtés : les segments [AB], [AC] et [BC].
Le triangle ABC a trois sommets : A, B et C.
Le triangle ABC a trois angles : l'angle bleu, le vert, le jaune.

2• Triangles particuliers

Un **triangle rectangle** est un triangle ayant un angle droit.

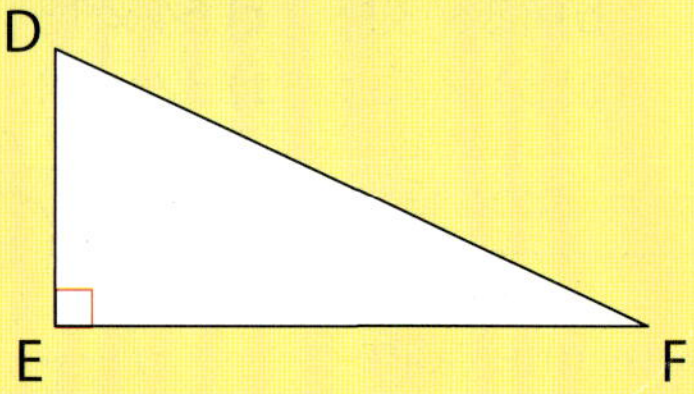

L'angle de sommet E est droit.

Un **triangle isocèle** est un triangle ayant au moins deux côtés de même longueur.

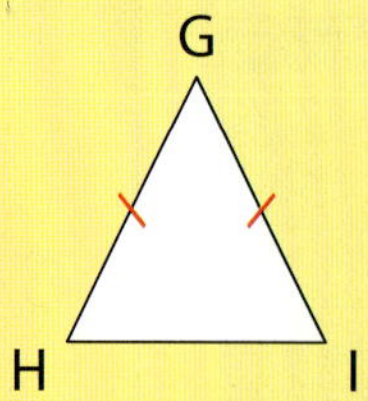

Les segments [GH] et [GI] ont la même longueur.

Un **triangle équilatéral** est un triangle ayant trois côtés de même longueur.

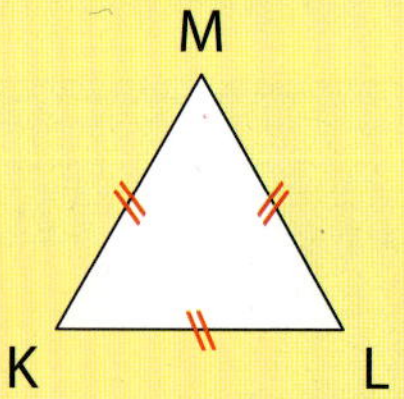

Les segments [ML], [MK] et [KL] ont la même longueur.

Je comprends

Énoncé

Quelle est la nature du triangle AIJ ?

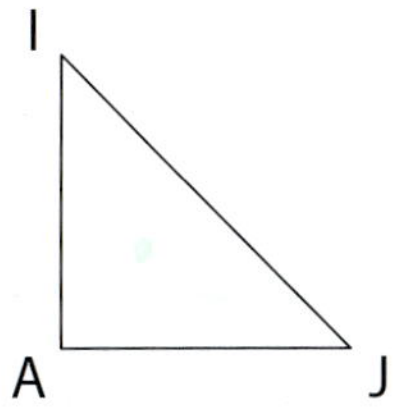

Solution

L'angle de sommet A est droit.

Pour le vérifier, j'ai utilisé l'équerre.

Les segments [AI] et [AJ] sont de même longueur.

Cette fois, j'ai utilisé le compas.

Donc, le triangle AIJ est rectangle et isocèle en A.

J'applique

A Quelle est la nature de chacune des figures ci-dessous ?

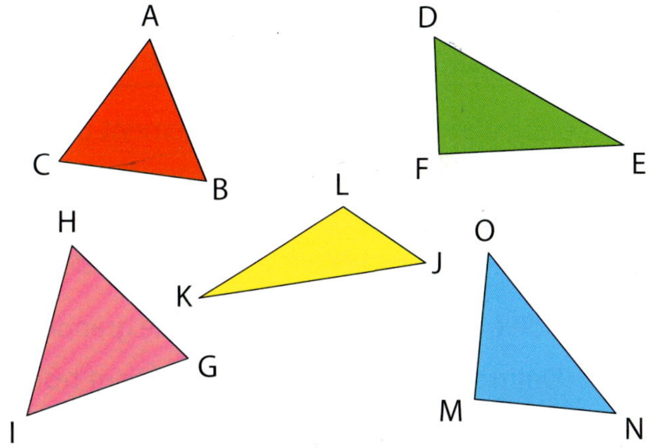

Je m'entraîne

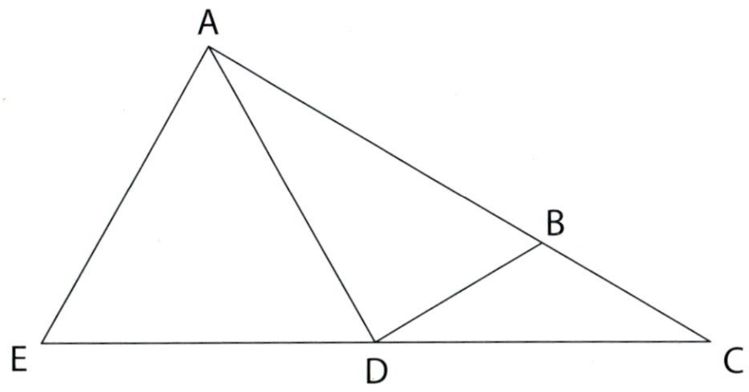

ORAL
1 Quelle est la nature du triangle AED ?
Quel instrument de géométrie as-tu utilisé ?

ORAL
2 Quels sont les triangles rectangles de cette figure ?
Quel instrument de géométrie as-tu utilisé ?

ORAL
3 Quelle est la nature du triangle BCD ?
Quel instrument de géométrie as-tu utilisé ?

4 1) Trace un rectangle ABCD.
2) Trace le segment [AC].
3) Quelle est la nature des deux triangles obtenus ?

5 1) Trace un carré STUV de 9 carreaux de côté.
2) Quelle est la nature du triangle STU ?
3) Quelle est la nature du triangle UVT ?

6 1) Trace un rectangle PQRS de 6 carreaux de longueur et de 4 carreaux de largeur.
2) Place le point M milieu du segment [RS].
Trace les segments [PM] et [QM].
3) Donne les noms des trois triangles obtenus.
4) Quelle est la nature de chaque triangle ?

7 1) À l'aide d'un compas, trace un cercle.
Appelle O son centre et place deux points M et N sur ce cercle.
2) Quelle est la nature du triangle OMN ?

J'approfondis

8 1) Sur une feuille quadrillée, trace un carré EFGH. Trace les segments [EG] et [FH], puis découpe les quatre triangles obtenus.
2) Quelle est la nature de chacun de ces triangles ?
3) Recherche comment les disposer pour obtenir un grand triangle. Trace ce grand triangle sur ton cahier et précise quelle est sa nature.

J'ai collé les 4 triangles sur mon cahier.

4) Tes camarades ont-ils trouvé le même triangle ?

9 PROBLÈME 1) Trace un cercle de rayon 3 cm et de centre O.
Trace un de ses diamètres ; nomme-le [AB].

Un diamètre passe par le centre du cercle.

2) Place un point C sur le cercle.
Trace le triangle ABC.
Quelle est sa nature ?
3) Place un point D sur le cercle.
Trace le triangle ABD.
Quelle est sa nature ?
4) Place un point E sur le cercle pour que le triangle ABE soit rectangle et isocèle.

9 NOMBRES ENTIERS (4)

Déterminer un ordre de grandeur du résultat d'un calcul

Calcul

Calcul mental
Ordre de grandeur :
de 297 + 398
de 98 × 9
…

Je revois comment calculer mentalement un ordre de grandeur

Quatre élèves cherchent mentalement un ordre de grandeur de l'opération 5 624 – 4 766.
Voici leurs réponses :

Nadia	*Adèle*	*Samir*	*Florian*
5 600 – 4 800 = **800**	5 624 – 4 766 = **858**	6 000 – 5 000 = **1 000**	10 000 – 0 = **10 000**

1• Adèle a-t-elle calculé un ordre de grandeur de cette opération ? Qu'a-t-elle calculé ?

2• Des trois élèves restants, lesquels ont trouvé un ordre de grandeur de **5 624 – 4 766** ?

Je découvre comment utiliser un ordre de grandeur

Un chauffeur doit effectuer six livraisons.
Voici la distance qu'il doit parcourir pour chacune de ces livraisons.

	Livraison					
	n° 1	n° 2	n° 3	n° 4	n° 5	n° 6
Distance (en km)	108	289	208	95	213	298

Le chauffeur a effectué le plein de carburant de son camion.
Il peut ainsi parcourir 1 000 km.

1• a) Donne la centaine la plus proche de chaque distance.
b) Déduis-en un ordre de grandeur de la distance totale que ce chauffeur doit parcourir.

2• D'après cette estimation, le chauffeur devra-t-il refaire le plein de carburant avant la fin des livraisons ?

Je retiens

1• Calculer un ordre de grandeur

Pour trouver **un ordre de grandeur** du résultat d'un calcul, on procède en deux étapes :
- on **remplace** chaque nombre de l'opération par un **nombre proche** qui facilite le calcul ;
- on effectue **mentalement** le calcul.

Ordre de grandeur de **517 + 668**	Ordre de grandeur de **844 – 523**	Ordre de grandeur de **21 × 32**
500 + 700 = 1 200	840 – 520 = 320	20 × 30 = 600
Un ordre de grandeur de cette **somme** est 1 200.	Un ordre de grandeur de cette **différence** est 320.	Un ordre de grandeur de ce **produit** est 600.

2• Utiliser un ordre de grandeur

- J'utilise un ordre de grandeur pour **prévoir** le résultat d'un calcul.
- J'utilise un ordre de grandeur pour **contrôler** le résultat d'un calcul posé.

Je comprends

Énoncé

Trouve un ordre de grandeur du produit 49 × 31.

Solution

49 ≈ 50 et 31 ≈ 30.

Je calcule **50** × **30** = **1 500**.

5 × 3 = 15 et j'ai écrit deux **zéros**.

Un ordre de grandeur du produit 49 × 31 est 1 500.

J'applique

A Trouve un ordre de grandeur de chacune de ces sommes :
a) 2 878 + 3 053 ; **b)** 449 + 732 + 45 ;
c) 42 043 + 51 987 + 178 654.

B Trouve un ordre de grandeur de chacune de ces différences :
a) 894 – 187 ; **b)** 928 – 689 ;
c) 4 583 – 1 765 ; **d)** 97 543 – 66 706.

C Trouve un ordre de grandeur de chacun de ces produits :
a) 11 × 37 ; **b)** 52 × 21 ; **c)** 304 × 153.

Je m'entraîne

ORAL
1 Parmi les nombres ci-dessous, lesquels sont des ordres de grandeur de l'opération 206 + 689 ?
12 000 I 890 I 500 I 900 I 1 200.

ORAL
2 Calcule un ordre de grandeur de :
a) 49 + 693 + 248 ; **b)** 7 893 + 12 076.

ORAL
3 Calcule un ordre de grandeur de :
a) 2 109 – 586 ; **b)** 23 472 – 11 274.

ORAL
4 Calcule un ordre de grandeur de :
a) 68 × 12 ; **b)** 92 × 69.

ORAL
5 **1)** Trouve une somme ayant pour ordre de grandeur 600.
2) Trouve une différence ayant pour ordre de grandeur 600.

6 Six opérations ont été écrites sur des étiquettes :

203 × 49	13 510 – 8 974
2 593 – 607	969 + 228 + 479
7 375 + 4 592	247 × 21

Pour chaque opération, on a écrit un de ses ordres de grandeur sur de nouvelles étiquettes :

12 000	10 000	2 000
4 500	1 700	5 000

1) Recopie les étiquettes des ordres de grandeur.
2) Colorie chacune d'elles de la couleur de l'étiquette du calcul correspondant.

J'approfondis

7 Ce tableau indique les populations des pays de l'Océanie.

Pays	Population (en milliers d'habitants)
Australie	19 400
Fidji	800
Nouvelle-Zélande	3 900
Papouasie, Nouvelle-Guinée	5 000
Vanuatu	197

1) Trouve un ordre de grandeur de la population totale de l'Océanie en milliers d'habitants.
2) Calcule la population totale de l'Océanie.
3) Ce calcul est-il cohérent avec l'ordre de grandeur trouvé à la question **1)** ?

8 Karim a recopié le résultat de sa calculatrice :

698 × 41 = 2 868

Vaëa pense qu'il s'est trompé.
1) Calcule un ordre de grandeur de 698 × 41.
2) Vaëa a-t-elle raison ?
3) Pose et effectue ce produit.

9 PROBLÈME Paolo a 700 € pour acheter son matériel de ski. Il veut acheter : des skis à 289 €, des bâtons de ski à 54 €, des chaussures à 149 €, 2 combinaisons à 108 € chacune.
1) Calcule un ordre de grandeur du prix de son équipement.
2) Paolo aura-t-il assez d'argent pour payer ?

J'ai posé l'opération !

10 TRIANGLES (2)
Construire un triangle rectangle

Géométrie

Calcul mental
(2 × 3) + 4 = ?
(4 × 5) – 2 = ?
3 + (5 × 6) = ?
…

Je revois comment tracer un triangle rectangle avec l'équerre

1• Suis le programme de construction suivant :
a) Trace une droite (d). Place un point A sur la droite (d).
b) Avec une équerre, trace la droite (d') perpendiculaire à la droite (d) passant par le point A.
c) Place un point B sur la droite (d) tel que AB = 7 cm.
d) Place un point C sur la droite (d') tel que AC = 5 cm.
e) Trace le triangle ABC.

2• Quelle est la nature du triangle ABC ?

Je revois comment construire un triangle rectangle avec l'équerre et le compas

1• Suis le programme de construction suivant :
a) Trace une droite (d). Place un point E sur la droite (d).
b) Trace la droite (d') perpendiculaire à la droite (d) et passant par le point E.
c) Place un point F sur la droite (d) tel que EF = 6 cm.
d) Avec un compas, place un point G sur la droite (d') tel que FG = 9 cm.
e) Trace le triangle EFG.

2• À quelle étape as-tu utilisé une équerre ?

3• Quelle est la nature du triangle EFG ? Où se situe son angle droit ?

Je retiens

1• Vocabulaire

Un **triangle rectangle** est un triangle ayant un angle droit.

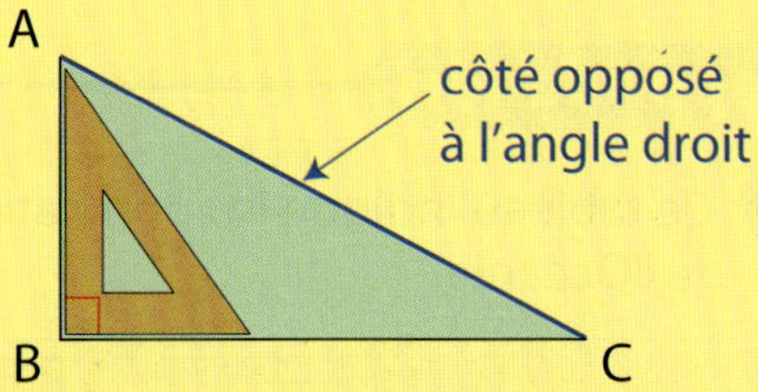

Remarque : il est utile de préciser où se situe **l'angle droit**.
On utilise une **équerre** pour tracer cet angle droit.

Le triangle ABC est **rectangle** en **B**.
Cela signifie que **l'angle droit** se situe au point **B**.

Remarque : dans un triangle rectangle, le côté opposé à l'angle droit est le côté le plus long.

Le côté le plus long du triangle ABC est le côté [AC].

2• Triangle rectangle particulier

Un triangle rectangle ayant deux côtés égaux est un **triangle rectangle isocèle**.

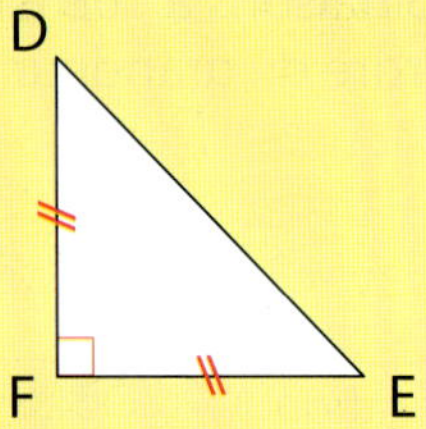

Dans le triangle DEF :
• l'angle de sommet F est droit ;
• les segments [DF] et [FE] ont la même longueur.
Le triangle DEF est un **triangle rectangle et isocèle** en F.

Je comprends

Énoncé

En utilisant un quadrillage, trace un triangle XYZ rectangle en Y tel que XY = 4 cm et XZ = 5 cm.

Solution

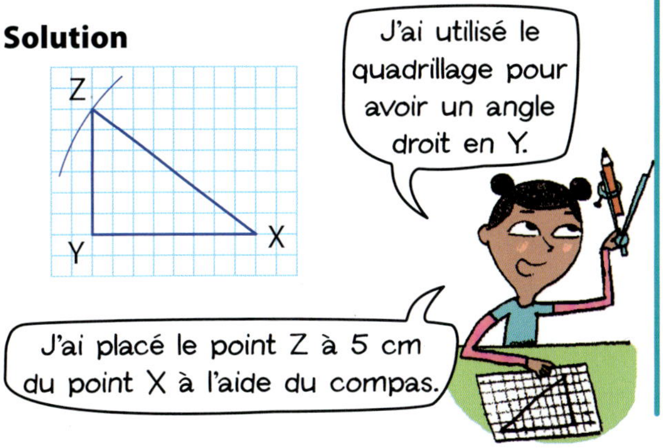

J'applique

A Trace un triangle ABC rectangle en C tel que AC = 35 mm et CB = 45 mm.

B Trace un triangle DEF rectangle en D tel que FD = 65 mm et ED = 50 mm.

C Trace un triangle GHI rectangle en H tel que GH = 7 cm et IG = 9 cm.

D 1) Trace un triangle JKL rectangle en J tel que JK = 60 mm et KL = 75 mm.
2) Mesure la longueur du côté [JL].

E 1) Trace un triangle MNO rectangle et isocèle en O tel que MO = 5 cm.
2) Quelle est la mesure de son côté le plus long ?

Je m'entraîne

ORAL
1 Dans la figure ci-dessous, nomme tous les triangles rectangles. Précise pour chacun d'eux où se situe l'angle droit.

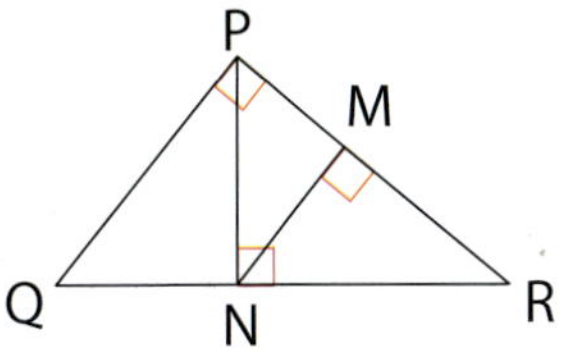

ORAL
2 Soit un triangle rectangle tel que KL = 21 mm, LM = 28 mm et MK = 35 mm.
1) Quel côté est son côté le plus long ?
2) Quel est le sommet de l'angle droit ?

ORAL
3 Le triangle RST est rectangle et isocèle en S.
1) Quel est son côté le plus long ?
2) Quels sont ses côtés de même longueur ?

4 1) Complète le programme de construction de la figure ci-dessous qui commence par : « Construis un triangle UVW rectangle en… . »

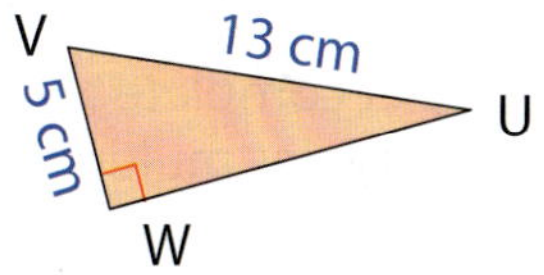

2) Construis le triangle UVW à partir de ton programme de construction.

5 1) Reproduis sur une feuille quadrillée la figure HOLA ci-contre.

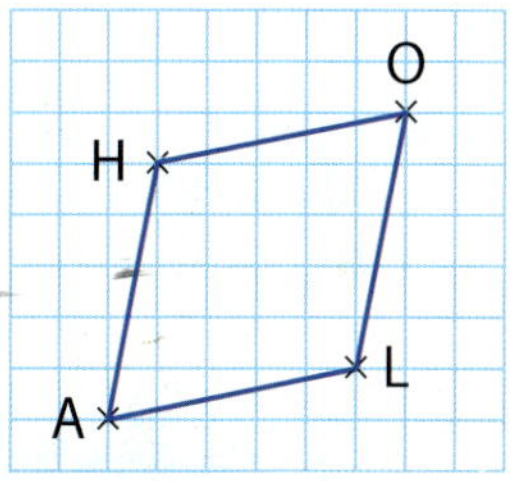

2) Quelle est la nature du quadrilatère HOLA ?
3) Trace ses diagonales.
4) Quelle est la nature de chacun des quatre triangles obtenus ?

J'approfondis

6 PROBLÈME Clara et Justine habitent dans l'immeuble situé en A. Elles vont à l'école située en D. Les points B, E et C sont alignés.

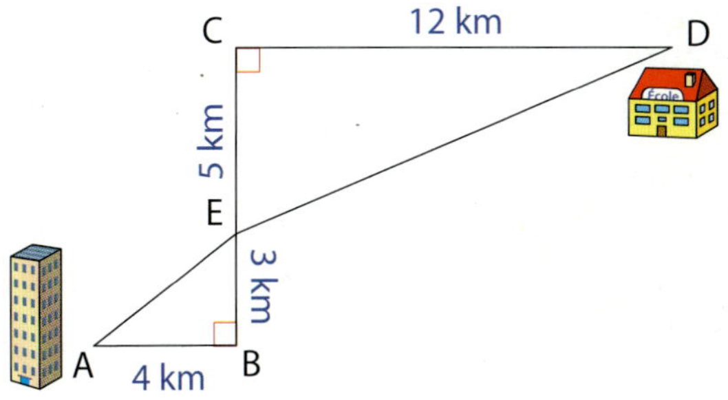

Clara suit le trajet ABCD. Justine suit le trajet AED.
1) Reproduis ce schéma en représentant une longueur réelle de 1 km par une longueur de 1 cm.
2) Calcule la longueur du trajet de Clara.
3) Mesure la longueur du trajet de Justine.
4) Lequel de ces enfants fait le plus long trajet ?

7 PROBLÈME 1) Construis un triangle DEF rectangle en D tel que DE = 7 cm et DF = 3 cm.
2) Sur la même figure, construis un triangle FEG rectangle en F tel que FG = 5 cm.
3) Sur la même figure, construis un triangle DEH rectangle en E tel que DH = 8 cm.

11 NOMBRES ENTIERS (5)
Déterminer, reconnaître des multiples d'un nombre entier

Calcul

Calcul mental
21 = ? × ?
15 = ? × ?
12 = ? × ? × ?
…

Je revois comment écrire une liste de multiples

Clément vend des bouteilles d'eau par packs de 12. Chaque semaine, un restaurateur lui commande environ 160 bouteilles.

1• Calcule : 10 × 12.

2• Ajoute 12 au résultat du calcul précédent. Recopie et complète : 11 × 12 = … .

3• Ajoute 12 au résultat de 11 × 12. Recopie et complète : 12 × 12 = … .

4• Continue d'écrire les multiples de 12 jusqu'a 17 × 12.

5• Combien de [redacted] ce restaurateur va-t-il commander ?
Packs

Je découvre comment encadrer un nombre par deux multiples consécutifs

Sylvia a ramassé 273 œufs qu'elle veut ranger dans des boîtes.

1• Les boîtes utilisées par Sylvia contiennent 12 œufs chacune.
a) Recopie et complète : 273 = 240 + … .
b) Recopie et complète : 240 = … × 12.
c) Écris la liste des multiples de 12 de 20 × 12 à 24 × 12.
d) Encadre 273 par deux multiples de 12 consécutifs.
e) Combien de boîtes de 12 œufs Sylvia va-t-elle remplir ?

2• Finalement, Sylvia préfère utiliser des boîtes de 6.
a) Encadre 273 entre deux multiples de 6 consécutifs.
b) Combien de boîtes de 6 œufs Sylvia va-t-elle remplir ?

Je retiens

1• Multiples d'un nombre entier

Un **multiple** d'un nombre entier est le **produit** de ce nombre par un autre nombre entier.

Remarque : pour chaque nombre entier, il existe une infinité de multiples.

On donne des exemples de multiples de 6 :
0 × 6 = **0** ; 1 × 6 = **6** ; 2 × 6 = **12** ; 3 × 6 = **18**…
Mais aussi, par exemple : 10 × 6 = **60** ; 26 × 6 = **156**…
} Des multiples de 6 sont : **0** ; **6** ; **12** ; **18** ; **60** ; **156**…

2• Encadrement d'un nombre par deux multiples consécutifs

On veut encadrer le nombre **338** par deux multiples de **3** consécutifs.
330 = 110 × **3**.
Ainsi 330 est un multiple de **3**.
Les multiples suivants de **3** sont : 333 ; 336 ; 339 ; 342 ; 345 ; …

Donc, 336 < **338** < 339 est un encadrement de **338** par deux multiples de **3** consécutifs.

Je comprends

Énoncé

Encadre **451** par deux multiples de 2 consécutifs.

Solution

450 < **451** < 452

J'applique

A Encadre chacun de ces nombres par deux multiples de 2 consécutifs :
11 I 105 I 33 I 7 I 71 I 19 I 1 003.

B Encadre chacun de ces nombres par deux multiples de 5 consécutifs :
8 I 27 I 44 I 61 I 79 I 94 I 653 I 2 981.

C Encadre chacun de ces nombres par deux multiples de 10 consécutifs :
4 I 21 I 65 I 38 I 128 I 239 I 1 342.

Je m'entraîne

ORAL

1 Vrai ou faux ? Justifie ta réponse.
a) 606 est un multiple de 2.
b) 606 est un multiple de 5.
c) 606 est un multiple de 3.

ORAL

2 1) Trouve cinq multiples de 11.
2) Trouve cinq multiples de 7.

ORAL

3 Quel est l'intrus dans chacune de ces listes ? Justifie chaque réponse.
a) 0 I 5 I 15 I 35 I 44 I 65 I 90.
b) 4 I 8 I 16 I 20 I 24 I 30 I 48.

ORAL

4 Trouve un multiple :
a) de 3 ; **b)** de 5 ; **c)** de 3 et de 5.

ORAL

5 Encadre le nombre 40 par deux multiples de 7 consécutifs.

6 Recopie et complète ce tableau d'après l'exemple.

	est un multiple de				
	2	**3**	**5**	**9**	**10**
12	*oui*	*oui*	*non*	*non*	*non*
24					
45					
60					
71					
90					

7 15 I 29 I 90 I 8 I 45 I 51 I 75 I 0.
1) Parmi les nombres de cette liste, écris ceux qui sont des multiples de 5.
2) Quel est le chiffre des unités de ces multiples de 5 ?
3) 2 135 est-il un multiple de 5 ?

J'approfondis

8 Encadre chacun de ces nombres par deux multiples de 8 consécutifs.
15 I 7 I 33 I 69 I 154.

9 1) Écris les quinze premiers multiples de 16.
2) **a)** Recopie la liste de nombres suivante :
0 I 9 I 80 I 98 I 126 I 144 I 186 I 224 I 256.
b) Entoure en bleu les multiples de 16.
c) Encadre chacun des nombres non entourés par deux multiples de 16 consécutifs.

10 PROBLÈME Le code secret du coffre du trésor est un nombre de deux chiffres.
C'est un multiple commun à 21 et à 28.
Quel est le code secret du coffre ?

11 PROBLÈME Encadre le nombre 230 par deux multiples de 17 consécutifs.

12 PROBLÈME Dans une classe, la maîtresse peut répartir la totalité de ses élèves en groupes de 3. Quand il y a un absent, elle peut les répartir en groupes de 5. Toutes les classes de l'école ont moins de 30 élèves.
Combien y a-t-il d'élèves dans cette classe ?

12 TRIANGLES (3)

Construire un triangle en connaissant la longueur de ses côtés

Géométrie

Calcul mental

$(5 \times 4) + (2 \times 3) = ?$
$(6 \times 6) - (3 \times 4) = ?$
$(1 + 6) \times (2 + 6) = ?$
…

Je découvre comment tracer un triangle de dimensions connues

Partie A

Sur une feuille blanche, suis le programme de construction suivant :

1• Trace une droite (d). Place un point A sur la droite (d).

2• Place un point B sur la droite (d), situé à 7 cm du point A.

3• Trace un cercle de centre A et de rayon 5 cm.

4• Trace un cercle de centre B et de rayon 4 cm.
Les cercles se coupent aux points C et D.

5• Trace le triangle ABC et le triangle ABD.

Partie B

1• Découpe le triangle ABC et le triangle ABD.

2• Compare les deux triangles obtenus.

3• Parmi les étiquettes ci-dessous, lesquelles peuvent compléter la phrase suivante ?
« Le triangle ABC et le triangle ABD …. »

sont superposables.	sont isocèles.	ont leurs côtés de même longueur.	sont rectangles.	sont découpés.	sont de même aire.

Je retiens

On peut en général construire un triangle dont on connaît les longueurs des trois côtés.

Méthode de construction
On veut tracer un triangle VUE tel que VU = 30 mm, UE = 25 mm et EV = 20 mm.

Étape 1 : on trace le segment [VU] de longueur 30 mm.

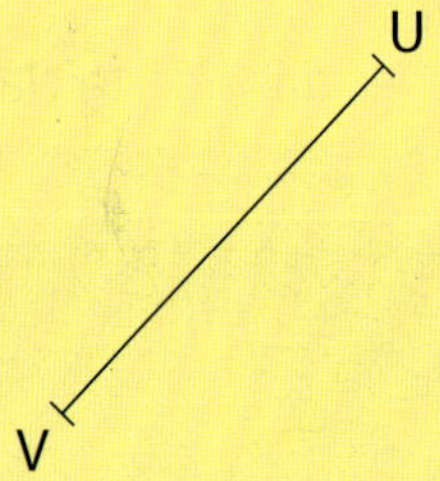

Étape 2 : on trace un arc de cercle de centre U et de rayon 25 mm.

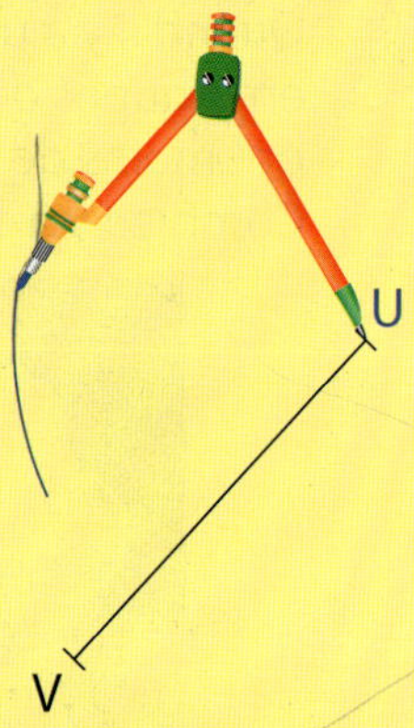

Étape 3 : on trace un arc de cercle de centre V et de rayon 20 mm.

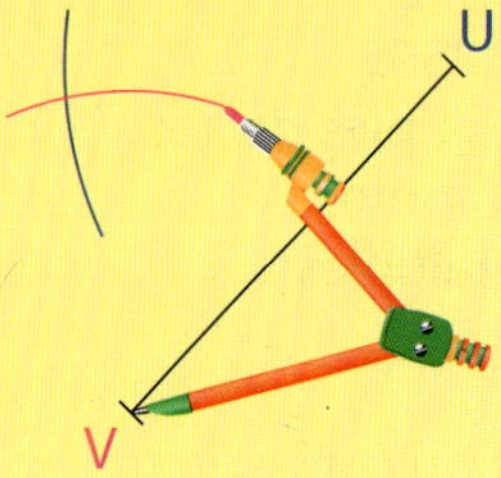

Étape 4 : on appelle E le point d'intersection des deux arcs de cercle. On trace le triangle VUE.

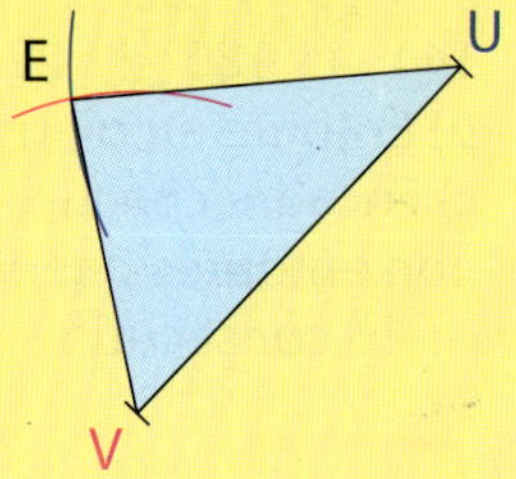

Je comprends

Énoncé

Trace un triangle BOL tel que
BO = 20 mm, OL = 27 mm et BL = 13 mm.

Solution

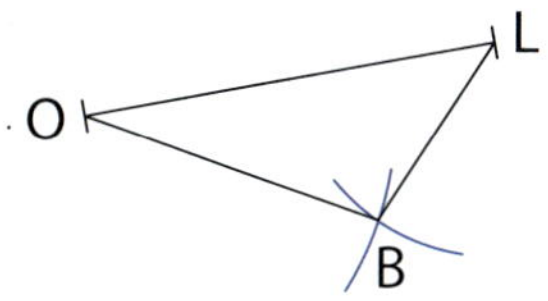

J'applique

A Trace un triangle COQ tel que
CO = 7 cm, QO = 8 cm et QC = 9 cm.

B Trace un triangle CIL tel que
CI = 25 mm, IL = 45 mm et CL = 35 mm.

C Trace un triangle BAL tel que
BA = 45 mm et AL = LB = 55 mm.

D Trace un triangle EPI équilatéral
tel que EP = 5 cm.

E Trace un triangle POU isocèle en U tel que
PO = 6 cm et OU = 4 cm.

Je m'entraîne

ORAL

1 Pour chacun des énoncés ci-dessous, indique si tu as suffisamment de données pour construire un triangle de forme précise. Explique chaque réponse.

a) Trace le triangle BUT tel que BU = 15 cm et TU = 9 cm.

b) Trace le triangle CRI équilatéral tel que IR = 12 cm.

c) Trace le triangle ROC tel que RO = 6 cm, OC = 9 cm et CR = 7 cm.

d) Trace le triangle SUR isocèle en R tel que SU = 15 cm et RU = 9 cm.

e) Trace le triangle NUL tel que NU = 8 m, UL = 13 m et NL = 10 m.

f) Trace le triangle MAG isocèle en A tel que AM = 9 cm.

2 **1)** Construis un triangle MOU tel que MU = 55 mm, MO = 85 mm et OU = 65 mm.
2) Sur la même figure, construis un triangle COU tel que CO = 55 mm et UC = 45 mm.

3 **1)** Construis un triangle MUR isocèle en M tel que UR = 5 cm et MR = 8 cm.
2) Sur la même figure, construis un triangle MER rectangle en M tel que RE = 10 cm.

4 **1)** Construis un triangle ABC équilatéral de 4 cm de côté.
2) **a)** Sur la même figure, construis un triangle ABD tel que AD = 5 cm et BD = 5 cm.
b) Quelle est la nature du triangle ABD ?
3) **a)** Sur la même figure, construis un triangle ACE tel que AE = 5 cm et CE = 3 cm.
b) Quelle est la nature du triangle ACE ?
4) **a)** Sur la même figure, construis un triangle BCF tel que BF = 4 cm et CF = 4 cm.
b) Quelle est la nature du triangle BCF ?

J'approfondis

5 **1)** Construis un triangle ROS rectangle en O tel que RO = 7 cm et OS = 6 cm.
2) Sur la même figure, construis un triangle équilatéral RIS.

6 PROBLÈME **1)** Construis un triangle COU tel que CO = 75 mm, OU = 65 mm et CU = 55 mm.
2) Sur la même figure, construis :
a) un triangle COL isocèle en L ;
b) un triangle FOU isocèle en O.

7 PROBLÈME Essaie de tracer un triangle AGE tel que AE = 7 cm, AG = 11 cm et GE = 4 cm.
Que remarques-tu ?

8 PROBLÈME Trace tous les triangles isocèles ABC tels que AB = 5 cm et BC = 7 cm.

9 PROBLÈME Trace tous les triangles isocèles PIN tels que IP = 7 cm et IN = 3 cm.

10 PROBLÈME Prends 9 crayons de même longueur. Pose-les sur la table, sans les croiser, pour former le plus de triangles équilatéraux possible.

13 DIVISION (1)
Effectuer une division à quotient entier

Calcul

Calcul mental
22 = 5 × ? + 2
44 = 6 × 7 + ?
25 = 7 × ? + ?
…

Je revois comment partager équitablement des objets

Lors d'un concours, une classe de CM2 de 15 élèves a gagné 350 affiches.
Le professeur décide de donner le même nombre d'affiches à chaque élève et de garder les affiches restantes pour décorer la salle de classe.

1• Peut-il donner 10 affiches à chaque élève ? 20 affiches ? 30 affiches ?

2• Écris la liste des multiples de 15 de 20 × 15 à 26 × 15.

3• Déduis-en le nombre maximum d'affiches que le professeur peut donner à chaque élève.

4• Avec combien d'affiches pourra-t-il décorer la salle de classe ?

Je revois comment poser une division à quotient entier

Trois élèves ont essayé d'effectuer la division de 320 par 13.

Samuel

	3	₁2	0	1	3	
−	₁₊1	3		1	1	4
	1	9				
−	1	3				
	0	6	0			
	−	5	2			
		0	8			

Barbara

	3	₁2	0	1	3
−	₁₊2	6		2	3
	0	6	₁0		
	−	₁₊3	9		
		2	1		

Alice

	3	₁2	0	1	3
−	₁₊2	6		2	4
	0	6	₁0		
	−	₁₊5	2		
		0	8		

1• Comment appelle-t-on le nombre écrit en rouge dans la division de Samuel ?
Explique pourquoi ce nombre est trop grand pour être juste.

2• Comment appelle-t-on le nombre écrit en rose dans la division de Barbara ?
Pourquoi ce nombre ne peut-il pas être juste ?

3• a) Comment appelle-t-on le nombre écrit en vert dans la division d'Alice ?
b) Quel nombre retrouves-tu en calculant (13 × 24) + 8 ?

4• Laquelle des divisions posées par ces élèves est juste ?

Je retiens

Dans la **division** à quotient entier de **350** par **15** :

- le **dividende** est **350** ;
- le **diviseur** est **15** ;
- le **quotient entier** est **23** ;
- le **reste** est **5**.

	3	5	0	1	5
−	3	0		2	3
	0	5	₁0		
	−	₁₊4	5		
		0	5		

Dividende	Diviseur
	Quotient entier
Reste	

Le nombre **350** contient au maximum **23** fois le nombre **15** et il reste **5**.

On a ainsi l'égalité (**23** × **15**) + **5** = **350**, avec **5** < **15**.

Le reste est inférieur au **diviseur**.

Je comprends

Énoncé

Pose et effectue la division à quotient entier de 458 par 21 en précisant le nombre de chiffres de son quotient.

Solution

C	D	U		D	U
4	5	8		2	1
− 4	2			D	U
0	3	8		2	1
	− 2	1			
	1	7			

J'applique

A Réponds à chaque question et explique ta réponse.
a) Le quotient entier de la division de 568 par 4 possède-t-il un chiffre des centaines ?
b) Le quotient entier de la division de 743 par 28 possède-t-il un chiffre des centaines ?
c) Le quotient entier de la division de 284 par 7 possède-t-il un chiffre des centaines ?

B Pose et effectue la division à quotient entier de 853 par 7 en précisant le nombre de chiffres de son quotient.

C Pose et effectue la division à quotient entier de 358 par 16 en précisant le nombre de chiffres de son quotient.

D Pose et effectue la division à quotient entier de 584 par 8.

Je m'entraîne

ORAL
1 Calcule le quotient entier et le reste de la division de 30 par 4.

ORAL
2 Calcule le quotient entier et le reste de la division de 25 :
a) par 4 ; **b)** par 5 ; **c)** par 7 ; **d)** par 8.

ORAL
3 Calcule le quotient entier et le reste de la division de 40 :
a) par 4 ; **b)** par 6 ; **c)** par 7 ; **d)** par 11.

ORAL
4 Cite tous les restes possibles d'une division à quotient entier par 7.

5 **1)** Calcule 12 × 15.
2) Déduis-en le quotient entier et le reste de la division de 188 par 15.
3) Quels sont le quotient entier et le reste de la division de 190 par 12 ?

6 Calcule le dividende d'une division à quotient entier ayant pour diviseur 24, pour reste 12 et pour quotient 15.

7 Lydie a ramassé 148 brins de muguet pour le 1er Mai. Elle confectionne des bouquets de 9 brins chacun.
1) Combien de bouquets peut-elle ainsi réaliser ?
2) Combien lui restera-t-il de brins non utilisés ?

J'approfondis

8 PROBLÈME Gaëlle possède 160 figurines. Elle les range dans des boîtes pouvant contenir chacune 12 figurines.
1) Combien de boîtes va-t-elle utiliser ?
2) Combien de figurines pourra-t-elle encore ranger dans la dernière boîte ?

9 PROBLÈME Lucas a effectué une division à quotient entier. Son quotient est 42. Son diviseur est égal à la moitié de son quotient. Son reste est égal au tiers de son diviseur.
Quel est le dividende de cette division ?

10 PROBLÈME Julia fête son anniversaire. Dix camarades ont accepté son invitation. Avec son père, elle a préparé des petits sablés. Ils ont cuit 3 plaques de four contenant chacune 4 rangées de 6 sablés. Julia souhaite les partager équitablement avec ses amis. Combien de petits sablés chaque enfant aura-t-il ?

14 ORGANISATION DE DONNÉES (1)

Lire, interpréter, construire un tableau

Données

Calcul mental
Quotient entier de :
22 divisé par 5
40 divisé par 6
…

Je revois comment lire un tableau à double entrée

Les quatre films les plus vus au cinéma en France en 2008 ont été *Astérix aux Jeux olympiques*, *Bienvenue chez les Ch'tis*, *Indiana Jones 4* et *Madagascar 2*.

	Nombre de spectateurs (en milliers)		
	à Paris	hors Paris	en France
Astérix aux Jeux olympiques	1 014	5 777	6 791
Bienvenue chez les Ch'tis	2 875	17 454	20 329
Indiana Jones 4	984	3 215	4 199
Madagascar 2	997	4 251	5 248

1• À quoi correspondent les nombres écrits dans la colonne bleue ?

2• À quoi correspondent les nombres écrits dans la ligne jaune ?

3• À quoi correspond le nombre écrit dans la case verte ?

4• Ce tableau permet-il de savoir si le film est français ou étranger ?

5• Combien de personnes ont-elles vu au cinéma *Bienvenue chez les Ch'tis* en France en 2008 ?

6• a) Comment ces films ont-ils été classés dans ce tableau ?
b) Classe ces films du plus regardé au moins regardé en France.

Je découvre comment construire un tableau à double entrée

1• Dans ta classe :
a) compte les garçons qui mangent à la cantine au moins une fois par semaine ;
b) compte les garçons qui ne mangent pas à la cantine ;
c) compte les filles qui mangent à la cantine au moins une fois par semaine ;
d) compte les filles qui ne mangent pas à la cantine.

2• Organise ces quatre renseignements dans un tableau à double entrée.
Précise le titre de chaque ligne et de chaque colonne.

Je retiens

Un **tableau à double entrée** permet d'organiser des données en **lignes** et en **colonnes**.

Johnny et Lucie collectionnent des cartes où figurent les photographies de leurs sportifs préférés.

- La **ligne** bleue précise le nombre de cartes de joueurs de football, de rugby et de basket-ball que possède Lucie.
- La **colonne** rose précise le nombre de cartes de joueurs de rugby que possèdent Johnny et Lucie.
- La **case** violette précise le nombre de cartes de joueurs de rugby que possède Lucie.

	Nombre de cartes		
	football	rugby	basket-ball
Johnny	258	129	75
Lucie	134	182	14

Je comprends

Énoncé

À l'école d'Émilie, il y a 42 garçons et 53 filles en CM1. Il y a 46 filles et 48 garçons en CM2.
Organise ces données dans un tableau.

Solution

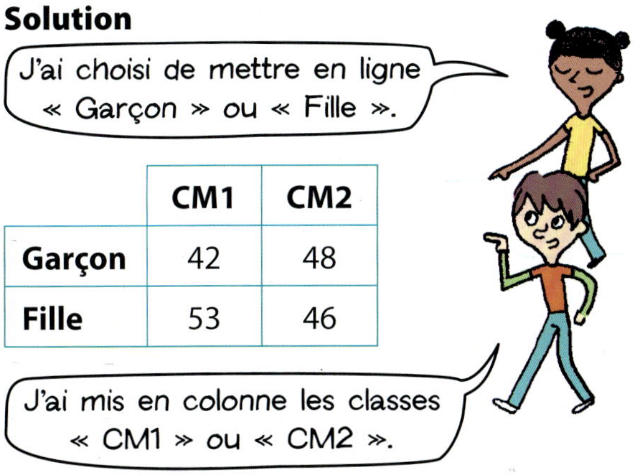

	CM1	CM2
Garçon	42	48
Fille	53	46

J'applique

A À l'école de Matthieu, il y a 52 garçons et 47 filles qui viennent en transport scolaire, tandis que 36 filles et 33 garçons y viennent sans utiliser de transport scolaire.
Organise ces données dans un tableau.

B Un musée organise deux expositions.
Le samedi, il a fait 145 entrées pour l'exposition A et 78 pour l'exposition B.
Le dimanche, il a fait 84 entrées pour l'exposition B et 121 pour l'exposition A.
Organise ces données dans un tableau.

C Nico possède 25 CD de chanteurs français et 42 DVD de chanteurs étrangers.
Il a aussi 62 DVD de chanteurs français et 86 CD de chanteurs étrangers.
Organise ces données dans un tableau.

Je m'entraîne

ORAL

1 Horaires des trains Genève-Annecy :

(A) Arrivée **(D)** Départ

Train	F3	G9	A5
Genève-Eaux-Vives	07:32	08:02	20:03
Annemasse (A)	07:43	08:13	20:19
Annemasse (D)	08:02	08:18	20:20
Reignier	....	08:28	....
La Roche-sur-Foron (A)	08:18	08:36	20:49
La Roche-sur-Foron (D)	08:25	08:43	20:50
Groisy-Thorens-la-Caille	08:43	09:03	....
St-Martin-Bellevue	....	09:14	....
Pringy	....	09:20	....
Annecy	08:52	09:25	21:22

1) Quel train s'arrête à Reignier ?
À quelle heure arrive-t-il à Annecy ?
2) Combien de fois le train de 20 h 03 s'arrête-t-il entre Genève-Eaux-Vives et Annecy ?
3) Rita habite Genève. À quelle heure est-elle partie de Genève-Eaux-Vives pour arriver à Annecy à 9 h 25 ?

2 Regarde les horaires des trains de l'exercice **1**. Pablo habite Annemasse.
À quelle heure doit-il prendre le train pour arriver à Annecy avant 9 h 00 ?

3 Ce panneau est affiché sur une plage de Méditerranée :

	Température (en °C) relevée à :		
	9 h 00	**12 h 00**	**18 h 00**
Air	16	31	24
Eau	19	20	21

1) Quels renseignements donne :
a) la ligne bleue du tableau ?
b) la colonne rose du tableau ?
2) Quelle était la température :
a) de l'eau à 12 h 00 ? **b)** de l'air à 9 h 00 ?
3) À quoi correspond le nombre 24 dans ce tableau ? le nombre 19 ?

J'approfondis

4 PROBLÈME Au club de danse d'Éva, il y a 84 participants « débutants » dont 24 garçons.
Il y a 88 participants « confirmés » dont 61 filles.
1) Dessine un tableau à double entrée de 3 lignes : nombre de garçons, nombre de filles et nombre total de participants.
2) Complète ce tableau.

5 PROBLÈME Trois enfants font un parcours de golf en 9 trous. On note le nombre de coups réalisés par chaque enfant pour chaque trou.

	Numéro du trou								
	1	**2**	**3**	**4**	**5**	**6**	**7**	**8**	**9**
Hervé	4	3	6	3	4	7	3	5	4
Nadia	5	3	5	5	5	6	3	4	3
Samir	4	4	4	3	5	5	4	6	3

1) Quel enfant a fait le moins de coups au trou n° 8 ?
2) Qui a fait 7 coups en un trou ? À quel trou ?
3) Qui a réalisé le moins de coups en tout ?

15 PROBLÈMES DE LA VIE QUOTIDIENNE (1)

Calcul

Calcul mental
Reste de la division de :
42 par 5
31 par 3
48 par 6
…

Je résous un problème en suivant plusieurs étapes

Énoncé
Une école organise la visite d'un musée.
Il ne peut pas y avoir plus de 200 participants à cette sortie.
Chacune des 4 classes de cours élémentaire comporte 24 élèves.
Chacune des 3 classes de cours moyen comporte 29 élèves.
Il faut aussi prévoir 2 accompagnateurs pour chaque classe.

Question
Toutes les classes de cours élémentaire et de cours moyen pourront-elles participer à cette sortie ?

1• Combien y a-t-il d'élèves de cours élémentaire ?

2• Combien y a-t-il d'élèves de cours moyen ?

3• Calcule le nombre total de participants.

4• Toutes les classes de cours élémentaire et de cours moyen de cette école pourront-elles participer à cette sortie ?

Je résous un problème en posant les bonnes questions

Énoncé
Une équipe de handball dispute la finale du championnat de France 2009 à Paris.
Le club réserve des wagons entiers de train pour ses supporters.
2 750 supporters se sont inscrits pour ce déplacement.
Chaque train est constitué de plusieurs wagons.
Chaque wagon contient 23 rangées de 4 places.

Question
Combien y aura-t-il de places libres dans le dernier wagon réservé par le club ?

1• Des questions suivantes, laquelle n'est pas utile à la résolution de ce problème ?

Combien y a-t-il de places réservées dans le dernier wagon ?	Combien de wagons seront remplis ?	Combien de trains vont se rendre à Paris ?	Combien de places contient chaque wagon ?

2• a) Des questions restantes, laquelle dois-tu te poser en premier ?
b) Réponds à cette question.

3• Réponds alors à chacune des deux autres questions.

4• Déduis-en le nombre total de places libres dans les wagons réservés par le club.

Je m'entraîne

1 Un bateau promène des touristes.
Il commence par embarquer 152 personnes.
Au premier arrêt, 38 passagers descendent et 86 montent sur le bateau.
Au deuxième arrêt, 74 passagers descendent et 27 montent sur le bateau.
1) Combien y a-t-il de passagers sur ce bateau après le premier arrêt ?
2) Combien de passagers vont descendre lors du troisième et dernier arrêt ?

2 Khaled cherche le plus petit nombre, non égal à zéro, à la fois multiple de 15 et de 20.
1) Écris les premiers multiples de 15.
2) Écris les premiers multiples de 20.
3) Quel est le nombre cherché par Khaled ?

3 **1)** Dans ce carrelage, calcule le nombre de carreaux : **a)** rouges ; **b)** bleus ; **c)** verts.
2) Déduis-en le nombre de carreaux jaunes.

4 À la bibliothèque municipale, il y a 7 rangées de 5 tables. Chaque table peut accueillir jusqu'à 6 personnes. Ce jour-là, 158 personnes sont présentes dans la bibliothèque.
1) Combien de personnes la bibliothèque peut-elle accueillir ?
2) Combien reste-t-il de places libres ce jour-là ?

5 Manuel doit ranger 260 œufs dans des boîtes qui peuvent en contenir 12 chacune.
1) Combien de boîtes va-t-il ainsi remplir ?
2) Combien de boîtes doit-il utiliser ?
3) Combien de places vides y aura-t-il dans la dernière boîte ?

6 Lara veut réaliser une mosaïque à l'aide de carrés de couleur.
Elle décide de former un rectangle constitué de 26 rangées de 42 carrés chacune.
Les carrés colorés sont vendus par paquets de 80.
1) Combien de carrés Lara va-t-elle utiliser pour réaliser sa mosaïque ?
2) Combien de paquets de carrés Lara doit-elle acheter ?

J'approfondis

7 Une salle de cinéma est composée de 13 rangées de 12 sièges, de 8 rangées de 14 sièges et de 5 rangées de 18 sièges.
Lors d'une séance, 178 spectateurs ont payé plein tarif et 98 spectateurs ont bénéficié d'un tarif réduit.
Combien reste-t-il de places libres dans la salle ?

8 Les cinq classes de CM d'une école vont visiter une centrale hydraulique.
Deux classes ont 29 élèves et trois classes ont 33 élèves.
L'école a réservé quatre bus qui peuvent contenir 44 élèves chacun.
Combien d'élèves de CP l'école peut-elle aussi emmener visiter cette centrale ?

9 Trois fois par mois, Victor prend un cours de piano pendant deux heures.
Cinq fois par mois, sa sœur Diana prend un cours de guitare pendant une heure.
Les cours de piano ont lieu pendant dix mois, tandis que ceux de guitare durent toute l'année.
Lequel de ces deux enfants a le plus d'heures de cours de musique par an ?

10 Kim et Mathias jouent ensemble.
Ils se mettent à 300 cm d'un mur.
Ils avancent en mettant un pied devant l'autre : le pied suivant doit toucher le précédent.
Le gagnant est celui qui sera le plus proche du mur sans le toucher.
Les pieds de Kim mesurent 16 cm chacun et ceux de Mathias mesurent 19 cm chacun.
Lequel de Kim ou de Mathias va gagner ?

JE RÉDIGE LA SOLUTION D'UN EXERCICE

Énoncé de l'exercice

Lii participe à une course de haies dans la catégorie minime.
Il parcourt 12 m, saute 8 haies, puis court 12 m jusqu'à l'arrivée.
Deux haies consécutives sont distantes de 8 m.

1• a) Fais un schéma représentant la situation.
b) Déduis-en la longueur de cette course.

2• Entre deux haies, Lii effectue le même nombre de foulées.
Il réalise 9 foulées avant la première haie et 9 autres foulées après la dernière haie.
Il compte qu'il a réalisé 60 foulées durant toute la course.
Combien de foulées Lii a-t-il réalisées entre deux haies ?

Rédaction de la solution

Mes conseils

1• a)

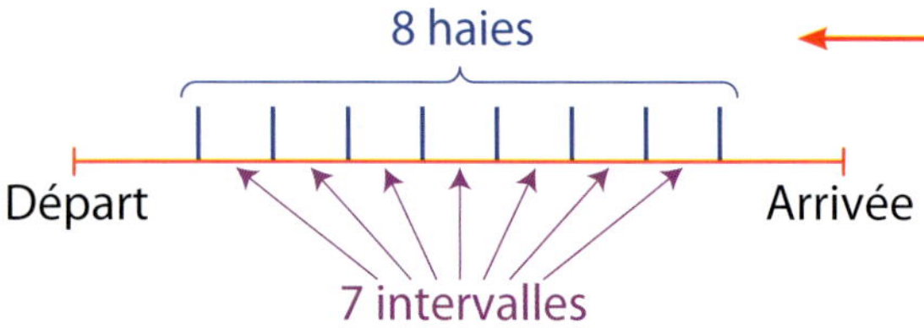

Le schéma ne te sert qu'à visualiser le problème : inutile de le faire à l'échelle.

b) D'après le schéma, je me rends compte qu'il y a 7 espaces entre les haies.
$7 \times 8 = 56$.
Il y a 56 m entre la première et la dernière haie.

Attention ! il y a 8 haies, mais seulement 7 intervalles entre ces haies.

$12 + 56 + 12 = 80$.
La longueur de cette course de haies est 80 m.

N'oublie pas de rajouter les distances de début et de fin de course.

2• Nombre de foulées réalisées entre les haies :
$60 - 9 - 9 = 42$.

Il faut parfois raisonner en plusieurs étapes.

Nombre de foulées réalisées entre deux haies :
Le quotient entier de la division de **42** par **7** est **6** et il reste **0**.
Lii a effectué 6 foulées entre deux haies.

$42 = 6 \times 7 + 0$.

Je m'entraîne à rédiger la solution d'un exercice

Diégo fabrique un collier pour la fête des Mères. Il achète 12 grosses perles rouges et une boîte contenant 200 petites perles jaunes. Il veut utiliser toutes les perles rouges et le plus grand nombre de perles jaunes.
Il veut mettre entre deux perles rouges le même nombre de perles jaunes.

1) Fais un schéma représentant la situation.

2) Combien de perles jaunes Diégo va-t-il mettre entre deux perles rouges ?

JE VÉRIFIE MES CONNAISSANCES

Il n'y a qu'une seule bonne réponse par énoncé !

		Énoncé	Réponse A	Réponse B	Réponse C	Si erreur, revoir :
Calcul	1	Pour le nombre 20 465, le chiffre des unités de milliers :	n'existe pas	est égal à 20	est égal à 0	**page 8**
Calcul	2	Un encadrement de 357 par deux dizaines consécutives est :	300 < 357 < 400	350 < 357 < 360	340 < 357 < 390	**page 12**
Calcul	3	La somme de 5 345 et 587 est :	5 932	4 758	5 922	**page 16**
Calcul	4	La différence entre 6 253 et 438 est :	6 691	5 815	6 225	**page 16**
Calcul	5	Le produit de 19 et de 52 est :	490	1 000	988	**page 20**
Calcul	6	Un ordre de grandeur de 2 301 – 399 est :	1 900	2 700	1 902	**page 24**
Calcul	7	Un multiple de 15 est :	5	100	60	**page 28**
Calcul	8	Le reste de la division à quotient entier de 141 par 12 est :	9	21	11	**page 32**
Géométrie		***Figure a*** 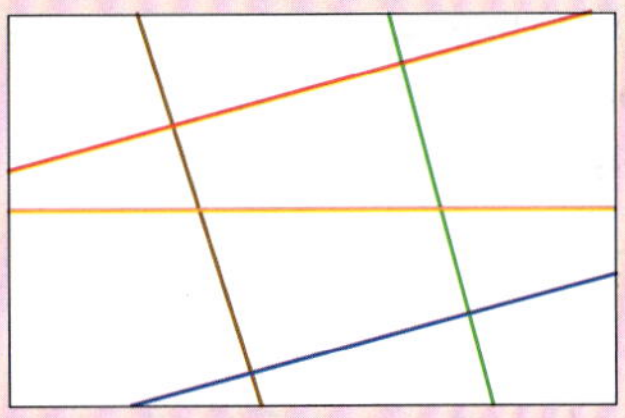		***Figure b*** 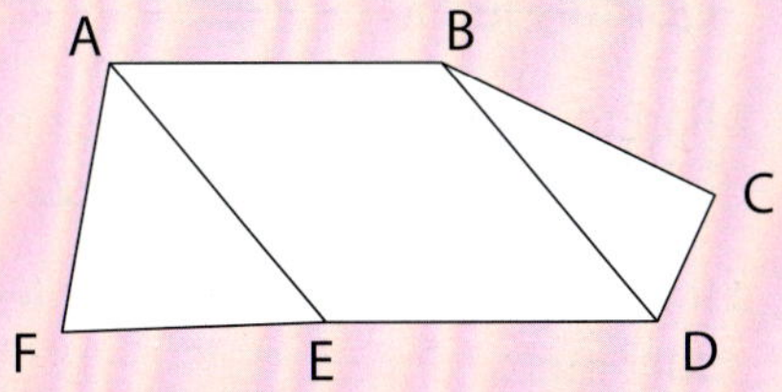		
Géométrie	9	Des droites perpendiculaires dans la ***figure a*** sont :	la droite marron et la droite bleue	la droite marron et la droite verte	la droite rouge et la droite verte	**page 10**
Géométrie	10	Des droites parallèles dans la ***figure a*** sont :	la droite marron et la droite verte	la droite rouge et la droite bleue	la droite orange et la droite bleue	**page 14**
Géométrie	11	***Figure b***, le quadrilatère ABDE est :	un losange	un carré	un rectangle	**page 18**
Géométrie	12	***Figure b***, le triangle AEF est :	rectangle	isocèle	équilatéral	**page 22**
Géométrie	13	***Figure b***, le triangle BCD est :	rectangle	isocèle	équilatéral	**page 26**
Géométrie	14	Pour construire un triangle dont on connaît les longueurs des côtés, on utilise :	uniquement la règle graduée	la règle et l'équerre	la règle et le compas	**page 30**
Données	15	Températures (en °C) prévues à Nice pour la fin de semaine : (tableau ci-dessous) La température prévue à Nice :	le samedi matin est 29 °C	le dimanche matin est 17 °C	le vendredi après-midi est 26 °C	**page 34**

	Matin	**Après-midi**
Vendredi	15	26
Samedi	17	29
Dimanche	14	23

Les réponses commentées sont données page 188.

Nombres et calcul

1 1) Calcule chaque nombre :
a) (6 × 10 000) + 1 000 + (9 × 10) + 5 ;
b) (7 × 100 000) + (3 × 1 000) + (9 × 10).
2) Décompose chaque nombre :
a) 57 363 ; **b)** 370 805 ; **c)** 3 203 150.

2 Pour le nombre 520 708, donne son chiffre des :
a) dizaines ; **b)** unités de milliers ;
c) unités ; **d)** dizaines de milliers.

3 Pour le nombre 952 046, donne le rang de chaque chiffre :
a) 0 ; **b)** 2 ; **c)** 4 ; **d)** 5 ; **e)** 6 ; **f)** 9.

4 « Je suis un nombre entier.
Mon chiffre des dizaines est 8, celui de mes unités de milliers est 7, celui de mes centaines est 0, celui de mes unités est 3.
Qui suis-je ? »

5 Range par ordre croissant les nombres suivants :
232 | 322 | 223 | 333 | 222 | 33 | 323.

6 Range par ordre décroissant les nombres suivants :
2 002 | 200 | 2 020 | 202 | 2200 | 2 000.

7 Encadre chaque nombre par deux dizaines consécutives :
a) 38 ; **b)** 258 ; **c)** 194 ; **d)** 2 561.

8 Ce tableau indique la distance par rapport au Soleil des planètes du système solaire.

Planète	Distance au Soleil (en km)
Jupiter	778 000 000
Mars	228 000 000
Mercure	58 000 000
Neptune	4 497 000 000
Saturne	1 427 000 000
Terre	150 000 000
Uranus	2 870 000 000
Vénus	108 000 000

1) Quelle est la planète la plus près du Soleil ?
2) Quelle est la planète la plus éloignée du Soleil ?
3) Range ces planètes de la plus près du Soleil à la plus éloignée.
4) En partant du Soleil, quelle est la planète située juste avant la Terre ? celle située juste après la Terre ?

9 Calcule la somme de :
a) 12 354 et 9 208 ; **b)** 136 248 et 92 983.

10 Calcule la différence entre :
a) 2 789 et 648 ; **b)** 31 253 et 4 697.

11 La mère de Damien est née en 1975.
Il y a 26 années d'écart entre l'âge de Damien et celui de sa mère.
1) En quelle année est né Damien ?
2) Quel est aujourd'hui l'âge de Damien ?

12 Calcule le produit de :
a) 378 et 25 ; **b)** 48 et 576 ; **c)** 2 065 et 86.

13 Un cinéma a 3 salles de 54 rangées de sièges chacune. Dans chaque rangée, il y a 17 sièges.
Combien y a-t-il de sièges dans le cinéma ?

14 Donne un ordre de grandeur de chaque calcul :
a) 7 986 + 2 019 + 1 987 + 3 956 ;
b) 53 162 – 2 978 ; **c)** 203 × 397.

15 Encadre chaque nombre par deux multiples de 6 consécutifs :
13 | 1 | 26 | 44 | 68 | 122 | 665.

16 1) Écris les multiples de 12 jusqu'à 180.
2) Parmi les nombres de cette liste, quels sont les multiples de 12 ?
0 | 8 | 40 | 48 | 84 | 98 | 122 | 144 | 170.

17 Encadre chaque nombre par deux multiples de 9 consécutifs :
17 | 42 | 65 | 82 | 98 | 115 | 143 | 166.

18 Pose et effectue la division à quotient entier de 238 par 5.

19 Calcule le quotient entier de la division de 3 648 par 21.

20 **PROBLÈME** Nathalie et ses 23 camarades de classe partagent en parts égales un paquet de 80 bonbons.
Ils donnent les bonbons restants à leur maîtresse.
Combien la maîtresse aura-t-elle de bonbons ?

21 **PROBLÈME** Lors d'une séance de cirque, il y a eu 79 entrées « adultes » et 167 entrées « enfants ».
Une entrée « adulte » coûte 12 euros et une entrée « enfant » coûte 7 euros.
Combien d'argent a rapporté cette séance ?

Géométrie

22 Donne toutes les paires de droites :
a) perpendiculaires ; **b)** parallèles.

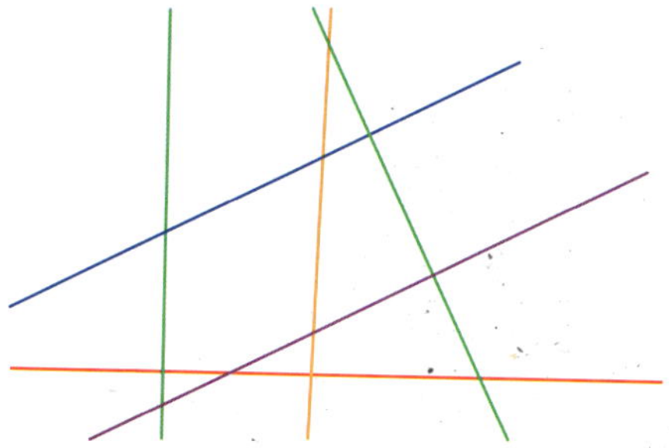

23 1) Place trois points non alignés A, B et C. Trace la droite (AB) passant par les points A et B.
2) Trace en vert la droite parallèle à la droite (AB) et passant par le point C.
3) Trace en rouge la droite perpendiculaire à la droite (AB) et passant par le point C.

24 1) Trace un carré EFGH de côté 6 cm. Trace la droite (EG) passant par les points E et G.
2) Trace en vert la droite parallèle à la droite (EG) et passant par le point F.
3) Trace en rouge la droite perpendiculaire à la droite (EG) et passant par le point G.

25 Précise la nature de chaque polygone coloré ci-dessous.

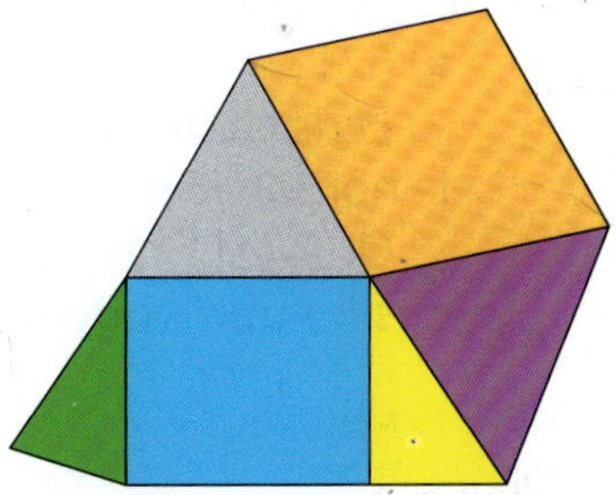

26 1) Construis un rectangle LONG tel que LO = 5 cm et ON = 7 cm.
2) Sur le même dessin, construis un rectangle ONDE tel que ND = 2 cm.
3) Que peux-tu dire du quadrilatère LEDG ?

27 1) Construis un triangle ABC rectangle en A tel que AB = 7 cm et AC = 3 cm.
2) Sur le même dessin, construis un triangle ABD rectangle en B tel que AD = 8 cm.

28 1) Construis un carré BLOC de côté 5 cm.
2) Sur le même dessin, construis un triangle :
a) LOI rectangle en O tel que LI = 7 cm ;
b) BAL rectangle en L tel que AL = 3 cm.

29 Construis un triangle FIL tel que FI = 6 cm, FL = 9 cm et IL = 10 cm.

30 Construis un triangle SAC tel que SA = 72 mm, AC = 56 mm et CS = 45 mm.

31 **PROBLÈME** Reproduis en vraie grandeur la figure ci-dessous, dans laquelle chaque triangle coloré est équilatéral.

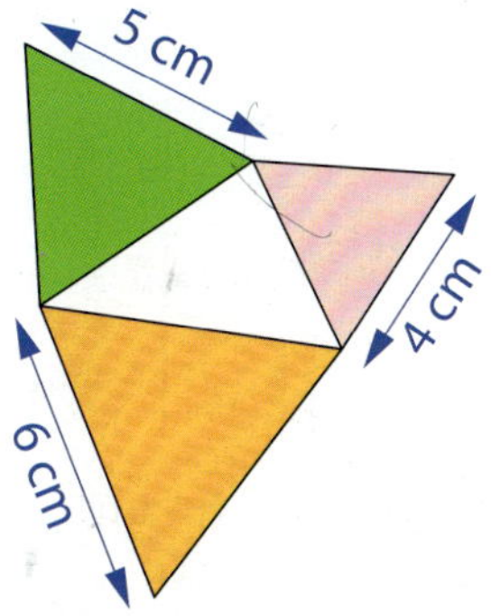

32 **PROBLÈME** Construis deux triangles isocèles différents FAC tels que AF = 5 cm et AC = 6 cm.

Organisation et gestion de données

33 Un fleuriste reçoit 72 tulipes rouges et 84 roses blanches. Il a aussi reçu 128 roses rouges et 48 tulipes blanches.
Organise ces données dans un tableau.

34 **PROBLÈME** Tom part en vacances.
Sur le trajet aller, il a dépensé 28 € de péage, 78 € d'essence et 16 € pour son repas.
Sur le trajet retour, il a dépensé 29 € de péage, 73 € d'essence et 19 € pour son repas.
1) Organise ces données dans un tableau.
2) Tom a-t-il dépensé plus d'argent lors du trajet aller ou lors du trajet retour ?

35 On a demandé à 1 000 enfants quel était leur loisir préféré.

	Garçons	Filles
Console de jeux	109	66
Lecture	27	138
Musique	48	65
Sport	182	89
Télévision	148	128

1) À quoi correspond le nombre 109 de ce tableau ? le nombre 138 ?
2) Quel est le loisir préféré des garçons ?
3) Quel est le loisir préféré des filles ?

Les nombres égyptiens

Les **Égyptiens** (3000 av. J.-C.) utilisaient des hiéroglyphes pour écrire les nombres entiers.

Nom	fleur de lotus	corde	anse	bâton
Hiéroglyphe	𓆼	𓍢	𓎆	𓏺
Valeur	1 000	100	10	1

Le Sphinx devant les pyramides à Gizeh, Égypte.

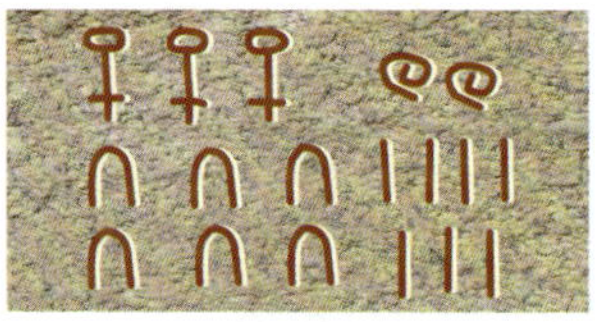

Par exemple, ce hiéroglyphe représente le nombre 3 267.

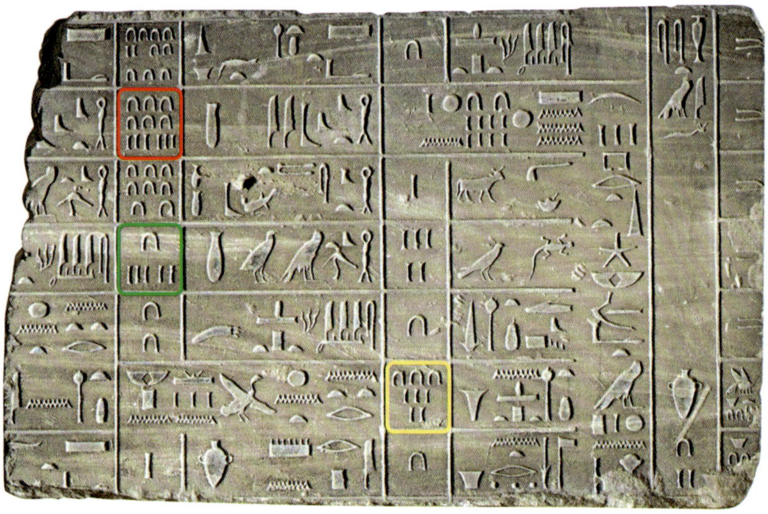
Hiéroglyphes égyptiens, musée du Louvre, Paris.

1 La photo ci-contre est celle d'un hiéroglyphe égyptien exposé au musée du Louvre (Paris). Déchiffre chacun des trois hiéroglyphes encadrés en couleur. Aide-toi du tableau ci-dessus.

2 1) Écris chaque nombre en hiéroglyphe :
a) 621 ; **b)** 2 345 ; **c)** 1 243.
2) Écris en hiéroglyphes le nombre 6 958.
3) Quel est l'inconvénient des nombres égyptiens ?

L'origine des chiffres actuels

Nos chiffres actuels sont appelés « chiffres arabes » car ils ont été empruntés à la civilisation arabe. Mais leur forme a évolué et ils ne ressemblent plus aux chiffres utilisés actuellement en langue arabe.

Les chiffres utilisés en langue arabe sont appelés chiffres « indiens » ou « hindis » car ils proviennent à l'origine d'Inde.

Au cours de l'histoire, les civilisations arabe et indienne ont maintenu des contacts commerciaux et culturels. C'est pourquoi leurs systèmes de numération sont très ressemblants.

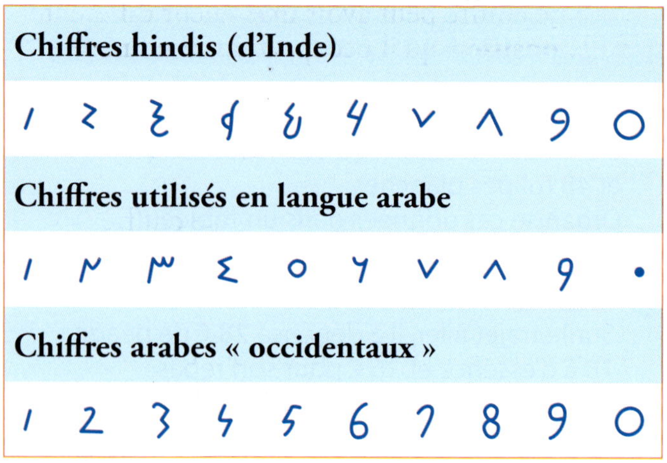

3 1) Observe les chiffres ci-dessus. Lesquels sont nos chiffres actuels ?
2) Repère les chiffres qui sont presque identiques dans les trois systèmes d'écriture.

Les nombres romains

Dès 500 ans av. J.-C., les **Romains** utilisaient des lettres pour écrire des nombres entiers.

Lettre	I	V	X	L	C	D	M
Nombre	1	5	10	50	100	500	1 000

Les nombres romains ont été utilisés dans toute l'Europe jusqu'au XIVe siècle.

- Les nombres sont écrits de gauche à droite.
- Les nombres **I**, **X**, **C** et **M** peuvent être répétés jusqu'à trois fois.
- Un nombre placé **à droite** d'un autre nombre supérieur s'ajoute.
- Un nombre placé **à gauche** d'un autre nombre supérieur se retranche.

Le fronton d'un bâtiment à Florence (Italie).

Exemples :
VI = 6 *(5 + 1)* ; **DCCX** = 710 *(500 + 200 + 10)* ; **MMMCXXI** = 3 121 *(3 000 + 100 + 20 + 1)*.
IV = 4 *(1 retranché à 5)* ; **XL** = 40 *(50 – 10)* ; **CMXXIV** = 924 *(1 000 – 100 + 20 + 5 –1)*.

4 Quel chiffre est écrit sur le bâtiment photographié ci-dessus ?

5 Écris chaque nombre en chiffres actuels :
a) CCVI ; **b)** MDCXI ; **c)** DLIV ;
d) XCVII ; **e)** CXIX ; **f)** CMCV ;
g) MCCLXXXVII ; **h)** MMCDXXV.

6 Utilise-t-on aujourd'hui les chiffres romains ? Donne des exemples.

7 **1)** Écris chaque nombre avec des chiffres romains :
a) 36 ; **b)** 163 ; **c)** 3 550 ;
d) 19 ; **e)** 340 ; **f)** 2459.
2) Quel est le plus grand nombre entier que l'on peut écrire avec des chiffres romains ?
3) Quel est l'inconvénient des nombres romains ?

La numération de position

Les nombres que nous utilisons actuellement suivent un système de **numération de position**.
Un même chiffre peut avoir une valeur différente selon la **position** qu'il occupe dans le nombre.

Exemple :

5 3 5

Ce chiffre 5 correspond à **cinq centaines**.

Ce chiffre 5 correspond à **cinq unités**.

Les Babyloniens (1800 av. J.-C.) ont été les premiers à utiliser une **numération de position**.

Une tablette babylonienne avec des chiffres, musée du Louvre, Paris.

8 **1)** Recherche dans quel pays actuel l'ancienne ville de Babylone se situerait.
2) Parmi les Égyptiens, les Arabes et les Romains, lesquels utilisaient un système de numération de position ?

16 FRACTIONS (1)

Partager l'unité, coder une fraction

Calcul

Calcul mental

$\frac{1}{2}$ h = ? min

$\frac{1}{4}$ h = ? min

$\frac{1}{10}$ h = ? min

…

Je revois comment partager une unité

1• Trace un cercle de rayon 3 cm et marque son centre.

2• Découpe-le.

3• Plie-le en quatre. Les quatre parts obtenues doivent avoir la même forme.

4• Colorie trois parts.

5• Comment peut-on coder le nombre de parts coloriées sur ce disque ?

Je découvre comment lire une fraction

1• Découpe une bande de longueur 10 cm .

2• Partage-la en cinq parts. Les cinq parts obtenues doivent avoir la même longueur.

3• Colorie deux parts.

4• Code le nombre de parts coloriées à l'aide d'une fraction.

5• Comment peux-tu lire cette fraction ?

Je retiens

1• Écriture d'une fraction

Lorsqu'on partage une unité, on utilise souvent les **fractions**.

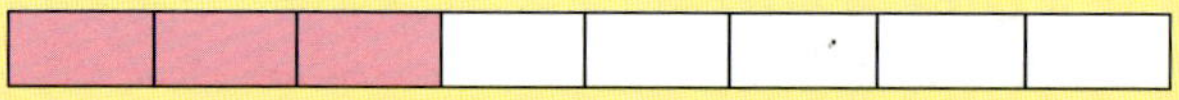

Cette bande représentant l'unité est partagée en huit parts de même dimension.
On dit que $\frac{3}{8}$ des parts sont coloriés.
3 est **le numérateur** : c'est le **nombre de parts coloriées**.
8 est **le dénominateur** : c'est le **nombre de parts qui partagent l'unité**.

2• Lecture d'une fraction

La fraction $\frac{3}{8}$ se lit « trois **huitièmes** » ou « trois **sur huit** » .

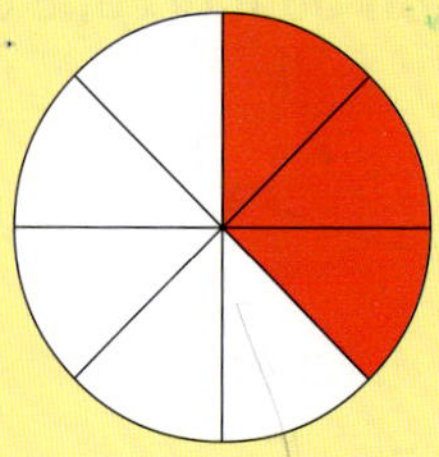

$\frac{3}{8}$ du disque sont coloriés.

Cas des fractions de dénominateurs 2, 3 et 4 :
$\frac{1}{2}$ se lit « un **demi** » ; $\frac{2}{3}$ se lit « deux **tiers** » ; $\frac{3}{4}$ se lit « trois **quarts** ».

3• Fractions décimales

Une **fraction décimale** est une fraction dont le **dénominateur** est **10, 100, 1 000…**

$\frac{7}{10}$ est une fraction décimale. Cette fraction se lit « sept **dixièmes** ».
$\frac{23}{100}$ se lit « vingt-trois **centièmes** » ; $\frac{34}{1\,000}$ se lit « trente-quatre **millièmes** ».

Je comprends

Énoncé

Écris en toutes lettres la fraction qui correspond au nombre de parts coloriées.

Solution

$\frac{2}{3}$ des parts sont coloriés.

2 parts sont coloriées sur les 3 parts représentées.

Deux tiers de la bande sont coloriés.

On dit « tiers » plutôt que « troisième ».

J'applique

A Écris en toutes lettres la fraction qui correspond au nombre de parts coloriées.

B Écris en toutes lettres la fraction qui correspond au nombre de parts coloriées.

C Écris en toutes lettres la fraction qui correspond au nombre de parts coloriées.

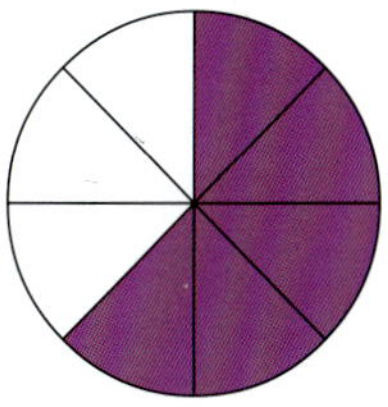

Je m'entraîne

ORAL

1 Pour chaque couleur, donne la fraction qui correspond au nombre de parts coloriées.

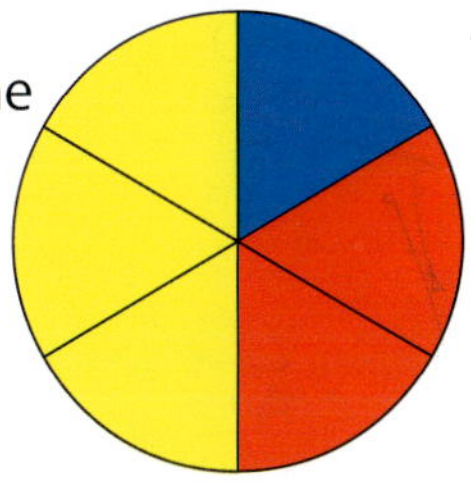

ORAL

2 Lis chaque fraction.

$\frac{1}{2}$ | $\frac{5}{6}$ | $\frac{5}{3}$ | $\frac{3}{5}$ | $\frac{3}{4}$ | $\frac{2}{11}$.

ORAL

3 Voici une liste de fractions :

$\frac{5}{7}$ | $\frac{3}{2}$ | $\frac{4}{3}$ | $\frac{7}{3}$ | $\frac{9}{10}$ | $\frac{5}{4}$ | $\frac{77}{100}$.

1) Laquelle a pour numérateur 7 ?

2) Laquelle a pour dénominateur 4 ?

3) Lesquelles sont des fractions décimales ?

4 Voici une bande coloriée :

Pour chaque couleur, écris la fraction qui correspond au nombre de parts coloriées.

5 **1)** Reproduis cette figure sur ton cahier.

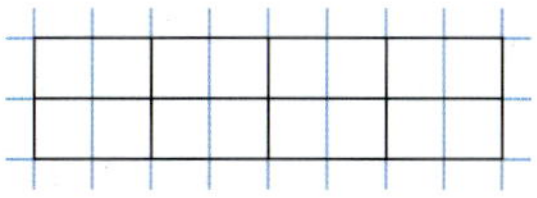

2) Sans superposer les couleurs, colorie :
- en jaune $\frac{1}{8}$ de la figure ;
- en rouge $\frac{1}{4}$ de la figure ;
- en vert $\frac{1}{2}$ de la figure.

3) Quelle fraction de la figure n'est pas coloriée ?

J'approfondis

6 **1)** Trace un rectangle de longueur 12 carreaux et de largeur 8 carreaux.

2) Colorie en vert $\frac{2}{3}$ de ce rectangle.

3) Colorie en rouge $\frac{3}{8}$ de la partie non coloriée.

7 PROBLÈME Pour chaque couleur, écris la fraction qui correspond au nombre de parts coloriées.

8 PROBLÈME Zoé aménage son jardin.
Elle plante du gazon sur une moitié du jardin et des fleurs sur un tiers.

1) Trace un rectangle de largeur 4 cm et de longueur 9 cm.

2) Ce rectangle représente le jardin de Zoé. Colorie la part de gazon et la part de fleurs.

3) Quelle fraction du jardin lui reste-t-il pour construire une piscine ?

17 FIGURES GÉOMÉTRIQUES PLANES (2)
Construire un rectangle, un losange, un carré

Géométrie

Calcul mental
? + 3 = 15
12 + ? = 26
? + 47 = 100
…

Je revois comment construire un rectangle

Pour construire un rectangle NORD de longueur NO = 7 cm et de largeur ND = 5 cm, on propose le programme de construction suivant :

Programme de construction
Étape 1 : Trace un segment [NO] de longueur 7 cm.
Étape 2 : Trace la droite perpendiculaire au segment [NO] et passant par le point N.
Étape 3 : Place sur cette droite un point D situé à 5 cm du point N.
Étape 4 : Trace la droite perpendiculaire à la droite (ND) et passant par le point D.
Étape 5 : …

1• Suis chaque étape de ce programme de construction.

2• Pour chaque étape, précise quels instruments de géométrie tu as utilisés.

3• a) Termine ta construction pour obtenir un rectangle NORD.
b) Comment as-tu construit le point R ?

Je découvre comment nommer un quadrilatère

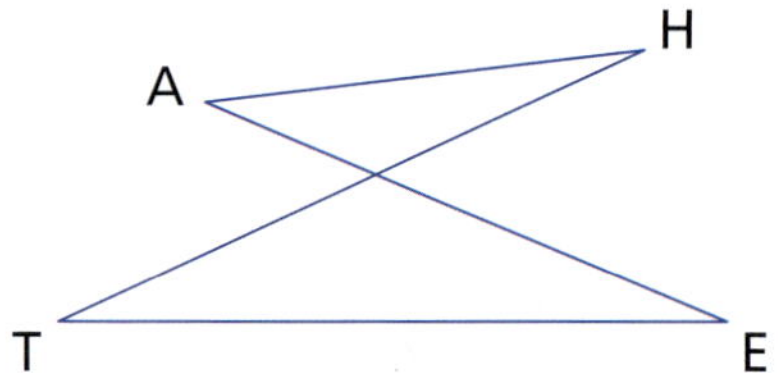

1• De quelle couleur est dessiné le quadrilatère :
a) AHET ?
b) AETH ?

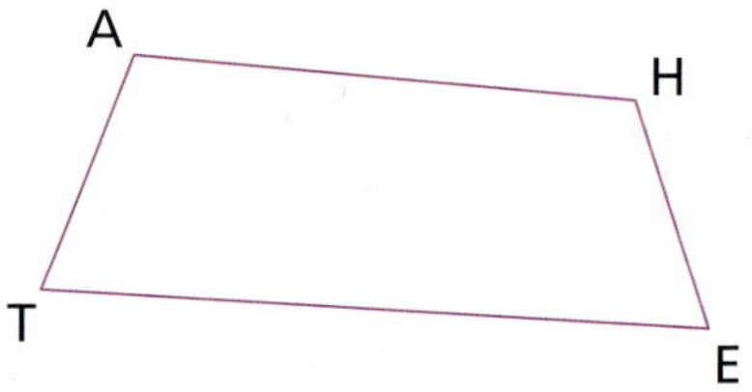

2• a) Trace un quadrilatère. Nomme ses diagonales [MR] et [AC].
b) Trouve toutes les façons de nommer ce quadrilatère.

Je retiens

1• Construction d'un rectangle, d'un carré

Les rectangles et les carrés possèdent quatre angles droits.
On utilise **une équerre** pour construire chaque angle droit.

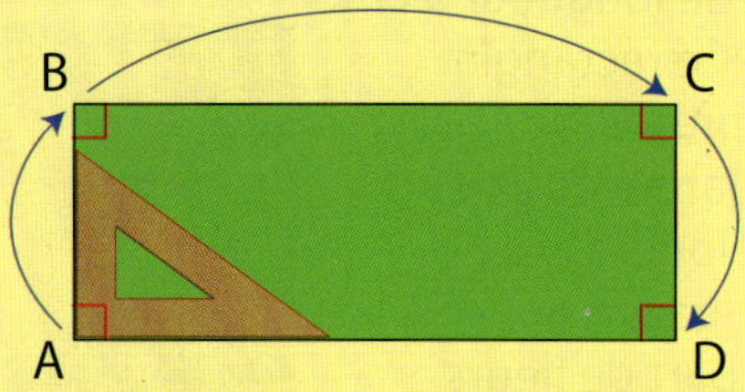

Attention ! on nomme un quadrilatère en citant ses sommets et **en suivant ses côtés**.
Ce rectangle se nomme ABCD.
Il se nomme aussi BCDA, ADCB…

2• Construction d'un losange

Les côtés d'un losange sont tous de même longueur.
On utilise **un compas** pour construire deux **triangles isocèles**.

Étape 1 :

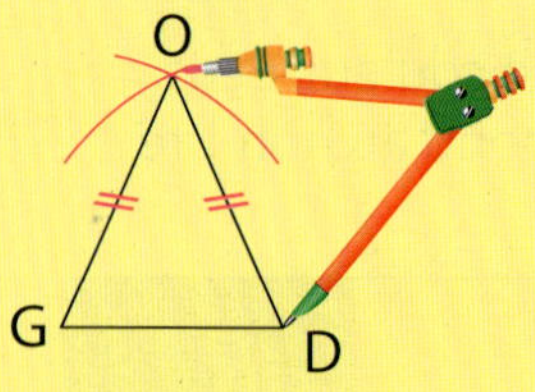

Étape 2 :

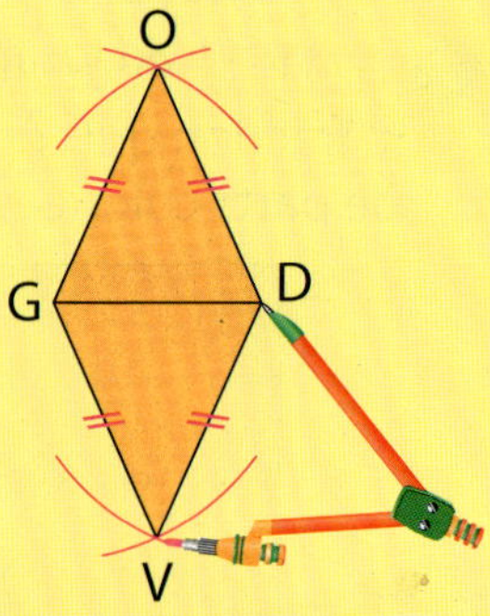

Ce losange se nomme GVDO.

Je comprends

Énoncé

Construis un triangle ABC isocèle en B.
Construis le losange ABCD.

Solution

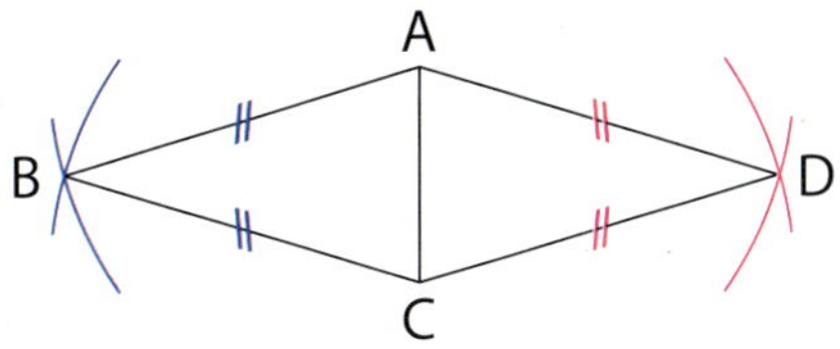

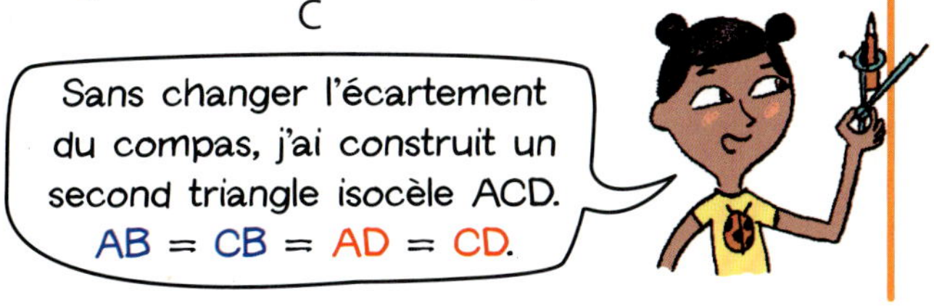

J'applique

A Construis un triangle MNO isocèle en N. Construis le losange MNOP.

B Construis un triangle DEF rectangle en E. Construis le rectangle DEFG.

C Construis un triangle IJK rectangle et isocèle en J. Construis le carré IJKL.

D 1) Construis un triangle ABC tel que AB = BC = 5 cm et AC = 4 cm.
2) Construis le losange ABCD.

E 1) Construis un triangle RST rectangle en S tel que RS = 5 cm et ST = 7 cm.
2) Construis le rectangle RSTU.
3) Trace les diagonales du rectangle RSTU.

Je m'entraîne

Pour les exercices **1** à **3** :

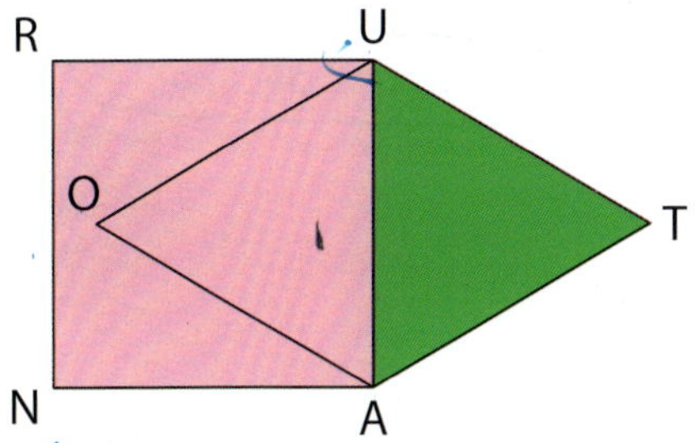

ORAL
1 Quelle est la nature du quadrilatère rose ? Trouve plusieurs façons de le nommer.

ORAL
2 Quelle est la nature du triangle vert ? Trouve toutes les façons de le nommer.

ORAL
3 Quelle est la nature du quadrilatère OUTA ? Trouve d'autres façons de le nommer.

4 1) Construis un rectangle de largeur 8 cm et de longueur 9 cm.
2) Construis un carré de côté 6 cm.

5 1) Construis un triangle équilatéral EFG de côté 4,5 cm.
2) Construis le losange EFGH.
3) Que peux-tu dire du triangle EGH ? Justifie ta réponse.

6 1) Construis un triangle RST isocèle en S tel que RS = 7 cm et RT = 10 cm.
2) Construis le losange RSTU.
3) Le quadrilatère RSTU est-il un carré ? Justifie ta réponse.

7 1) Construis un rectangle DOUX.
2) Sur la même figure, construis un carré FOUR.

J'approfondis

8 1) Construis un rectangle EFGH de longueur EF = 5 cm et de largeur FG = 4 cm.
2) Sur la même figure, construis un carré EGXY.

9 Construis un losange RSTU avec RS = 7 cm et RT = 9 cm.

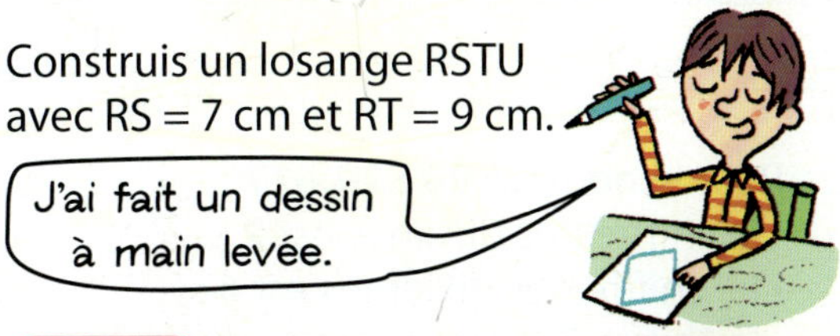

10 PROBLÈME Construis un rectangle MNOP avec MN = 6 cm et MO = 9 cm.

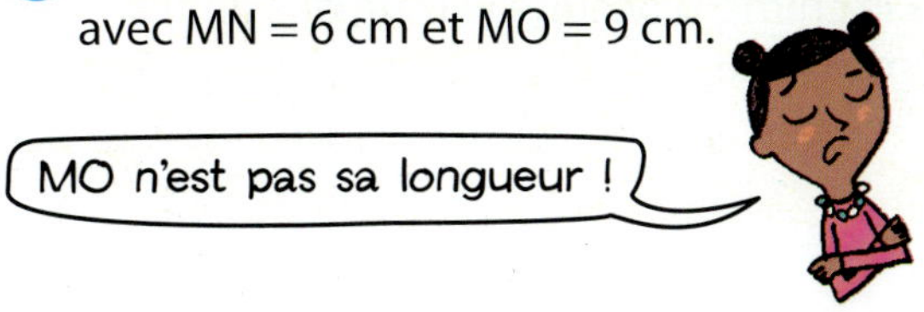

11 PROBLÈME Sur une feuille non quadrillée, construis une figure qui ressemble au tableau ci-dessous dans lequel :
- la figure bleue est un rectangle ;
- la figure orange est un losange ;
- la figure verte est un carré.

Termine ta construction en traçant le cadre rouge qui est un rectangle.

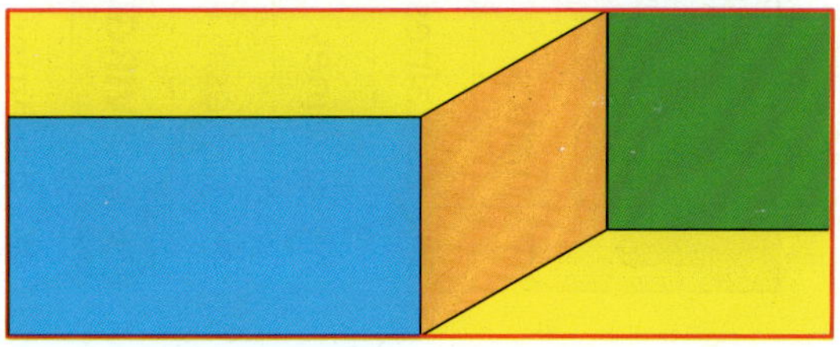

18 NOMBRES DÉCIMAUX (1)
Décomposer un nombre décimal

Calcul

Calcul mental
Compte de 0,1 en 0,1 :
en partant de 3,5
en partant de 99,6
…

Je revois à quoi sert un nombre décimal

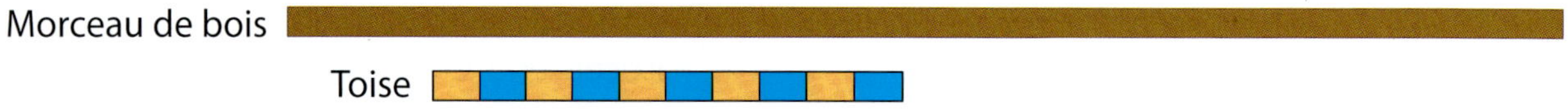

On souhaite mesurer la longueur du morceau de bois.
Comme unité de longueur, on choisit la longueur de la toise.

1• a) Reproduis sur un papier calque le morceau de bois et la toise (sans la colorier). Découpe la toise.
b) Parviens-tu à mesurer précisément la longueur du morceau de bois avec la toise ?
c) Recopie et complète :
« Le morceau de bois mesure entre … et … toises. »

2• a) Colorie la toise découpée de la même façon que celle du livre.
À quelle fraction de la toise correspond chaque partie coloriée ?
b) Recopie et complète :
« Le morceau de bois mesure … toises et … dixièmes de toise. »
c) Quelle est la longueur de ce morceau de bois en toises ?

Je découvre les rangs des chiffres après la virgule

1• a) Combien un centimètre contient-il de millimètres ?
b) À quelle fraction de centimètre correspond un millimètre ?
c) 3,4 cm = 3 cm + 4 mm = 3 cm + $\frac{4}{10}$ cm.
Quel est le rang du chiffre 4 pour le nombre décimal 3,4 ?

2• a) À quelle fraction d'euro correspond un centime ?
b) 5,02 € = 5 € + $\frac{2}{100}$ €.
Quel est le rang du chiffre 2 pour le nombre décimal 5,02 ?

Je retiens

1• Décomposition d'un nombre décimal

Dans l'écriture d'un **nombre décimal**, la valeur de chaque chiffre dépend de son rang.

$35,79 = (3 \times 10) + 5 + \frac{7}{10} + \frac{9}{100}$

(3 × 10) : dizaines ; 5 : unités ; $\frac{7}{10}$: dixièmes ; $\frac{9}{100}$: centièmes

2• Tableau de numération

Partie avant la virgule						VIRGULE	Partie après la virgule		
milliers			unités						
centaines	dizaines	unités	centaines	dizaines	unités		dixièmes	centièmes	millièmes
	9	0	5	2	4	,	6	1	7

Pour le nombre **90 524,617** :
- le chiffre des dizaines est **2** ;
- le chiffre des dixièmes est **6** ;
- le chiffre **7** occupe le rang des millièmes ;
- le chiffre **0** occupe le rang des unités de milliers.

Je comprends

Énoncé

1) Calcule : $7 + \frac{6}{10} + \frac{5}{1\,000}$.

2) Décompose le nombre 235,07.

Solution

1) $7 + \frac{6}{10} + \frac{5}{1\,000} = 7{,}605$

Son chiffre des centièmes est égal à 0.

2) $235{,}07 = (2 \times 100) + (3 \times 10) + 5 + \frac{7}{100}$

J'applique

A Calcule chaque nombre :

a) $(3 \times 1\,000) + (5 \times 100) + (4 \times 10) + 1 + \frac{9}{10}$;

b) $(9 \times 10\,000) + (4 \times 10) + 7 + \frac{3}{100} + \frac{5}{1\,000}$;

c) $100\,000 + (5 \times 1\,000) + (2 \times 10) + \frac{7}{10} + \frac{1}{1\,000}$;

d) $(7 \times 1\,000\,000) + (2 \times 100) + 1 + \frac{6}{1\,000}$.

B Décompose chaque nombre :

a) 367,24 ; **b)** 5 359,718 ; **c)** 60 317,49.

C Décompose chaque nombre :

a) 3 028,09 ; **b)** 3 502,107 ; **c)** 720 500,029.

Je m'entraîne

ORAL

1 1) Lis le nombre 158,72.

2) Donne son chiffre des :

a) dizaines ; **b)** dixièmes ; **c)** unités.

ORAL

2 1) Lis le nombre 3 075,398.

2) Donne son chiffre des :

a) dizaines ; **b)** centièmes ; **c)** centaines.

ORAL

3 1) Lis le nombre 82 316,907.

2) Donne le rang du chiffre :

a) 0 ; **b)** 1 ; **c)** 3 ; **d)** 6 ; **e)** 7 ; **f)** 9.

ORAL

4 Lis chaque nombre :

a) 723,08 ;

b) 2 059,09 ;

c) 33 080,063 ;

d) 777 800,009.

J'ai lu : « 723 virgule zéro 8. »

5 1) Recopie cette liste de nombres :

8,88 | 87,7 | 8,78 | 7,87 | 77,87 | 78,77.

2) Entoure en rouge tous les nombres ayant pour chiffre des dixièmes 8.

3) Entoure en vert tous les nombres ayant pour chiffre des dizaines 7.

4) Entoure en bleu tous les nombres ayant pour chiffre des centièmes 8.

5) Quel est le seul nombre non entouré ?

6 Recopie et complète en utilisant le signe égal « = » ou le signe différent « ≠ » :

a) 25,6 … 2,56 ; **b)** 08,6 … 8,60 ;

c) $63{,}7 \ldots 63 + \frac{7}{10}$; **d)** 9,5 … 5,9 ;

e) 07,1 … 7,01 ; **f)** $6 + \frac{3}{100} \ldots 6{,}03$.

J'approfondis

7 1) Guillaume a dans son porte-monnaie 7 euros et 47 centimes.
Recopie et complète :

$7\text{ €} + 47 \text{ centimes} = 7\text{ €} + \frac{47}{\ldots}\text{ €} = 7{,}\ldots\text{ €}$.

2) Donne l'écriture à virgule de chaque nombre :

$5 + \frac{48}{100}$ | $9 + \frac{86}{100}$ | $\frac{68}{100}$ | $3 + \frac{305}{1\,000}$.

8 « Je suis un nombre décimal ayant deux chiffres avant la virgule et trois chiffres après.
Mon chiffre des centièmes est 4,
celui de mes unités est 0,
celui de mes millièmes est 9.
Mon chiffre des dixièmes est 3 et celui de mes dizaines est le double de celui de mes centièmes.
Qui suis-je ? »

9 Trouve l'intrus de cette liste :

02,5 | $2 + \frac{5}{10}$ | 2,05 | 2,50 | 02,50.

10 PROBLÈME « Je suis un nombre décimal de cinq chiffres.
Mon chiffre des centièmes est 3, celui de mes centaines est 7 et celui de mes dizaines est 1.
Mon chiffre des dixièmes est le triple de mon chiffre des dizaines et mon chiffre des unités est le double de mon chiffre des centièmes.
Qui suis-je ? »

11 PROBLÈME « Je suis un nombre décimal compris entre 163 et 164. Mon chiffre des dixièmes est égal à mon chiffre des dizaines. Mon chiffre des centièmes est égal à mon chiffre des centaines.
Qui suis-je ? » Trouve plusieurs réponses.

19 Grandeurs

UNITÉS DE MESURE (1)

Connaître, convertir des unités de mesure de longueur

Calcul mental
Compte de 0,5 en 0,5 :
en partant de 7,5
en partant de 98,3
…

Je revois la signification des préfixes

Le mot décamètre se décompose en deux parties : déca et mètre.
Le préfixe déca- signifie multiplié par 10, le mot décamètre signifie 10 fois 1 mètre.

1• Quelle est la signification du préfixe centi- ?
À quelle fraction de mètre est égal un centimètre ?

2• Quelle est la signification du préfixe déci- ?
À quelle fraction de mètre est égal un décimètre ?

3• Quelle est la signification du préfixe hecto- ?
À combien de mètres est égal un hectomètre ?

4• Quelle est la signification du préfixe kilo- ?
À combien de mètres est égal un kilomètre ?

5• Quelle est la signification du préfixe milli- ?
À quelle fraction de mètre est égal un millimètre ?
À combien de mètres est égal un millimètre ?

Je découvre comment utiliser un tableau de conversion

On souhaite convertir 62,573 décamètres en décimètres.

1• Recopie le tableau de conversion ci-contre.

km	hm	dam	m	dm	cm	mm
…	…	…	…	…	…	…

2• **a)** Quel est le chiffre des unités du nombre 62,573 ?
b) Place ce chiffre dans la colonne des décamètres.
c) Écris alors le nombre 62573 dans le tableau.

3• **a)** Place alors **une virgule** à droite du chiffre écrit dans la colonne des décimètres.
b) Recopie et complète : 62,573 dam = … dm.

Je retiens

La mesure d'un segment s'appelle « sa **longueur** ».

A ———————— B

AB = 5,6 cm = 56 mm

Multiples de l'unité			Unité	Sous-multiples de l'unité		
kilomètre	hectomètre	décamètre	mètre	décimètre	centimètre	millimètre
km	hm	dam	m	dm	cm	mm
1 km = 1 000 m	1 hm = 100 m	1 dam = 10 m	**1 m**	1 dm = 0,1 m	1 cm = 0,01 m	1 mm = 0,001 m

× 10 × 10 × 10 : 10 : 10 : 10

Je comprends

Énoncé

Convertis en centimètres 7,53 hm.

Solution

km	hm	dam	m	dm	cm	mm
	7	5	3	0	0	

J'ai rajouté des 0.

7,53 **hm** = 75 300 **cm**.

Le résultat est un nombre entier.

J'applique

A 1) Convertis en décamètres 3 258,7 cm.
2) Convertis en décimètres 1,2596 km.

B 1) Convertis en mètres 25,8 cm.
2) Convertis en mètres 2,3 hm.

C 1) Convertis en hectomètres 789 dm.
2) Convertis en centimètres 7,45 hm.

D 1) Convertis en millimètres 32,45 dam.
2) Convertis en kilomètres 9 563,57 cm.

E Recopie et complète chaque égalité :
a) 2,35 dam = 235 … = 2 350 … = 0,235 … ;
b) 358 cm = 3,58 … = 0,358 … = 0,00358 … .

Je m'entraîne

ORAL
1 Donne un ordre de grandeur de :
a) la taille d'un enfant de 10 ans ;
b) l'épaisseur d'un CD ;
c) la hauteur du plafond de ta classe ;
d) l'épaisseur de ton manuel de maths ;
e) la distance parcourue lors d'un marathon.

ORAL
2 Donne un ordre de grandeur de :
a) la largeur en cm de ta table de classe ;
b) la longueur en m de ta table de classe ;
c) la longueur en mm de ton petit doigt ;
d) la distance en km entre ta maison et l'école ;
e) la hauteur en dm de la porte de la classe.

ORAL
3 Convertis en mètres :
a) 3,8 km ; **b)** 56 cm ; **c)** 59 dam ; **d)** 82 mm.

4 Recherche ou mesure :
a) la hauteur en hm de la tour Eiffel ;
b) la longueur en dm de ton manuel de maths ;
c) l'épaisseur en mm de ton cahier de brouillon ;
d) la hauteur en km du mont Blanc.

Le massif du Mont-Blanc.

5 Lors d'une course cycliste, Kriss effectue 14 tours d'un circuit de longueur 685 m. Quelle est la distance en km parcourue par Kriss lors de cette compétition ?

J'approfondis

6

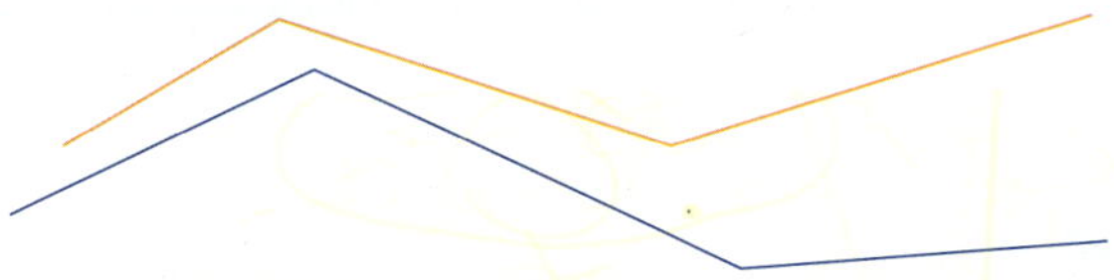

1) Mesure en mm chaque segment de la ligne orange.
Calcule la longueur en cm de cette ligne.
2) Quelle est la longueur en cm de la ligne bleue ?
3) Laquelle de ces lignes est la plus longue ? Justifie ta réponse.

7 PROBLÈME 1) Trace un segment [AB] de longueur 8 cm. Place le point C sur ce segment situé à 33 mm du point A.
2) Sans mesurer, calcule la longueur du segment [BC].

8 Recopie et complète le texte ci-dessous en précisant l'unité la plus cohérente :
« La maison de Josy mesure 1,35 … de longueur et 8,6 … de largeur.
Sa chambre mesure 38 … de longueur et 320 … de largeur. La hauteur du plafond est de 0,23 … . »

9 PROBLÈME Samedi matin, Noé a marché 23,5 hm pour aller chez Maria.
Il a ensuite parcouru 3,89 km pour voir Adil.
Puis il a fait 286,7 dam pour rentrer chez lui.
1) Convertis chacune de ces longueurs dans la même unité. Les nombres obtenus doivent être entiers.
2) Quelle est la distance en km parcourue par Noé ce samedi matin ?

20 NOMBRES DÉCIMAUX (2)
Additionner des nombres décimaux

Calcul

Calcul mental
3,5 + 5 = ?
12,1 + 8 = ?
25,2 + 6 = ?
…

Je revois la signification de l'addition

Au mois de janvier, Léo mesurait 1,34 m. Durant l'année, il a grandi de 8 cm.
Léo veut calculer sa taille à la fin de l'année.

1• Quelle opération va-t-il utiliser pour trouver le résultat ?

2• Quelle est la taille de Léo en mètres à la fin de l'année ?

Je revois comment poser une addition avec des nombres décimaux

1• Léa a voulu résoudre le problème suivant :

> Dimitri a besoin de deux morceaux de ruban pour décorer sa veste. Le premier morceau mesure 57 cm et le second morceau 35,5 cm. Quelle longueur de ruban en cm doit-il acheter ?

a) Quelle erreur Léa a-t-elle commise ?
b) Résous ce problème.

Réponse de Léa

	1	1	
		5	7
+	3	5,	5
	4	1,	2

Dimitri doit acheter 41,2 cm de ruban.

2• Ivan a voulu résoudre un autre problème :

> Tania a parcouru 2,5 km, puis 4,8 km. Quelle distance en km a-t-elle parcourue ?

a) Quelle erreur Ivan a-t-il commise ?
b) Résous ce problème.

Réponse d'Ivan

	2	,	5
+	4	,	8
	6	,	13

Tania a parcouru 6,13 km.

Je retiens

Méthode pour poser une addition

Pour calculer une **somme** de nombres décimaux, on additionne leurs **chiffres de même rang**. Pour cela, on aligne **les unités sous les unités**, la virgule sous la virgule, les dixièmes sous les dixièmes…

	1	2			
		8	**8**		
	3	4	**6,**	1	
+		2	**9,**	8	7
	4	6	**3,**	9	7

Remarque : on n'oublie pas de bien positionner **les retenues**.
Pour les unités : **8 + 6 + 9 = 23**
23 est égal à **2** dizaines et **3** unités.

On a ainsi : **88 + 346,1 + 29,87 = 463,97**

Je comprends

Énoncé

Pose et effectue l'opération en colonnes.

58,7 + 73,53

Solution

	1	1	1		
		5	8,	7	
+		7	3,	5	3
	1	3	2,	2	3

58,7 + 73,53 = 132,23

J'applique

A Pose et effectue chaque opération en colonnes :
a) 17,6 + 34,8 ;
b) 512,34 + 94,99 ;
c) 65,768 + 645,032.

B Pose et effectue chaque opération en colonnes :
a) 197 + 54,6 ;
b) 352,3 + 79,42 ;
c) 453 + 2 112,7 + 328,6.

C Pose et effectue chaque opération en colonnes :
a) 12 654,6 + 0,786 + 7,87 ;
b) 4 352,64 + 6 357,536 + 5 398,7 ;
c) 72 611,33 + 1,8 + 0,098 + 753.

Je m'entraîne

ORAL
1 Calcule la somme de :
a) 4,6 et 1,1 ; **b)** 2,4 et 7,5 ; **c)** 6, 2 et 6,4 ;
d) 2,9 et 6,1 ; **e)** 6,7 et 3,3 ; **f)** 7,8 et 5,9.

ORAL
2 Trouve deux nombres qui ont pour somme 7,5.

ORAL
3 Trouve une somme de trois termes égale à 0,8.

ORAL
4 « Je pense à un nombre. Je lui ajoute 2,1 et je trouve 8,9. Quel est ce nombre ? »

ORAL
5 « J'ai ajouté deux nombres et j'ai obtenu 5,75. Un de mes nombres est 2,25. Quel est l'autre nombre ? »

6 Recopie et complète chaque opération.

```
    .  .  ., .  .           5  .  2, 3  .
+      7  7, 9          +      7  ., 1  1
    6  9  2, 1  2           5  9  5, 4  5
```

7 Recopie et complète chaque opération.

```
    7  2  3, 9  8           6  .  7, 3  2
+   .  .  ., .  .  .    +   2  8  ., .
    8  2  0, 8  3  4        .  2  1, 2  .
```

8 Calcule toutes les sommes de deux termes différents choisis parmi ces nombres :
12,9 | 342,9 | 0,052 | 45.

J'approfondis

9 Recopie et complète les pyramides, sachant que le nombre inscrit dans une brique est la somme des deux nombres inscrits dans les deux briques au-dessous.

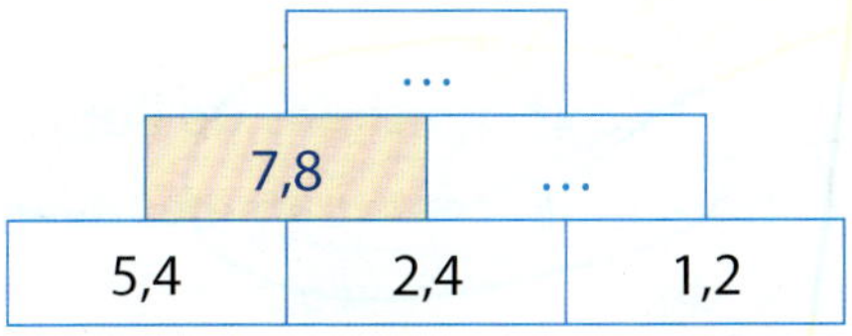

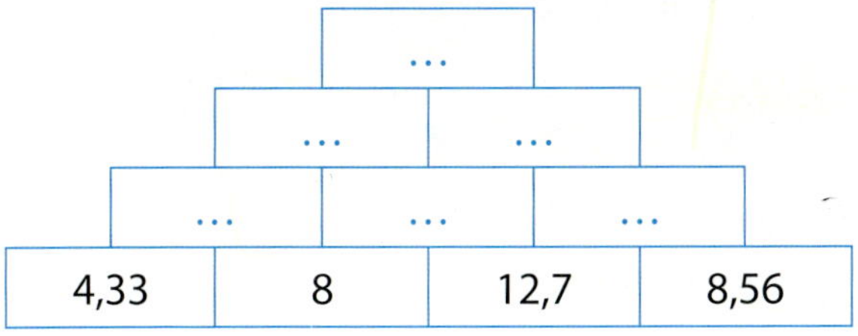

10 PROBLÈME Élodie est à l'épicerie. Sa mère lui a donné un billet de 20 €.
Élodie achète :
- du café à 3,35 € ;
- de la lessive à 7,87 € ;
- du beurre à 1,17 € ;
- du sucre à 2,06 € ;
- un pack de lait à 5,45 €.

Aura-t-elle assez d'argent pour payer ? Justifie ta réponse.

11 PROBLÈME Dimitri a marché 1,8 km.
Il a effectué en courant 2 tours de circuit de 360 m chacun, puis il a marché 25 hm.
Quelle distance a-t-il parcourue ?

21 UNITÉS DE MESURE (2)

Connaître, convertir des unités de mesure de masse

Grandeurs

Calcul mental
3,8 + 0,7 = ?
5,6 + 3,7 = ?
12,9 + 4,5 = ?
…

Je revois comment utiliser un tableau de conversion

On cherche à convertir 36 524,9 décigrammes en hectogrammes.

1• Recopie le tableau de conversion ci-contre.

kg	hg	dag	g	dg	cg	mg
…	…	…	…	…	…	…

2• **a)** Quel est le chiffre des unités du nombre 36 524,9 ?
b) Place ce chiffre dans la colonne des décigrammes.
c) Écris alors le nombre 365249 dans le tableau.

3• **a)** Place une **virgule** à droite du chiffre écrit dans la colonne des hectogrammes.
b) Recopie et complète : 36 524,9 dg = … hg.

Je découvre d'autres unités de masse

1• Lequel est le plus lourd : un quintal ou une tonne ? Justifie ta réponse.

2• Recopie les tableaux ci-dessous.
Relie chaque animal à sa masse.

Animal
cygne
baleine
escargot
girafe

Masse
15 grammes
15 quintaux
15 kilogrammes
15 tonnes

3• Donne la masse de la girafe en tonnes.

Je retiens

La mesure d'une quantité de matière s'appelle « sa **masse** ».

100 g

20 g

Multiples de l'unité			Unité	Sous-multiples de l'unité		
kilogramme	hectogramme	décagramme	gramme	décigramme	centigramme	milligramme
kg	hg	dag	g	dg	cg	mg
1 kg = 1 000 g	1 hg = 100 g	1 dag = 10 g	1 g	1 dg = 0,1 g	1 cg = 0,01 g	1 mg = 0,001 g

× 10 × 10 × 10 : 10 : 10 : 10

Autres unités de masse : Le **quintal** (q) → 1 q = 100 kg.
La **tonne** (t) → 1 t = 1 000 kg.

Je comprends

Énoncé

1) Convertis en kilogrammes 2,74 t.
2) Convertis en quintaux 9 532 hg.

Solution

t	q		kg	hg	dag	g
2	7	4	0			
	9,	5	3	2		

1) **2**,74 **t** = 2 74**0** kg.
2) 9 53**2 hg** = **9**,532 q.

J'applique

A 1) Convertis en grammes 2,4587 kg.
2) Convertis en kilogrammes 32 568,7 g.

B 1) Convertis en kilogrammes 45,3 t.
2) Convertis en quintaux 75 689 dag.

C 1) Convertis en quintaux 825 963 dg.
2) Convertis en grammes 0,25 t.

D 1) Convertis en milligrammes 23,549 dag.
2) Convertis en hectogrammes 654,78 cg.

E Recopie et complète chaque égalité :
a) 34 900 g = 34,9 … = 0,349 … = 349 … ;
b) 9,5 t = … kg = 95 … = … dag.

Je m'entraîne

ORAL
1 Donne un ordre de grandeur de :
a) la masse d'un enfant de 10 ans ;
b) la masse d'une pomme ;
c) la masse d'une gomme ;
d) la masse de ton manuel de mathématiques ;
e) la masse d'un paquet de farine ;
f) la masse d'une feuille de papier.

ORAL
2 Donne un exemple d'objet dont la masse est environ égale à :
a) 1 kg ; **b)** 1 g ; **c)** 1 mg ; **d)** 1 q ; **e)** 10 t.

ORAL
3 Convertis en grammes :
a) 5 635 kg ; **b)** 2 638 mg ; **c)** 6 hg ; **d)** 7 dg.

4 Convertis en grammes :
a) 42 mg ; **b)** 5,3 hg ; **c)** 2 358 dg ;
d) 32,59 kg ; **e)** 0,3 dag ; **f)** 5 cg.

5 Recherche ou mesure :
a) la masse en g d'un lingot d'or ;
b) la masse en kg de ton manuel de français ;
c) la masse en q d'un éléphant d'Afrique adulte ;
d) la masse en g d'une balle de tennis.

6 Cathy part en vacances à l'étranger.
Sa valise vide pèse 1 850 g. À l'enregistrement, cette valise pleine est pesée 14,6 kg.
Calcule la masse en grammes du contenu de la valise de Cathy.

J'approfondis

7 Recopie et complète le texte ci-dessous en précisant l'unité la plus cohérente :
« Vivian a plusieurs animaux domestiques. Son hamster pèse 2 … et son chien 8 400 … ; il a aussi un petit poisson rouge qui pèse environ 3 …. »

8 PROBLÈME Recopie chaque phrase en convertissant chaque masse dans une unité mieux adaptée.
a) Un hippopotame pèse 240 000 dag.
b) Une plume de duvet pèse 0,000002 kg.
c) José a acheté 35 000 cg de saumon fumé.
d) La masse d'une mangue est 0,0004 t.

9 Lors d'une cueillette, Théo a ramassé 0,007 t de cerises et Christophe 680 000 cg.
Lequel des deux a ramassé le plus de cerises ?

10 PROBLÈME Range dans l'ordre croissant les masses suivantes :
3 405 g | 33,9 hg | 338 dag | 3,4 kg.

11 PROBLÈME Pour réaliser environ 25 crêpes, Arnaud mélange :
- 250 g de farine ;
- 4 œufs ;
- 50 g de sucre ;
- 0,75 kg de lait ;
- 2 sachets de sucre vanillé.

Il laisse reposer la pâte 1 h 30 min.
Un sachet de sucre vanillé pèse 45 g et chaque œuf pèse 7 dag.
Quelle masse de pâte à crêpes Arnaud a-t-il ainsi réalisée ?

22 NOMBRES DÉCIMAUX (3)
Soustraire deux nombres décimaux

Calcul

Calcul mental
5,7 – 3 = ?
10 – 5,5 = ?
37,4 – 12 = ?
…

Je revois la signification de la soustraction

À l'aéroport, on pèse le sac de voyage d'Emma. Il pèse 18,75 kg.
Son sac vide pèse 960 g.

1• Quelle opération vas-tu utiliser pour trouver la masse du contenu du sac ?

2• Quelle est la masse du contenu du sac d'Emma ?

Je découvre comment soustraire deux nombres décimaux

Voici un problème que trois élèves, Karim, Océane et Dylan, ont voulu résoudre :

Pour peser son chat qui refuse de monter sur la balance,
Alex décide de se peser d'abord tout seul puis de recommencer en portant l'animal. La masse d'Alex seul est de 32,7 kg.
La masse d'Alex et de son chat est de 38 kg.
Quelle est la masse du chat d'Alex ?

Réponse de Karim

```
      3  12, 7
  − 13    8, 0
  ------------
      1   4, 7
```

Le chat pèse 14,7 kg.

Réponse d'Océane

```
     3   8, 0
  −  3   2, 7
  -----------
     0   6, 7
```

Le chat pèse 6,7 kg.

Réponse de Dylan

```
         3   8
  −  3   2,  7
  ------------
     3   1,  1
```

Le chat pèse 31,1 kg.

1• Précise l'erreur commise par chaque élève.

2• Résous le problème.

Je retiens

Méthode pour poser une soustraction

Pour calculer la **différence** de deux nombres décimaux, on soustrait leurs **chiffres de même rang**. Pour cela, on aligne les **unités sous les unités**, la virgule sous la virgule, les dixièmes sous les dixièmes…

```
    4  14   9, 15
  −  1   5 1+6,  8
  ---------------
    3   9   2,  7
```

On a ainsi :
449,5 – 56,8 = 392,7

Remarques :
- Le premier **terme** d'une soustraction doit être **supérieur** au second. On ne sait pas calculer 56,8 – 449,5.
- Bien positionner **les retenues**.
On ne peut pas calculer sans retenue le chiffre des dixièmes car 5 < 8.
On ajoute alors **10 dixièmes** au premier terme (5 + 10 = 15) et une **unité** au second terme (1 + 6).
On peut ainsi calculer le chiffre des **dixièmes** (15 – 8 = 7).

Je comprends

Énoncé

Pose et effectue l'opération : 471 – 42,8.

Solution

```
    4  7 ₁1, ₁0
–    ₁₊4 ₁₊2,  8
----------------
    4  2  8,  2
```

On a ainsi : 471 – 42,8 = 428,2.

J'applique

A Pose et effectue chaque opération :
a) 67 – 34,4 ; **b)** 572,45 – 81,45 ;
c) 135,437 – 76,169.

B Pose et effectue chaque opération :
a) 176 – 89,8 ; **b)** 317,4 – 81,32 ;
c) 3 402 – 56,05.

C Calcule la différence entre :
a) 0,743 et 23 763,6 ;
b) 5 626,6 et 580,83 ;
c) 5,9 et 52 662,59.

Je m'entraîne

ORAL
1 Calcule mentalement :
a) 154,7 – 4 ; **b)** 272,23 – 0,2 ;
c) 342,84 – 30 ; **d)** 719,64 – 0,09 ;
e) 865,59 – 200 ; **f)** 34 – 0,001.

ORAL
2 On a oublié d'écrire la virgule de chaque résultat. Si nécessaire, ajoute cette virgule aux résultats.
a) 94,6 – 25 = 696 **b)** 137,24 – 43,2 = 9 404
c) 74,8 – 45,8 = 29 **d)** 32,37 – 13,47 = 189

ORAL
3 Cite deux nombres dont la différence est égale à 1,5.

ORAL
4 Que peux-tu dire de deux nombres dont la différence est égale à zéro ?

5 Recopie et complète les opérations.

```
  . . ., . .          7 3 1, 2 6
–   4 6, 7         –    . ., . .
-----------        ------------
  4 2 0, 2 8          6 4 2, 9 3
```

6 Recopie et complète les opérations.

```
  7 . 3, . 8          2 . 8, 4 3
–   7 ., 0 6       – 1 3 9, .
-----------        ------------
  . 6 8, 2 .          . 1 ., 7 .
```

7 Calcule toutes les différences de deux termes choisis parmi les nombres ci-dessous :
56 I 903,71 I 0,04 I 12,901.

J'approfondis

8 Dans un carré magique, les sommes des lignes, des colonnes et des diagonales sont toutes égales.
Recopie et complète ces carrés magiques.

0,6	…	1,8
…	1,5	…
…	…	2,4

…	…	0,7
…	0,85	0,95
1	…	…

9 PROBLÈME La somme des longueurs des trois côtés d'un triangle isocèle est égale à 32 cm.
Un de ses côtés mesure 9,4 cm.
Quelles sont les longueurs possibles des deux autres côtés ?

10 Le 21 décembre à 23 h 15, une grand-mère invite ses enfants au restaurant.
La note s'élève à 103,75 € pour les menus et 41,20 € pour les boissons.
Elle donne 150 € et laisse la monnaie pour le serveur.
Combien le serveur a-t-il de pourboire ?

11 PROBLÈME **1)** Calcule la différence entre la somme de 0,543 et 12,7 et la somme de 569,5 et 92,43.
2) Calcule la somme de la différence entre 0,543 et 12,7 et de la différence entre 569,5 et 92,43.

MESURE DE GRANDEURS (1)

Déterminer, calculer le périmètre d'un polygone

Calcul mental
8,3 – 0,4 = ?
26,4 – 12,2 = ?
8,4 – 2,6 = ?
…

Je revois comment déterminer le périmètre d'un polygone

1• Reproduis sur une feuille de papier calque le polygone bleu ci-contre. Découpe ce polygone.

2• Sur ton cahier, trace une droite (d).
Sur cette droite, reporte les six longueurs des côtés du polygone découpé les unes à la suite des autres.

3• Mesure ainsi le périmètre du polygone bleu.

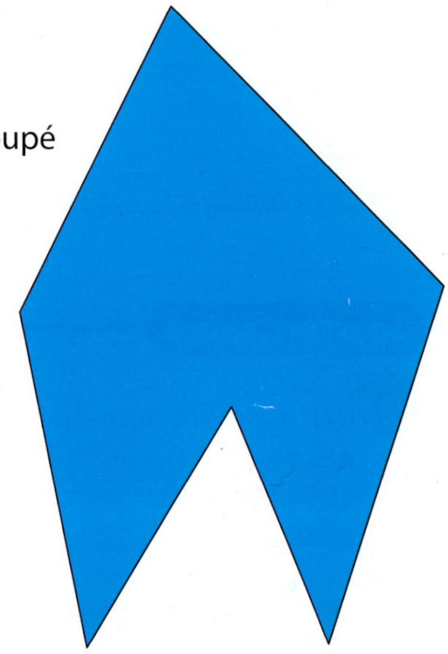

Je revois comment calculer le périmètre d'un polygone

1• Mesure la longueur de chaque côté du polygone bleu.

2• Additionne ces six longueurs.

3• Compare cette somme avec le résultat trouvé à l'activité précédente.

4• Propose une méthode pour calculer le périmètre d'un polygone.

Je retiens

1• Définition

Le **périmètre** d'une figure est la **longueur du contour** de la figure.

Remarque : le périmètre est une mesure de longueur ; il est donc suivi d'une unité.

2• Périmètre d'un polygone

Le **périmètre d'un polygone** est égal à la **somme** des longueurs de ses côtés.

Périmètre du triangle MNO :
$\mathcal{P}$ = MN + NO + OM
$\mathcal{P}$ = 1,6 cm + 3,6 cm + 2,8 cm = 8 cm
Le périmètre du triangle MNO est 8 cm.

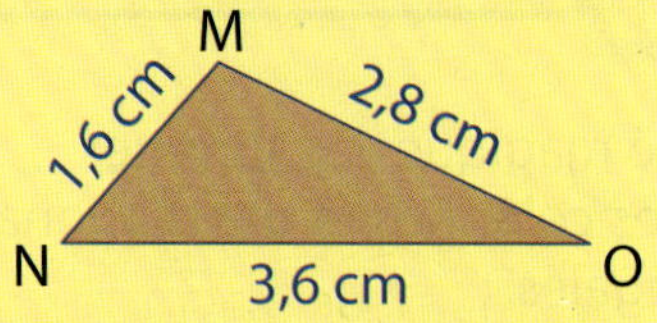

3• Périmètre de polygones particuliers

Le carré

Le périmètre d'un **carré** de longueur de côté c est :
$\mathcal{P} = 4 \times c$

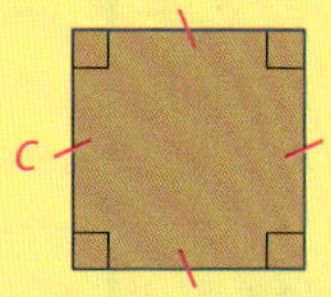

Carré de côté 3 cm.
$\mathcal{P}$ = 4 × 3 cm = 12 cm.
Son périmètre est 12 cm.

Le rectangle

Le périmètre d'un **rectangle** de longueur L et de largeur ℓ est :
$\mathcal{P} = 2 \times (L + \ell)$

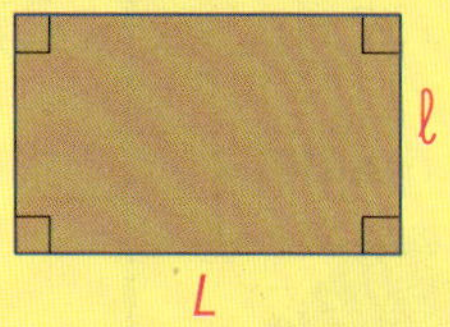

Rectangle de longueur 5 cm et de largeur 3 cm.
$\mathcal{P}$ = 2 × (5 cm + 3 cm).
$\mathcal{P}$ = 2 × 8 cm = 16 cm.
Son périmètre est 16 cm.

Je comprends

Énoncé

Mesure le périmètre du polygone violet.

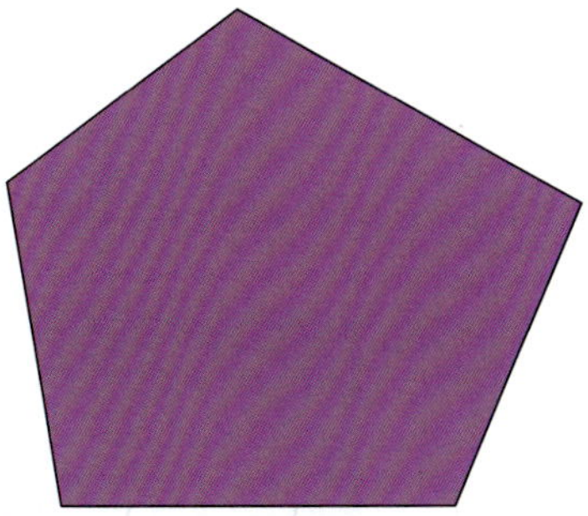

Solution

$\mathcal{P}$ = 2,3 cm + 3,2 cm + 2,6 cm + 3,2 cm + 2,6 cm
$\mathcal{P}$ = 13,9 cm
Le périmètre du polygone violet est 13,9 cm.

J'applique

Mesure le périmètre de chacune des figures ci-dessous.

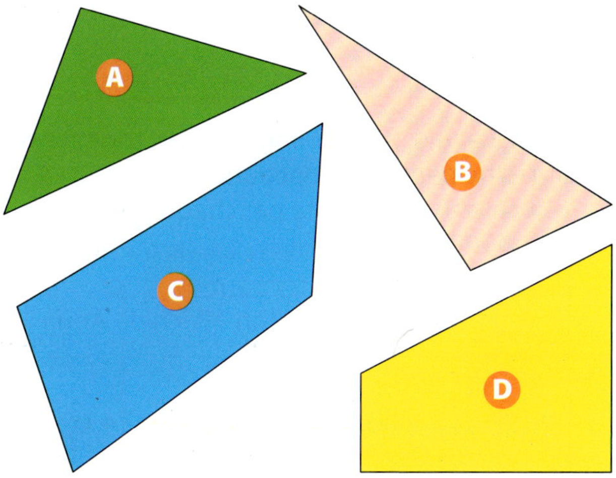

Je m'entraîne

ORAL
1 Calcule le périmètre du polygone ABCD tel que AB = 5 cm, BC = 3 cm, CD = 4 cm et DA = 6 cm.

ORAL
2 Calcule le périmètre du triangle TIR tel que TI = 7 cm, IR = 99 mm et RT = 8 cm.

ORAL
3 Calcule le périmètre d'un carré de côté :
a) 6 cm ; **b)** 12 mm ; **c)** 15 m ; **d)** 32 cm.

ORAL
4 Calcule le périmètre d'un rectangle de longueur et de largeur :
a) 12 cm et 6 cm ;
b) 87 mm et 13 mm ;
c) 5,6 cm et 2,4 cm.

5 Pour Noël, la maîtresse propose à ses élèves de décorer des cadres photo rectangulaires de largeur 16,5 cm et de longueur 21,5 cm. Ils collent un ruban doré le long du bord. Quelle longueur de ruban chaque élève va-t-il utiliser ?

6 Calcule le périmètre d'un miroir carré de côté 37,3 cm.

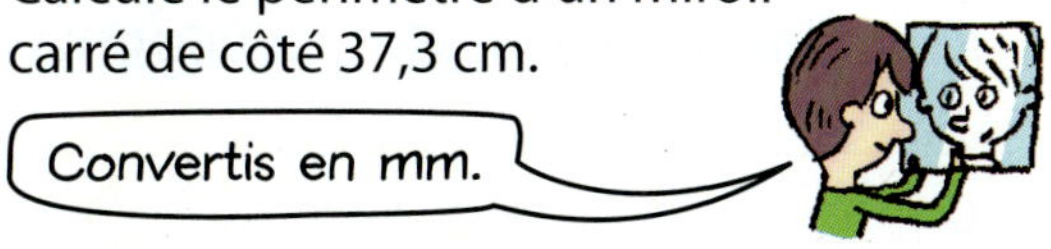

7 La piste d'un gymnase est un rectangle de longueur 4 dam et de largeur 25 m. Quelle est la longueur d'un tour de piste ?

J'approfondis

8 Un carré a un périmètre de 32 cm. Quelle est la mesure de chacun de ses côtés ?

9 PROBLÈME Les lignes d'un stade de rugby sont tracées avant chaque match. En te servant du schéma ci-dessous, calcule la longueur totale des lignes qui sont tracées.

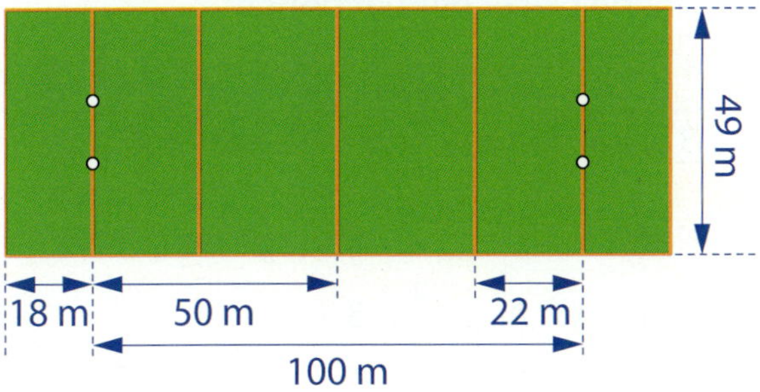

10 PROBLÈME Des jardiniers clôturent un parc municipal. Ce parc est un rectangle de longueur 350 m et de largeur 250 m. Ils installent deux portails de 3,5 m de large qui coûtent 1 835 € chacun. Un mètre de grillage coûte 19 €. Quel est le budget pour clôturer le parc ?

11 PROBLÈME Un rectangle a un périmètre de 270 mm. Sa longueur est le double de sa largeur. Quelle est la mesure de chacun de ses côtés ?

24 FRACTIONS (2)

Repérer une fraction sur une demi-droite graduée

Calcul

Calcul mental
5 × 100 = ?
24 × 10 = ?
105 × 10 = ?
…

Je revois comment représenter une fraction d'une unité donnée

John, Rachid, Anna, Ming et Sarah sont en vacances à la mer.
Ils participent à un concours de plongée en apnée.
La profondeur atteinte par chaque participant est exprimée dans l'unité D.

Plongeur	John	Rachid	Anna	Ming	Sarah
Profondeur (en D)	$\frac{4}{3}$	$\frac{7}{6}$	$\frac{3}{2}$	$\frac{5}{3}$	$\frac{5}{6}$

On représente l'unité D par un segment de longueur 6 cm :

1• **a)** Quelle est la longueur du segment représentant un tiers de D ?
b) Déduis-en la longueur du segment représentant quatre tiers de D.
c) Représente par un segment la profondeur atteinte par John.

2• Représente par quatre segments les profondeurs atteintes par les autres plongeurs.

Je découvre comment utiliser une demi-droite graduée

1• Reproduis la demi-droite graduée ci-dessous.

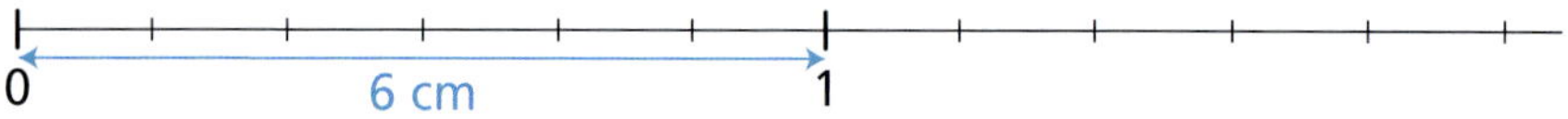

2• Place sur cette demi-droite les fractions qui représentent les cinq profondeurs atteintes par les participants du concours de plongée de l'activité précédente.

3• Quel plongeur est descendu le plus profond ?

Je retiens

Utilisation d'une demi-droite graduée

Les graduations d'une demi-droite graduée permettent de placer des fractions.

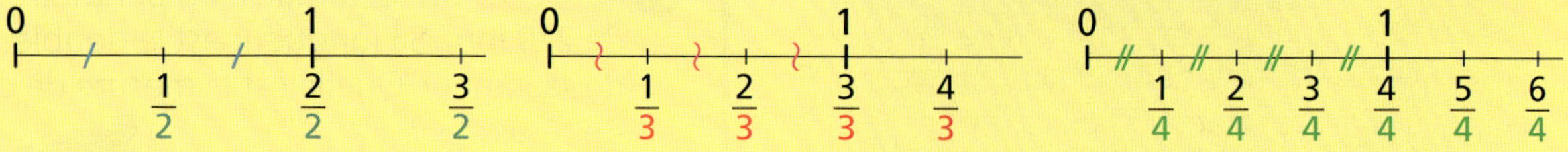

Partage en **demis** — Partage en **tiers** — Partage en **quarts**

Remarque : « trois quarts » représentent trois fois « un quart ». Ainsi $\frac{3}{4} = 3 \times \frac{1}{4}$.

Je comprends

Énoncé

Quelle fraction est représentée par la lettre H sur cette demi-droite graduée ?

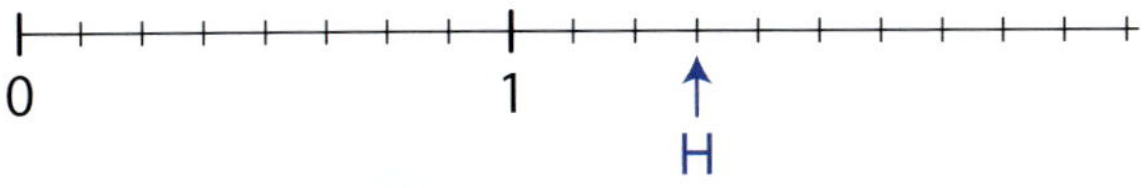

Solution

La lettre H représente la fraction $\frac{11}{8}$.

J'applique

A Quelles fractions sont représentées par les lettres A, B et C sur cette demi-droite graduée ?

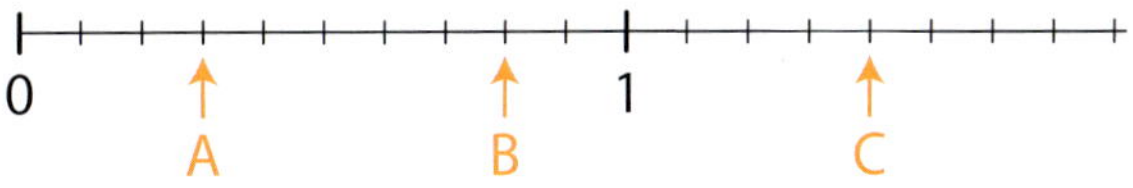

B Sur la demi-droite graduée ci-dessus, quelle fraction de dénominateur 5 est représentée par la lettre B ? la lettre C ?

C Quelles fractions sont représentées par les lettres R, S et T sur cette demi-droite graduée ?

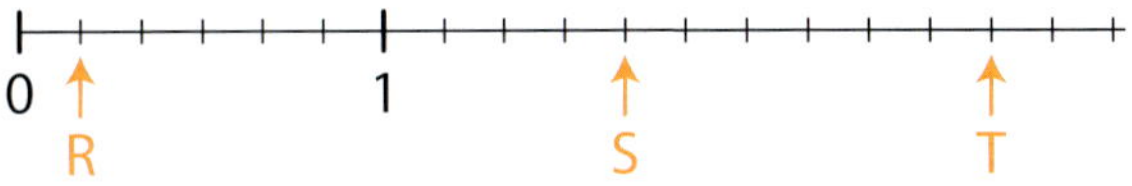

Je m'entraîne

ORAL

1 Trouve la valeur des fractions représentées par les lettres A, B et C.

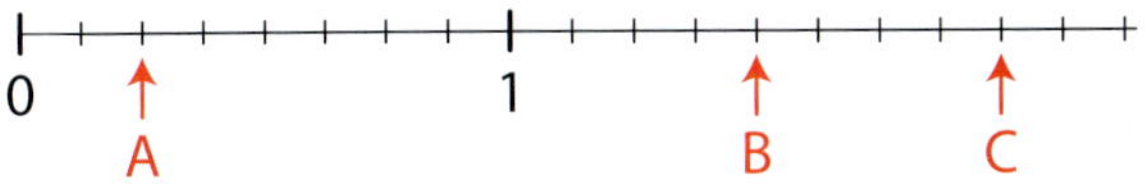

ORAL

2 Cinq fractions sont représentées par des lettres sur une demi-droite graduée.

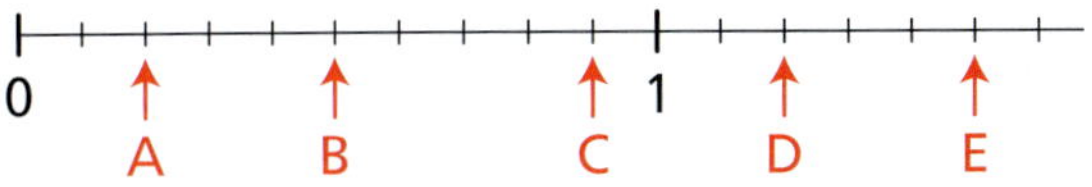

1) Trouve les valeurs des cinq fractions.
2) Donne deux fractions différentes pouvant remplacer la lettre B.
3) Quelle lettre remplace la fraction $\frac{6}{5}$?

3 Reproduis la demi-droite graduée, puis places-y les fractions suivantes :
$\frac{3}{10}$ | $\frac{1}{2}$ | $\frac{5}{5}$ | $\frac{7}{5}$ | $\frac{3}{2}$ | $\frac{2}{5}$ | $\frac{13}{10}$.

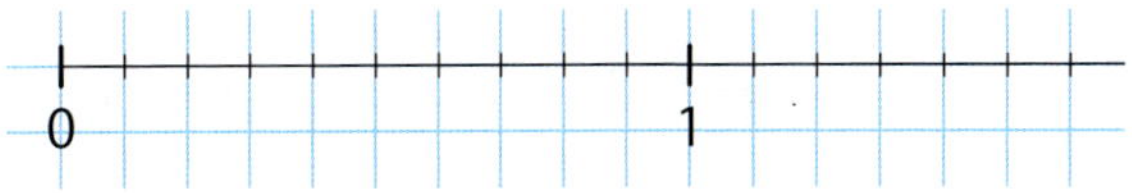

4 Reproduis la demi-droite graduée, puis places-y les fractions suivantes :
$\frac{3}{8}$ | $\frac{10}{8}$ | $\frac{7}{8}$ | $\frac{1}{2}$ | $\frac{6}{4}$ | $\frac{1}{4}$ | $\frac{3}{2}$ | $\frac{4}{4}$.

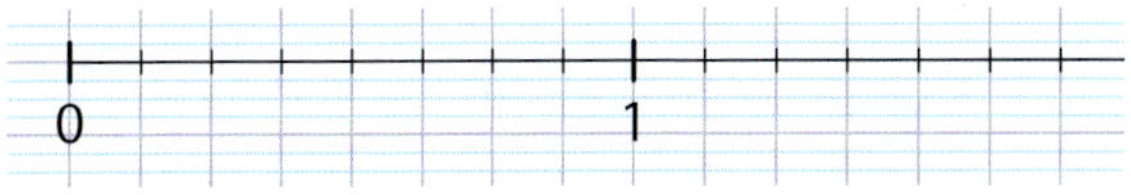

5 Trace une demi-droite graduée qui a pour unité 8 cm. Places-y les fractions suivantes :
$\frac{3}{8}$ | $\frac{11}{8}$ | $\frac{1}{2}$ | $\frac{7}{4}$ | $\frac{4}{2}$ | $\frac{3}{4}$.

J'approfondis

6 Reproduis la demi-droite graduée, puis places-y les fractions suivantes :
$\frac{30}{10}$ | $\frac{33}{10}$ | $\frac{29}{10}$ | $\frac{41}{10}$ | $\frac{8}{2}$ | $\frac{16}{5}$ | $\frac{9}{2}$.

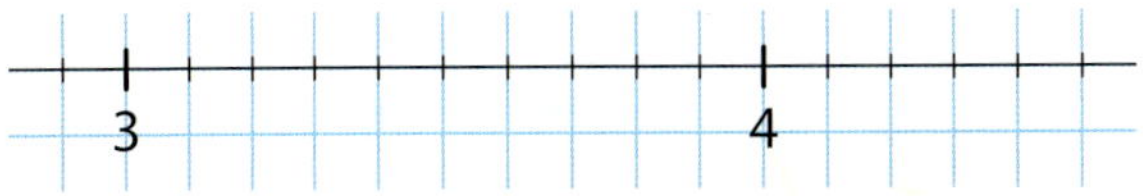

7 PROBLÈME Trace une demi-droite graduée pour y placer les fractions suivantes :
$\frac{5}{6}$ | $\frac{1}{2}$ | $\frac{1}{6}$ | $\frac{4}{3}$.

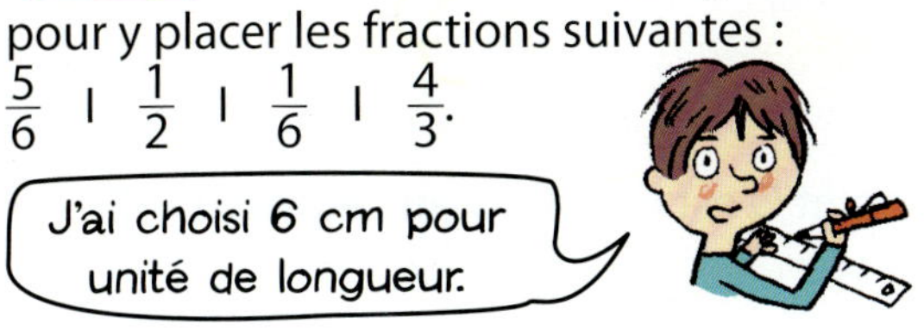

8 PROBLÈME Trace une demi-droite graduée pour y placer les fractions suivantes :
$\frac{5}{6}$ | $\frac{1}{3}$ | $\frac{1}{2}$ | $\frac{5}{4}$ | $\frac{2}{3}$ | $\frac{3}{2}$ | $\frac{7}{6}$ | $\frac{3}{4}$.

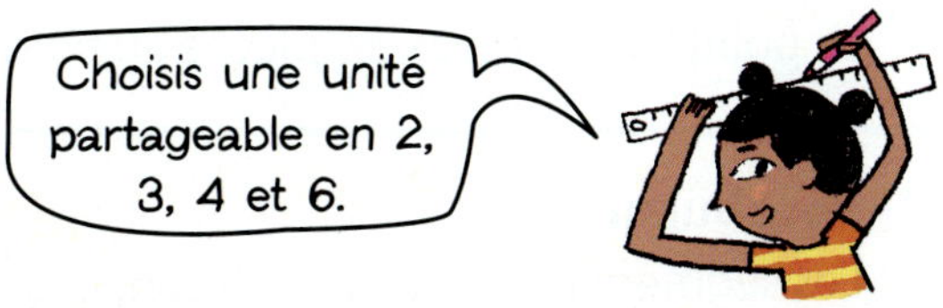

9 PROBLÈME Au saut en longueur, Estelle saute $\frac{3}{5}$ de la longueur du sautoir.
Cassandra saute $\frac{2}{3}$ de la longueur du sautoir.
Laquelle de ces filles saute le plus loin ?

25 FIGURES GÉOMÉTRIQUES PLANES (3)

Définir, reconnaître, construire un cercle

Géométrie

Calcul mental
100 = 2 × ?
100 = ? × 4
100 = 20 × ?
…

Je revois à quoi sert un compas

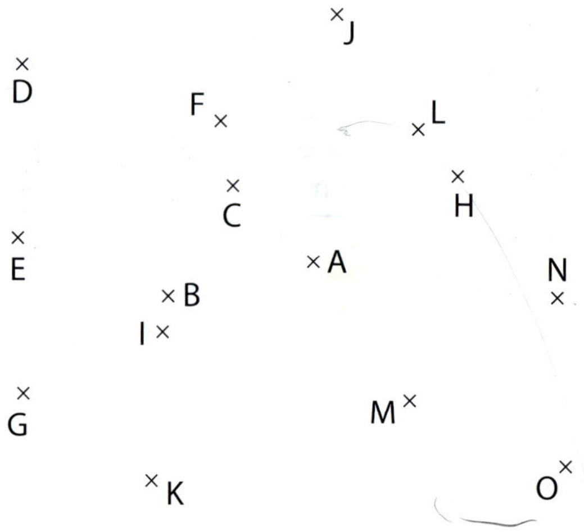

1• Décalque la figure ci-contre.

2• Quels points de la figure sont situés à 2 cm du point A ?

3• Place trois autres points situés à 2 cm du point A.

4• **a)** Trouve tous les points situés à 2 cm du point A.
b) Quelle figure obtiens-tu ?

J'ai utilisé mon compas.

Je revois le vocabulaire de géométrie qui concerne le cercle

Les points R, S et T sont sur le cercle $(\mathscr{C})$ ci-contre.

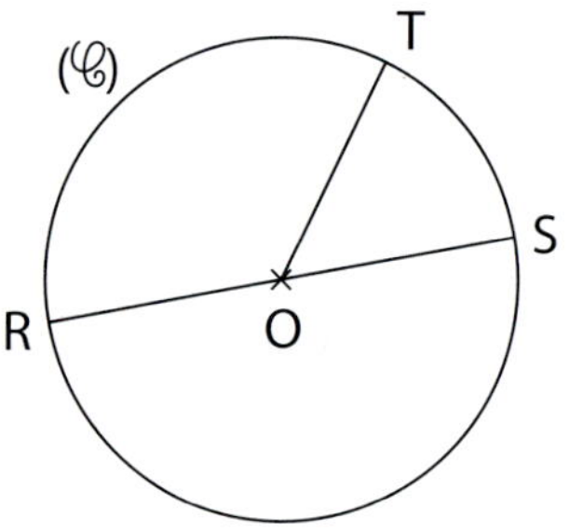

1• Que représente le point O pour :
a) le cercle $(\mathscr{C})$? **b)** le segment [RS] ?

Ne confonds pas « milieu » et « centre ».

2• En utilisant les points de la figure, cite :
a) un rayon du cercle $(\mathscr{C})$; **b)** un diamètre du cercle $(\mathscr{C})$.

3• Que peux-tu dire des longueurs OR, OS et OT ? Pourquoi ?

4• Que peux-tu dire des longueurs OT et RS ?

Je retiens

1• Définition

Un **cercle** $(\mathscr{C})$ de **centre** O est formé de tous les points situés à la même distance du point O.
Cette distance est appelée « le **rayon** r du cercle ».

Pour tracer un cercle, on utilise un **compas**.

La pointe du compas est placée au point O.

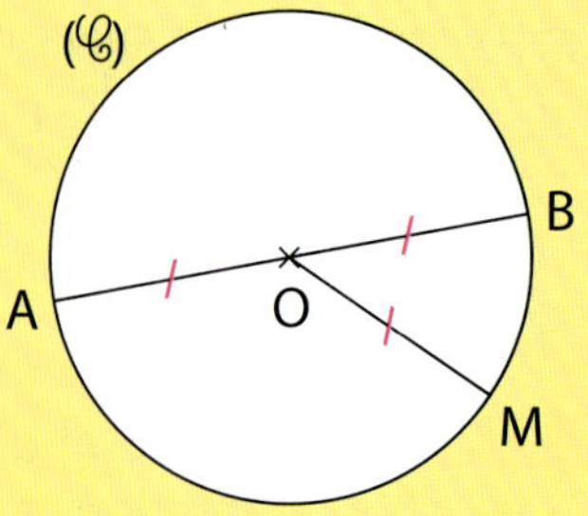

2• Vocabulaire

Les segments [OA], [OB], [OM] sont des rayons du cercle $(\mathscr{C})$.
r étant le rayon du cercle $(\mathscr{C})$, on a : OA = OB = OM = r.
Le segment [AB] est un **diamètre** du cercle $(\mathscr{C})$.

Attention ! le point O est le **centre du cercle** $(\mathscr{C})$. Le point O est le **milieu du segment** [AB].

Je comprends

Énoncé

Trace le cercle de centre Z
et de diamètre 36 mm.

Solution

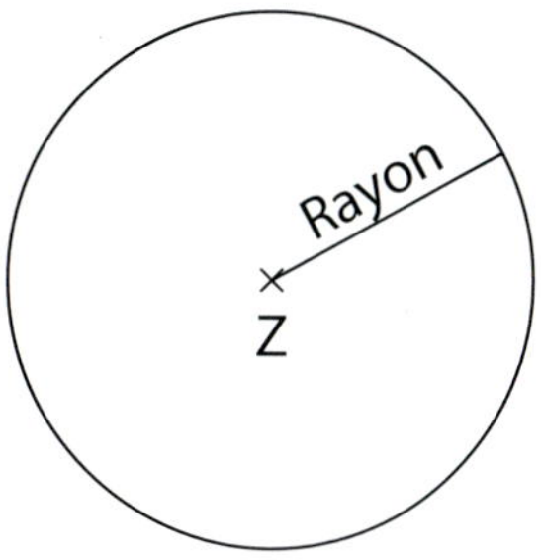

J'applique

A 1) Place trois points M, N et O.
2) Trace le cercle de centre M et de rayon 5 cm.
3) Trace le cercle de centre N et de rayon 3,5 cm.
4) Trace le cercle de centre O et de rayon 65 mm.

B Place un point P.
Trace le cercle de centre P et de rayon :
a) 4 cm ; **b)** 3 cm ; **c)** 25 mm.

C 1) Place trois points Q, R et S.
2) Trace le cercle de centre Q et de diamètre 4 cm.
3) Trace le cercle de centre R et de diamètre 7 cm.
4) Trace le cercle de centre S et de diamètre 48 mm.

Je m'entraîne

Pour les exercices **1** et **2**, observe la figure ci-contre.

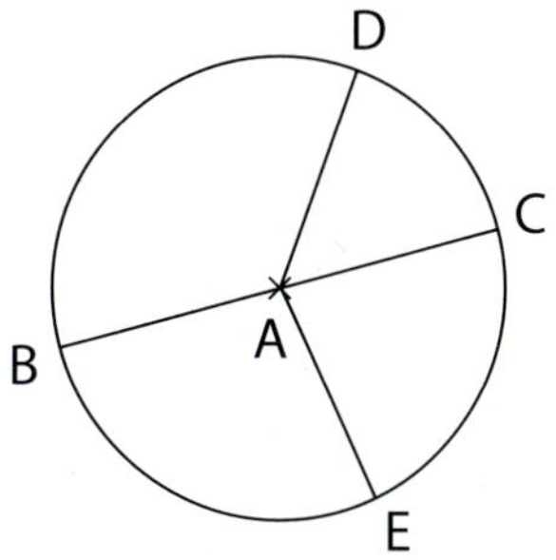

ORAL

1 Dis si les affirmations suivantes sont vraies ou fausses.
- Le point A est le milieu du segment [BC].
- Le point A est le milieu du cercle.
- Le segment [BC] est un rayon du cercle.
- Les longueurs AD et AE sont égales.

ORAL

2 1) Cite tous les diamètres tracés du cercle.
2) Cite tous les rayons tracés du cercle.
3) Que peux-tu dire des longueurs des rayons ?

3 1) Trace un cercle de centre O et de rayon 6 cm.
2) Trace en vert un rayon [OA] de ce cercle.
3) Trace en bleu un diamètre [MN] de ce cercle.

4 1) Trace un triangle équilatéral ABC de côté 5 cm.
2) Trace le cercle de centre A et de rayon 3 cm.
3) Trace le cercle de centre B et de rayon 2 cm.
4) Trace le cercle de centre C et de diamètre 5 cm.

5 1) Trace un triangle THE tel que TH = 4 cm, TE = 3 cm et EH = 5 cm.
2) Place le point F, milieu du segment [EH].
3) Trace le cercle de centre F et qui passe par le point H.
4) Concernant le cercle tracé, que peux-tu dire :
a) du segment [EH] ?
b) du point T ?
c) du segment [FT] ?
5) Que peux-tu dire des droites (TE) et (TH) ?

J'approfondis

6 Écris un programme de construction qui correspond à cette figure :

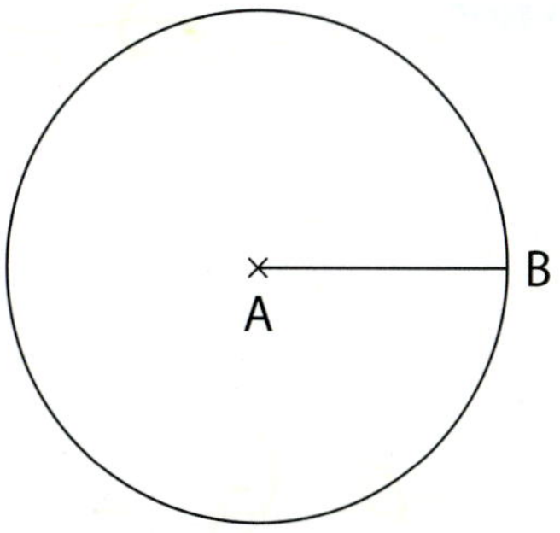

7 PROBLÈME 1) Trace un segment [CD] de longueur 8 cm. Trace le cercle de diamètre [CD].
2) Trace un autre diamètre [EF] perpendiculaire au diamètre [CD].
3) Quelle est la nature du quadrilatère CEDF ?

8 PROBLÈME 1) Trace un segment [AB] de longueur 5 cm. Place le milieu U du segment [AB].
2) Trace la droite (d) perpendiculaire à la droite (AB) passant par le point U.
3) Place un point M sur la droite (d). Trace le cercle de centre M et qui passe par le point A. Que remarques-tu concernant le point B ?
4) Trace deux autres cercles qui passent par les points A et B.
5) Trace en rouge le cercle passant par les points A et B et qui a le plus petit rayon possible.
6) Trace en vert deux cercles différents qui passent par les points A et B et qui ont le même rayon.

26 MULTIPLICATION (2)
Multiplier un nombre décimal par un nombre entier

Calcul

Calcul mental

2,3 + 2,3 + 2,3 = ?
7 + 7 + 7 + 7 + 7 = ?
3,5 + 3,5 + 3,5 + 3,5 = ?
…

Je revois la signification de la multiplication

Ce matin, Mathys a acheté 7 pains aux raisins qui coûtent 0,95 € chacun.

1• Mathys utilise une addition pour trouver le prix qu'il va payer.
a) Écris cette addition.
b) Combien va-t-il payer ?

2• Mathys se demande s'il peut utiliser une autre opération pour trouver plus rapidement le résultat.
a) Écris cette opération.
b) À l'aide d'une calculatrice, effectue cette opération.
c) Compare les deux résultats.

Je découvre comment calculer le produit d'un décimal par un entier

Sans utiliser la calculatrice, on souhaite calculer le prix de 13 pains aux raisins à 0,95 € chacun.

1• Sais-tu poser et effectuer le produit de 13 par 0,95 ?

2• a) Quel est le prix en centimes de chaque pain aux raisins ?
b) Calcule le prix en centimes de 13 pains aux raisins.

3• a) Quel est le prix en euros de 13 pains aux raisins ?
b) Recopie et complète : 13 × 0,95 = ….

Je retiens

1• Vocabulaire

La **multiplication** est une opération qui permet de calculer plus **rapidement** des additions dont tous les termes (entiers ou **décimaux**) sont identiques.

5 × 3,4 = 3,4 + 3,4 + 3,4 + 3,4 + 3,4 (5 fois)

2• Méthode pour poser une multiplication d'un nombre décimal

On veut calculer le **produit** de 12 et de 5,78.

Étape 1 : on pose la multiplication et on l'effectue **sans tenir compte de la virgule**.

		5,	7	8
×			1	2
	1	11	5	6
+	5	7	8	0
	6	9	3	6

2 chiffres après la virgule.

Étape 2 : on place la virgule du résultat.
Le résultat a le même nombre de chiffres après la virgule que le facteur à virgule.

		5,	7	8
×			1	2
	1	11	5	6
+	5	7	8	0
	6	9,	3	6

On a : **12 × 5,78 = 69,36.**

Je comprends

Énoncé

Pose l'opération en colonnes et effectue-la.

16 × 18,4

Solution

		1	8,	**4**	
×			1	**6**	2 5
	1	1	0	4	
+	1	8	4	0	
	2	9	4,	**4**	

On a : **16 × 18,4 = 294,4.**

J'applique

A Pose et effectue chaque opération en colonnes :
a) 4 × 23,1 ; **b)** 3 × 6,43 ; **c)** 7 × 51,8.

B Pose et effectue chaque opération en colonnes :
a) 21 × 1,67 ; **b)** 40 × 23,54 ; **c)** 79 × 6,562.

C Pose et effectue chaque opération en colonnes :
a) 300 × 54,2 ;
b) 308 × 43,52 ;
c) 795 × 8,294.

D Calcule le produit de 876 et de 0,62.

Je m'entraîne

ORAL

1 Calcule chaque produit :
2 × 0,5 | 3 × 2,5 | 3 × 1,3 | 2 × 0,75 |
3 × 0,12 | 4 × 2,5 | 2 × 0,25 | 4 × 0,4.

ORAL

2 Calcule chaque produit :
7 × 0,8 | 7 × 0,06 | 8 × 3,1 | 11 × 0,2 |
6 × 0,6 | 600 × 0,3 | 7 × 0,7 | 9 × 0,11.

ORAL

3 « Je pense à un nombre,
je le multiplie par 6 et je trouve 2,4.
Quel est ce nombre ? »

ORAL

4 « Je pense à un nombre,
je le multiplie par 5
et je trouve 3.
Quel est ce nombre ? »

5 Pour faire de la confiture de fraises,
Mirna achète 9 kg de fraises à 2,95 € le kg.
Combien va-t-elle payer les fraises ?

6 Stieg achète 12 crayons à 0,57 € l'unité
et 3 gommes à 1,54 € l'unité.
Combien va-t-il payer pour ces fournitures ?

7 1) Calcule : 234 × 27.
2) Détermine, sans poser l'opération, chaque produit :
a) 27 × 23,4 ; **b)** 27 × 0,234 ; **c)** 27 × 2,34 ;
d) 234 × 0,027 ; **e)** 234 × 0,27 ; **f)** 234 × 2,7.

8 Écris chaque nombre comme produit d'un nombre entier et d'un nombre décimal :
a) 1 **b)** 0,5 **c)** 12 **d)** 2,4 **e)** 4,9

J'approfondis

9 Voici les tarifs affichés dans une cafétéria :
Café : 1,25 € *Chocolat : 2,35 €* *Sirop : 1,15 €*
1) Retrouve les consommations des clients qui ont payé en euros :
a) 3 × 1,25 ; **b)** 1,25 + 2,35 ;
c) (4 × 1,15) + 2,35.
2) Camille et ses amis ont consommé 3 cafés et 2 chocolats. Combien vont-ils payer ?

10 PROBLÈME Bastien veut poser du parquet en payant le moins cher possible. Il a le choix entre des petites planches et des grandes planches.
Il lui faudrait 92 petites planches à 1,64 € l'unité ou 65 grandes planches à 2,23 € l'unité.
Quel parquet va-t-il choisir ?
Justifie ta réponse.

11 PROBLÈME 1) Calcule le produit de la somme de 78,8 et 94,9 et de la différence entre 34,7 et 3,7.
2) Calcule la différence entre le produit de 72 et de 35,45 et la somme de 72 et 35,45.

12 PROBLÈME À l'entraînement, un cycliste effectue 50 tours de pédales par minute. À chaque tour de pédales, il parcourt 7,97 m.
1) Quelle distance en m parcourt-il chaque minute ?
2) Quelle distance en km parcourt-il en une heure ?

27 TRIANGLES (4)
Construire une hauteur d'un triangle

Géométrie

Calcul mental
3 × 3,2 = ?
2 × 7,3 = ?
4 × 1,21 = ?
…

Je découvre comment tracer une hauteur d'un triangle

Partie A

1• Trace un triangle ABC tel que AB = 7 cm, BC = 6 cm et AC = 8 cm.

2• Trace la droite (d) perpendiculaire à la droite (BC) et passant par le point A.
Pour le triangle ABC, la droite (d) s'appelle « la **hauteur issue du point A** ».

3• Trace la droite (d_1) perpendiculaire à la droite (AB) et passant par le point C.
À quoi correspond la droite (d_1) pour le triangle ABC ?

4• Pour le triangle ABC, trace la hauteur issue du point B.

Partie B

1• Trace un triangle DEF tel que DE = 10 cm, EF = 5 cm et FD = 6 cm.

2• Pour le triangle DEF, trace la hauteur issue du point F.

3• a) Trace la droite perpendiculaire à la droite (EF) et passant par le point D.
b) À quoi correspond cette droite pour le triangle DEF ?

Je retiens

1• Définition

Une **hauteur d'un triangle** est la droite qui passe par un de ses **sommets** et qui est **perpendiculaire** au côté opposé à ce sommet.

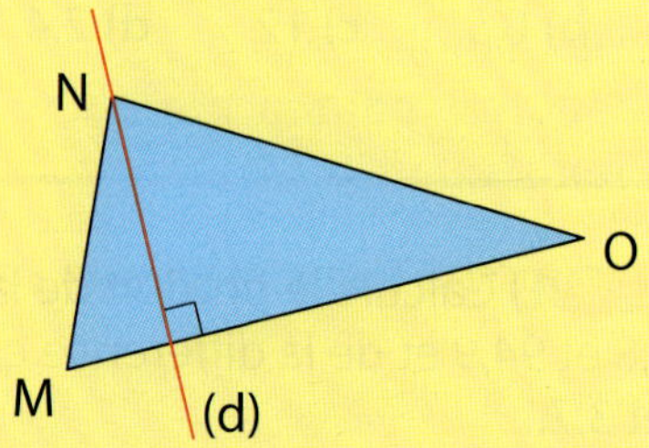

Pour le triangle MNO, la droite (d) est la hauteur issue du point N.

Remarque : il est parfois nécessaire de prolonger un côté du triangle pour tracer une hauteur.

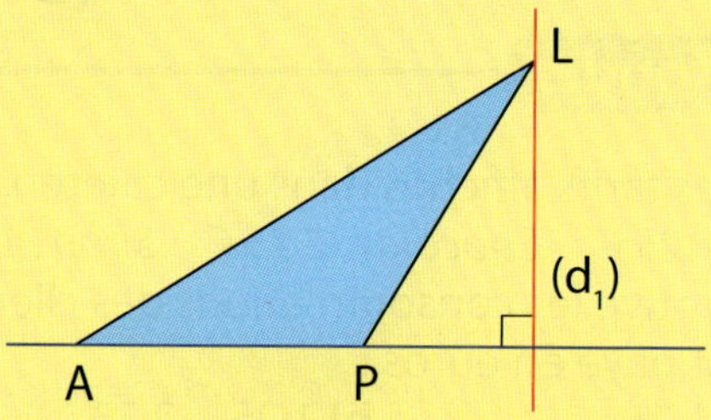

Pour le triangle PAL, la droite (d_1) est la hauteur issue du point L.

2• Méthode de construction

Pour le triangle GHI, on veut tracer la hauteur (d) issue du point H.

- Pour le triangle GHI, le côté opposé au point H est le côté [GI].
- On trace la droite (d) passant par le point H et perpendiculaire à la droite (GI).

Pour cela, on utilise **une équerre.**

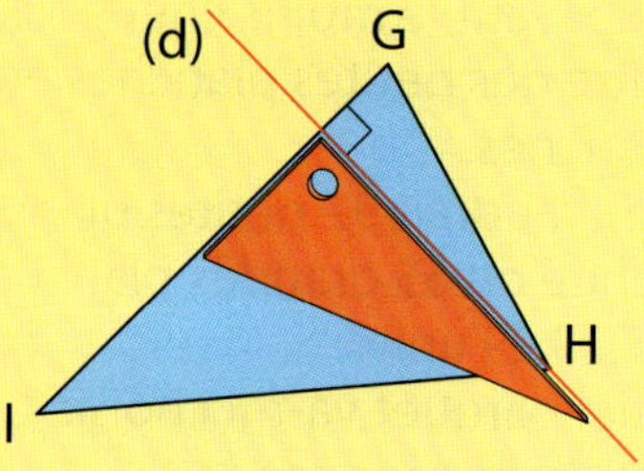

Je comprends

Énoncé

Soit le triangle BOP tel que BO = 1,8 cm, OP = 2,4 cm et PB = 3,5 cm.
Construis le triangle BOP et trace sa hauteur issue du point P.

Solution

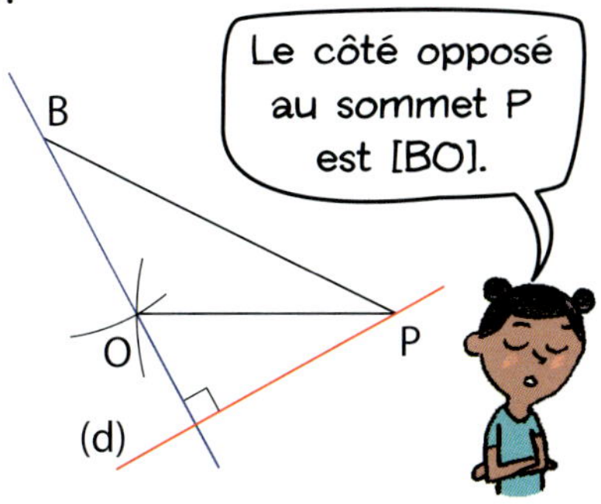

J'applique

A Construis un triangle RAT tel que RA = 4 cm, AT = 5 cm et TR = 5,5 cm.
Trace sa hauteur issue du point A.

B Construis un triangle LIT tel que LI = 4 cm, IT = 4,5 cm et LT = 3,5 cm.
Trace sa hauteur issue du point T.

C Construis un triangle DOS tel que DO = 3,5 cm, OS = 6,5 cm et DS = 4,5 cm.
Trace sa hauteur issue du point S.

D Construis un triangle VIE tel que VI = 3,2 cm, IE = 6,3 cm et VE = 7,5 cm.
Trace sa hauteur issue du point V.

Je m'entraîne

ORAL
1 Pour le triangle RIZ, quelle est la hauteur issue du point R ?

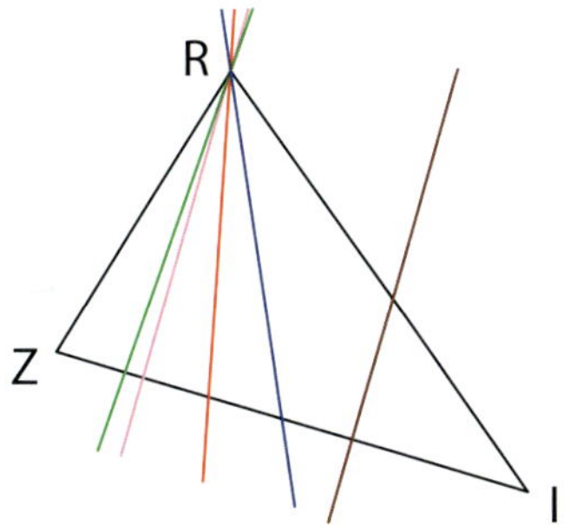

ORAL
2 Pour le triangle NOR, indique quelles sont ses hauteurs. Précise les sommets dont elles sont issues.

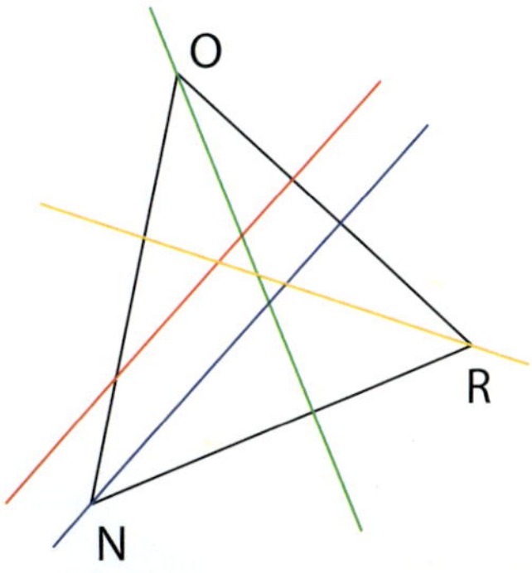

ORAL
3 Avec quel côté d'un triangle EVA la hauteur issue du point A forme-t-elle un angle droit ?

4 Soit un triangle LEO isocèle en E tel que LE = 6 cm et LO = 4,5 cm.
1) Trace le triangle LEO.
2) Trace les hauteurs issues de chacun de ses trois sommets.
3) Que remarques-tu ?

5 Soit un triangle MIR tel que MI = 7 cm, IR = 6 cm et MR = 5 cm.
1) Trace le triangle MIR.
2) Trace ses trois hauteurs.
3) Que remarques-tu ?

6 Soit un triangle LEA tel que LA = 4 cm, AE = 4,5 cm et LE = 7 cm.
1) Trace le triangle LEA.
2) Trace ses trois hauteurs.
3) Que remarques-tu ?

7 Soit un triangle STU rectangle en T tel que ST = 3 cm et TU = 5 cm.
1) Trace le triangle STU.
2) Trace ses trois hauteurs.
3) Que remarques-tu ?

J'approfondis

8 **1) a)** Trace un triangle GIF équilatéral de côté 12 cm.
b) Trace ses trois hauteurs.
2) a) Place le milieu M du segment [GI].
Place le milieu N du segment [IF].
Place le milieu O du segment [GF].
Trace le triangle MNO.
b) Que représente la droite (GN) pour le triangle MNO ?
c) Nomme les autres hauteurs du triangle MNO.

9 PROBLÈME **1)** Trace un carré ABCD de côté 8 cm.
2) Appelle H le point d'intersection de ses diagonales. Vérifie qu'elles se coupent en formant un angle droit.
3) En utilisant les points de la figure, nomme tous les triangles qui ont pour hauteur la droite (AC).

28 PROPORTIONNALITÉ (1)

Reconnaître, utiliser les propriétés de la proportionnalité

Données

Calcul mental
double de 17
moitié de 26
triple de 15
…

Je revois la notion de proportionnalité

Un producteur de légumes vend des tomates au kilogramme.
Diana en achète 6 kg et paye 9 €. Jimmy en achète 8 kg et paye 12 €.

1• On connaît le prix de 6 kg de tomates. Si on en achète le double, combien va-t-on payer ?
Déduis-en le prix de 12 kg de tomates.

2• On connaît le prix de 8 kg de tomates.
Déduis-en le prix de 4 kg de tomates. Explique comment tu as fait.

3• **a)** Recopie et complète le tableau ci-contre.
b) Quel est le prix de 14 kg de tomates ?

Masse de tomates (en kg)	6	8	14
Prix payé (en €)	9	12	…

(flèches : 6 et 8 → 14 : … ; 9 et 12 → … : …)

Je découvre la construction d'un tableau dans une situation de proportionnalité

Une décoratrice vend un tissu au mètre. 4 m de tissu coûtent 48 €.

1• Organise ces données dans un tableau de 2 lignes et 4 colonnes.

2• Complète ton tableau pour calculer le prix de 2 m de ce tissu.

3• Complète ton tableau pour calculer le prix de 6 m de ce tissu.
Comment peux-tu trouver autrement ce résultat ?

Je retiens

Dans une **situation de proportionnalité**, on peut organiser les données dans un **tableau**.

Une école achète des livres de poche.
Le prix de 4 livres est 28 € et le prix de 7 livres est 49 €.
Le prix payé est **proportionnel** au nombre de livres achetés.
On veut calculer le prix de 11 livres, le prix de 12 livres et le prix de 6 livres.

On peut **additionner** (ou soustraire) les nombres de deux colonnes.

Nombre de livres	4	7	11
Prix payé (en €)	28	49	77

(flèches : 4 + 7 → 11 ; 28 + 49 → 77)

Le prix de **11** livres est **77 €.**

On peut **multiplier** (ou **diviser**) les nombres d'une colonne par un nombre.

Nombre de livres	4	12	6
Prix payé (en €)	28	84	42

(flèches : × 3 puis : 2)

12 livres coûtent **84 €** et **6** livres coûtent **42 €.**

Je comprends

Énoncé

Marc range 280 pêches dans 8 cageots, puis 420 pêches dans 12 cageots. Chaque cageot peut contenir le même nombre de pêches. Combien de pêches range-t-il dans 20 cageots ?

Solution

J'ai remarqué que : 20 = 8 + 12

On a : 280 + 420 = 700.
Marc peut ranger 700 pêches dans 20 cageots.

J'applique

A Un professeur des écoles achète des dictionnaires identiques.
3 dictionnaires coûtent 45 € et 4 coûtent 60 €.
Combien coûtent :
a) 7 dictionnaires ?
b) 8 dictionnaires ?

B Cynthia empile des pièces d'un jeu de construction.
Toutes ces pièces ont la même hauteur.
Une pile de 20 pièces mesure 28 cm de haut.
Quelle est la hauteur d'une pile de :
a) 40 pièces ? **b)** 5 pièces ? **c)** 45 pièces ?

Je m'entraîne

Pour les exercices **1** à **3**, le prix payé est proportionnel à la masse de fruits achetés.

ORAL
1 Calcule chaque nombre manquant.

Masse d'oranges (en kg)	2	3	5	6
Prix payé (en €)	3	4,5	?	?

ORAL
2 Calcule chaque nombre manquant.

Masse de fraises (en g)	500	250	?
Prix payé (en €)	3	?	4,5

ORAL
3 Calcule chaque nombre manquant.

Masse de pommes (en kg)	10	?	?	20
Prix payé (en €)	12	6	30	?

4 La consommation de carburant (en litres) d'une voiture est proportionnelle à la distance parcourue (en kilomètres).
Recopie et complète le tableau suivant :

Distance	100	300	?	250	?
Consommation	8	?	12	?	4

5 Un maçon construit un mur en briques.
Un mur de 12 rangées a une hauteur de 216 cm.
1) Calcule la hauteur d'un mur de :
a) 4 rangées ; **b)** 3 rangées ; **c)** 7 rangées.

Fais un tableau et complète-le au fur et à mesure.

2) Calcule le nombre de rangées d'un mur :
a) de hauteur 108 cm ; **b)** de hauteur 324 cm.

J'approfondis

6 Un parking municipal fait payer le stationnement à l'heure.
Recopie et complète le tableau suivant :

Durée (en h)	3	4	7	?
Prix payé (en €)	3,6	4,8	?	12

7 Le périmètre d'un carré varie en fonction de la longueur de son côté.
1) Recopie et complète le tableau suivant :

Longueur d'un côté (en cm)	6	?	1,5	?
Périmètre (en cm)	?	12	?	18

2) D'après ce tableau, le périmètre d'un carré est-il proportionnel à la longueur de son côté ?

8 PROBLÈME Naelle mesurait 1,08 m à 5 ans.
À 10 ans, elle mesure 1,54 m.
Peux-tu prévoir la taille que fera Naelle à 15 ans ? Explique pourquoi.

9 PROBLÈME Une pâtissière reçoit des boîtes de chocolats identiques.
20 boîtes contiennent 640 chocolats.

1) Combien de chocolats sont contenus :
a) dans 5 boîtes ? **b)** dans 30 boîtes ?
2) Combien de boîtes contiennent :
a) 64 chocolats ? **b)** 32 chocolats ?
3) Cette pâtissière a besoin de 1 000 chocolats.
Combien de boîtes va-t-elle commander ?

29 MESURE DE GRANDEURS (2)
Calculer la longueur d'un cercle

Grandeurs

Calcul mental
(3 × 3,2) + 0,4 = ?
(2 × 4,3) + 1,3 = ?
1,7 + (5 × 1,2) = ?
…

Je découvre comment calculer la longueur d'un cercle

Partie A

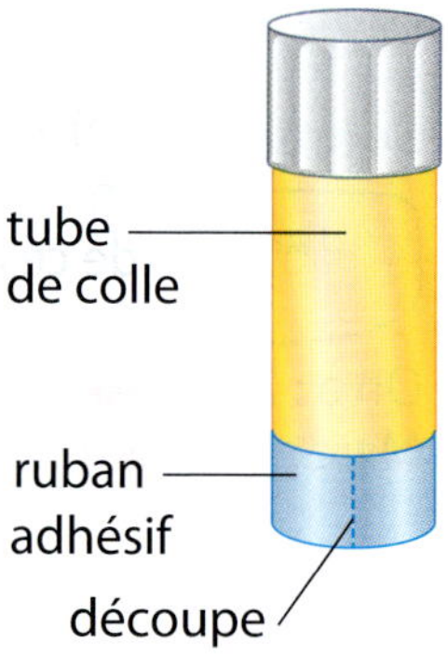

1• Choisis un objet de forme cylindrique (tube de colle, pot à crayons, boîte de conserve, boîte de sel…).
Puis entoure le bord du cylindre d'une bande de ruban adhésif.

2• Découpe cette bande comme indiqué sur le dessin ci-contre.

3• Décolle avec précaution le ruban adhésif.
Colle la bande obtenue dans ton cahier.

4• Mesure précisément la longueur ***L*** de cette bande.
Qu'as-tu mesuré ?

Partie B

1• Trace sur une feuille le contour de la base de l'objet que tu as choisi précédemment.
Quelle figure obtiens-tu ?

2• Découpe cette figure. Tu obtiens un gabarit.
Trouve un diamètre de ce gabarit.
Mesure précisément la longueur ***D*** de ce diamètre.

3• À l'aide de la calculatrice, calcule ***L*** : ***D***.
Compare ton résultat avec ceux de tes camarades.
Que remarques-tu ?

Je retiens

1• Nombre π

π est la lettre de l'alphabet grec qui correspond au **p** de notre alphabet.

π se prononce « **pi** ».

La lettre **π** désigne un nombre particulier qui sert à calculer la **longueur d'un cercle**.

La valeur du nombre **π** est environ **3,14**.

2• Calcul de la longueur d'un cercle

La longueur d'un cercle de **diamètre** *D* est :
$D \times \pi$

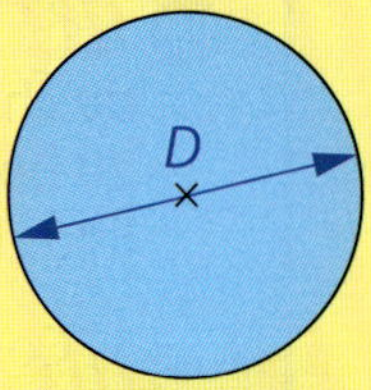

Longueur d'un cercle de diamètre 5 cm.
5 cm × 3,14 = 15,7 cm
La longueur de ce cercle est **15,7 cm**.

La longueur d'un cercle de rayon *r* est :
$(2 \times r) \times \pi$

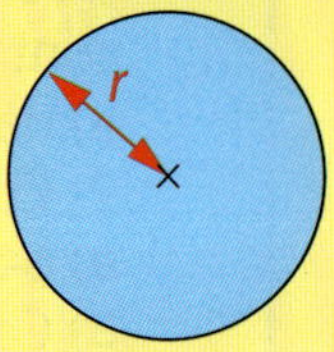

Longueur d'un cercle de rayon 2 cm.
(2 × 2 cm) × 3,14 = 12,56 cm
La longueur de ce cercle est **12,56 cm**.

Je comprends

Énoncé

Calcule la longueur d'un cercle de rayon 33 mm.

Solution

J'applique la formule avec le rayon.

L = (2 × ***r***) × **π**

L = (2 × ***33*** mm) × **3,14**

L = 207,24 mm

La longueur de ce cercle est 207,24 mm.

J'applique

A Calcule la longueur d'un cercle de diamètre 8 cm.

B Calcule la longueur d'un cercle de rayon 75 mm.

C Calcule la longueur d'un cercle de diamètre 15 dm.

D Calcule la longueur d'un cercle de rayon 4,5 cm.

Je m'entraîne

ORAL

1 Pour chaque cercle, indique la ou les bonnes formules de calcul de sa longueur.

a)

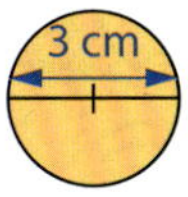

6 × π

3 × π

9 × π

b)

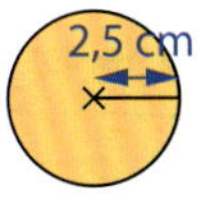

(2 × 2,5) × π

2,5 × π

π × 5

ORAL

2 Quelle est la longueur d'un cercle :

a) de diamètre 1 m ? **b)** de rayon 1 cm ?

c) de diamètre 2 km ? **d)** de rayon 2 dam ?

ORAL

3 Donne un ordre de grandeur de la longueur d'un cercle :

a) de rayon 4 cm ; **b)** de diamètre 7 cm ;

c) de diamètre 49 mm ; **d)** de rayon 15 mm.

4 Calcule le périmètre d'un miroir de forme circulaire de diamètre 35 cm.

Le périmètre d'un disque est la longueur de son contour : un cercle !

5 Calcule le périmètre d'un CD de rayon 6 cm.

6 Calcule le périmètre d'une assiette ronde de rayon 8,5 cm.

7 Pour l'anniversaire de Noémie, sa maman prépare un gâteau au chocolat.
Elle utilise un moule de diamètre 24 cm.
Quelle longueur de ruban doit-elle acheter pour entourer le gâteau ?

J'approfondis

8 1) **a)** Reproduis en vraie grandeur le demi-disque ci-dessous.

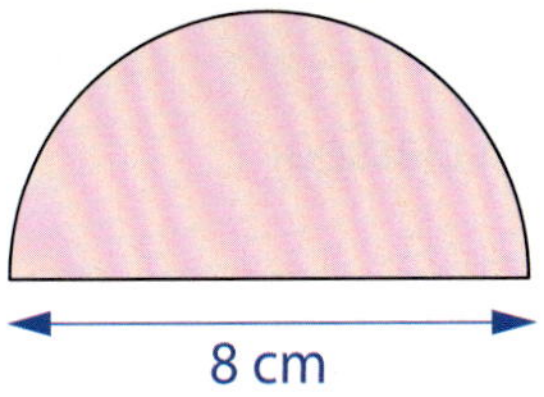

b) Repasse en rouge son contour.

2) Calcule le périmètre de la figure que tu as dessinée.

9 PROBLÈME Calcule le périmètre de la figure ci-dessous.

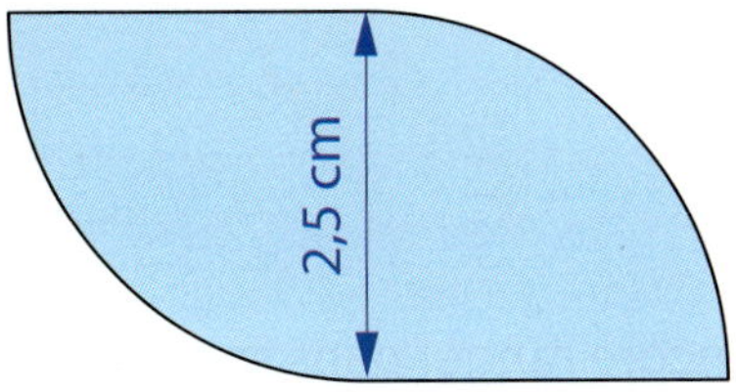

10 PROBLÈME Paul et Victor font un « tour » de manège. Paul monte dans un carrosse et Victor sur un cheval.
Le carrosse est à 1,5 m du centre du manège.
Le cheval est à 2 m du centre du manège.
Calcule la distance parcourue par chaque enfant lorsque le manège fait un tour.

11 PROBLÈME Les roues sans pneu d'un vélo ont un diamètre de 635 mm. On monte, sur chacune de ces roues, un pneu d'épaisseur 35 mm.

1) **a)** Quel est le diamètre total d'une roue ?

b) Quel est son périmètre ?

2) Quelle distance, en km, parcourt-on lorsque l'on fait 800 tours de roue ?

30 PROBLÈMES DE LA VIE QUOTIDIENNE (2)

Calcul

Calcul mental
$5 \times 1,4 = ?$
$3,24 + 5,66 = ?$
$7 - 0,25 = ?$
…

Je résous un problème en suivant plusieurs étapes

Énoncé
Mélissa participe à une course de longueur 2 km.
Elle commence par parcourir 188 m.
Elle atteint alors un circuit de 217,5 m.
Elle effectue 8 tours de ce circuit.
Une dernière ligne droite la conduit à la ligne d'arrivée.

Question
Quelle est la longueur de la dernière ligne droite ?

1• a) Combien de tours de circuit faut-il effectuer ?

b) Quelle est la longueur d'un tour de circuit ?

c) Quelle est la longueur parcourue uniquement sur circuit ?

2• a) Avant d'attaquer la dernière ligne droite, quelle est la distance déjà parcourue par Mélissa ?

b) Quelle est la longueur de la dernière ligne droite ?

Je résous un problème en organisant ma recherche

Énoncé
Samir collectionne des photographies de sportifs dans un classeur de 30 pages.
Chaque page peut contenir 5 rangées de 4 photographies.
Il a déjà rempli 18 pages en commençant toujours par 2 rangées de photographies de footballeurs.
Il a classé 9 photographies sur la dix-neuvième page.

Question
Combien de photographies Samir peut-il encore ranger dans son classeur ?

1• Des questions suivantes, laquelle n'est pas utile à la résolution de ce problème ?

Combien de photographies Samir a-t-il classées ?	Combien de photographies de footballeurs Samir a-t-il classées ?	Combien de photographies chaque page peut-elle contenir ?	Combien de photographies ce classeur peut-il contenir ?

2• a) Des questions restantes, laquelle dois-tu te poser en premier ?
b) Réponds à cette question.

3• Réponds alors à chacune des deux autres questions.

4• Déduis-en le nombre de photographies que Samir peut encore ranger dans son classeur.

Je m'entraîne

1 À la poste, Julie achète 3 timbres à 0,65 € chacun et 2 cartes postales à 1,30 € chacune.
Elle paye avec un billet de 5 €.
1) Combien Julie a-t-elle payé pour :
a) les timbres ? **b)** les cartes postales ?
2) Combien a-t-elle payé en tout ?
3) Combien d'argent va-t-on lui rendre ?

2 À la papeterie, Ali achète 4 cahiers à 1,15 € chacun et 6 stylos à 0,45 € chacun.
Il paye avec un billet de 10 €.
1) Combien Ali a-t-il payé pour :
a) les cahiers ? **b)** les stylos ?
2) Combien a-t-il payé en tout ?
3) Combien d'argent la vendeuse va-t-elle lui rendre ?

3 Angélique fait la collection de timbres.
Chaque page de son album contient 3 lignes de 4 timbres chacune.
L'album a 96 pages dont 8 pages de textes.
Combien de timbres Angélique peut-elle coller :
a) sur chaque page ? **b)** dans l'album ?

4 Fred achète une corde de longueur 17,6 m.
Il en coupe plusieurs morceaux qu'il mesure :
- 2 morceaux de 2,25 m chacun ;
- 1 morceau de 2,69 m ;
- 3 morceaux de 1,7 m chacun.

1) Quelle est la longueur totale des morceaux de corde coupés par Fred ?
2) Quelle longueur de corde lui reste-t-il ?

5 Magali a dans son porte-monnaie 3 pièces de 5 centimes, 4 pièces de 50 centimes, 5 pièces de 1 €, 3 pièces de 2 € et 1 billet de 20 €.
Elle achète pour 11,28 € de poisson et 3 douzaines d'huîtres à 5,35 € la douzaine.

1) Combien Magali a-t-elle d'argent dans son porte-monnaie ?
2) Combien va-t-elle payer pour ses achats ?
3) Combien d'argent lui restera-t-il ?

J'approfondis

6 À la boulangerie, Keiko achète 4 croissants à 0,85 € l'un et 3 pains au chocolat à 1,05 € l'un.
Il paye avec un billet de 10 €.
Combien d'argent va-t-on lui rendre ?

7 Lucas possède une bouteille de jus d'orange contenant 1,5 L. Il remplit 3 verres de 26 cL chacun et 2 verres de 29 cL chacun.
Quel volume de jus d'orange restera-t-il dans la bouteille ?

8 **1)** Invente un énoncé d'exercice correspondant au calcul suivant :
$(5 \times 0{,}65) + (3 \times 1{,}45)$
2) Résous alors cet exercice.

9 Pour faire de la poterie, Louise utilise un morceau de glaise de 14,5 kg.
Elle fabrique 7 vases de masse 0,85 kg chacun et 24 assiettes de masse 0,195 kg chacune.
Quelle masse de glaise va-t-il lui rester ?

10 Nathan a 1 pièce de 5 centimes, 3 pièces de 20 centimes, 4 pièces de 50 centimes, 3 pièces de 1 euro, 2 pièces de 2 euros, 3 billets de 5 euros et 1 billet de 20 euros.
Il dépense 18,78 € chez le boucher, 7,25 € chez le boulanger et 13,74 € chez l'épicier.
Peut-il aussi acheter 3 revues à 2,35 € chacune ?

11 Frédéric passe une semaine de vacances aux sports d'hiver. Le forfait pour la semaine est de 135 € pour les remontées mécaniques.
Les 3 premiers jours, il loue du matériel de ski pour 13,55 € par jour. Les 4 derniers jours, il loue du matériel de snowboard pour 16,45 € par jour.
Lors de son séjour, Frédéric a dépensé en tout 825,30 € à la station de ski.
Combien a-t-il dépensé pour son hébergement et sa nourriture ?

En route vers la 6e

JE RÉDIGE LA SOLUTION D'UN EXERCICE

Énoncé de l'exercice

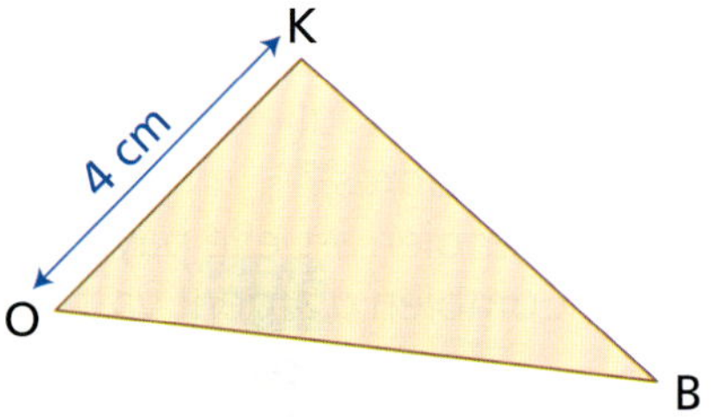

1• Reproduis en vraie grandeur le triangle KOB tel que :
OB = 7 cm et KB = 5,5 cm.

2• Trace en rouge la hauteur de ce triangle passant par le point K.

3• Calcule le périmètre du triangle KOB.

Rédaction de la solution

Mes conseils

1• Construction du triangle :

D'après l'énoncé :
- les longueurs OB et KB sont données dans le texte ;
- la longueur OK est précisée sur la figure.

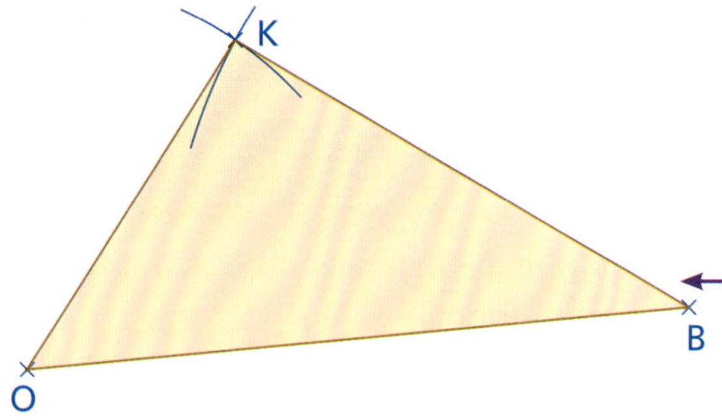

J'ai commencé par tracer le côté le plus long : le côté [OB].
Puis j'ai construit au compas le point K.
Je n'ai pas effacé les traits de construction.

2• Construction de la hauteur :

La hauteur passant par le point K est perpendiculaire au côté opposé [OB].

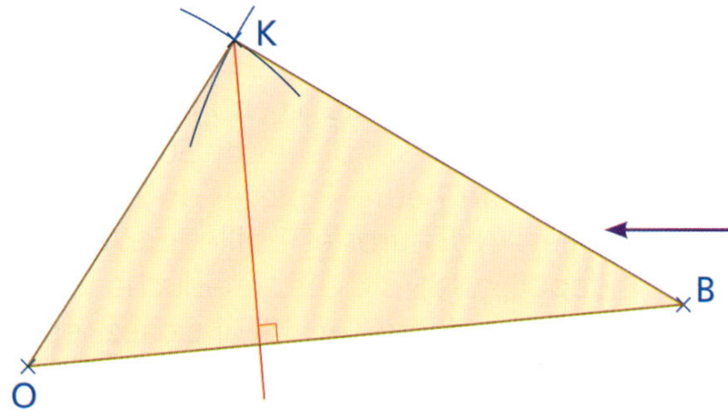

J'ai utilisé une équerre pour obtenir l'angle droit.
J'ai codé l'angle droit sur la figure obtenue.

3• Calcul du périmètre :
J'ai additionné les longueurs de ses trois côtés.
P = 7 + 4 + 5,5 = 16,5.

On connaît les longueurs des trois côtés du triangle KOB. Il ne faut pas les mesurer !

Le périmètre du triangle KOB est 16,5 cm.

J'ai précisé l'unité : le centimètre.

Je m'entraîne à rédiger la solution d'un exercice

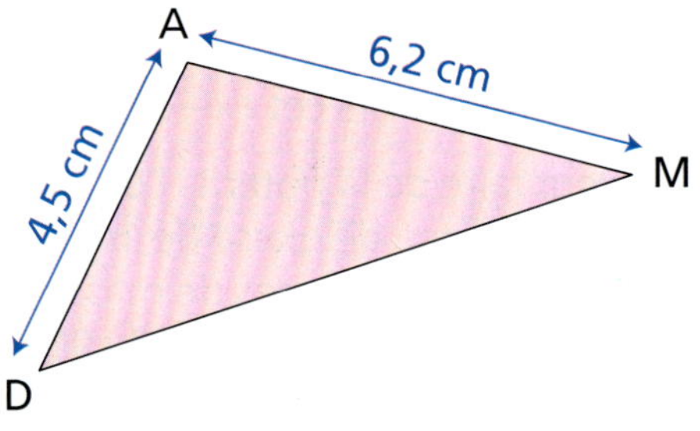

1) Reproduis en vraie grandeur le triangle DAM tel que :
DM = 8,4 cm.

2) Trace la hauteur de ce triangle passant par le point M.

3) Calcule le périmètre du triangle DAM.

JE VÉRIFIE MES CONNAISSANCES

Il n'y a qu'une seule bonne réponse par énoncé !

		Énoncé	Réponse A	Réponse B	Réponse C	Si erreur, revoir :
Calcul	1	 La partie coloriée correspond à :	trois quarts de l'aire totale	un quart de l'aire totale	quatre tiers de l'aire totale	**page 44**
	2	Le chiffre des dixièmes du nombre 789,23 est :	8	3	2	**page 48**
	3	La somme de 36,75 et de 5,8 est :	41,55	42,55	41,83	**page 52**
	4	La différence entre 3,12 et 1,5 est :	1,62	2,7	2,42	**page 56**
	5	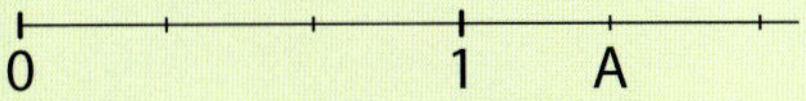 La lettre A correspond à la fraction :	$\frac{4}{5}$	$\frac{4}{3}$	$\frac{3}{4}$	**page 60**
	6	Le produit de 3 et de 32,5 est :	96,15	97,5	35,5	**page 64**
	7	José achète 6 bouteilles d'eau à 0,95 € chacune. Il paye avec un billet de 10 €. Le vendeur va lui rendre :	4,30 €	5,70 €	3,05 €	**page 72**
Géométrie	8	Un carré ABCD se représente ainsi :	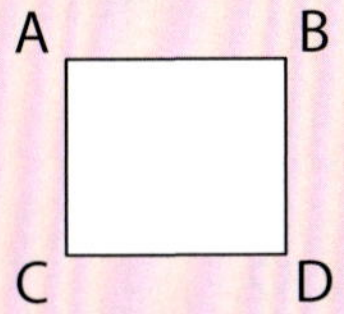	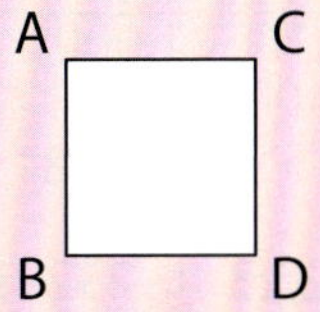	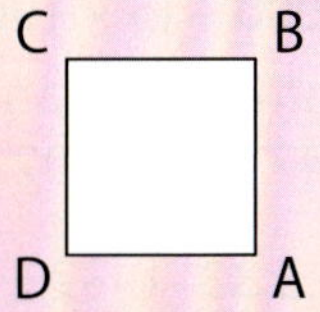	**page 46**
	9	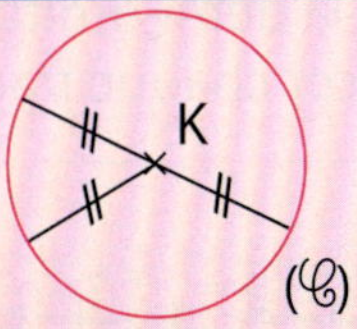	Le point K est sur le cercle (𝒞).	Le point K est le centre du cercle (𝒞).	Le point K est le milieu du cercle (𝒞).	**page 62**
	10	La hauteur du triangle ABC issue du point A est :	perpendiculaire à la droite (BC)	parallèle à la droite (BC)	perpendiculaire à la droite (AC)	**page 66**
Grandeurs	11	3 200 m est égal à :	3,2 mm	3,2 km	32 km	**page 50**
	12	366 kg est égal à :	3,66 t	36,6 q	3,66 q	**page 54**
	13	Le périmètre d'un carré de côté 5 cm est :	20	15 cm	20 cm	**page 58**
	14	La longueur d'un cercle de rayon 3 m est :	18,84 m	9,42	9,42 m	**page 70**
Données	15	Louise paye 7,20 € pour l'achat de 3 bottes d'asperges. Pour 6 bottes, Louise va payer :	3,60 €	10,20 €	14,40 €	**page 68**

Les réponses commentées sont présentées page 189.

Nombres et calcul

1 Pour chaque couleur, écris la fraction qui correspond au nombre de parts coloriées.

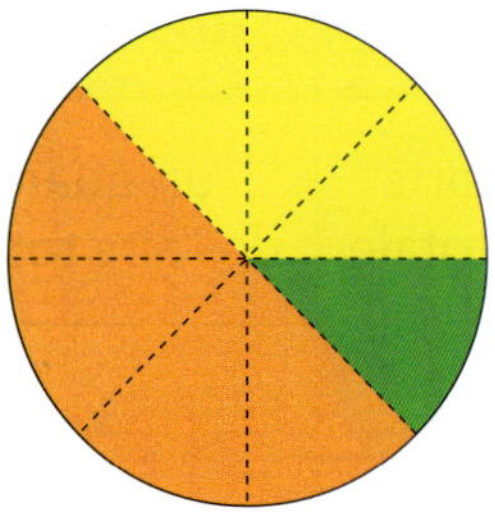

2 **1)** Écris en chiffres chaque fraction :
a) trois quarts ; **b)** soixante-six centièmes.
2) Écris en toutes lettres chaque fraction :
$\frac{2}{3}$ I $\frac{5}{6}$ I $\frac{78}{1\,000}$.

3 **PROBLÈME** **1)** Trace un rectangle de longueur 6 cm et de largeur 4 cm.
2) Colorie en rouge deux tiers de sa surface.
3) Colorie en vert un quart de la surface non coloriée en rouge.

4 **1)** Calcule chaque nombre :
a) $(7 \times 1\,000) + (6 \times 10) + 5 + \frac{3}{10} + \frac{2}{100}$;
b) $100\,000 + (5 \times 100) + \frac{7}{10} + \frac{9}{1\,000}$.
2) Décompose chaque nombre :
a) 286,47 ; **b)** 3 027,08 ; **c)** 50 081,209.

5 23,3 I 3,33 I 32,2 I 2,23 I 232 I 32,32.
Donne les nombres de cette liste qui ont :
a) pour chiffre des dixièmes 3 ;
b) pour chiffre des dizaines 3 ;
c) pour chiffre des centièmes 2.

6 **PROBLÈME** « Je suis un nombre décimal de quatre chiffres dont deux après la virgule. Mon chiffre des dixièmes est égal à mon chiffre des unités. Mon chiffre des centièmes est le double de mon chiffre des dizaines. »
Donne un exemple d'un tel nombre.

7 Pose et effectue chaque opération :
a) 324,82 + 58,7 ; **b)** 78,72 + 9,657 + 948.

8 Calcule toutes les sommes de deux termes différents choisis parmi ces nombres :
539,7 I 1,867 I 32.

9 Pose et effectue chaque opération :
a) 325,84 – 49,9 ; **b)** 254,2 – 38,74.

10 Pose et effectue chaque opération :
a) 693 × 45,6 ; **b)** 46 × 18,27.

11 Les bagages de Sally ne doivent pas peser plus de 20 kg. Sa valise vide pèse 8,9 kg.
Masses des objets contenus dans la valise :
- blouson : 1,35 kg ;
- pantalons : 2,58 kg ;
- chaussures : 1,6 kg ;
- pulls et T-shirts : 4,85 kg.

Sally pourra-t-elle emporter cette valise et son contenu ?

12 Pour payer des courses valant 58,63 €, William donne 60 € à la caissière.
Combien la caissière va-t-elle lui rendre ?

13 **PROBLÈME** Soit un triangle EAU tel que EA = 7,5 cm et EU = 9,8 cm.
Son périmètre est 28,7 cm.
Quelle est la longueur du côté [AU] ?

14 Calcule le produit de 35 et de 92,8.

15 Reproduis la demi-droite graduée pour y placer chaque fraction.

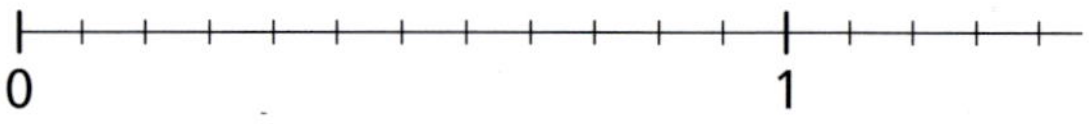

$\frac{8}{6}$ I $\frac{5}{12}$ I $\frac{2}{3}$ I $\frac{1}{2}$ I $\frac{3}{3}$ I $\frac{1}{6}$ I $\frac{13}{12}$.

16 Trace une demi-droite graduée, en choisissant 10 carreaux pour unité.
Places-y les fractions suivantes :
$\frac{6}{10}$ I $\frac{1}{2}$ I $\frac{10}{10}$ I $\frac{3}{5}$ I $\frac{3}{2}$ I $\frac{1}{5}$ I $\frac{16}{10}$.

17 Louise achète 12 baguettes à 0,85 € l'unité et 24 croissants à 0,75 € l'unité.
Combien va-t-elle payer ?

18 **1)** Calcule : 32 × 826.
2) Trouve sans poser d'opération :
a) 32 × 8,26 ; **b)** 32 × 82,6 ; **c)** 32 × 0,826.

19 **PROBLÈME** Pour son bébé, Thomas achète 5 biberons à 2,65 € chacun et 3 sucettes à 1,45 € chacune. Thomas paye à l'aide d'un billet de 20 €.
Combien d'argent le vendeur va-t-il lui rendre ?

Géométrie

20 1) Reproduis la figure ci-contre en vraie grandeur.

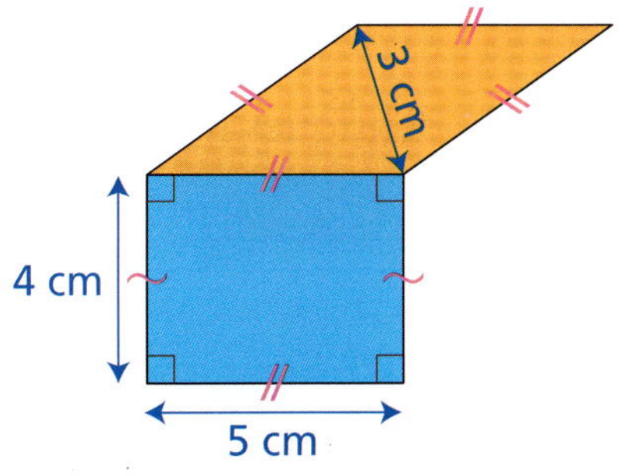

2) Quelles sont les natures des quadrilatères orange et bleu ? Justifie chaque réponse.

21 1) Trace un cercle de rayon 4,5 cm.
2) Trace deux diamètres de ce cercle. Nomme-les [RT] et [SU].
3) Quelle est la nature du quadrilatère RSTU ?

22 1) Trace un triangle TOC isocèle en O tel que TC = 5 cm et TO = 7 cm.
2) Trace les trois cercles ayant pour centre les sommets du triangle et pour rayon 3,5 cm.

23 1) Trace un segment [HO] de longueur 8 cm.
2) Représente tous les points situés à :
a) 5 cm du point O ; **b)** 4 cm du point H.

24 1) Trace un triangle RST quelconque. Trace en vert la hauteur du triangle RST issue du point T.
Cette hauteur coupe la droite (RS) au point H. Place le point H.
2) Que peux-tu dire concernant le triangle RTH ? Justifie ta réponse.

25 1) Construis un triangle ABC tel que AB = 4 cm, BC = 5,2 cm et AC = 7 cm.
2) Trace la hauteur de ce triangle issue du point B.

26 1) Construis un triangle équilatéral de côté 7 cm.
2) Trace les trois hauteurs de ce triangle.

Grandeurs et mesures

27 Convertis en m chaque longueur :
a) 2,5 km ; **b)** 380 mm ; **c)** 65,8 hm.

28 Convertis en kg chaque masse :
a) 32 650 g ; **b)** 2,8 dg ; **c)** 12 q ; **d)** 2,5 t.

29 1) Donne un ordre de grandeur de :
a) la taille en mm d'une fourmi ;
b) la masse en g d'une fourmi.
2) Donne un ordre de grandeur de :
a) la masse de ton cartable ;
b) l'épaisseur de ton cartable.

30 PROBLÈME Ce matin, Jérôme a marché 2,3 km, a couru 680 m, puis a trottiné 9,4 hm.
Quelle distance Jérôme a-t-il parcourue ce matin ?

31 Quelle masse est la plus lourde ? Laquelle est la moins lourde ?

42 q	568 kg	3,6 t

32 PROBLÈME Quel est le périmètre d'un rectangle de longueur 7,5 cm et de largeur 3,5 cm ?

33 On étudie la figure ci-dessous.
Quel est le périmètre :
a) du quadrilatère vert ?
b) du quadrilatère jaune ?
c) de la figure globale colorée ?

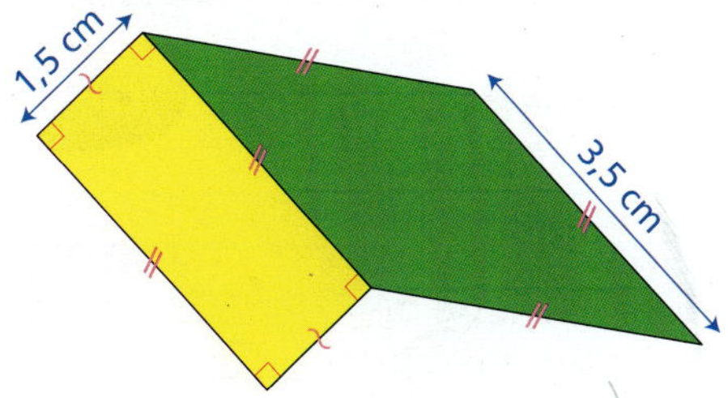

34 PROBLÈME Construis un carré ayant pour périmètre 20 cm.

35 Calcule la longueur d'un cercle :
a) de rayon 8 m ; **b)** de diamètre 12 cm.

Organisation et gestion de données

36 Laura vend des crêpes pour son école.
Un client paye 8,40 € pour 6 crêpes.
1) Combien coûtent 12 crêpes ?
2) Combien coûtent 3 crêpes ?
3) Combien coûtent 15 crêpes ?
4) Combien coûtent 9 crêpes ?

37 Fabien marche d'un pas régulier.
La distance parcourue est proportionnelle au nombre de pas effectués.
En 200 pas, Fabien a parcouru 160 m.
Quelle distance a-t-il parcourue en :
a) 100 pas ? **b)** 10 pas ? **c)** 1 pas ? **d)** 77 pas ?

Voici la photo d'une calculatrice : elles ne sont pas toutes identiques mais se ressemblent.

La calculatrice sert à gagner du temps, à vérifier des calculs, à se rassurer…

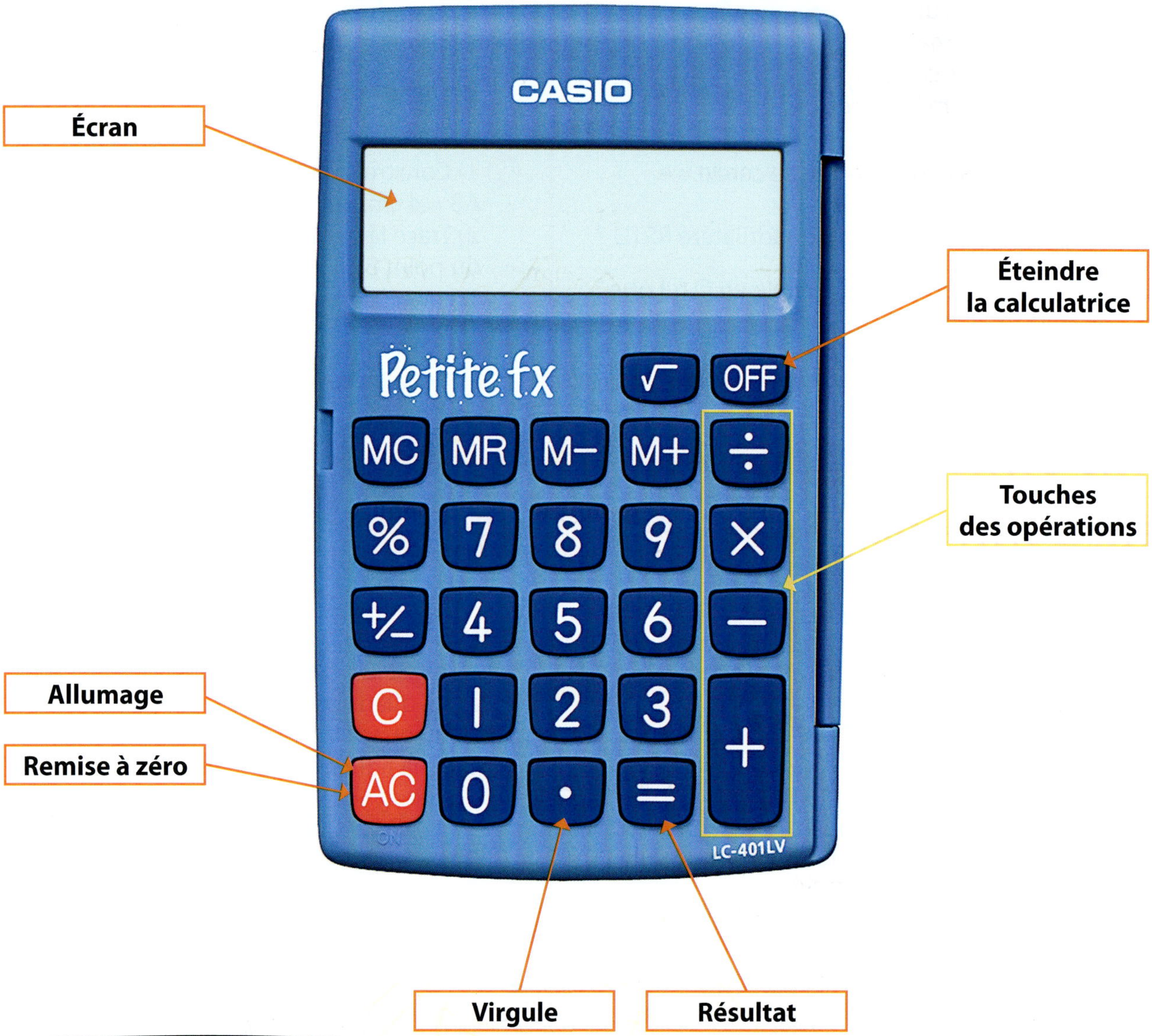

J'effectue un calcul avec parenthèses

Partie A : Rôle des parenthèses

Pour effectuer un **calcul avec parenthèses**, on effectue d'abord les calculs entre parenthèses.

1 1) On veut calculer **(5 × 4) + (2 × 3)**.
Effectue ce calcul à l'aide de ta calculatrice.
Recommence mais sans utiliser de calculatrice. Obtiens-tu le même résultat ?
2) Calcule sans calculatrice **(2 × 1) + 2**, puis **2 × (1 + 2)**.
Obtiens-tu les mêmes résultats ?

Partie B : Utilisation d'une calculatrice

Exemple : **Calcule 32 × (45 – 0,9) × (12 + 7,8).**

Avec les touches de ma calculatrice

- J'effectue d'abord chaque calcul entre parenthèses et je note son résultat.

Je tape :

4	5	–	0	.	9	=

J'obtiens :

44.1

Je note **44,1** au brouillon.

Je tape :

1	2	+	7	.	8	=

J'obtiens :

19.8

Je note **19,8** au brouillon.

- Je remplace chaque calcul entre parenthèses par le résultat que j'ai noté.

Ainsi, je calcule 32 × **44,1** × **19,8**.

Je tape :

3	2	×	4	4	.	1	×	1	9	.	8	=

J'obtiens :

27941.76

Donc 32 × (45 – 0,9) × (12 + 7,8) = 27 941,76.

2 Calcule avec ta calculatrice :
a) (34 + 78) × 3 ; **b)** 7 × (45,2 – 16,8) ; **c)** (79 – 56) × (7 + 34,75) ; **d)** (94,3 × 2) – (7,6 × 3).

3 Calcule avec ta calculatrice :
a) 11 × (109 + 67) + (45 + 235) ; **b)** (46 – 12) – (6,7 – 0,38) + 47 ; **c)** (8 × 5) + (89 – 5,6) – (4 × 3).

4 Calcule avec ta calculatrice :
a) (7,24 × 1,5) – 2,48 ; **b)** 2,6 + (4,5 × 22) + (5,6 + 3,1) ; **c)** 2,1 + (7,6 × 3,4) – (8,71 + 7,09).

31 FRACTIONS (3)
Connaître et utiliser double, moitié, triple, tiers…

Calcul

Calcul mental
double de 3,6
moitié de 9
quart de 10
…

Je revois le vocabulaire : double, triple…

On compose les musiques à l'aide de notes disposées sur une partition.
La figure d'une note (sa forme et sa couleur) précise sa durée.

La **noire** vaut un **temps**.
Elle dure la moitié de la **blanche** et le double de la **croche**.
La durée d'une **double croche** est la moitié de celle de la **croche**.

1• Observe les figures de notes.
Pourquoi la **croche**, la **double croche** et la **triple croche**, sont-elles ainsi nommées ?

2• Combien de **temps** dure une **blanche** ?
Combien de **temps** dure une **croche** ?
Combien de **temps** dure une **double croche** ?

Je revois comment calculer une moitié, un triple…

Sonia a lu la petite annonce ci-contre dans un journal pour parents.
Elle pense que le prix neuf de la poussette est le triple de son prix d'occasion.

1• Quel est le prix de cette poussette d'occasion ? Quelle opération as-tu effectuée ?

2• a) Calcule le triple du prix de cette poussette d'occasion.
Quelle opération as-tu effectuée ?
b) Sonia a-t-elle raison ?

À VENDRE

Triple poussette d'occasion

Vendue à moitié prix

Prix neuf : **690 €**

Je retiens

Moitié	Double	Tiers	Triple	Quart	Quadruple
divisé par **2**	multiplié par **2**	divisé par **3**	multiplié par **3**	divisé par **4**	multiplié par **4**
: 2	**× 2**	**: 3**	**× 3**	**: 4**	**× 4**

12 **: 2** = 6 La **moitié** de 12 est 6.	12 **× 2** = 24 Le **double** de 12 est 24.	12 **: 3** = 4 Le **tiers** de 12 est 4.	12 **× 3** = 36 Le **triple** de 12 est 36.	12 **: 4** = 3 Le **quart** de 12 est 3.	12 **× 4** = 48 Le **quadruple** de 12 est 48.

Je comprends

Énoncé

1) Calcule le triple, puis le quart de 24.
2) Calcule le tiers, puis le quadruple de 15.

Solution

1) 24 × **3** = 72 et 24 : **4** = 6.
Le triple de 24 est 72 et son quart est 6.

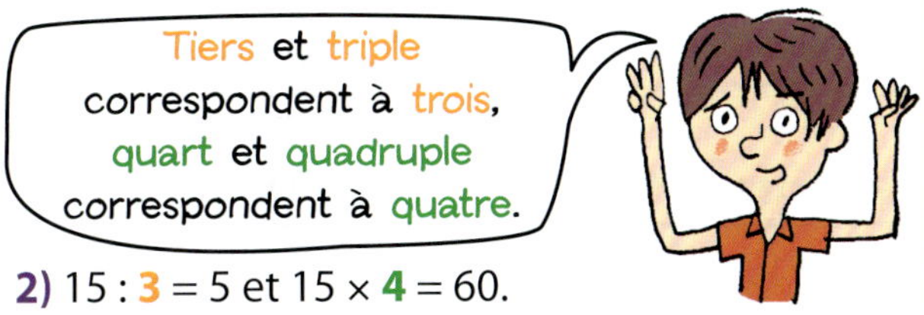

2) 15 : **3** = 5 et 15 × **4** = 60.
Le tiers de 15 est 5 et son quadruple est 60.

J'applique

A 1) Calcule le triple, puis le quart de 8.
2) Calcule le tiers, puis le quadruple de 9.

B 1) Calcule la moitié, puis le tiers de 12.
2) Calcule le triple, puis le double de 6.

C 1) Calcule la moitié, puis le quart de 80.
2) Calcule le quadruple, puis le tiers de 36.

D 1) Calcule le triple de 786.
2) Calcule le quart de 588.

E Recopie et complète chaque phrase :
a) « 48 est … de 24 » ; **b)** « 6 est … de 18 » ;
c) « 27 est … de 9 » ; **d)** « 7 est … de 28 » ;
e) « 23 est … de 46 » ; **f)** « 20 est … de 5 ».

Je m'entraîne

ORAL
1 1) Calcule le quadruple de 11.
2) Calcule le double, puis le quart de 20.

ORAL
2 1) Calcule le tiers de 36.
2) Calcule le triple, puis le quadruple de 20.

ORAL
3 1) Calcule le triple du quart de 36.
2) Calcule la moitié du triple de 8.

ORAL
4 Complète chaque phrase :
a) « 36 est … de 18 » ; **b)** « 9 est … de 36 » ;
c) « 18 est … de 6 » ; **d)** « 9 est … de 18 » ;
e) « 7 est … de 21 » ; **f)** « 28 est … de 7 ».

ORAL
5 Choisis un nombre. Calcule son quadruple.
Calcule le quart du nombre trouvé.
Quel nombre obtiens-tu ? Explique pourquoi.

Sur la figure ci-dessous, les points A, B, C et D sont alignés et AB = BC = CD = DE.

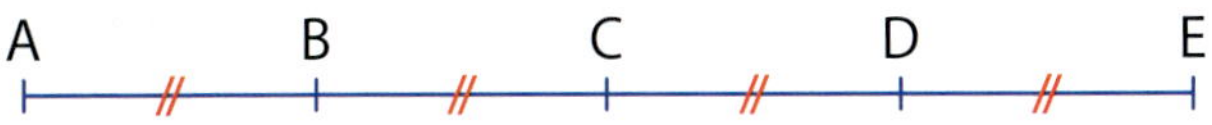

6 1) Reproduis la figure ci-dessus lorsque la longueur AB est égale à 28 mm.
2) Recopie et complète :
« La longueur AC est … de la longueur AB ; elle est égale à … mm. La longueur AD est … de la longueur AB ; elle est égale à … mm. »

7 1) Reproduis la figure ci-dessus lorsque la longueur AE est égale à 96 mm.
2) Recopie et complète :
« La longueur AC est … de la longueur AE ; elle est égale à … mm. La longueur AB est … de la longueur AE ; elle est égale à … mm. »

J'approfondis

8 1) Calcule le double de 36,78.
2) Calcule le triple de 92,6.
3) Calcule le quadruple de 5,86.
4) Calcule le tiers de 558.

9 PROBLÈME 1) Calcule la somme du triple de 65 et du tiers de 72.
2) Calcule le quadruple du triple de 7.
3) Calcule le tiers du quart de la moitié de 48.

10 1) Calcule le triple du tiers de 63.
Que remarques-tu ?
2) Calcule le quadruple de la moitié de 22.
Que remarques-tu ?

11 PROBLÈME Un fakir distribue 1 044 pièces d'or à ses quatre enfants.
Il donne au premier le quart de ces pièces.
Il donne au deuxième le tiers des pièces restantes.
Il donne au troisième la moitié de ce qu'il reste.
Le dernier a droit au reste du trésor.
Quel enfant reçoit le plus de pièces ?

32 Grandeurs

MESURE DE GRANDEURS (3)

Déterminer une aire à l'aide d'un pavage

Calcul mental

20 × 6 = ?
200 × 7 = ?
40 × 20 = ?
…

Je revois comment utiliser un quadrillage pour déterminer une aire

On prend comme unité d'aire le **carré vert**.
Quelle est l'aire de la figure **A** ?

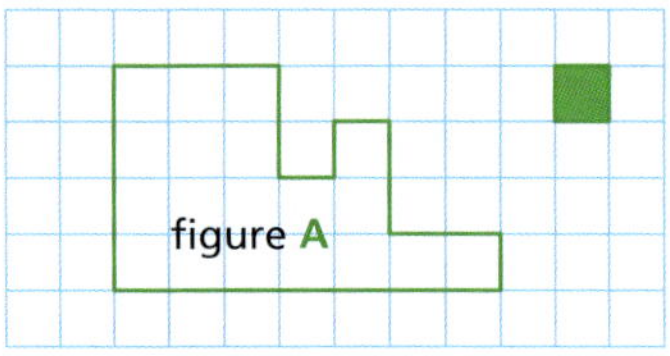

Je découvre comment utiliser un pavage pour déterminer une aire

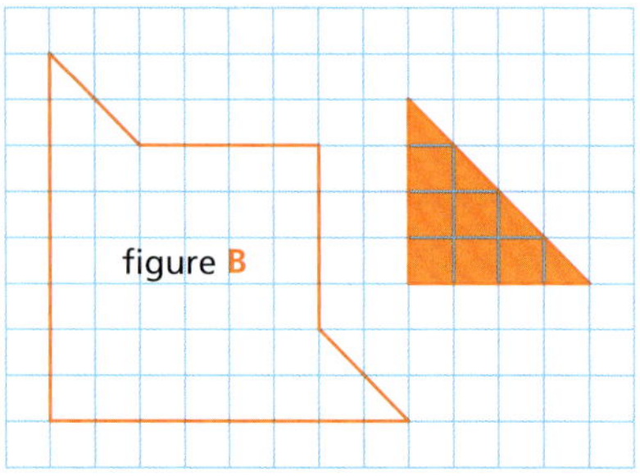

1• Reproduis sur une feuille de papier quadrillé la figure **B** ci-contre.

2• On prend comme unité d'aire le **triangle orange**.

a) Sur une autre feuille quadrillée, trace six **triangles orange** puis découpe-les.

b) Place les triangles découpés sur la figure **B** afin de recouvrir exactement sa surface.

c) Quelle est l'aire de la figure **B** ?

Je retiens

1• Surface

La **surface** d'une figure plane est la partie située à l'intérieur de la figure.

La surface de la figure A est la partie coloriée en vert.

2• Aire

L'**aire** est une grandeur : c'est la mesure de la surface d'une figure.

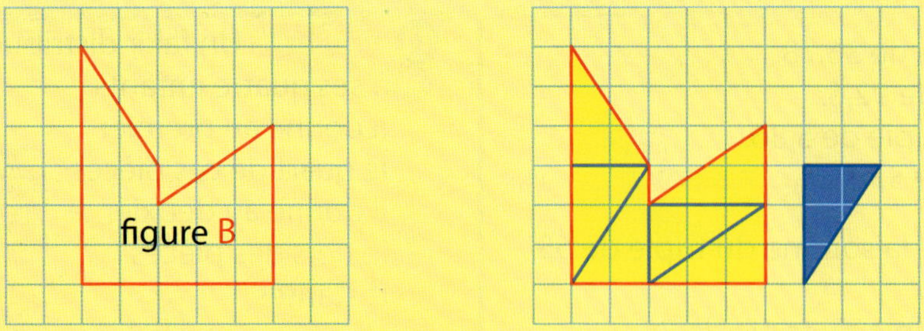

L'unité d'aire est le triangle bleu. L'aire de la figure B est 6 unités d'aire.

Remarque : l'aire est un nombre suivi d'une unité.

Attention ! il ne faut pas confondre aire et périmètre.

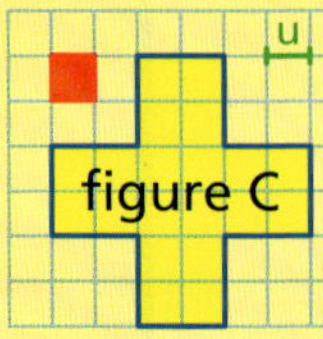

L'unité d'aire est le carré rouge.
L'aire de la figure C est 20 unités.

L'unité de longueur est le segment vert.
Le périmètre de la figure C est 24 u.

Je comprends

Énoncé

On utilise comme unité d'aire le carré rouge.
Détermine l'aire du triangle bleu ci-dessous.

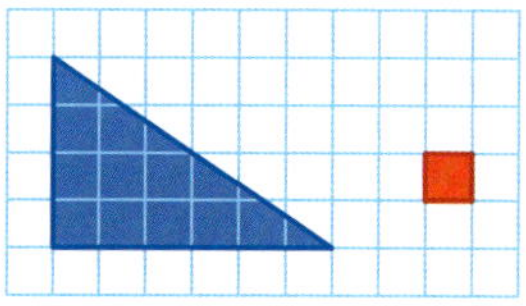

Solution

L'aire du triangle bleu est 12 unités d'aire.

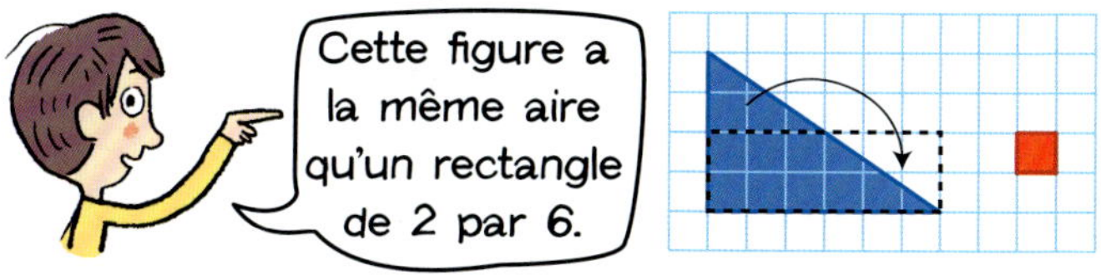

J'applique

A On utilise comme unité d'aire le carré rouge.
Détermine l'aire du triangle vert ci-contre.

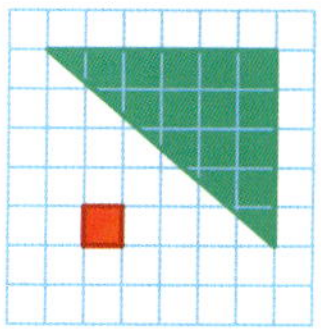

B On utilise comme unité d'aire le carré violet.
Détermine l'aire du quadrilatère jaune ci-dessous.

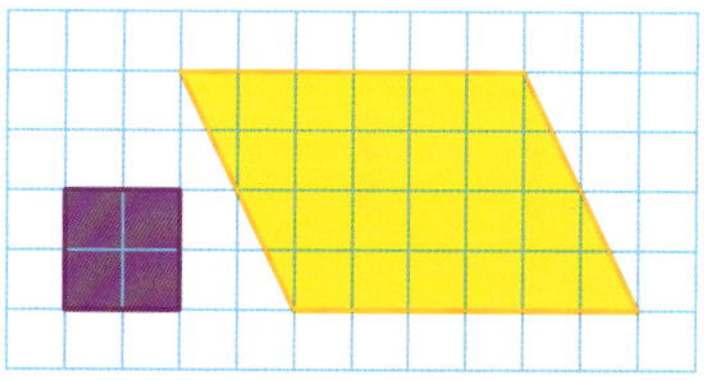

Je m'entraîne

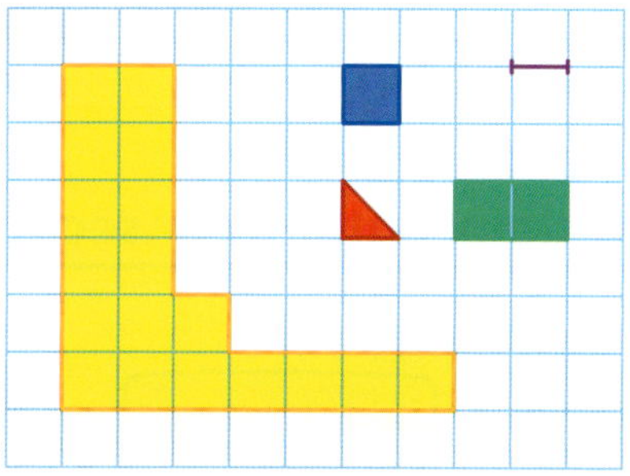

ORAL
1 On utilise le carré bleu pour unité d'aire.
Détermine l'aire de la surface jaune.

ORAL
2 On utilise le triangle rouge comme unité d'aire.
Détermine l'aire de la surface jaune.

ORAL
3 On utilise le rectangle vert comme unité d'aire.
Détermine l'aire de la surface jaune.

ORAL
4 L'unité de longueur est le segment violet.
Détermine le périmètre de la figure jaune.

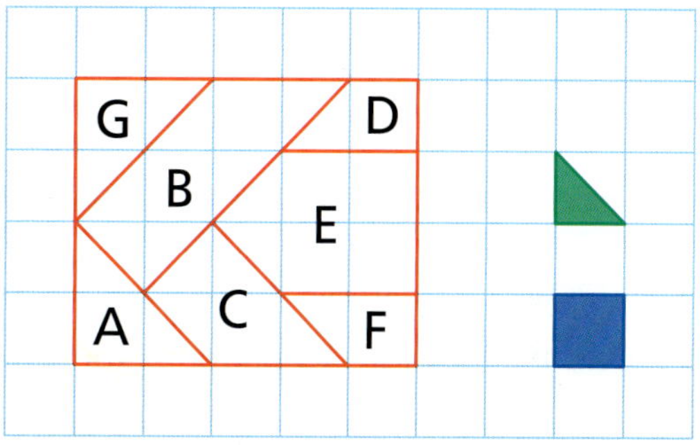

5 On utilise comme unité d'aire le triangle vert.
Détermine l'aire de chacune des figures A, B et D.

6 On utilise comme unité d'aire le carré bleu.
Détermine l'aire de chacune des figures C, E, F et G.

7 Quelle figure a la même aire que :
a) la figure A ? **b)** la figure B ?

J'approfondis

8 L'unité d'aire est le carré rouge.
L'unité de longueur est le segment rouge.
1) Détermine les aires des figures a et b.
2) Détermine leurs périmètres.
3) Que remarques-tu ?

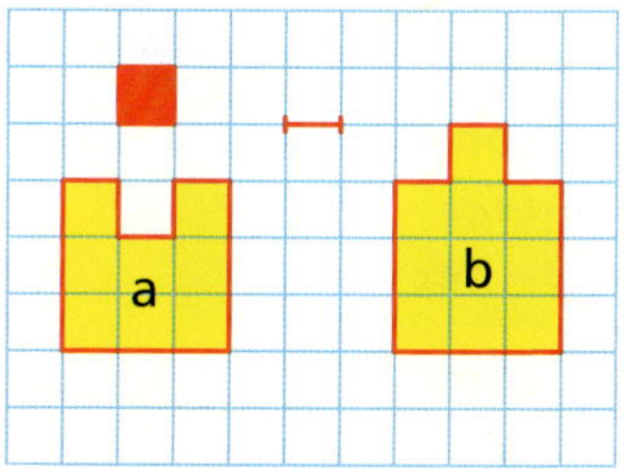

9 PROBLÈME L'unité d'aire est le carreau.
Dessine trois figures différentes ayant pour aire 12 carreaux.

10 PROBLÈME L'unité d'aire est un triangle d'un demi-carreau.
Dessine un carré ayant pour aire 32 unités.

11 PROBLÈME L'unité d'aire est le carré rouge.
Détermine l'aire de la figure suivante :

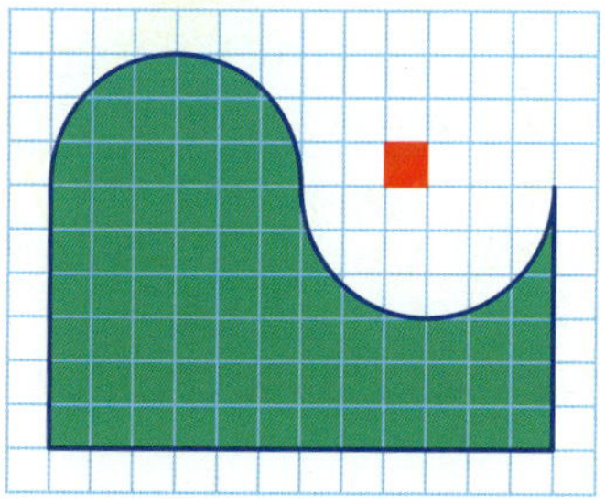

33 FRACTIONS (4)

Encadrer une fraction par deux nombres entiers consécutifs

Calcul

Calcul mental
$6 \times 13 = 78$
$6 \times 14 = ?$
$6 \times 15 = ?$
…

Je revois que certaines fractions sont des nombres entiers

1• Recopie la demi-droite graduée ci-dessous et complète tous les pointillés.

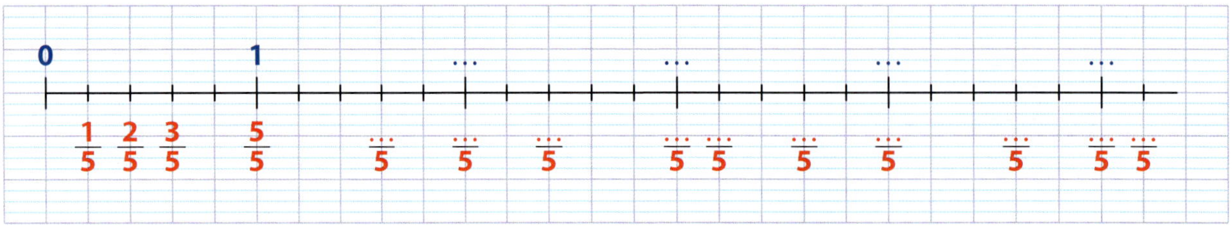

2• Qu'ont en commun toutes les fractions écrites en rouge ?

3• Lesquelles de ces fractions sont égales à un nombre entier ?
Que remarques-tu concernant les numérateurs de ces fractions ?

Je découvre comment encadrer une fraction par deux entiers consécutifs

1• La fraction $\frac{43}{5}$ est-elle égale à un nombre entier ? Justifie ta réponse.

2• Encadre le nombre **43** par deux multiples de **5** consécutifs : ♦ et ♥.

3• a) À quel nombre entier est égale la fraction $\frac{♦}{5}$?

b) À quel nombre entier est égale la fraction $\frac{♥}{5}$?

c) Que remarques-tu concernant ces deux nombres entiers ?

4• Déduis-en l'encadrement de la fraction $\frac{43}{5}$ par deux nombres entiers consécutifs.

Je retiens

1• Fractions égales à un nombre entier

Une fraction est égale à un **nombre entier** quand son numérateur est un **multiple** de son dénominateur.

42 est un **multiple** de **6** ; donc la fraction $\frac{42}{6}$ est égale à un nombre entier.
$42 = 7 \times 6$; donc $\frac{42}{6} = 7$.
46 n'est pas un multiple de **6** ; donc la fraction $\frac{46}{6}$ n'est pas égale à un nombre entier.

2• Fractions encadrées par deux nombres entiers consécutifs

Lorsqu'une fraction n'est pas égale à un nombre entier, on peut l'**encadrer** par deux nombres entiers consécutifs.

Pour la fraction $\frac{46}{6}$, on remarque que : $42 < 46 < 48$.
Or, $42 = 7 \times 6$ et $48 = 8 \times 6$.
Ainsi, $7 \times 6 < 46 < 8 \times 6$. Donc, $7 < \frac{46}{6} < 8$.

Je comprends

Énoncé

Encadre la fraction $\frac{38}{7}$ par deux nombres entiers consécutifs.

Solution

$35 < 38 < 42$.

J'ai encadré 38 par deux multiples de 7 consécutifs.

$5 \times 7 = 35$ et $6 \times 7 = 42$.

$\frac{35}{7} = 5$ et $\frac{42}{7} = 6$.

Donc, $5 < \frac{38}{7} < 6$.

J'applique

A Encadre la fraction $\frac{53}{7}$ par deux nombres entiers consécutifs.

B Encadre la fraction $\frac{66}{9}$ par deux nombres entiers consécutifs.

C Encadre chaque fraction par deux nombres entiers consécutifs :
$\frac{13}{5}$ | $\frac{17}{5}$ | $\frac{23}{5}$ | $\frac{24}{5}$ | $\frac{37}{5}$ | $\frac{49}{5}$.

D Encadre chaque fraction par deux nombres entiers consécutifs :
$\frac{29}{8}$ | $\frac{3}{8}$ | $\frac{63}{8}$ | $\frac{87}{8}$ | $\frac{11}{8}$ | $\frac{49}{8}$.

Je m'entraîne

ORAL
1 Parmi les fractions suivantes, lesquelles sont égales à un nombre entier ?
$\frac{31}{6}$ | $\frac{36}{6}$ | $\frac{26}{6}$ | $\frac{45}{6}$ | $\frac{6}{6}$ | $\frac{48}{6}$ | $\frac{58}{6}$ | $\frac{66}{6}$.

ORAL
2 Parmi les fractions suivantes, lesquelles sont égales à un nombre entier ?
$\frac{63}{9}$ | $\frac{42}{8}$ | $\frac{33}{5}$ | $\frac{49}{7}$ | $\frac{28}{4}$ | $\frac{5}{3}$ | $\frac{56}{8}$ | $\frac{56}{7}$.

ORAL
3 Donne un exemple de fraction de numérateur 21 et étant égale à un nombre entier.

ORAL
4 Encadre chaque fraction par deux nombres entiers consécutifs :
$\frac{36}{5}$ | $\frac{13}{2}$ | $\frac{48}{10}$ | $\frac{278}{100}$ | $\frac{7}{8}$.

5 Les fractions suivantes sont égales à des nombres entiers. Précise lesquels.
$\frac{72}{9}$ | $\frac{64}{8}$ | $\frac{18}{3}$ | $\frac{56}{7}$ | $\frac{24}{4}$ | $\frac{40}{5}$ | $\frac{8}{8}$ | $\frac{28}{7}$.

6 Encadre chaque fraction décimale par deux nombres entiers consécutifs :
$\frac{35}{10}$ | $\frac{78}{10}$ | $\frac{357}{100}$ | $\frac{234}{10}$ | $\frac{68}{100}$ | $\frac{8\,987}{1\,000}$.

7 **1)** Écris les multiples de 12, de 10×12 à 15×12.
2) À quel nombre entier est égale la fraction $\frac{156}{12}$?
3) Encadre la fraction $\frac{173}{12}$ par deux nombres entiers consécutifs.

J'approfondis

8 Recopie et complète chaque égalité :
$\frac{36}{\dots} = 9$ | $\frac{36}{\dots} = 6$ | $\frac{36}{\dots} = 12$ | $\frac{36}{\dots} = 2$

$\frac{\dots}{6} = 5$ | $\frac{45}{\dots} = 9$ | $\frac{\dots}{3} = 11$ | $\frac{46}{2} = \dots$

9 Donne un exemple de fraction de dénominateur 5 comprise entre 7 et 8.

10 PROBLÈME Trouve toutes les fractions de dénominateur 8 comprises entre 5 et 6.

11 PROBLÈME Trouve toutes les fractions de numérateur 19 comprises entre 3 et 4.

12 Encadre la fraction $\frac{241}{15}$ par deux nombres entiers consécutifs.

J'ai écrit des multiples de 15.

13 PROBLÈME ♥ est un nombre entier.
La fraction $\frac{♥}{15}$ est comprise entre 8 et 9.
La fraction $\frac{♥}{12}$ est égale à un nombre entier.
Quel nombre entier est ♥ ?

34 MESURE DE GRANDEURS (4)
Comparer des aires

Grandeurs

Calcul mental
7 × 11 = ?
43 × 10 = ?
43 × 11 = ?
…

Je découvre comment comparer des aires par superposition

Partie A

1• Sur une feuille blanche, trace les trois figures suivantes :
• un carré de côté 4 cm ; • un triangle équilatéral de côté 4 cm ; • un cercle de rayon 3 cm.

2• Compare l'aire de chacune de ces figures avec les deux autres.
Comment as-tu fait ?

Partie B

1• a) Sur une feuille blanche, trace les deux figures suivantes :
• un carré de 5 cm de côté ; • un rectangle de largeur 4 cm et de longueur 6 cm.
b) Colorie la surface du rectangle, puis découpe ces deux figures.
c) Peux-tu comparer directement les aires de ces deux figures ?

2• a) Colle le carré sur ton cahier.
b) Essaie de recouvrir la surface du carré en découpant le rectangle.
c) As-tu recouvert toute la surface du carré ?
d) Colle les morceaux du rectangle sur la surface du carré.
e) Laquelle des deux figures a la plus grande aire ?

Je retiens

1• Comparer deux aires dont on connaît les mesures

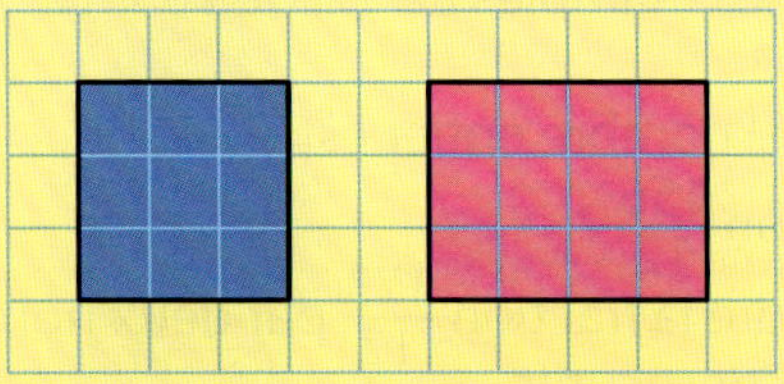

Le carré bleu a une aire de 9 carreaux.
Le rectangle rose a une aire de 12 carreaux.
9 carreaux < 12 carreaux
L'aire du carré bleu est inférieure à l'aire du rectangle rose.

2• Comparer deux aires par superposition

• Sans découpage :

Par superposition, l'aire du triangle orange est supérieure à l'aire du carré vert.

• Avec découpage :

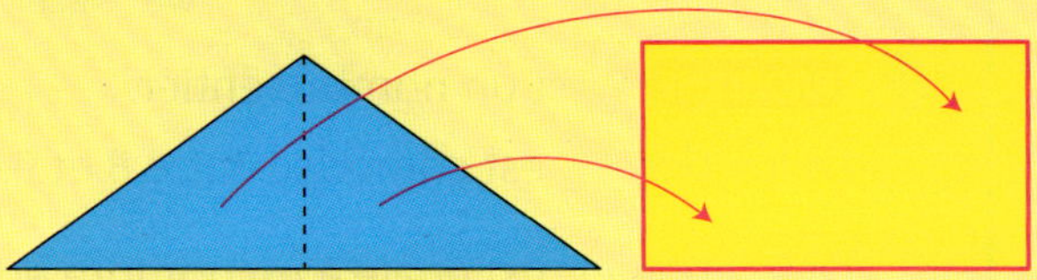

Après découpage et superposition, l'aire du rectangle jaune est supérieure à l'aire du triangle bleu.

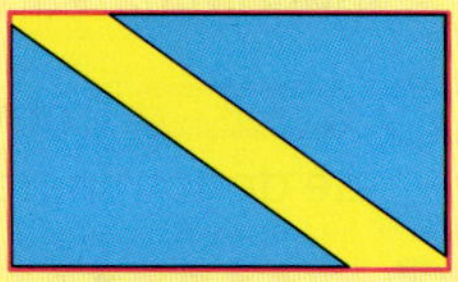

Je comprends

Énoncé

Compare l'aire d'un rectangle de longueur 5 carreaux et de largeur 3 carreaux avec celle d'un carré de côté 4 carreaux.

Solution

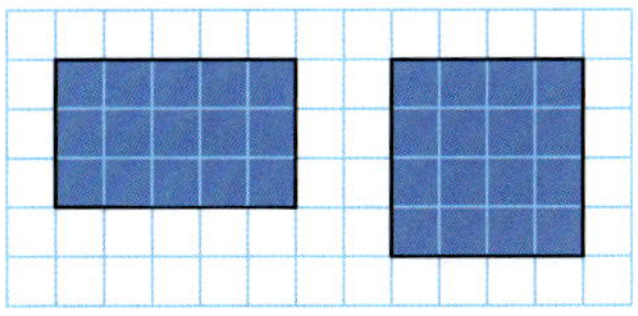

L'aire du rectangle est 15 carreaux, celle du carré est 16 carreaux. Donc, l'aire du carré est supérieure à celle du rectangle.

J'applique

A Compare l'aire d'un rectangle de largeur 2 carreaux et de longueur 5 carreaux avec l'aire d'un carré de côté 3 carreaux.

B Trace en rouge un rectangle de longueur 6 carreaux et de largeur 3 carreaux.
Trace en bleu un rectangle de longueur 5 carreaux et de largeur 4 carreaux.
Compare les aires de ces rectangles.

C Compare l'aire d'un carré de côté 6 carreaux avec l'aire d'un rectangle de largeur 4 carreaux et de longueur 9 carreaux.

D Compare l'aire d'un carré de côté 6 cm avec l'aire d'un rectangle de longueur 7 cm et de largeur 5 cm.

Je m'entraîne

ORAL
1 Utilise un calque pour comparer l'aire de la figure ***a*** et l'aire de la figure ***b***.

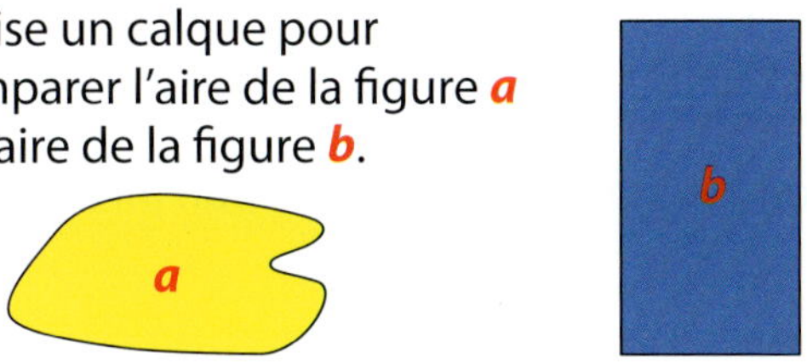

ORAL
2 Utilise un calque pour comparer l'aire du carré et l'aire du rectangle.

3 **1)** L'unité d'aire étant le triangle gris, détermine l'aire de la surface :
a) rouge ; **b)** jaune ;
c) verte ; **d)** bleue.
2) Classe ces aires dans l'ordre croissant.

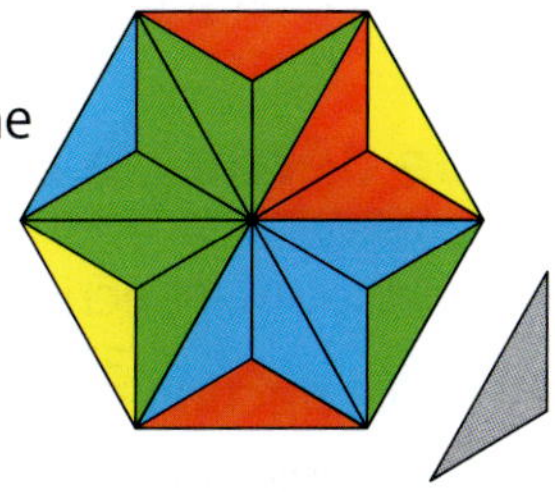

4 **1)** Compare l'aire de la surface rouge avec l'aire de la surface verte. Justifie ta réponse.
2) Compare l'aire de la surface bleue avec l'aire de la surface jaune. Justifie ta réponse.

J'approfondis

5 **1)** Détermine les aires des figures ***a*** et ***b***.
2) Détermine leurs périmètres.
3) Que remarques-tu ?

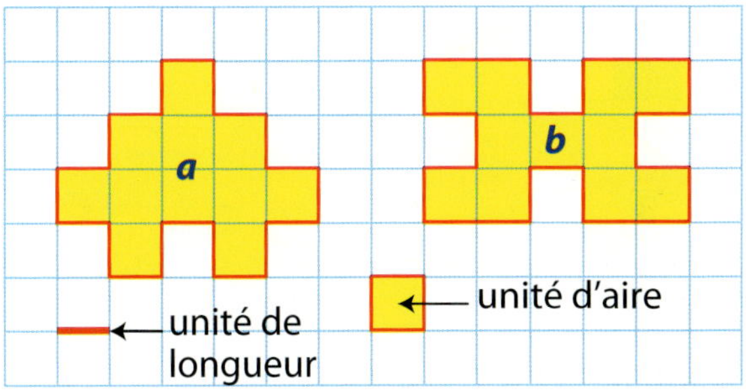

6 Trace un carré et un rectangle qui ont chacun pour aire 16 carreaux.

7 PROBLÈME Compare l'aire d'un triangle ABC rectangle en B tel que AB = 3 cm et BC = 4 cm, avec l'aire d'un rectangle de largeur 2 cm et de longueur 3 cm.

8 PROBLÈME **1)** Trace un cercle de rayon 4 cm et un carré de côté 5 cm.
2) Compare les aires de ces deux figures.
3) Compare leurs périmètres.

35 FRACTIONS (5)

Écrire une fraction comme somme d'un entier et d'une fraction inférieure à 1

Calcul

Calcul mental

$\frac{12}{2} = ?$

$\frac{20}{4} = ?$

$\frac{21}{3} = ?$

…

Je découvre comment écrire autrement une fraction

1• Trace trois cercles de rayon 4 cm. Marque le centre de chaque cercle. Partage chaque disque en 4 parties identiques.

2• On désire colorier 11 quarts de disque.

a) Colorie entièrement le premier disque.
Combien de quarts de disque as-tu coloriés ?
Combien dois-tu encore en colorier ?

b) Colorie entièrement le deuxième disque.
Colorie le troisième disque pour que 11 quarts de disque soient coloriés en tout.

3• a) Combien de disques as-tu coloriés en entier ?
On note ■ ce nombre.
Combien de quarts de disques as-tu coloriés sur le dernier disque ?
On note ● ce nombre.

b) Recopie et complète : $\frac{11}{4} = ■ + \frac{●}{4}$.

Je découvre comment décomposer une fraction

On souhaite écrire la fraction $\frac{37}{5}$ comme somme d'un nombre entier et d'une fraction inférieure à 1.

1• La fraction $\frac{37}{5}$ est-elle égale à un nombre entier ?
Justifie ta réponse.

2• Encadre la fraction $\frac{37}{5}$ par deux entiers consécutifs ♦ et ♥.

3• a) Recopie la portion de demi-droite graduée ci-contre.
Complète les pointillés.

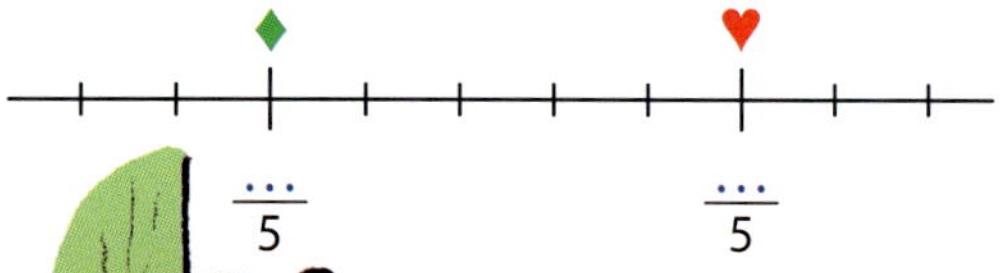

b) Place sur ce schéma la fraction $\frac{37}{5}$.

c) Écris la fraction $\frac{37}{5}$ comme somme d'un nombre entier et d'une fraction inférieure à 1.

Je retiens

On peut décomposer une fraction comme somme d'un nombre entier et d'une fraction inférieure à 1.

On veut colorier $\frac{17}{3}$ de la surface d'un carré :

5 carrés et **2** **tiers** du dernier carré sont coloriés.

Donc, $\frac{17}{3} = 5 + \frac{2}{3}$.

Cas particulier d'une fraction égale à un nombre entier : $\frac{15}{3} = 5 + \frac{0}{3}$. Ainsi : $\frac{15}{3} = 5$.

Je comprends

Énoncé

Écris la fraction $\frac{45}{7}$ comme somme d'un nombre entier et d'une fraction inférieure à 1.

Solution

$\frac{45}{7} = \frac{42}{7} + \frac{3}{7}$.

Donc, $\frac{45}{7} = 6 + \frac{3}{7}$.

J'applique

A Écris la fraction $\frac{31}{8}$ comme somme d'un nombre entier et d'une fraction inférieure à 1.

B Écris la fraction $\frac{69}{9}$ comme somme d'un nombre entier et d'une fraction inférieure à 1.

C Écris chaque fraction comme somme d'un nombre entier et d'une fraction inférieure à 1 :

$\frac{13}{4}$ | $\frac{15}{4}$ | $\frac{19}{4}$ | $\frac{22}{4}$ | $\frac{27}{4}$ | $\frac{35}{4}$ | $\frac{37}{4}$.

D Écris chaque fraction comme somme d'un nombre entier et d'une fraction inférieure à 1 :

$\frac{13}{10}$ | $\frac{39}{10}$ | $\frac{17}{10}$ | $\frac{81}{10}$ | $\frac{73}{10}$ | $\frac{25}{10}$ | $\frac{142}{10}$.

Je m'entraîne

ORAL
1 Des écritures suivantes, lesquelles sont des sommes d'un nombre entier et d'une fraction inférieure à 1 ?

$7 + \frac{6}{7}$ | $3 + \frac{5}{4}$ | $7 - \frac{5}{4}$ | $3{,}7 + \frac{1}{8}$ | $\frac{2}{3} + 9$

$\frac{2}{3} + \frac{5}{3}$ | $0 + \frac{2}{5}$ | $3 \times \frac{2}{5}$ | $5 + \frac{0}{7}$ | $8 + \frac{7}{2}$.

ORAL
2 Décompose la fraction $\frac{23}{5}$ comme somme d'un nombre entier et d'une fraction inférieure à 1.
Justifie ta réponse.

ORAL
3 Décompose chaque fraction décimale comme somme d'un nombre entier et d'une fraction inférieure à 1 :

$\frac{77}{10}$ | $\frac{243}{10}$ | $\frac{356}{100}$ | $\frac{7\,894}{1\,000}$ | $\frac{2\,658}{10}$ | $\frac{908}{100}$.

4 Écris chaque fraction comme somme d'un nombre entier et d'une fraction inférieure à 1 :

$\frac{17}{2}$ | $\frac{17}{3}$ | $\frac{17}{4}$ | $\frac{17}{5}$ | $\frac{17}{6}$ | $\frac{17}{7}$ | $\frac{17}{8}$.

5 Écris chaque fraction comme somme d'un nombre entier et d'une fraction inférieure à 1 :

$\frac{31}{6}$ | $\frac{36}{6}$ | $\frac{17}{6}$ | $\frac{49}{6}$ | $\frac{48}{6}$ | $\frac{55}{6}$ | $\frac{64}{6}$.

6 Recopie et complète chaque égalité :

$5 + \frac{1}{2} = \frac{\dots}{2}$ | $\frac{20}{3} = \dots + \frac{2}{3}$ | $3 + \frac{4}{5} = \frac{\dots}{5}$

$\frac{24}{7} = 3 + \frac{\dots}{7}$ | $7 + \frac{2}{3} = \frac{\dots}{3}$ | $\frac{36}{9} = \dots$.

J'approfondis

7 **1)** Écris les multiples de 13, de 10 × 13 jusqu'à 15 × 13.
2) Écris chaque fraction comme somme d'un nombre entier et d'une fraction inférieure à 1 :

$\frac{140}{13}$ | $\frac{162}{13}$ | $\frac{167}{13}$ | $\frac{175}{13}$ | $\frac{182}{13}$ | $\frac{186}{13}$.

8 PROBLÈME Écris la fraction $\frac{191}{15}$ comme somme d'un nombre entier et d'une fraction inférieure à 1.

9 Écris la fraction $\frac{7}{8}$ comme somme d'un nombre entier et d'une fraction inférieure à 1.

10 PROBLÈME **1)** Effectue la division à quotient entier de 753 par 17.
2) Déduis-en l'écriture de la fraction $\frac{753}{17}$ comme somme d'un nombre entier et d'une fraction inférieure à 1.

11 PROBLÈME Compare les fractions $\frac{16}{5}$ et $\frac{22}{7}$.

36 SYMÉTRIE AXIALE (1)

Construire le symétrique d'une figure sur quadrillage

Géométrie

Calcul mental
13 × 10 = ?
13 × 9 = ?
15 × 9 = ?
…

Je revois comment tracer le symétrique d'une figure par pliage

1• Sans utiliser le quadrillage, reproduis sur papier calque la figure verte ainsi que la droite rouge ci-contre.

2• Plie ton calque pour tracer le symétrique de la figure verte par rapport à la droite rouge.

3• Que représente la droite rouge pour les deux figures tracées ?

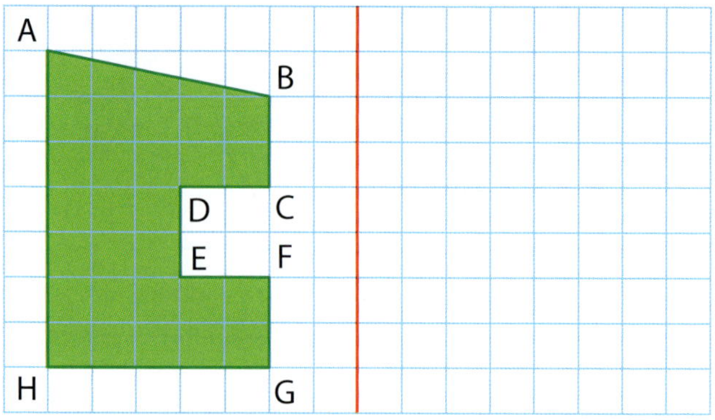

Je revois comment tracer le symétrique d'une figure sur quadrillage

1• Reproduis sur papier quadrillé la figure verte et la droite rouge de l'exercice précédent.

2• **a)** Trace en bleu la droite perpendiculaire à la droite rouge passant par le point A.
b) Nomme I le point d'intersection de ces deux droites.
Compte le nombre de carreaux entre les points A et I.
c) Sur la droite bleue et de l'autre côté de la droite rouge, place le point A' tel que les longueurs IA et IA' soient égales.
d) Que représente le point A' ?

3• Trace le symétrique du point B par rapport à la droite rouge.

4• Termine la construction du symétrique de la figure verte par rapport à la droite rouge.

Je retiens

Deux figures sont **symétriques** par rapport à une droite, si elles **se superposent** quand on **plie** suivant cette droite. Cette droite s'appelle « l'**axe de symétrie** ».

La figure bleue et la figure verte sont **symétriques par rapport à la droite rouge**.

• **Méthode à l'aide du quadrillage**

On peut parfois utiliser un quadrillage pour construire le symétrique d'une figure par rapport à une droite.

On **imagine le pliage** et on **compte les carreaux** de **part** et **d'autre** de l'axe de symétrie.

Remarque : si deux figures sont symétriques par rapport à une droite, alors elles ont la **même forme**.

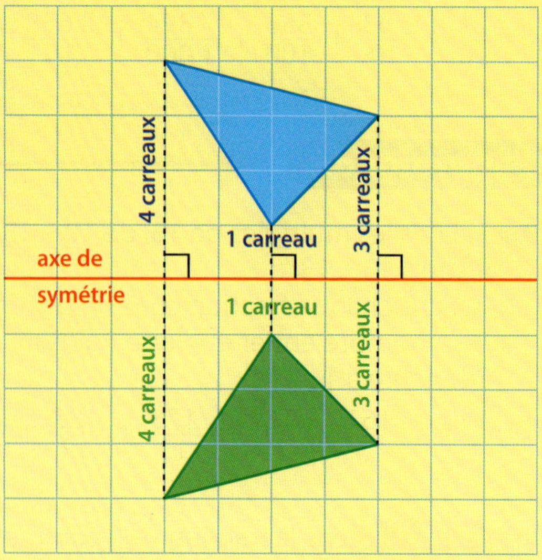

Je comprends

Énoncé

Construis le symétrique du segment bleu par rapport à la droite rouge.

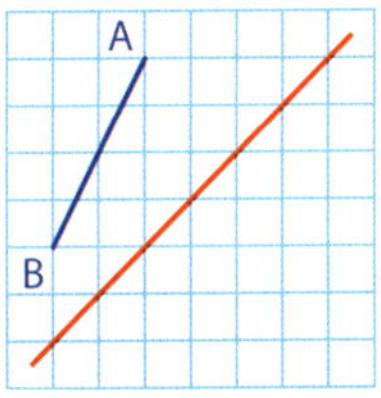

Solution

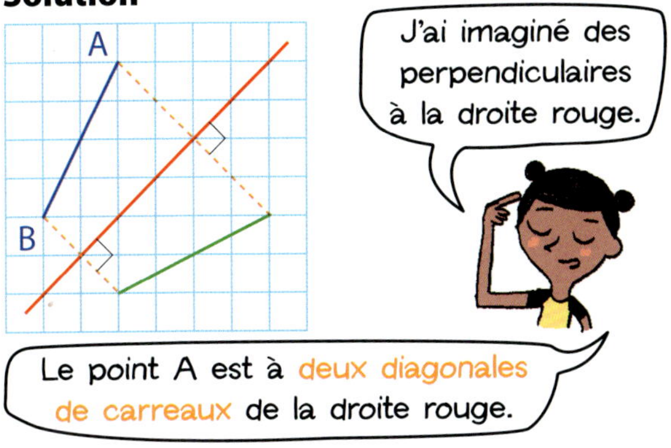

J'applique

Pour les exercices **A** à **C**, reproduis la figure ci-dessous sur un quadrillage.

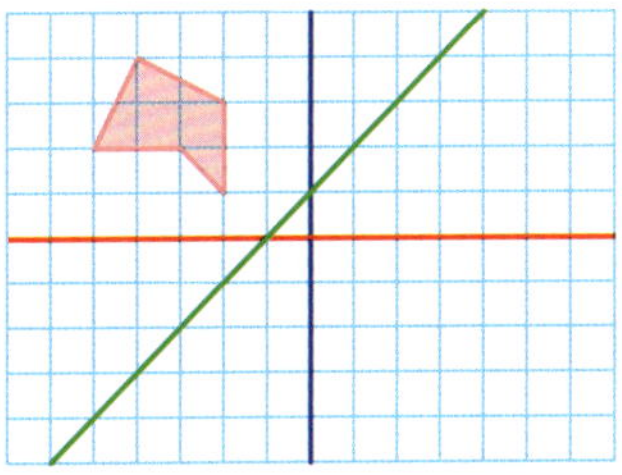

A Trace le symétrique de la figure rose par rapport à la droite rouge.

B Trace le symétrique de la figure rose par rapport à la droite bleue.

C Trace le symétrique de la figure rose par rapport à la droite verte.

Je m'entraîne

Pour les exercices **1** à **4**, indique si les figures sont symétriques par rapport à la droite rouge. Justifie chaque réponse.

ORAL **1**

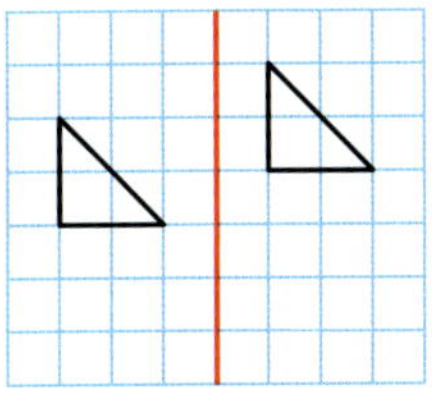

ORAL **2**

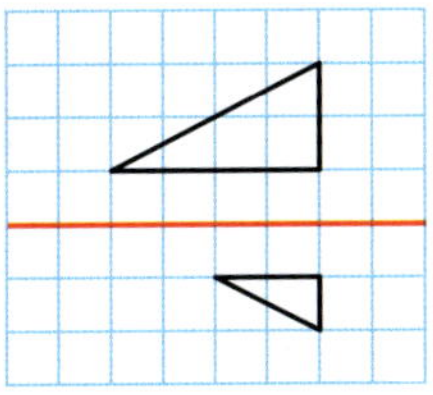

ORAL **3**

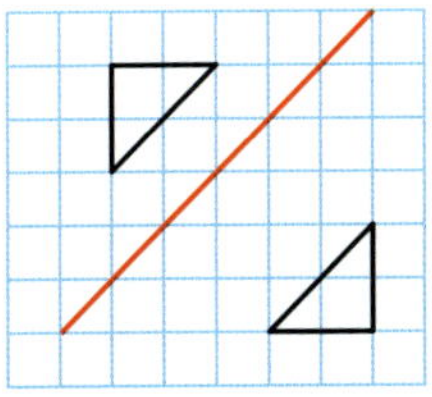

ORAL **4**

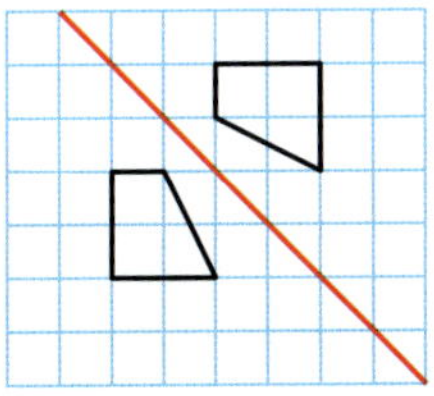

5 1) Sur un quadrillage, trace un polygone et une droite rouge sur une ligne horizontale.
2) Fais tracer à un ou une camarade le symétrique de cette figure par rapport à la droite rouge.

6 1) Reproduis la figure sur un quadrillage.
2) Complète la figure pour qu'elle soit symétrique par rapport à la droite rouge.

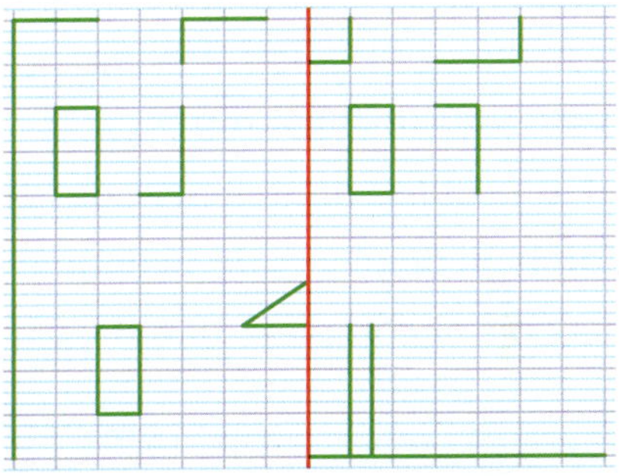

J'approfondis

7 1) Reproduis cette figure sur un quadrillage.

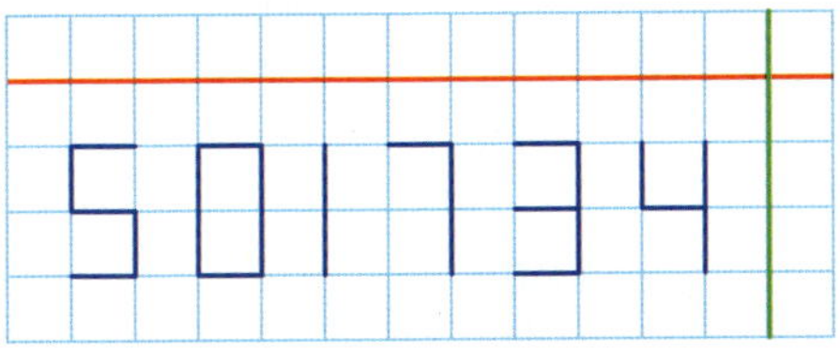

2) Trace en bleu le symétrique de ce nombre par rapport à la droite rouge.
3) Trace en noir les symétriques des figures bleues par rapport à la droite verte.
4) Laquelle de ces figures correspond au nom d'un dieu grec ?

8 1) Reproduis la figure sur un quadrillage.
2) Complète cette figure pour qu'elle soit symétrique par rapport à la droite rouge.

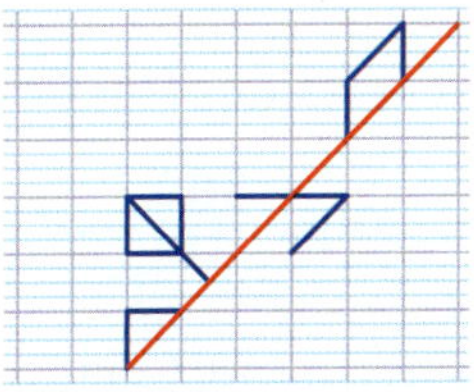

9 PROBLÈME 1) En utilisant un quadrillage, trace un triangle rectangle isocèle.
2) Construis les symétriques de ce triangle par rapport à chacun de ses trois côtés.

37 NOMBRES DÉCIMAUX (4)
Associer une écriture fractionnaire et une écriture à virgule

Calcul

Calcul mental
$\frac{7}{10} = ?$
$\frac{27}{100} = ?$
$\frac{344}{1\,000} = ?$
…

Je revois comment passer d'une écriture fractionnaire à une écriture à virgule

Pour l'opération « Pièces jaunes », Jérémy a donné 983 centimes.

1• À quelle fraction d'euros cette somme correspond-elle ?

2• Écris cette fraction comme somme d'un nombre entier et d'une fraction inférieure à 1.

3• Quelle somme en euros Jérémy a-t-il donnée ?

4• Recopie et complète : $\frac{983}{100}$ = …,….

Je découvre comment passer d'une écriture à virgule à une écriture fractionnaire

Pour l'opération « Pièces jaunes », Laurianne donne 8,6 euros.

1• Laurianne utilise uniquement des pièces de 10 centimes.

a) Combien de pièces de 10 centimes Laurianne va-t-elle donner ?

b) Recopie et complète :
« 10 centimes = …,… € = $\frac{1}{\dots}$ €.
Une pièce de dix centimes correspond donc à un … d'euro.
Laurianne va donner … pièces de dix centimes, c'est-à-dire … dixièmes d'euro.
On peut donc écrire : **8,6** = $\frac{\dots}{10}$. »

2• Laurianne utilise uniquement des pièces de 1 centime.

a) Combien de pièces de 1 centime Laurianne va-t-elle donner ?

b) Recopie et complète : **8,6** = $\frac{\dots}{100}$.

Je retiens

Une **fraction décimale** possède une **écriture à virgule.**

$\frac{3}{10} = 0{,}3$ $\frac{7}{100} = 0{,}07$ $\frac{75}{10} = 7{,}5$ $\frac{768}{100} = 7{,}68$ $\frac{356}{1\,000} = 0{,}356$ $\frac{5\,896}{1\,000} = 5{,}896$

Remarque : certaines **fractions décimales** sont égales à des nombres entiers.

$\frac{360}{10} = 36{,}0$. Donc, $\frac{360}{10} = 36$. $\frac{78\,000}{100} = 780{,}00$. Donc, $\frac{78\,000}{100} = 780$.

Remarque : plusieurs fractions décimales ont la même écriture à virgule.

3,9 = $\frac{39}{10}$. Mais : 3,9 = 3,90.

Ainsi, on a donc aussi : **3,9** = $\frac{390}{100}$.

Je comprends

Énoncé

Donne l'écriture à virgule de la fraction $\frac{265}{100}$.

Solution

unités	virgule	dixièmes	centièmes
2	,	6	5

$\frac{265}{100} = \mathbf{2,65}$.

J'applique

A Donne l'écriture à virgule de chaque fraction décimale :
$\frac{789}{100}$ | $\frac{23}{10}$ | $\frac{2\,569}{1\,000}$ | $\frac{256}{10}$ | $\frac{3\,658}{1\,000}$ | $\frac{3\,205}{10}$.

B Donne l'écriture à virgule de chaque fraction décimale :
$\frac{9}{100}$ | $\frac{3}{1\,000}$ | $\frac{63}{100}$ | $\frac{278}{1\,000}$ | $\frac{17}{1\,000}$ | $\frac{7}{10}$.

C Donne l'écriture à virgule de chaque fraction décimale :
$\frac{709}{10}$ | $\frac{6}{100}$ | $\frac{1\,356}{100}$ | $\frac{28}{1\,000}$ | $\frac{92}{100}$ | $\frac{289}{1\,000}$.

Je m'entraîne

ORAL

1 Donne l'écriture à virgule de chaque fraction décimale :
$\frac{258}{10}$ | $\frac{258}{100}$ | $\frac{9}{1\,000}$ | $\frac{17}{10}$ | $\frac{17}{100}$ | $\frac{17}{1\,000}$.

ORAL

2 Des fractions décimales suivantes, lesquelles sont égales à un nombre entier ?
$\frac{250}{10}$ | $\frac{370}{100}$ | $\frac{3\,000}{100}$ | $\frac{800}{1\,000}$ | $\frac{7\,000}{1\,000}$ | $\frac{200}{10}$.

ORAL

3 1) Quel est le rang du chiffre 8 dans le nombre **5,68** ?
2) Lis en complétant :
« Le nombre **5,68** est égal à 568 …**ièmes**. »

ORAL

4 Lis en complétant :
« Le nombre **93,7** est égal à 937 …. »

5 1) **a)** Quel est le rang du chiffre 7 dans le nombre **9,417** ?
b) Recopie et complète :
« Le nombre **9,417** est égal à 9 417 …**ièmes**. »
2) Recopie et complète :
« Le nombre **3,52** est égal à 352 …**ièmes**. »
3) Recopie et complète :
« Le nombre **45,3** est égal à … dixièmes. »

6 Recopie et complète chaque égalité :
a) $2,56 = \frac{\dots}{100}$; **b)** $0,9 = \frac{\dots}{10}$; **c)** $0,096 = \frac{\dots}{1\,000}$;
d) $0,07 = \frac{\dots}{100}$; **e)** $126,9 = \frac{\dots}{10}$; **f)** $0,565 = \frac{\dots}{1\,000}$.

7 Pour chaque nombre, donne une fraction décimale lui étant égale.
7,62 | 5,6 | 3,589 | 45,8 | 0,78 | 7,008.

J'approfondis

8 1) Recopie et complète chaque égalité :
a) $3,6 = \frac{\dots}{10}$; **b)** $3,60 = \frac{\dots}{100}$;
c) $3,600 = \frac{\dots}{1\,000}$.
2) Recopie et complète :
a) $5,7 = \frac{\dots}{10} = \frac{\dots}{100} = \frac{\dots}{1\,000}$;
b) $7,82 = \frac{\dots}{100} = \frac{\dots}{1\,000}$.

9 Donne trois fractions décimales égales au nombre décimal 4,9.

10 Donne trois fractions décimales égales au nombre entier 37.

11 PROBLÈME Ce week-end, Moundir collecte de l'argent pour le Téléthon. Il collecte ainsi quatre mille trois cent quatre-vingt-deux pièces de 1 centime et trois cent soixante et onze pièces de 10 centimes.
Quelle somme d'argent (en €) Moundir donne-t-il au Téléthon le dimanche soir ?

38 SYMÉTRIE AXIALE (2)
Construire le symétrique d'une figure sans quadrillage

Géométrie

Calcul mental
40 × 3 = ?
400 × 6 = ?
40 × 40 = ?
…

Je revois comment tracer le symétrique d'une figure par pliage

1• Reproduis sur papier calque le triangle ABC et la droite rouge.

2• Trace le symétrique du triangle ABC par rapport à la droite rouge.

3• Nomme A' le symétrique du point A.
Nomme B' le symétrique du point B et C' celui du point C.

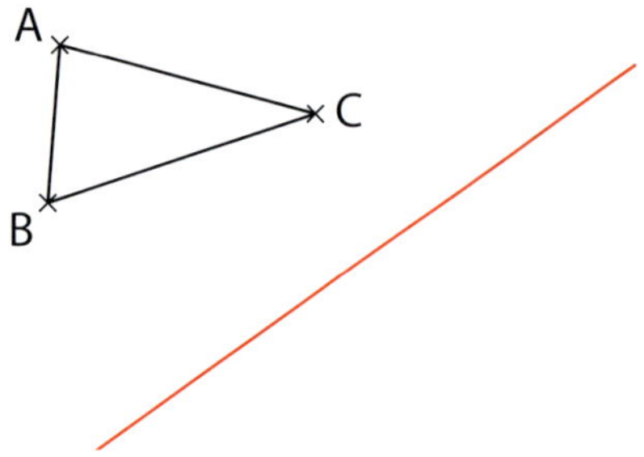

Je découvre comment construire le symétrique d'un point

1• Décalque sur une feuille blanche le triangle et la droite rouge de l'activité précédente.

2• a) Trace en bleu la droite perpendiculaire à la droite rouge qui passe par le point A.
b) Nomme I le point d'intersection de la droite bleue avec la droite rouge.
Sur la droite bleue et de l'autre côté de la droite rouge, place le point A_1 tel que les longueurs IA et IA_1 soient égales.
c) Superpose le calque de l'activité précédente avec ta nouvelle figure.
Que remarques-tu concernant le point A' et le point A_1 ?
Que représente le point A_1 pour le point A ?

3• Sans utiliser le calque, construis les symétriques des points B et C par rapport à la droite rouge.

Je retiens

Méthode de construction du symétrique d'un point par rapport à une droite
On veut construire le symétrique A' du point A par rapport à la droite (d).

Étape 1 : avec l'équerre, on trace la perpendiculaire à la droite (d) qui passe par le point A.

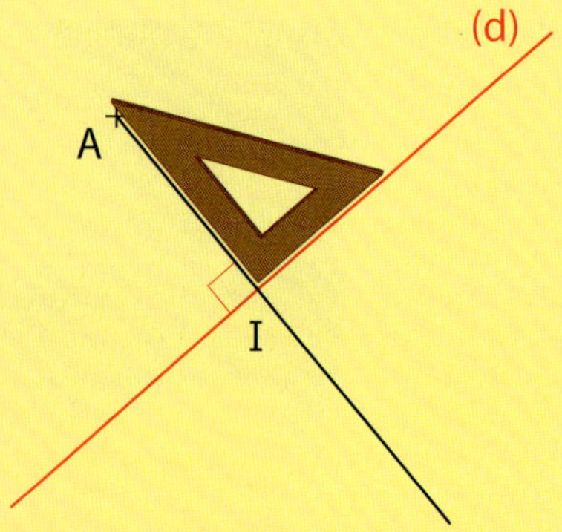

Étape 2 : avec le compas, on reporte sur cette perpendiculaire la longueur AI à partir du point I.

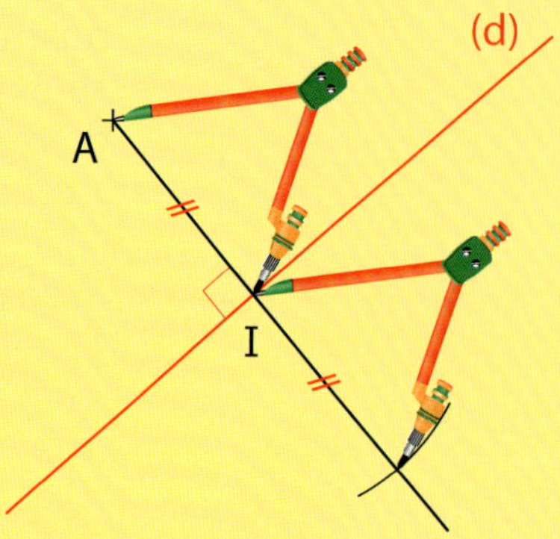

Étape 3 : on appelle A' le point d'intersection de l'arc de cercle et de la perpendiculaire.

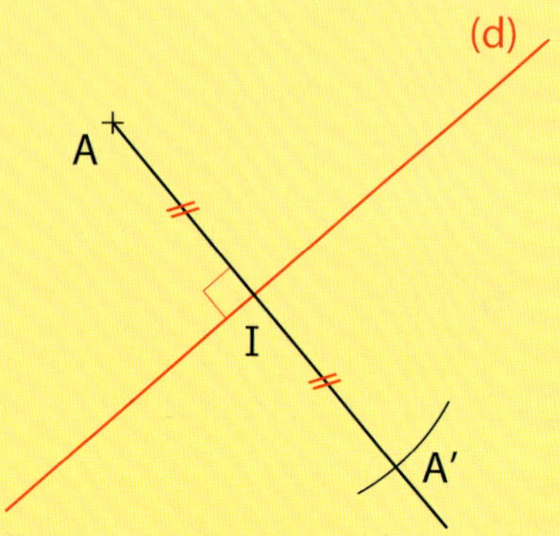

Je comprends

Énoncé

Construis le symétrique du triangle ABC par rapport à la droite rouge.

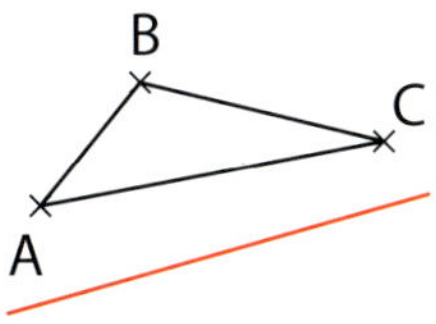

Solution

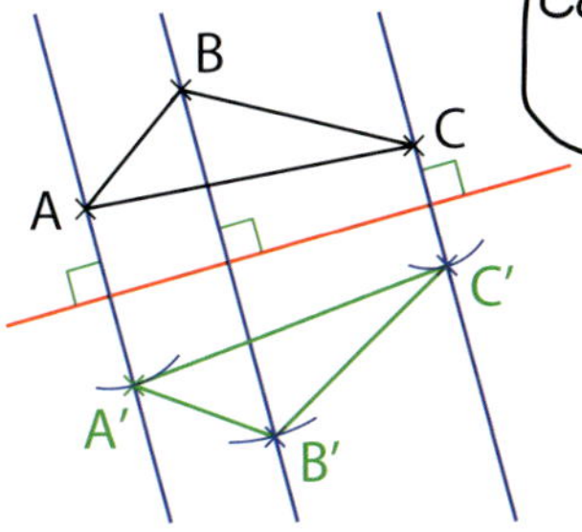

J'applique

A **1)** Reproduis cette figure sur ta feuille.
2) Construis le symétrique du triangle bleu par rapport à la droite rouge.

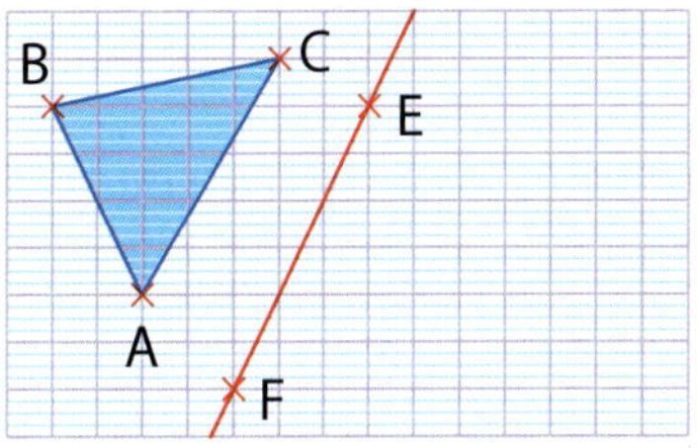

B **1)** Trace un quadrilatère EFGH et une droite (d) qui ne coupe pas ce quadrilatère.
2) Construis le symétrique du quadrilatère EFGH par rapport à la droite (d).

Je m'entraîne

Pour les exercices **1** à **4**, indique si les figures sont symétriques par rapport à la droite rouge. Justifie chaque réponse.

ORAL **1**

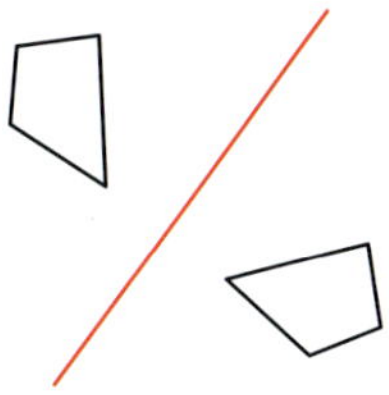

ORAL **2**

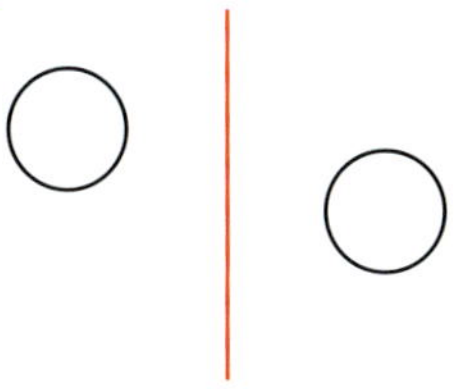

ORAL **3**

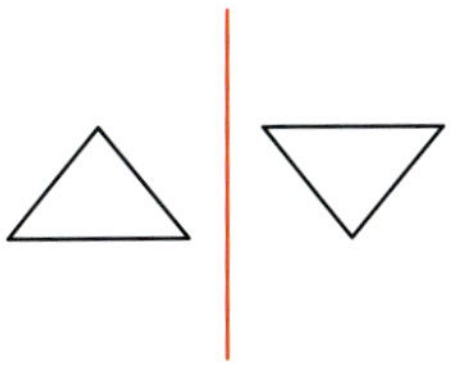

ORAL **4**

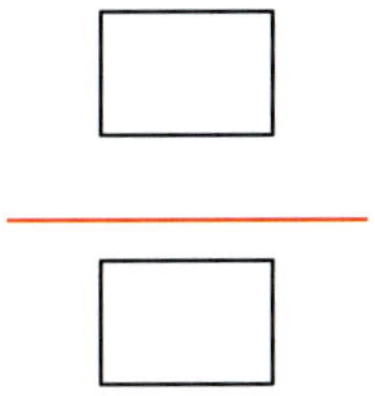

5 **1)** Reproduis ou décalque la figure.

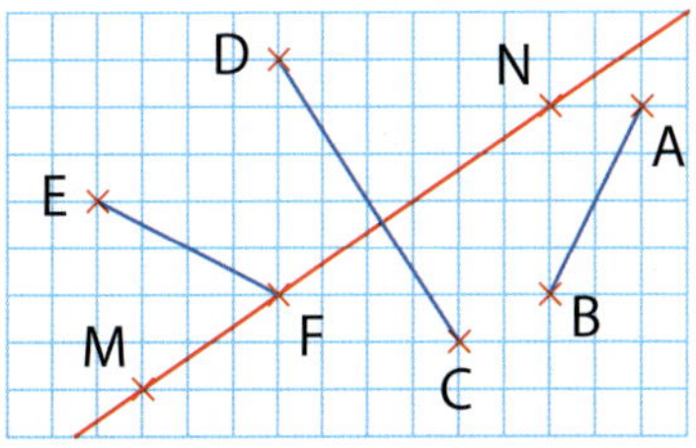

2) Trace les symétriques des segments bleus par rapport à la droite rouge.

6 **1)** Trace un cercle ($\mathscr{C}$) de centre O et de rayon 3 cm. Choisis deux points A et B sur ce cercle, le segment [AB] n'étant pas un diamètre. Trace en rouge la droite (AB).
2) Construis le symétrique du cercle ($\mathscr{C}$) par rapport à la droite rouge (AB).

J'approfondis

7 **1)** Trace un rectangle PARC tel que PA = 8 cm et AR = 5 cm.
2) Construis en rouge le symétrique du rectangle PARC par rapport à sa diagonale (PR).
3) Construis en bleu le symétrique du rectangle PARC par rapport à sa diagonale (AC).

8 PROBLÈME **1)** Trace un triangle FER tel que FE = 7 cm, ER = 8 cm et FR = 6 cm.
2) Dans ce triangle, trace la hauteur issue du point F.
3) Construis en vert le symétrique du triangle FER par rapport à cette hauteur.

9 **1)** Décalque les deux carrés ci-dessous.
2) Trace en rouge la droite (d) telle que le carré bleu et le carré vert soient symétriques par rapport à la droite (d).

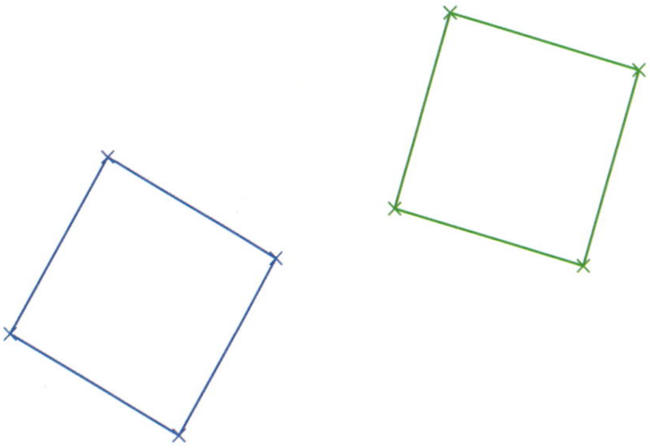

39

Calcul

NOMBRES DÉCIMAUX (5)

Repérer un nombre décimal sur une demi-droite graduée

Calcul mental

$\frac{23}{10} = ?$

$\frac{458}{100} = ?$

$\frac{257}{10} = ?$

…

Je revois comment placer une fraction sur une demi-droite graduée

1• Reproduis la portion de demi-droite graduée ci-dessous sur papier quadrillé.

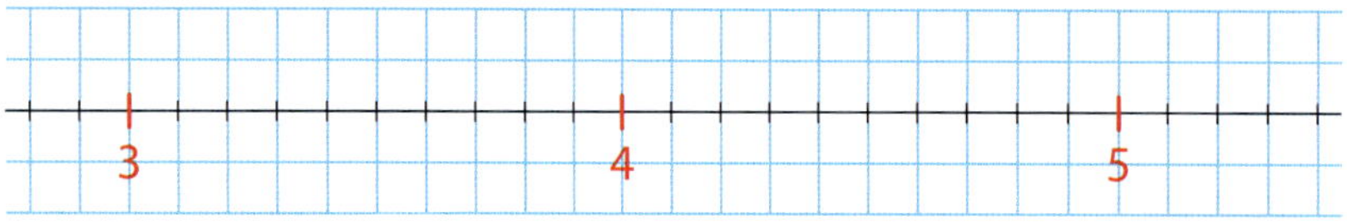

2• Place en bleu sur cette demi-droite graduée la fraction $3 + \frac{4}{10}$.
Sur la demi-droite graduée, note en rouge son écriture à virgule.

3• Place en bleu sur la demi-droite graduée chacune des cinq fractions suivantes, puis note en rouge chaque écriture à virgule :
$3 + \frac{8}{10}$ | $4 + \frac{1}{10}$ | $4 + \frac{5}{10}$ | $4 + \frac{9}{10}$ | $5 + \frac{3}{10}$.

Je revois comment lire un nombre décimal sur une demi-droite graduée

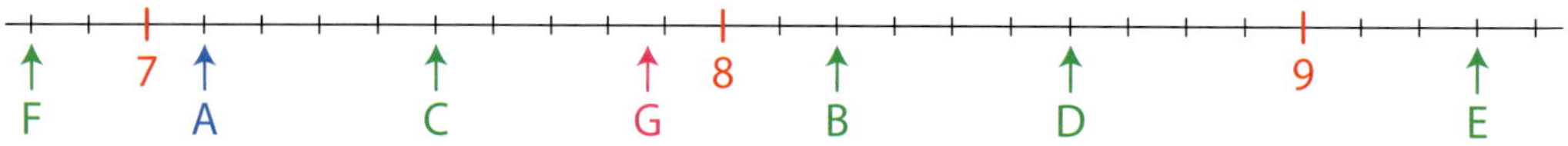

Des nombres décimaux ont été placés sur une demi-droite graduée.
Puis chaque nombre a été remplacé par une lettre.

1• a) Recopie et complète :
« Sur cette demi-droite, l'unité est divisée en … parties égales.
Cette demi-droite est donc graduée de … en …. »
b) Déduis-en le nombre décimal qui correspond à la lettre A.

2• Quel est le nombre décimal qui correspond à :
a) la lettre B ? **b)** la lettre C ? **c)** la lettre D ? **d)** la lettre E ? **e)** la lettre F ?

3• Peux-tu dire quel est le nombre décimal qui correspond à la lettre G ?
Donne une valeur possible de ce nombre.

Je retiens

On peut **repérer** un **nombre décimal** sur une demi-droite graduée.

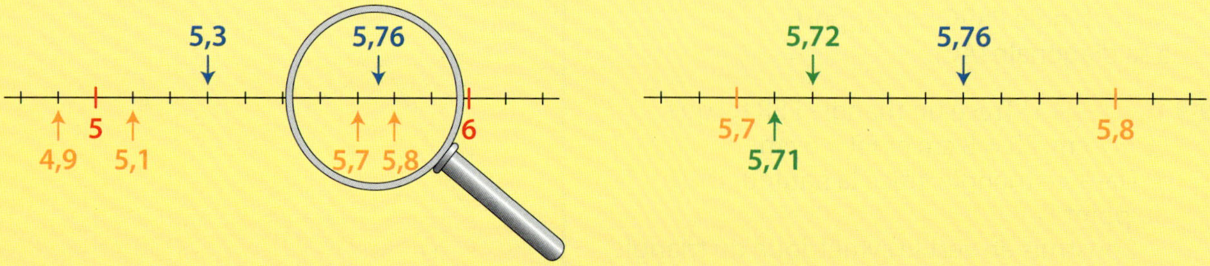

Je comprends

Énoncé

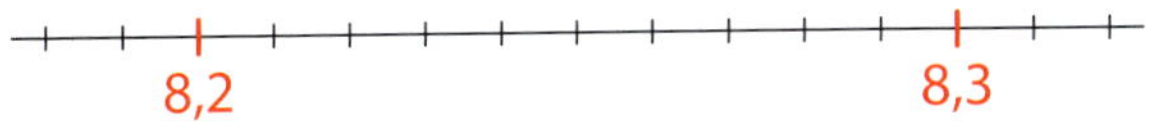

Reproduis la portion de demi-droite graduée.
Place le nombre 8,28.
Place un nombre ***a*** compris entre 8,23 et 8,24.

Solution

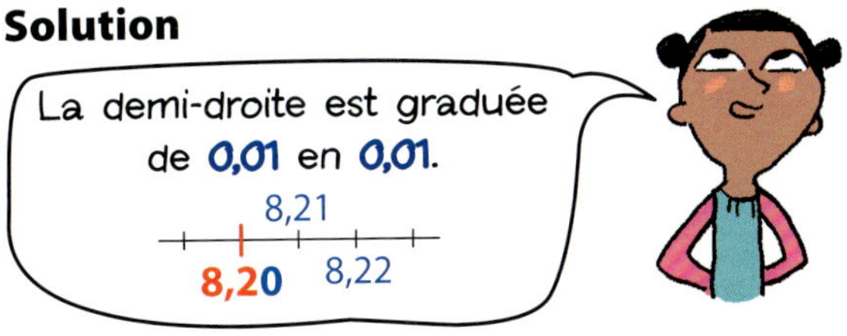

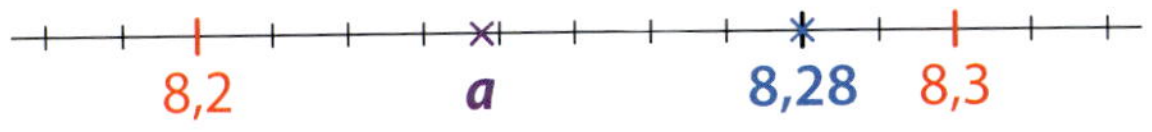

J'applique

A Reproduis la portion de demi-droite graduée, puis places-y chaque nombre :
4,3 | 5,6 | 6,2 | 3,9 | 5,2 | 4,7.

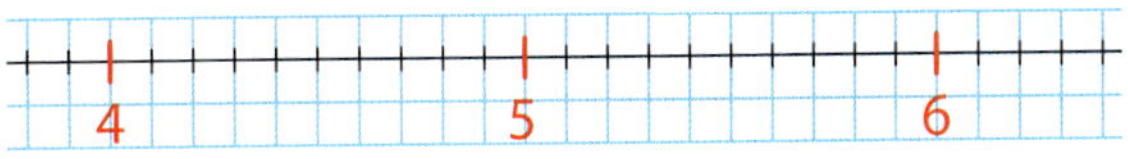

B Reproduis la portion de demi-droite graduée, puis places-y chaque nombre :
11,75 | 11,82 | 11,69 | 11,78 | 11,72.

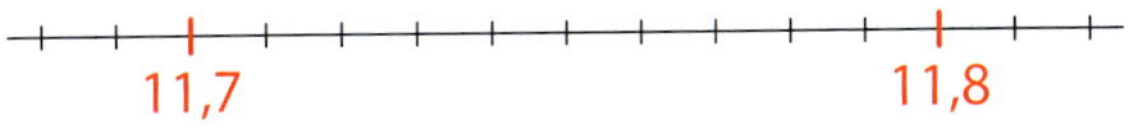

C Sur la figure de l'exercice **A**, place un nombre ***a*** compris entre 5,8 et 5,9.

D Sur la figure de l'exercice **B**, place un nombre ***b*** compris entre 11,76 et 11,77.

Je m'entraîne

ORAL
1

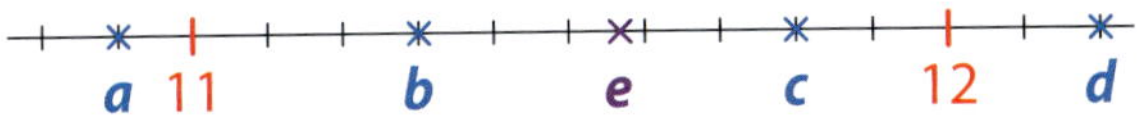

1) Donne l'écriture à virgule de chaque nombre ***a***, ***b***, ***c*** et ***d***.
2) Propose une valeur possible du nombre décimal ***e***.

ORAL
2

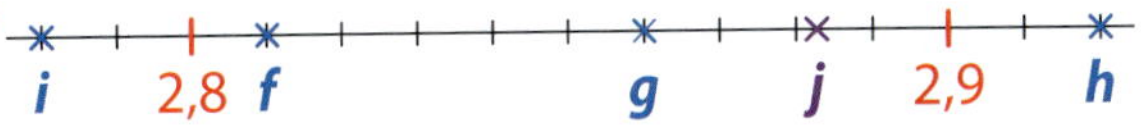

1) Donne l'écriture à virgule de chaque nombre ***f***, ***g***, ***h*** et ***i***.
2) Propose une valeur possible du nombre décimal ***j***.

3 Trace une demi-droite, gradue-la tous les dixièmes et places-y les nombres suivants :
0,2 | 0,9 | 1,3 | 1,6 | 1 | 0,65.

4 Trace une portion de demi-droite, gradue-la tous les dixièmes et places-y les nombres suivants :
7,9 | 6 | 6,3 | 7,2 | 7,5 | 5,9.

5 Trace une portion de demi-droite, gradue-la tous les centièmes, en commençant à 5,6 et places-y les nombres suivants :
5,63 | 5,65 | 5,6 | 5,67 | 5,7 | 5,72.

J'approfondis

6 PROBLÈME **1)** Reproduis chaque portion de demi-droite graduée ci-dessous.

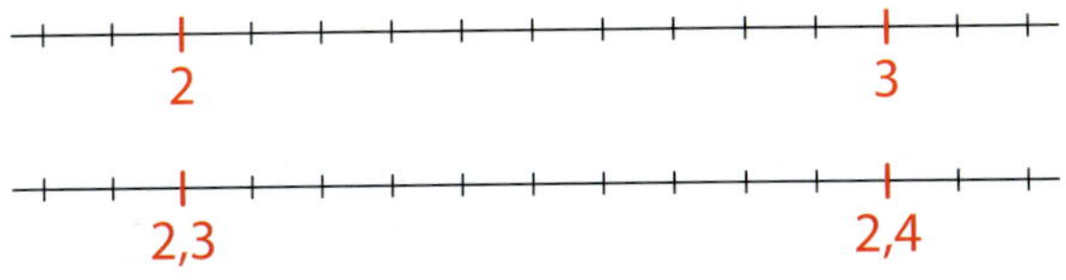

2)

Lettre	P	A	L	M	E
Nombre	2,37	2,2	1,9	2,50	2,41

Place la lettre correspondant à chaque nombre sur la demi-droite la mieux adaptée.
Quel mot peux-tu lire en lisant sur la première ligne ? puis sur la seconde ligne ?

7 PROBLÈME Cinq élèves fabriquent des guirlandes de longueurs différentes pour une fête.

Élève	Cléo	Bob	Luc	Max	Line
Longueur (en m)	7,82	7,85	7,79	7,88	7,91

1) Trace une portion de demi-droite graduée et places-y les longueurs de ces guirlandes.
2) Quel élève a fabriqué la guirlande :
a) la plus longue ?
b) la moins longue ?

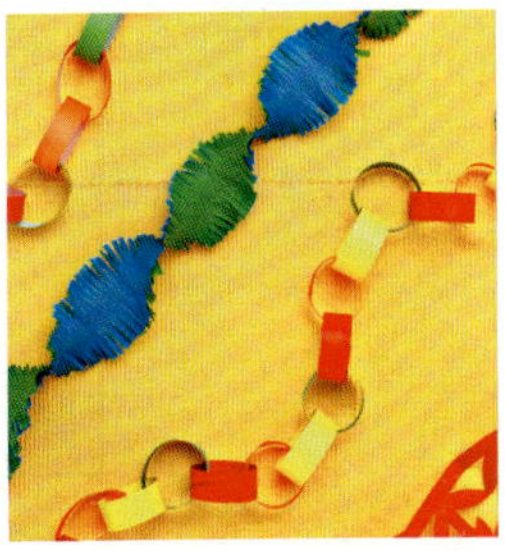

40 ANGLES (1)

Reconnaître un angle aigu, droit, obtus

Grandeurs

Calcul mental
45 + ? = 100
330 + ? = 1 000
? + 5,6 = 10
…

Je revois comment désigner un angle

1• a) Trace un triangle ABC.
b) Pourquoi cette figure s'appelle-t-elle « un triangle » ?

2• Colorie en bleu l'angle du triangle ABC de sommet A.

3• Colorie en vert l'angle du triangle ABC de sommet B.

4• a) Colorie en rouge le dernier angle du triangle ABC.
b) Quel est cet angle ?
c) Repasse en rouge les côtés de cet angle. Combien en a-t-il ?

Je revois comment classer des angles

1• a) Comment reconnaît-on un angle droit ?
b) Qu'est-ce qu'un angle aigu ?
c) Qu'est-ce qu'un angle obtus ?

2• Recopie et complète le tableau avec les numéros des figures.

Angle	obtus	droit	aigu
Numéro des figures			

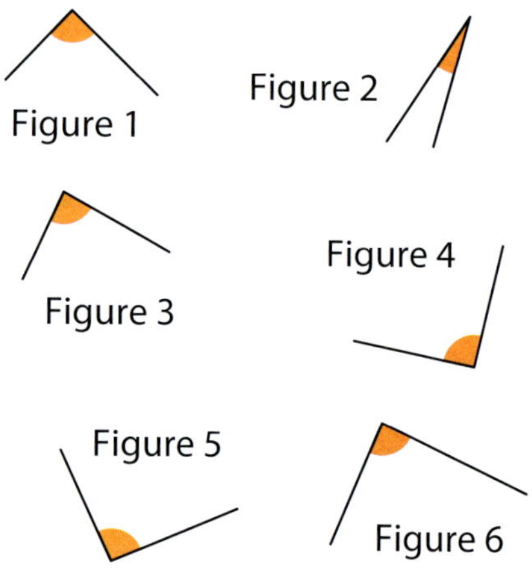

Je retiens

1• Vocabulaire

On désigne un **angle** en précisant son **sommet** et ses deux **côtés**.

L'angle coloré en bleu a pour **sommet** le point O.
Ses **côtés** sont les demi-droites rouges [OA) et [OB).

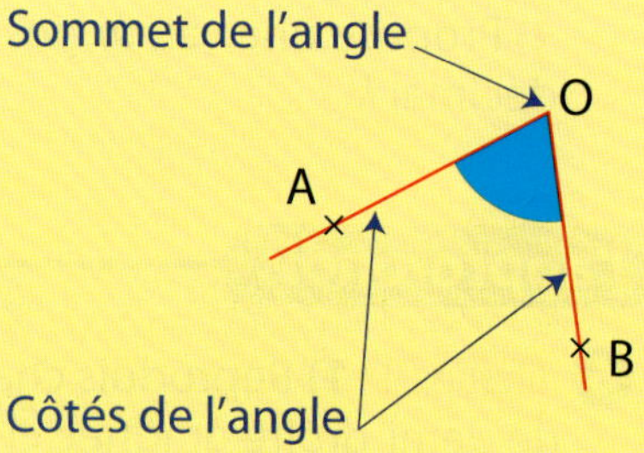

2• Nature d'un angle

Un angle **droit** est formé par deux droites perpendiculaires.

Un angle **aigu** est un angle plus petit que l'angle droit.

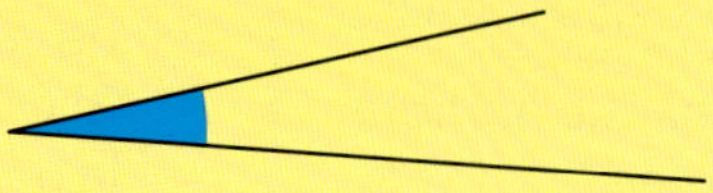

Un angle **obtus** est un angle plus grand que l'angle droit.

Je comprends

Énoncé

Indique la nature de chaque angle de ce triangle.

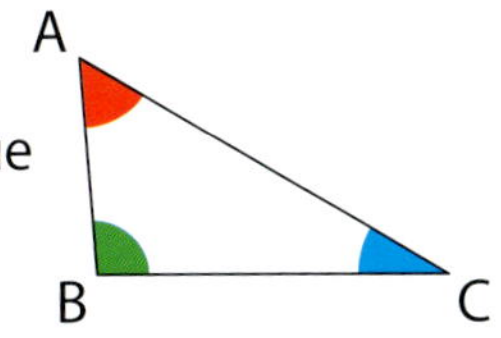

Solution

L'angle rouge est un angle aigu.
L'angle bleu est un angle aigu.
L'angle vert est un angle obtus.

J'applique

A Indique la nature de chaque angle de ce triangle.

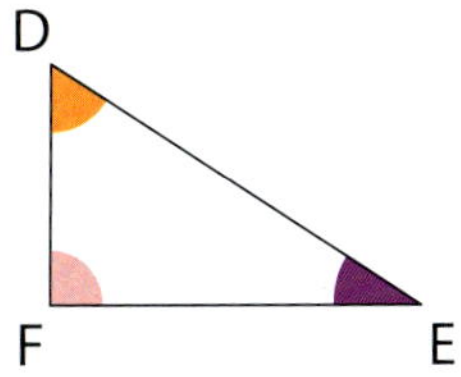

B **1)** Construis le triangle GHI tel que GH = 3 cm, HI = 6 cm et GI = 7 cm.
2) Indique la nature de chacun de ses angles.

C **1)** Construis le triangle JKL tel que JK = 7 cm, KL = 8 cm et JL = 9 cm.
2) Indique la nature de chacun de ses angles.

Je m'entraîne

ORAL
1 Complète les phrases :
« Le point I est le … de l'angle. Ses côtés sont les demi-droites … et …. »

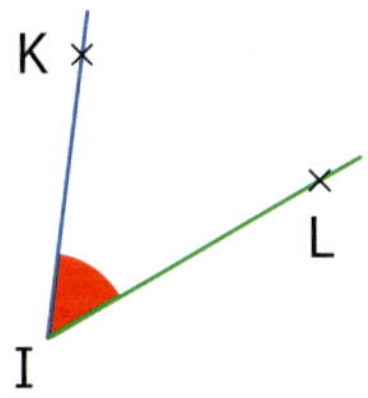

ORAL
2 **1)** Pour chacun de ces angles, indique son sommet et ses côtés.
2) Indique la nature de chaque angle.

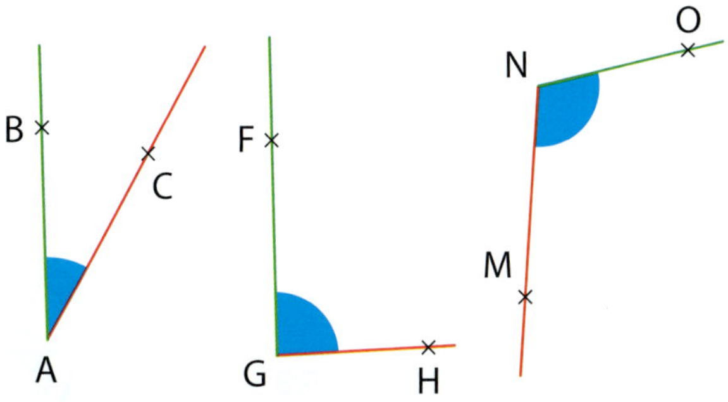

3 **1)** Trace un angle droit.
2) Trace un angle aigu.
3) Trace un angle obtus.

4 **1)** Trace le rectangle CAPE de longueur CA = 5 cm et de largeur AP = 3 cm.
2) Trace les segments [AE] et [CP].
3) Marque en bleu tous les angles droits de la figure.
4) Colorie en rouge tous les angles obtus de la figure.
5) Combien y a-t-il d'angles aigus dans la figure ?

5 **1)** Trace un carré VOTE de côté 5 cm.
2) Trace les segments [VT] et [OE].
3) Code les angles droits de cette figure.
4) Colorie tous les angles aigus de la figure.
5) Combien y a-t-il d'angles obtus dans la figure ?

J'approfondis

6 PROBLÈME Dans cette figure, indique le sommet et les côtés de :
a) chacun des angles droits ;
b) chacun des angles obtus ;
c) chacun des angles aigus.

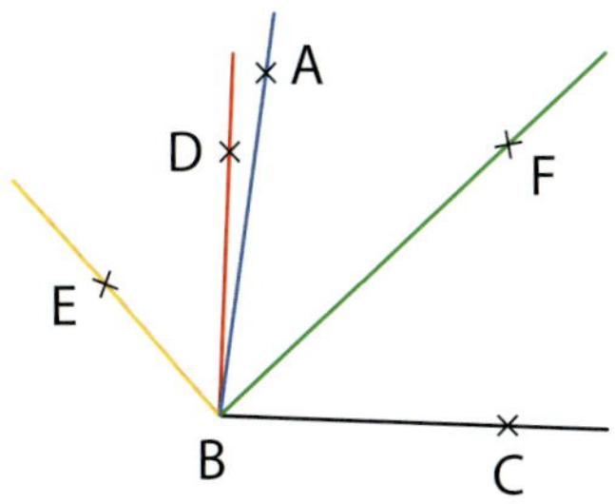

7 Trace un angle aigu, vert, de sommet O.
Trace un angle obtus, bleu, de même sommet O.
Trace un angle droit, rouge, de même sommet O.

8 PROBLÈME **1)** Trace un angle aigu, vert, de sommet L.
Place un point E sur un de ses côtés.
2) Trace un angle obtus de sommet E et qui a un côté en commun avec l'angle vert.

9 PROBLÈME **1)** Construis le triangle ABC tel que AB = 5 cm, AC = 2 cm et BC = 6 cm.
2) Trace sa hauteur issue du point A.
3) Indique la nature de tous les angles de la figure.

41
Calcul

NOMBRES DÉCIMAUX (6)
Comparer, ranger des nombres décimaux

Calcul mental
Compare :
(7 + 4) et (8 + 1)
(5 + 8) et (6 + 7)
…

Je revois comment placer des nombres décimaux sur une demi-droite graduée

Lors d'un concours de lancer de poids, les finalistes ont réalisé les performances suivantes :

Finaliste	Aman	Béla	Cyan	David	Ely
Longueur du lancer (en m)	5,3	4,8	5,4	4,95	5,32

1• a) Reproduis la portion de demi-droite graduée suivante.

b) Place sur cette demi-droite la performance (en mètres) de chaque finaliste.

2• Le but du concours est de lancer le poids le plus loin possible. Donne le classement de cette finale.

Je découvre comment comparer deux nombres décimaux

1• Quel est le chiffre des unités du nombre **4,8** ? du nombre **5,32** ?
Lequel de ces deux nombres est le plus grand ?

2• a) Quel est le chiffre des unités du nombre **4,8** ? du nombre **4,95** ?
Peux-tu en déduire lequel est le plus grand ?
b) Quel est le chiffre des dixièmes du nombre **4,8** ? du nombre **4,95** ?
Lequel de ces deux nombres est le plus grand ?

3• a) Quel est le chiffre des unités du nombre **5,3** ? du nombre **5,32** ?
Peux-tu en déduire lequel est le plus grand ?
b) Quel est le chiffre des dixièmes du nombre **5,3** ? du nombre **5,32** ?
Peux-tu en déduire lequel est le plus grand ?
c) Quel est le chiffre des centièmes du nombre **5,3** ? du nombre **5,32** ?
Lequel de ces deux nombres est le plus grand ?

Je retiens

Pour comparer deux nombres décimaux, on commence par comparer leurs **parties avant la virgule**.

153,3 > **72**,65 car **153** > **72**. **23**,789 < **678**,02 car **23** < **678**. **545** > **544**,999 car **545** > **544**.

Lorsque leurs parties avant la virgule sont égales, on compare leurs **chiffres des dixièmes**.

73,**2**58 < 73,**3**6 car **2** < **3**. 325,**4** > 325,**3**9 car **4** > **3**. 0,**5**69 < 0,**6**1 car **5** < **6**.

Lorsque leurs parties avant la virgule sont égales, ainsi que leurs chiffres des dixièmes, on compare leurs **chiffres des centièmes**.

21,3**7** > 21,3**6**3 car **7** > **6**. 232,0**8**4 < 232,0**9** car **8** < **9**. 3,5**6** > 3,5**0**8 car **6** > **0**.

Je comprends

Énoncé

1) Compare les nombres 327,12 et 237,985.

2) Compare les nombres 85,7 et 85,79.

Solution

1) **327**,12 > **237**,985 car 327 > 237.

J'ai comparé leurs parties avant la virgule.

2) **85,7** < **85,79** car **0** < **9**.

85,7 = 85,70. J'ai comparé leurs chiffres des centièmes.

J'applique

A **1)** Compare les nombres 12,75 et 8,82.
2) Compare les nombres 562,863 et 532,92.
3) Compare les nombres 2 358,7 et 862,895.
4) Compare les nombres 58,758 et 58,76.

B **1)** Compare les nombres 0,79 et 0,8.
2) Compare les nombres 525,25 et 252,52.
3) Compare les nombres 8,562 et 8,564.
4) Compare les nombres 51,3 et 51,33.

C **1)** Compare les nombres « douze virgule zéro huit » et « douze virgule un ».
2) Compare les nombres « cinq virgule cent vingt-trois » et « cinq virgule treize ».

Je m'entraîne

ORAL
1 Parmi les nombres suivants, quel est le plus petit ? le plus grand ?
56,658 | 57,96 | 56,56 | 57,852 | 57,958.

ORAL
2 Range ces nombres dans l'ordre croissant :
65,78 | 63,851 | 62,8 | 64.

ORAL
3 Range ces nombres dans l'ordre décroissant :
328,75 | 328,659 | 328,86.

ORAL
4 Donne un exemple de nombre compris :
a) entre 57,65 et 57,7 ; **b)** entre 0,96 et 0,97.

5 On souhaite ranger les nombres suivants :
12,29 | 11,985 | 13,07 | 12,3.
1) Lequel est le plus petit ? le plus grand ?
2) Range ces 4 nombres dans l'ordre croissant.

6 Range ces nombres dans l'ordre décroissant :
33,21 | 32,58 | 32,6 | 33,3 | 32,5.

7 **1)** Quel est le plus grand nombre décimal ayant trois chiffres après la virgule inférieur à 13 ?
2) Quel est le plus petit nombre décimal ayant deux chiffres après la virgule supérieur à 478 ?
3) Donne un exemple de nombre compris entre 153,8 et 153,9.

J'approfondis

8 PROBLÈME Pour chaque question, un chiffre a été caché par le symbole ◆.
Il est pourtant possible de comparer les nombres donnés.
Recopie et complète à l'aide du signe > ou du signe <.
a) 143,◆7 … 144,2◆
b) 15,8◆ … 15,78◆
c) ◆,36 … 1◆,82
d) 27,35◆ … 27,36◆
e) 5,0◆ … 5,◆1
f) ◆,8◆ … 0,◆3

9 PROBLÈME Recopie et complète en remplaçant chaque symbole par un chiffre.
a) 2,● < 2,65 < 2,■
b) 3,5● < 3,589 < 3,5■
c) 5,282 < 5,2■1 < 5,3
d) 0,3 < 0,●7 < 0,38

10 Le tableau suivant précise la hauteur (en hm) de certains gratte-ciel de l'Union européenne :

Nom	Hauteur	Pays
Hermitage Plaza	3,23	France
Torre Valencia	3,08	Espagne
Millenium Tower	3,5	Allemagne
Torre de Margueira	3,121	Portugal
Shard Bridge	3,06	Royaume-Uni

1) Range ces hauteurs dans l'ordre croissant.
2) Classe ces gratte-ciel dans l'ordre décroissant de leurs hauteurs.

42 ANGLES (2)

Reproduire un angle à l'aide d'un gabarit

Grandeurs

Calcul mental
Compte de 0,01 en 0,01 :
• en partant de 7,63
• en partant de 13,96
…

Je revois comment comparer des angles

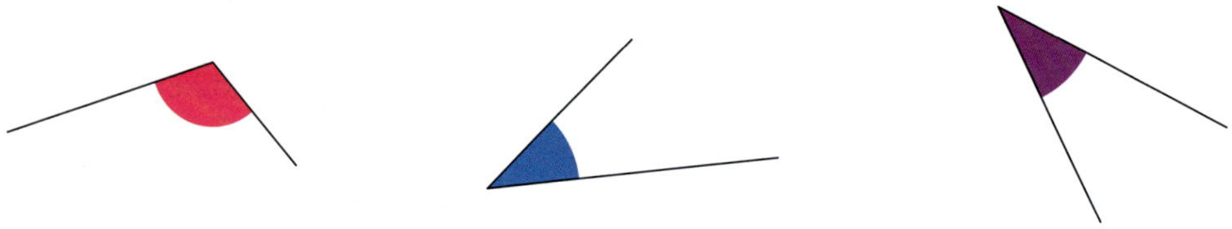

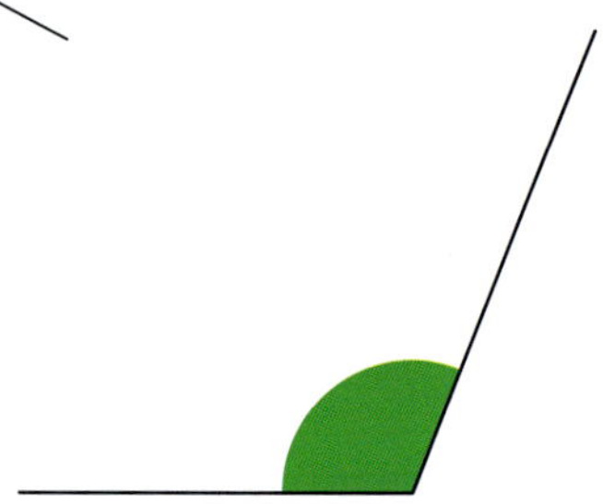

1• Reproduis sur un calque chacun des angles colorés.

2• Lesquels de ces angles sont superposables ?

3• Compare la mesure de l'angle bleu et la mesure de l'angle rose.

Je découvre comment reproduire un angle

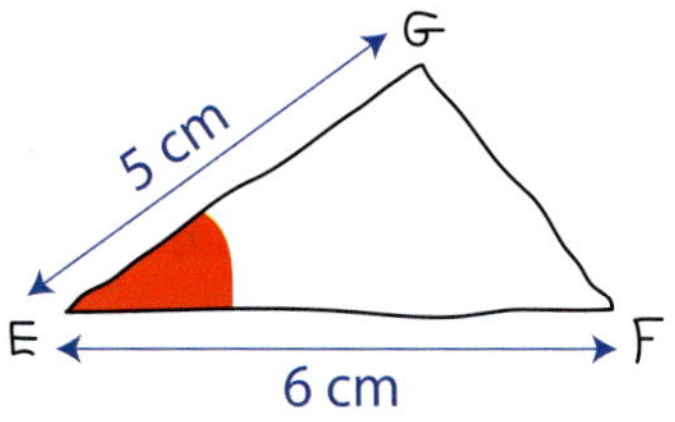

On souhaite reproduire en vraie grandeur le triangle EFG dessiné à main levée.
La mesure de l'angle rouge est donnée par le gabarit ci-contre.

1• Sur ta feuille, trace un segment [EF] de longueur 6 cm.

2• **a)** Reproduis sur papier calque le gabarit de l'angle rouge.
b) Découpe soigneusement son contour.
c) Pose le gabarit de telle façon que :
• son sommet soit sur le point E ;
• un de ses côtés soit sur le segment [EF].
d) Trace le second côté du gabarit de l'angle rouge.

3• Termine la construction du triangle EFG.

Je retiens

Pour **reproduire** un angle, on utilise un **gabarit**.

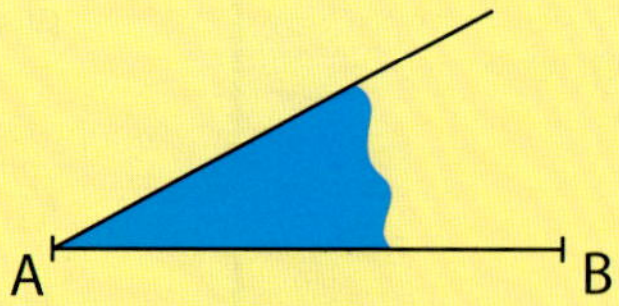

Étape 1 : on fabrique un gabarit de l'angle (découpage ou calque).
On trace le segment [AB].

Étape 2 : on place le gabarit : son sommet sur le point A, un de ses côtés sur le segment [AB].

Étape 3 : on **marque** le second côté de l'angle. On utilise une règle pour tracer ce côté.

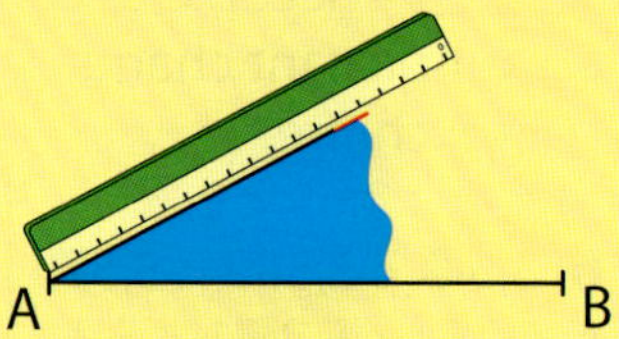

Je comprends

Énoncé

Trace un angle qui mesure deux fois la mesure de l'angle rouge.

Solution

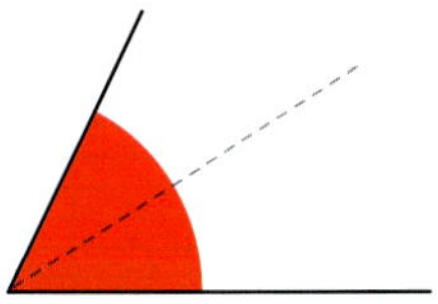

J'applique

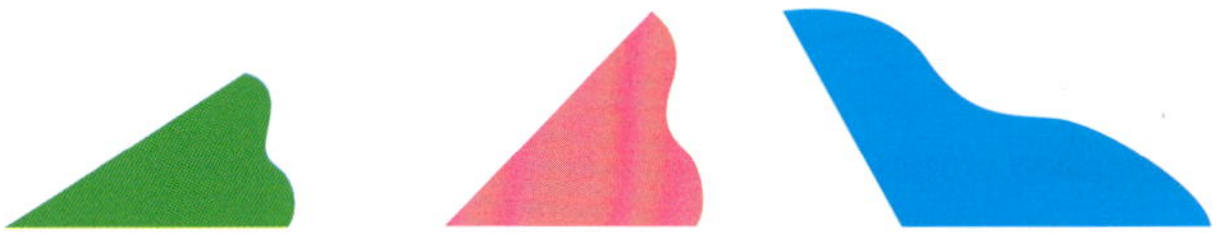

A Trace un angle dont la mesure est égale à la mesure de l'angle bleu.

B Trace un angle qui mesure deux fois la mesure de l'angle rose.

C Trace un angle qui mesure trois fois la mesure de l'angle vert.

D Trace un angle qui mesure la somme des mesures de l'angle rose et de l'angle vert.

Je m'entraîne

ORAL

1 Retrouve les angles qui ont la même mesure que celle de l'angle vert.

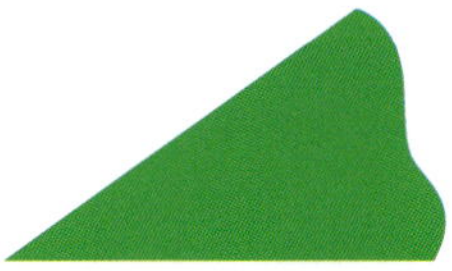

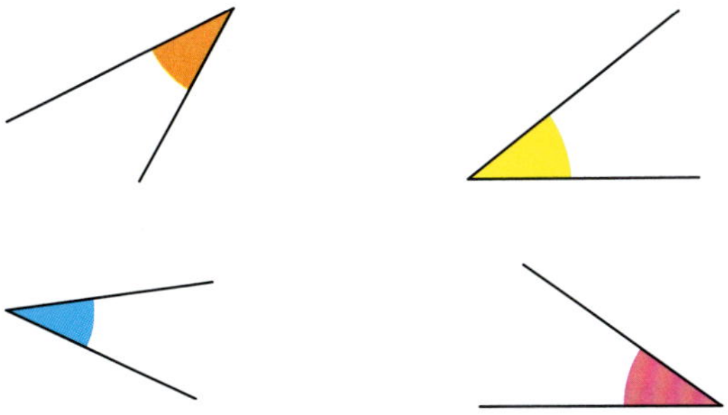

ORAL

2 Des angles ci-dessus, lequel possède :
a) la plus petite mesure ?
b) la plus grande mesure ?

3 1) Construis en bleu un triangle équilatéral de côté 7 cm.
2) Compare les trois angles de ce triangle.
3) Construis un nouveau triangle équilatéral différent du triangle bleu.
Compare les angles de ce triangle avec ceux du triangle bleu. Que remarques-tu ?

4 Construis un triangle ABC tel que :
- le segment [AB] mesure 10 cm ;
- l'angle de sommet A ait la même mesure que celle de l'angle rouge ;
- l'angle de sommet B ait la même mesure que celle de l'angle bleu.

J'approfondis

5 1) Construis un triangle ayant deux angles dont la mesure est égale à celle de l'angle orange.
2) Quelle est la nature de ce triangle ?

6 PROBLÈME Reproduis en vraie grandeur le triangle ZEN en gardant la mesure de l'angle rose et celle de l'angle jaune.

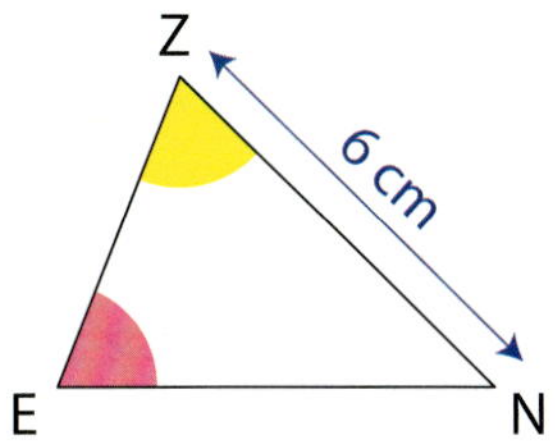

7 PROBLÈME 1) **a)** Construis et découpe un quart de disque de rayon 6 cm.
b) Construis un angle vert qui mesure un quart de l'angle droit.

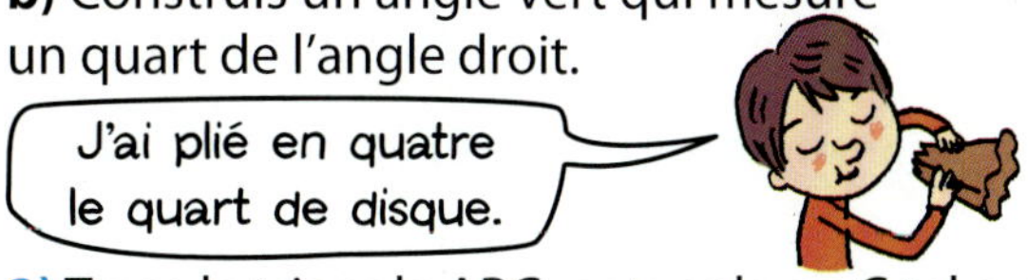

2) Trace le triangle ABC rectangle en C tel que BC = 7 cm et tel que l'angle de sommet B ait la mesure de l'angle vert.
3) À quelle fraction de l'angle droit est égale la mesure de l'angle de sommet A ?

43 MULTIPLICATION (3)
Multiplier un nombre par 10, 100, 1000…

Calcul

Calcul mental
73 × 100 = ?
44 × 1 000 = ?
945 × 10 = ?
…

Je revois comment multiplier un nombre entier par 10, 100, 1 000

On souhaite calculer **47 × 100**.

1• a) Recopie et complète l'opération à trous posée ci-contre.
b) Que peux-tu dire des deux premières lignes que tu as complétées ? Est-il utile d'écrire ces deux lignes ?

2• Propose une méthode pour calculer, sans la poser, l'opération 47 × 100.

3• Calcule sans poser l'opération :
a) 175 × 100 ; **b)** 231 × 1 000.

			4	7
×		1	0	0
			•	•
+		•	•	0
+	•	•	0	0
	•	•	•	•

Je revois comment multiplier un nombre décimal par 10, 100, 1 000

On souhaite calculer **7,832** × **100**.

7,832 × **100** est égal à 7,832 **centaines**.
Dans 7,832 centaines, le chiffre 7 est le chiffre des centaines.
Le chiffre 7 est donc décalé de 2 rangs vers la gauche.

1• a) Recopie le tableau de numération ci-contre.
Sur la première ligne, écris le nombre 7,832.
Sur la seconde ligne, décale chaque chiffre du nombre 7,832 de 2 rangs vers la gauche.
b) Déduis-en le résultat de **7,832** × **100**.

centaines	dizaines	unités	**virgule**	dixièmes	centièmes	millièmes
			,			
			,			

2• Observe la position de la virgule dans les nombres 7,832 et 7,832 × 100.
Propose une méthode pour multiplier un nombre décimal par **100**.

Je retiens

1• Multiplier un nombre entier par 10, 100, 1 000

Pour multiplier par :	On écrit :	Exemples
10	1 zéro à la droite du nombre.	23 × 10 = 230
100	2 zéros à la droite du nombre.	45 × 100 = 4 500
1 000	3 zéros à la droite du nombre.	670 × 1 000 = 670 000

2• Multiplier un nombre décimal par 10, 100, 1 000

Pour multiplier par :	On décale la virgule de :	Exemples
10	1 rang vers la droite.	0,61 × 10 = 6,1
100	2 rangs vers la droite.	32,793 × 100 = 3 279,3
1 000	3 rangs vers la droite.	54,931 × 1 000 = 54 931

Remarques :
- Le résultat est parfois un nombre entier : 5,72 × 100 = 572.
- On doit parfois écrire des zéros supplémentaires : 4,7 × 100 = 4,70 × 100 = 470.

Je comprends

Énoncé

Calcule chaque produit :
a) 63 × 100 ; **b)** 4,5 × 100.

Solution

a) 63 × 100 = 6 300

J'ai écrit deux zéros à la droite de 63.

b) 4,5 × 100 = 4,50 × 100 = 450

J'ai dû écrire un zéro supplémentaire : 4,5 = 4,50

J'applique

Pour les exercices **A** à **D**, calcule chaque produit :

A **a)** 123 × 10 ; **b)** 42 × 100 ; **c)** 29 × 1 000 ; **d)** 51 × 1 000.

B **a)** 4,7 × 10 ; **b)** 4,7 × 100 ; **c)** 4,7 × 1 000 ; **d)** 82,36 × 1 000.

C **a)** 0,125 × 100 ; **b)** 0,05 × 10 ; **c)** 0,43 × 1 000 ; **d)** 0,12 × 1 000.

D **a)** 7,432 × 100 ; **b)** 453,2 × 1 000 ; **c)** 956,007 × 10 ; **d)** 403,7 × 100.

Je m'entraîne

ORAL
1 Calcule chaque produit :
a) 12 × 10 ; **b)** 30 × 10 ;
c) 6 × 1 000 ; **d)** 54 × 100.

ORAL
2 Calcule chaque produit :
a) 3,6 × 10 ; **b)** 2,21 × 100 ;
c) 4,12 × 10 ; **d)** 5,302 × 1 000.

ORAL
3 Trouve les nombres suivants :
a) 13 centaines ;
b) 23,47 dizaines ;
c) 752 dizaines ;
d) 5,2 centaines.

4 **1)** Calcule chaque produit.
a) 100 × 100 ; **b)** 1 000 × 1 000 ;
c) 10 × 100 ; **d)** 100 000 × 100.
2) Écris chaque résultat en toutes lettres.

5 Recopie et complète.
a) 10 × 2,8 = … ; donc … : 10 = 2,8.
b) … × 7,43 = 743 ; donc 743 : … = 7,43.
c) 100 × … = 26 ; donc 26 : 100 = … .

6 Un camion transporte 100 sacs de ciment de 25 kg chacun, 10 sacs de plâtre de 25 kg chacun et 100 sacs d'enduit de 20 kg chacun. Quelle est la masse totale du chargement de ce camion ?

J'approfondis

7 Le maître a commandé 110 stylos bleus à 0,24 € l'unité.
1) Combien coûtent 100 stylos ?
2) Combien coûtent 10 stylos ?
3) Combien coûtent 110 stylos ?

8 Pour la buvette de la fête de l'école, l'association des parents d'élèves achète :
• 100 canettes de cola à 0,34 € chacune ;
• 110 canettes de jus d'orange à 0,42 € chacune ;
• 200 canettes de soda citron à 0,28 € chacune.

Combien l'association va-t-elle payer ?

9 PROBLÈME Les élèves d'une école participent à une marche au bénéfice de la Société protectrice des animaux (SPA). Pour chaque kilomètre parcouru, une entreprise donne 1 € à la SPA.
• 82 élèves font le circuit I d'une longueur de 100 dam.
• 100 élèves suivent le circuit II d'une longueur de 4,3 km.
• 17 élèves font le circuit III d'une longueur de 100 hm.
Combien ces élèves ont-ils gagné pour la SPA ?

44 ORGANISATION DE DONNÉES (2)

Lire, interpréter, construire un graphique

Données

Calcul mental
2,4 × 100 = ?
15,73 × 10 = ?
0,63 × 1 000 = ?
…

Je revois comment lire, interpréter un graphique

Cette courbe représente l'évolution de la taille de Noémie de sa naissance à 30 mois.

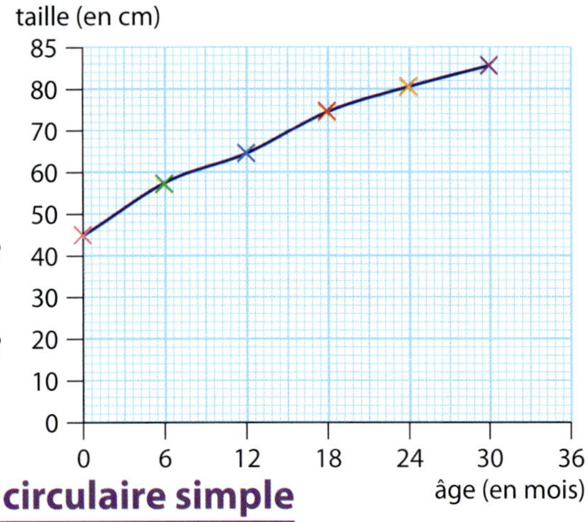

1• Sur quelle demi-droite peux-tu lire son âge ?
Comment cette demi-droite est-elle graduée ?

2• Que peux-tu lire sur l'autre demi-droite ?
Comment est-elle graduée ?

3• Combien Noémie mesurait-elle à 1 an ?
Quel point as-tu utilisé pour répondre à cette question ?

4• À quel âge Noémie mesurait-elle 75 cm ?
Quel point as-tu utilisé pour répondre à cette question ?

5• Quelle donnée représente le point rose ?

Je revois comment construire un diagramme circulaire simple

Des élèves de CM2 partent en classe de découverte sportive.
Ils se sont inscrits à différentes activités :

- **tir à l'arc** : la moitié des élèves ;
- **VTT** : un quart des élèves ;
- **escalade** : un huitième des élèves ;
- **course d'orientation** : un huitième des élèves.

On veut construire un diagramme circulaire afin de visualiser cette répartition.

1• Trace un cercle de diamètre 6 cm. Découpe le disque obtenu.
Plie-le en deux précisément, puis replie-le en deux et encore en deux.
Ce disque est ainsi partagé en plusieurs parts identiques.
À quelle fraction du disque correspond chaque part ?

2• Colorie en bleu la part des élèves inscrits au tir à l'arc, en orange la part de ceux inscrits au VTT, etc.

Je retiens

Un **graphique**, un **histogramme**, un **diagramme circulaire** représentent des données chiffrées.

L'**histogramme** (**diagramme en bâtons**) ci-dessous représente la mesure de la qualité de l'air (indice ATMO), sur une semaine, à Albi (année 2008).

Durant cette période, on a enregistré :
- une qualité d'air de 6, le 24 juillet ;
- une qualité d'air de 3, le 18 et le 20 juillet.

Durant cette semaine à Albi, on ne compte que 2 journées avec une qualité d'air supérieure à 4.

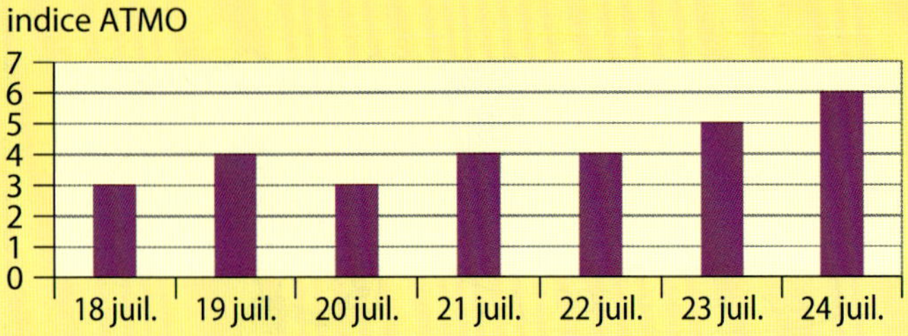

Source : Albimag.

Je comprends

Énoncé

Cet histogramme représente le nombre d'élèves inscrits sur des parcours de différentes longueurs d'un cross.
Recopie et complète cet histogramme avec la donnée suivante :
« 4 élèves sont inscrits pour le circuit de 2 km. »

Solution

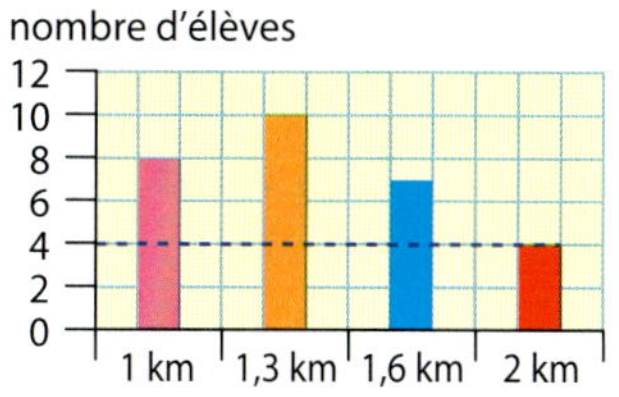

J'applique

A Reproduis l'histogramme de la solution du **Je comprends** (colonne de gauche).
Complète-le avec les données suivantes :
- 6 élèves sont inscrits sur le circuit de 2,4 km ;
- 3 élèves sont inscrits sur le circuit de 2,7 km.

B L'histogramme ci-dessous représente les pointures des élèves de la classe de Zoé.
1) Reproduis cet histogramme et complète-le avec les données suivantes :
- taille 37 : 6 élèves ;
- taille 38 : 1 élève.

2) Combien d'élèves chaussent du 35 dans cette classe ?
3) Combien y a-t-il d'élèves dans la classe de Zoé ?

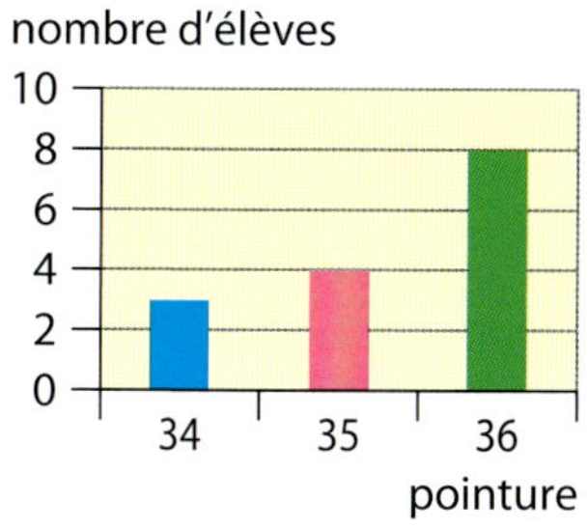

Je m'entraîne

1 ORAL Le graphique suivant représente les températures relevées à Quimper le 16 mars 2010.
1) Quelle était la température à 10 h 00 ?
2) Quelle a été la température maximale ?
3) À quelles heures a-t-il fait 12 °C ?

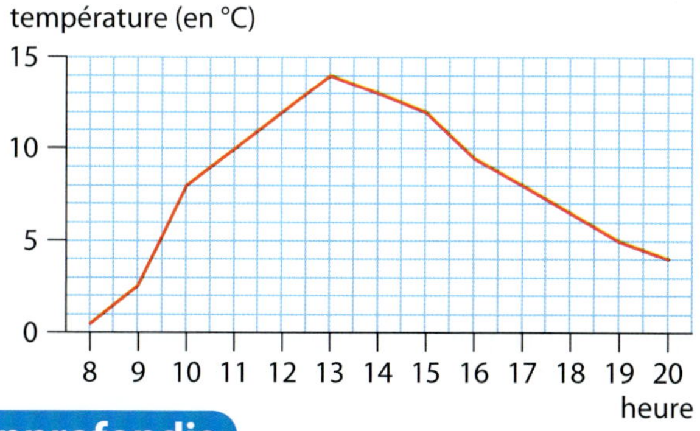

2 ORAL Ce diagramme indique la répartition des types de livres de la bibliothèque.

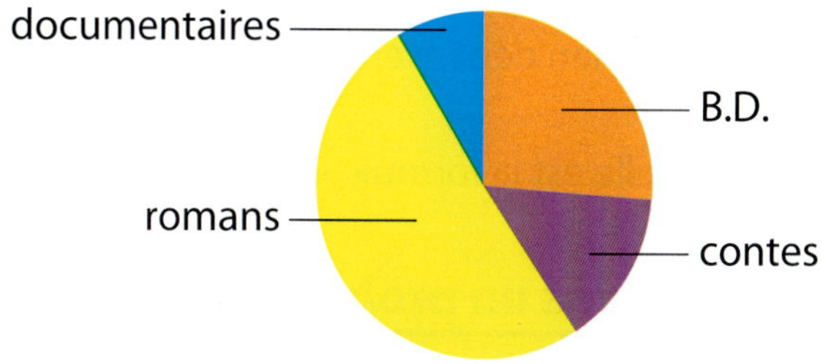

1) Quel type de livre est le plus représenté dans la bibliothèque ? En quelle proportion ?
2) Quel type de livre est le moins représenté ?
3) Quelle est environ la part de bandes dessinées dans la bibliothèque ?

J'approfondis

3 PROBLÈME Grégoire utilise une citerne de récupération d'eau de pluie pour arroser son jardin. Voici le relevé du volume d'eau restant dans la citerne.

Jour	Volume d'eau (en L)
0	300
1	225
2	150
3	150
4	150
5	100
6	25
7	0

1) On souhaite construire le graphique représentant le volume d'eau restant dans cette citerne.
Pour cela, sur une feuille quadrillée :
a) trace une demi-droite horizontale graduée et choisis 2 carreaux pour 1 jour ;
b) trace une demi-droite verticale graduée et choisis 1 carreau pour 25 litres ;
c) utilise les données du tableau pour placer les 8 points du graphique ;
d) relie entre eux les points que tu viens de placer sur le graphique ;
e) écris le titre de ce graphique.
2) Interprète le graphique obtenu.

45 PROBLÈMES DE LA VIE QUOTIDIENNE (3)

Calcul

Calcul mental
$(2 \times 3{,}4) - 5 = ?$
$(3 \times 8) - 2{,}3 = ?$
$(5 + 0{,}2) \times 3 = ?$
...

Je résous un problème en suivant plusieurs étapes

Énoncé
Pour aller à l'école, Nadia utilise le bus de ville.
Vendu à l'unité, un ticket de bus coûte 1,55 €.
Un carnet de 10 tickets coûte 12,80 €.
L'abonnement mensuel coûte 44,20 €.

Question
Le mois d'avril comporte 15 jours de classe.
Quelle est la formule la plus avantageuse pour Nadia ce mois-là ?

1• **a)** Combien de trajets Nadia effectuera-t-elle au mois d'avril ?

b) Combien dépensera-t-elle si elle achète tous ses tickets de bus à l'unité ?

2• **a)** Combien doit-elle acheter de carnets de 10 tickets pour ses déplacements ?

b) Combien dépensera-t-elle si elle achète tous ses tickets par carnets de 10 ?

3• Combien dépensera-t-elle si elle choisit l'abonnement ?

4• Quelle est la formule la plus avantageuse ? Justifie ta réponse.

Je résous un problème en posant les bonnes questions

Énoncé
Maxime a une piscine dans son jardin.
Cette piscine est un rectangle de longueur 7,20 m et de largeur 4,30 m.
Maxime, qui mesure 1,78 m, n'a « pied » que d'un côté.
Pour sécuriser la piscine, Maxime décide de la clôturer avec du grillage à 16,00 € le mètre.
Il pose un portillon de hauteur 1,50 m et de largeur 90 cm à 152,00 €.
Pour circuler autour de la piscine, il pose le grillage à 1 m de chaque bord de la piscine.

Question
Combien Maxime a-t-il dépensé pour sécuriser la piscine ?

1• Des questions suivantes, laquelle n'est pas utile à la résolution de ce problème ?

Quelle est la surface de la piscine ?	Quelle longueur de grillage faut-il acheter ?	Comment représenter le problème par un schéma ?	Quel est le périmètre de la partie fermée autour de la piscine ?

2• **a)** Des questions restantes, laquelle dois-tu te poser en premier ?
b) Réponds à cette question.

3• Réponds alors à chacune des deux autres questions.

4• Calcule alors le coût de l'installation pour sécuriser la piscine de Maxime.

Je m'entraîne

1 Clément achète lors d'un vide-grenier un lot de 5 DVD pour 15,80 € et un dictionnaire pour 3,50 €.
Un DVD neuf coûte 9,99 €.
Le dictionnaire neuf coûte 25,50 €.
1) Combien a-t-il payé pour ses achats ?
2) Combien aurait-il payé s'il avait acheté le matériel neuf ?
3) Combien a-t-il économisé sur ses achats ?

2 Le miroir du hall d'entrée a la forme d'un carré de 46 cm de côté, surmonté d'un demi-disque.
Détermine la longueur de ruban à acheter pour décorer son contour.

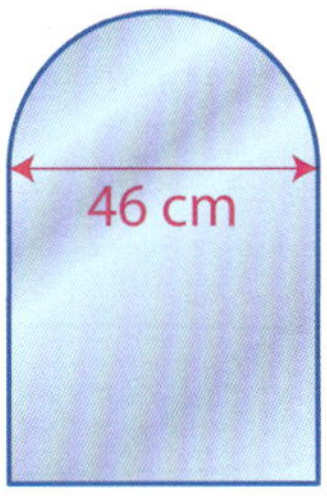

3 Chaque jour, une coopérative agricole laitière collecte 83 bidons de 22 L de lait.
1 000 L de lait sont pasteurisés et mis en bouteilles ; le reste est transformé en fromages.

1) Quel volume de lait est collecté chaque jour ?
2) Combien de litres de lait sont réservés à la production de fromages durant le mois de mars ?

4 Fabien, son frère et sa sœur mangent à la cantine. Au mois de février, il y a seulement 9 jours d'école. Un ticket de cantine coûte 3,65 €.
Combien les parents de Fabien vont-ils payer pour la cantine au mois de février ?

J'approfondis

5 Pendant les vacances de printemps, Thuan, qui est en CM2, prévoit d'aller 12 fois à la patinoire. Il ne possède pas de patins à glace.
Voici les tarifs de la patinoire :

- Entrée individuelle moins de 16 ans : 4,80 €.
- Location de patins : 2,30 €.
- Carte de 12 entrées moins de 16 ans : 38,00 €.
- Carte de 12 locations de patins : 24,90 €.
- Cours municipaux : 6,30 €.
  1 heure de cours, entrée comprise, location de patins non comprise.
- Stage vacances scolaires : 90,00 €.
  12 heures de cours, entrée et location de patins comprises.

1) Quelle formule est la plus avantageuse, si Thuan ne prend pas de cours ?
Justifie ta réponse.
2) Quelle formule est la plus avantageuse, si Thuan veut prendre des cours ?
Justifie ta réponse.

6 Tous les tubes de peinture de cet exercice ont le même volume.
Pour peindre un cadre, Paula utilise un tube de bleu et un demi-tube de rouge.
Elle ne passe qu'une seule couche.
Pour peindre un autre cadre, Kévin passe deux couches. Il utilise un quart de tube doré, un quart de tube argent, un demi-tube orange, un tube rouge et un tube noir.
Justifie que les deux cadres peints par ces enfants ont la même aire.

7 Lors d'un tournoi, un club de basket-ball loue un camion pour transporter des panneaux.

Location du camion : 50 € la demi-journée.
Facturation du kilométrage :
- pour les premiers 50 km : 0,25 € le km ;
- pour les 50 km suivants : 0,20 € le km ;
- à partir du 101ᵉ km : 0,15 € le km.

Le samedi à 8 h 30, le club loue un camion avec un kilométrage de départ de 45 673 km.
À l'arrivée, le samedi à 17 h 45, le compteur indique : 45 849 km.

Calcule le coût de la location de ce camion.

8 Maman souhaite changer le carrelage du sol de la cuisine. La cuisine est un rectangle de largeur 2,40 m et de longueur 3,60 m.
Elle hésite entre deux modèles de carreaux :
- des carrés de côté 20 cm à 0,23 € l'unité ;
- des rectangles de largeur 30 cm et de longueur 60 cm qui coûtent 0,65 € pièce.

Maman cherche à payer le moins cher possible.
Quels carreaux va-t-elle choisir ? Justifie ta réponse.

En route vers la 6e

JE RÉDIGE LA SOLUTION D'UN EXERCICE

Énoncé de l'exercice

On considère les quatre nombres suivants :

$a = 3{,}547$ | $b = \frac{358}{100}$ | $c = 3 + \frac{4}{10} + \frac{9}{100}$ | $d = 3 + \frac{52}{100}$.

1• a) Donne l'écriture à virgule de chacun des nombres ***b***, ***c*** et ***d***.
b) Range dans l'ordre croissant les nombres ***a***, ***b***, ***c*** et ***d***.

2• a) Décompose le nombre ***a***.
b) Donne une fraction décimale égale au nombre ***a***.

3• Trace une demi-droite graduée et places-y chacun des nombres ***a***, ***b***, ***c*** et ***d***.

4• Donne un ordre de grandeur de ***a*** + ***b*** + ***c*** + ***d***.

Rédaction de la solution

Mes conseils

1• a) $b = \frac{358}{100} = 3{,}5\mathbf{8}$
$c = 3{,}49$
$d = 3 + 0{,}52 = 3{,}52$

• 8 est le chiffre des centièmes du nombre ***b***.

b) On a $3{,}49 < 3{,}52 < 3{,}547 < 3{,}58$.
Donc ***c*** < ***d*** < ***a*** < ***b***.

• Ces nombres ont la même partie avant la virgule.
3,49 est le plus petit (chiffre des **dixièmes**).
3,52 < 3,547 < 3,58 (chiffre des **centièmes**).

2• a) $a = 3{,}547 = 3 + \frac{5}{10} + \frac{4}{100} + \frac{\mathbf{7}}{\mathbf{1\,000}}$.

b) $a = 3{,}547 = \frac{3\,547}{\mathbf{1\,000}}$.

• Pour le nombre ***a***, le chiffre des dixièmes est 5, celui des centièmes est 4 et celui des **millièmes** est 7.

3•

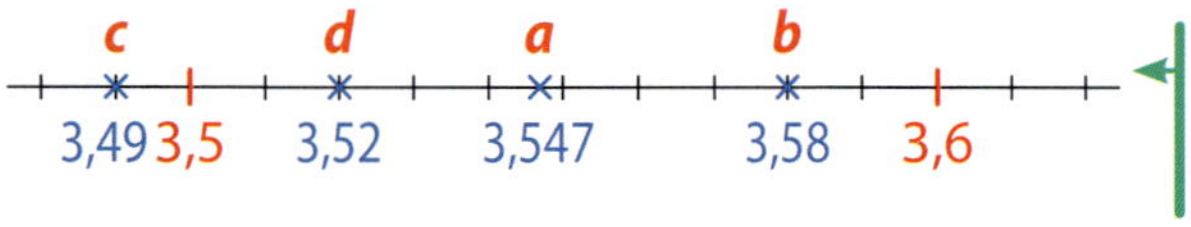

• J'ai gradué de **0,01** en **0,01** en commençant un peu avant **3,5**.
J'ai placé 3,547 entre 3,54 et 3,55.

4• $3{,}5 + 3{,}5 + 3{,}5 + 3{,}5 = 14$.
Un ordre de grandeur de ***a*** + ***b*** + ***c*** + ***d*** est 14.

• Chaque nombre est proche de 3,5.
J'ai calculé mentalement 4 × 3,5.

Je m'entraîne à rédiger la solution d'un exercice

On considère les quatre nombres suivants :

$a = 5{,}93$ | $b = \frac{588}{100}$ | $c = 5 + \frac{9}{10} + \frac{5}{100} + \frac{3}{1\,000}$ | $d = 5 + \frac{97}{100}$.

1) a) Donne l'écriture à virgule de chacun des nombres ***b***, ***c*** et ***d***.
b) Range dans l'ordre décroissant les nombres ***a***, ***b***, ***c*** et ***d***.

2) Donne une fraction décimale égale au nombre ***a***.

3) Trace une demi-droite graduée et places-y chacun des nombres ***a***, ***b***, ***c*** et ***d***.

4) Donne un ordre de grandeur de ***c*** × ***d***.

JE VÉRIFIE MES CONNAISSANCES

Il n'y a qu'une seule bonne réponse par énoncé !

		Énoncé	Réponse A	Réponse B	Réponse C	Si erreur, revoir :
Calcul	1	Le tiers de 24 est :	6	8	12	**page 80**
Calcul	2	La fraction $\frac{50}{6}$ est comprise :	entre 6 et 7	entre 7 et 8	entre 8 et 9	**page 84**
Calcul	3	La fraction $\frac{23}{5}$ est égale à :	$4 + \frac{3}{5}$	$3 + \frac{2}{5}$	$2 + \frac{3}{5}$	**page 88**
Calcul	4	La fraction $\frac{1\,358}{100}$ est égale à :	1,358	135,8	13,58	**page 92**
Calcul	5	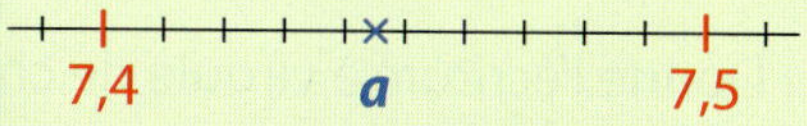 Le nombre décimal *a* est :	égal à 7,44	compris entre 7,44 et 7,45	égal à 7,8	**page 96**
Calcul	6	Le rangement dans l'ordre croissant des nombres 3,2 I 3,19 I 3,25 est :	3,2 < 3,19 < 3,25	3,19 < 3,2 < 3,25	3,19 < 3,25 < 3,2	**page 100**
Calcul	7	3,57 × 1 000 est égal à :	3 570	357	35,7	**page 104**
Calcul	8	Cendrine achète 7 feutres à 1,15 € chacun et un lot de 5 cahiers à 2,35 € le lot.	Elle va payer 19,80 €.	Elle va payer 3,50 €.	Elle va payer 10,40 €.	**page 108**
Géométrie	9	Deux figures symétriques par rapport à une droite :	ont la même forme	sont du même côté de l'axe de symétrie	sont des polygones	**page 90**
Géométrie	10	Deux figures symétriques par rapport à la droite rouge sont :	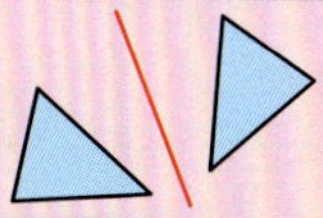	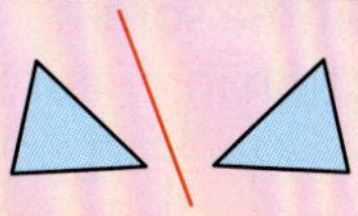		**page 94**
Grandeurs		***Pour les exercices 11 à 14,*** *utilise les figures suivantes :*	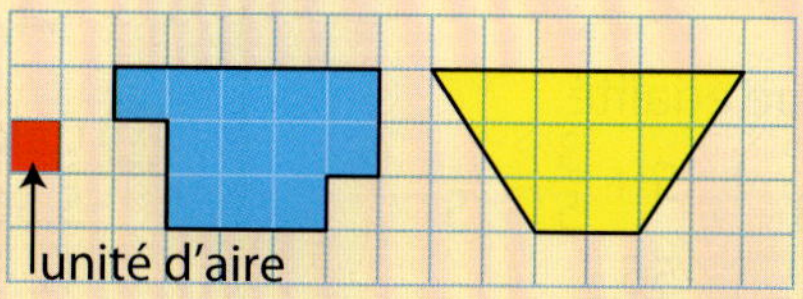		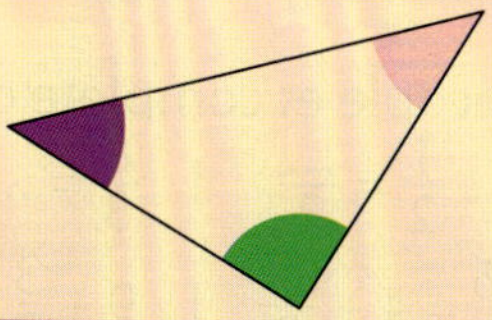	
Grandeurs	11	L'aire de la figure bleue est :	16 unités d'aire	12 unités d'aire	9 unités d'aire	**page 82**
Grandeurs	12	L'aire de la figure jaune est :	supérieure à l'aire de la figure bleue	inférieure à l'aire de la figure bleue	égale à l'aire de la figure bleue	**page 86**
Grandeurs	13	L'angle vert est :	obtus	droit	aigu	**page 98**
Grandeurs	14	La mesure de l'angle rose est :	supérieure à celle de l'angle violet	égale à celle de l'angle violet	inférieure à celle de l'angle violet	**page 102**
Données	15	Un graphique représentant une classe composée de 12 filles et 8 garçons est :	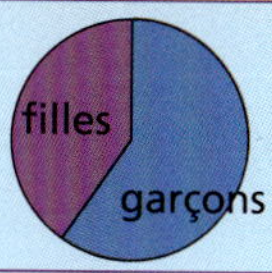	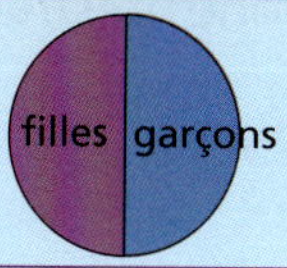	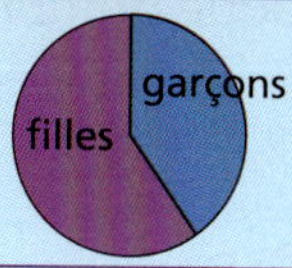	**page 106**

Les réponses commentées sont présentées page 190.

Nombres et calcul

1 Recopie et complète chaque phrase :
a) « 56 est ... de 28 » ; **b)** « 7 est ... de 28 » ;
c) « 9 est ... de 27 » ; **d)** « 32 est ... de 8 » ;
e) « 45 est ... de 15 » ; **f)** « 23 est ... de 46 ».

2 **1)** Calcule le triple de 965.
2) Calcule le tiers de 531.

3 **PROBLÈME** **1)** Calcule le triple du double de 28,75.
2) Calcule le quart du tiers du double de 18.

4 Encadre chaque fraction par deux nombres entiers consécutifs :
$\frac{37}{5}$ | $\frac{63}{10}$ | $\frac{354}{100}$ | $\frac{45}{6}$ | $\frac{19}{2}$ | $\frac{7}{8}$.

5 Chaque fraction est égale à un nombre entier.
Pour chaque fraction, précise lequel.
$\frac{49}{7}$ | $\frac{36}{2}$ | $\frac{45}{5}$ | $\frac{32}{8}$ | $\frac{720}{10}$ | $\frac{33}{3}$ | $\frac{42}{6}$.

6 **PROBLÈME** Donne toutes les fractions de dénominateur 7 comprises entre 4 et 5.

7 Écris chaque fraction comme somme d'un entier et d'une fraction inférieure à 1 :
$\frac{63}{10}$ | $\frac{359}{100}$ | $\frac{458}{10}$ | $\frac{23}{5}$ | $\frac{33}{4}$ | $\frac{20}{3}$ | $\frac{79}{9}$.

8 Recopie et complète chaque égalité.
$7 + \frac{1}{2} = \frac{\dots}{2}$ | $\frac{8}{3} = \dots + \frac{2}{3}$ | $5 + \frac{3}{5} = \frac{\dots}{5}$
$\frac{36}{8} = 4 + \frac{\dots}{8}$ | $9 + \frac{3}{7} = \frac{\dots}{7}$ | $\frac{56}{8} = \dots$.

9 **PROBLÈME** Écris la fraction $\frac{67}{12}$ comme somme d'un nombre entier et d'une fraction inférieure à 1.

10 Donne l'écriture à virgule de chaque fraction décimale :
$\frac{896}{100}$ | $\frac{7}{1\,000}$ | $\frac{789}{100}$ | $\frac{780}{10}$ | $\frac{63}{100}$ | $\frac{900}{1\,000}$.

11 Pour chaque nombre, donne une fraction décimale lui étant égale.
9,63 | 2,4 | 0,35 | 8,258 | 25,3 | 0,07.

12 **PROBLÈME** Donne trois fractions décimales égales au nombre décimal 51,7.

13 **1)** Reproduis la portion de demi-droite graduée, puis places-y les nombres suivants :
5,37 | 5,32 | 5,41 | 5,28 | 5,39.

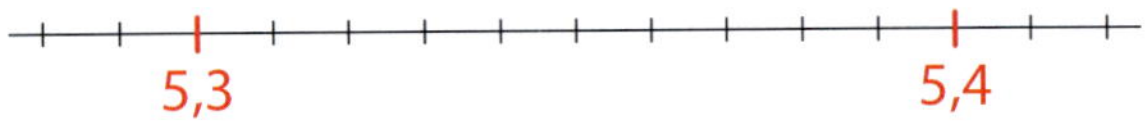

2) Place un nombre décimal ***a*** compris entre 5,33 et 5,34.

14

1) Donne l'écriture à virgule de chaque nombre ***a***, ***b***, ***c*** et ***d***.
2) Propose une valeur possible du nombre décimal ***e***.

15 Trace une portion de demi-droite, gradue-la tous les dixièmes et places-y les nombres suivants :
9,4 | 10,2 | 9,7 | 8,8 | 9,9 | 9,25.

16 **1)** Compare les nombres 0,79 et 0,8.
2) Compare les nombres 5,485 et 5,49.

17 24,6 | 23,987 | 24,58 | 25.
1) Quel nombre est le plus petit ? le plus grand ?
2) Range ces 4 nombres dans l'ordre croissant.

18 Range dans l'ordre décroissant les nombres suivants :
54,7 | 53,98 | 55,1 | 54,658 | 54,65.

19 Calcule chaque produit :
$5{,}56 \times 10$ | $3{,}75 \times 1\,000$ | $0{,}9 \times 100$
$12{,}549 \times 100$ | $1{,}2 \times 10$ | $2{,}4 \times 1\,000$.

20 Recopie et complète chaque égalité.
$3{,}5 \times 100 = \dots$ | $5{,}8 \times \dots = 58$
$0{,}81 \times \dots = 810$ | $\dots \times 100 = 3{,}7$.

21 Erwan veut acheter une console de jeux qui coûte 115,80 € et 5 jeux qui coûtent 7,85 € chacun.
Le vendeur lui fait une remise.
Erwan ne paye que 134,50 €.
Quel est le montant de la remise accordée par le vendeur ?

Géométrie

Pour les exercices 22 à 24, on utilise la figure ci-dessous sur papier quadrillé.

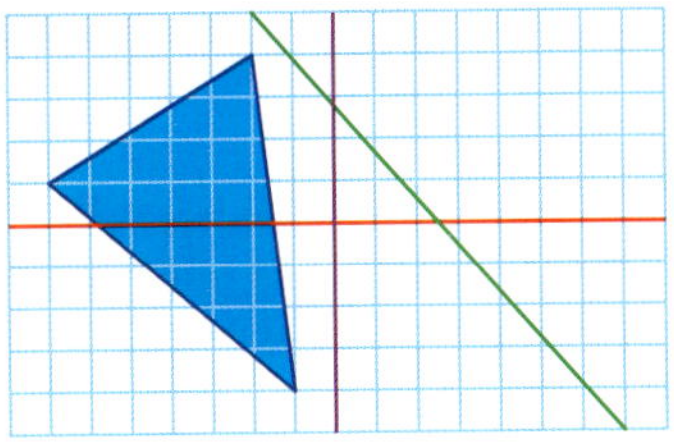

22 Reproduis la figure bleue et trace son symétrique par rapport à la droite violette.

23 Reproduis la figure bleue et trace son symétrique par rapport à la droite rouge.

24 Reproduis la figure bleue et trace son symétrique par rapport à la droite verte.

25 1) Décalque cette figure sur une feuille.

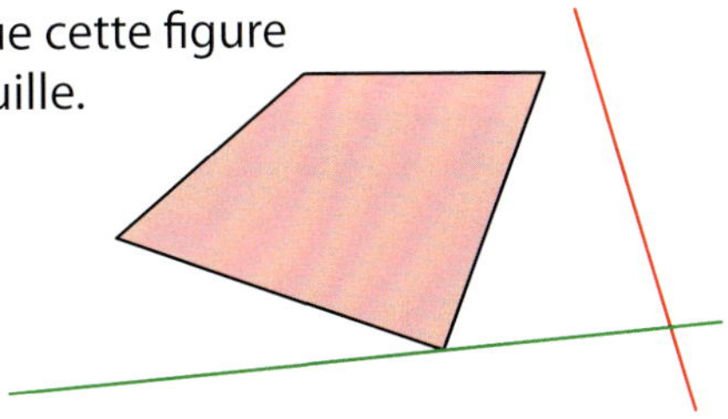

2) Construis le symétrique de la figure rose par rapport à la droite rouge.
3) Construis le symétrique de la figure rose par rapport à la droite verte.

26 **PROBLÈME** 1) Trace un carré BASE de côté 6 cm. Place le milieu U du segment [AS].
2) Trace en rouge la droite (BU).
3) Construis en bleu le symétrique du carré BASE par rapport à la droite rouge.

Grandeurs et mesures

27 **PROBLÈME** L'unité d'aire est le carreau.
1) Dessine deux polygones différents ayant pour aire 9 carreaux.
2) Compare leurs périmètres.

28 Laquelle de ces figures possède :
a) la plus grande aire ? **b)** la plus petite aire ?
Justifie chaque réponse.

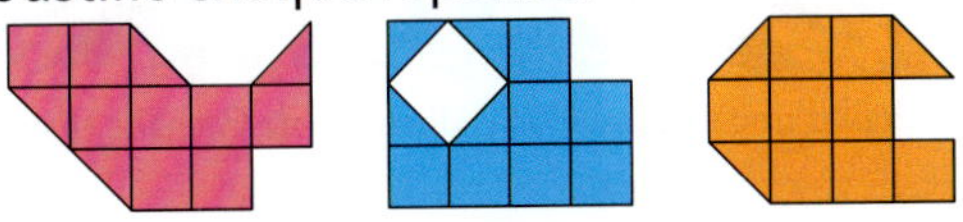

29 1) Sur une feuille à petits carreaux, trace un carré de côté 3,5 cm, puis un rectangle de longueur 4 cm et de largeur 3 cm.
2) Compare les aires de ces deux figures.

30 1) Construis le triangle POC tel que PO = 4 cm, OC = 9 cm et PC = 7 cm.
2) Indique la nature de chacun de ses angles.

31 **PROBLÈME** 1) Trace un angle obtus de sommet A. Marque cet angle en rouge. Place un point B sur un de ses côtés.
2) Trace un angle aigu de sommet B ayant un côté en commun avec l'angle rouge.

32 1) Trace un angle dont la mesure est égale à deux fois la mesure de l'angle rose.
2) Ce nouvel angle est-il droit ?

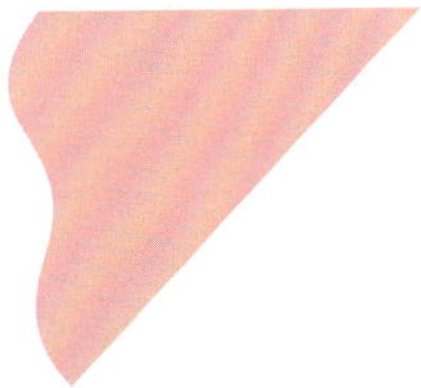

33 Reproduis en vraie grandeur le triangle GUS en gardant les mesures de l'angle rouge et de l'angle bleu.

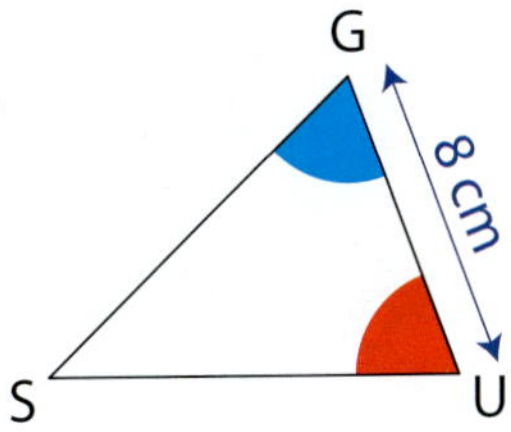

Organisation et gestion de données

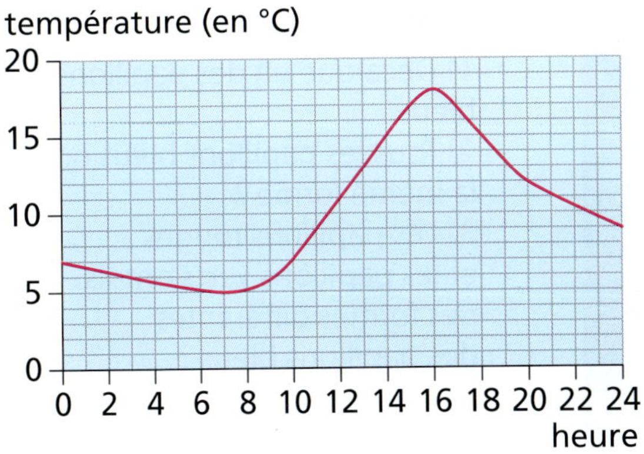

34 Le graphique ci-contre précise les relevés de température lors d'une journée à Brest.
1) Quelle température faisait-il à 12 h 00 ?
2) À quelles heures a-t-il fait 15 °C ?
3) Quelles ont été les températures maximale et minimale lors de cette journée ? À quelles heures ont-elles été atteintes ?

35 **PROBLÈME** Dans une classe de 28 élèves, 21 élèves mangent à la cantine, les autres mangent chez eux.
Représente ces données par un diagramme.

M. C. Escher (1898-1972).

M. C. Escher est né le 17 juin 1898 à Leeuwarden. Issu d'une famille de scientifiques, il n'a pourtant que peu de goût pour les mathématiques.

En revanche, il se découvre des talents pour le dessin.
Il fait ses études à l'École d'architecture et des arts décoratifs d'Haarlem où il se forme à la gravure sur bois.

1 Recherche sur Internet ou à la bibliothèque les réponses aux questions suivantes.
1) Quelle est la nationalité d'Escher ?
2) Que signifient les initiales M. C. ?

Il voyage beaucoup dans les pays méditerranéens et c'est lors d'un voyage en Espagne qu'il découvre l'**Alhambra de Grenade**. Il est fasciné par les mosaïques et les carrelages aux motifs géométriques.

2 **1)** Situe la ville de Grenade sur une carte d'Espagne.
2) **a)** Recherche quel peuple a construit ce palais. À quelle époque ?
b) Recherche des photos de ce palais.
3) Recherche des informations sur la technique de la mosaïque.

Détail d'une mosaïque de l'Alhambra de Grenade (Espagne).

Inspiré par ces mosaïques, Escher effectue des pavages originaux du plan : il remplit le plan à partir d'un même motif répété plusieurs fois. Ses pavages ont tout d'abord intéressé les scientifiques, avant d'être reconnus comme œuvres d'art.
Il meurt à 73 ans, le 27 mars 1972.

3 Le pavage d'Escher ci-contre est constitué de papillons bleus, verts et rouges.
1) Décalque un des papillons bleus.
2) Tous les papillons bleus ont-ils la même forme ?
3) Les papillons rouges et les papillons verts ont-ils des formes différentes des papillons bleus ?

Pavage réalisé par M. C. Escher.

Je crée un pavage sur une feuille à petits carreaux

Matériel nécessaire :
- papier à petits carreaux
- crayon à papier
- crayons de couleur
- règle
- paire de ciseaux
- colle

1re étape : Tracé de la figure de base

1) Trace un carré de 2 cm de côté.
2) Trace une diagonale de ce carré.
3) Colorie d'une couleur différente chacun des deux triangles obtenus.

Figure de base

2e étape : Reproduction de la figure de base

1) Reproduis 16 figures de base.
2) Découpe-les.

3e étape : Assemblage du pavage

1) Sur une feuille blanche, dispose les 16 carrés découpés afin d'obtenir un grand carré de 8 cm de côté.
2) Quand tu es satisfait(e) du résultat, colle ton assemblage.

Exemple d'assemblage final

Je crée un pavage sur une feuille blanche

Matériel nécessaire :
- feuilles de papier blanc
- papier calque
- feutres
- crayons (à papier et de couleur)
- équerre
- gomme
- règle graduée
- paire de ciseaux
- colle

1re étape : Tracé de la figure de base

1) Sur une feuille blanche, trace au crayon à papier un rectangle de 5 cm de largeur et 7 cm de longueur.
2) **a)** Trace avec un feutre une courbe partant d'un sommet à l'autre d'une longueur (**Figure 1**).
   b) Décalque cette courbe.
   c) Reproduis cette courbe sur l'autre longueur (**Figure 2**).
3) **a)** Trace une nouvelle courbe sur une largeur (**Figure 3**).
   b) Décalque cette nouvelle courbe et reproduis-la sur l'autre largeur (**Figure 4**).
4) Efface le rectangle initial.
5) Découpe la figure obtenue (**Figure de base**).

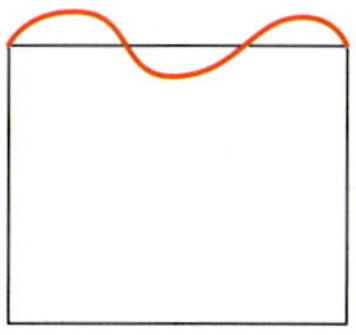

Figure 1

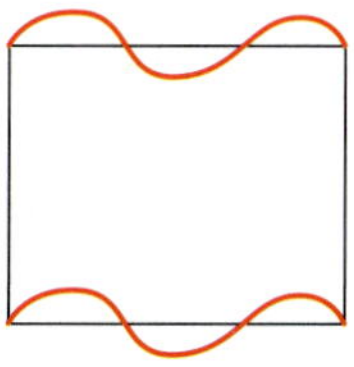

Figure 2

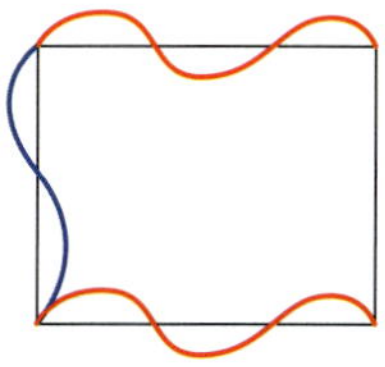

Figure 3

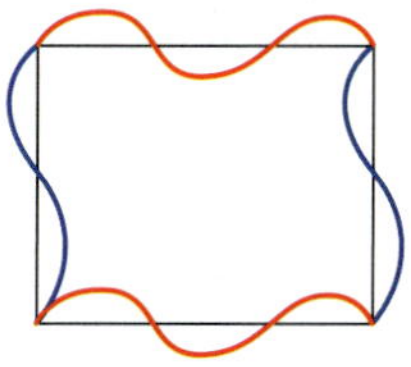

Figure 4

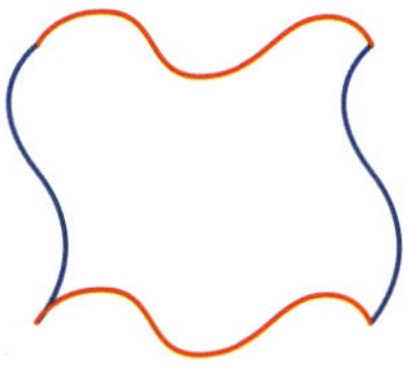

Figure de base

2e étape : Reproduction de la figure de base

1) Utilise cette figure comme gabarit et reproduis-la 9 fois sur une autre feuille blanche.
2) En utilisant en tout 3 couleurs, colorie chaque figure d'une couleur. Découpe ces figures.

3e étape : Assemblage du pavage

1) Assemble les figures pour obtenir un pavage.
2) Colle ton pavage sur une nouvelle feuille blanche.

46 DIVISION (2)
Introduire la notion de division décimale

Calcul

Calcul mental
moitié de 3
moitié de 15
quart de 14
…

Je revois comment partager une quantité

Un jardinier réalise 4 compositions florales parfaitement identiques dans 4 grands pots.
Pour cela, il dispose de 64 tulipes rouges, 51 tulipes jaunes et 9 gros sacs de terre végétale.

1• Combien de tulipes rouges met-il dans chaque pot ?
Quelle opération as-tu effectuée ?
Lui reste-t-il des tulipes rouges ?

2• Combien de tulipes jaunes met-il dans chaque pot ?
Lui reste-t-il des tulipes jaunes ? Peut-il les utiliser ?

3• a) Combien de sacs de terre met-il dans chaque pot ?
Combien de sacs lui reste-t-il ?
b) Comment répartit-il le reste de terre dans les pots ?

4• Que contient chacun des 4 pots réalisés par le fleuriste ?

Je découvre une nouvelle opération

Pour réaliser ses compositions, le fleuriste a partagé en **4** le contenu d'un sac de terre végétale.
Les sacs qu'il utilise contiennent **15** kg de terre chacun.

1• a) Effectue la division à quotient entier de **15** par **4**.
b) Peux-tu ainsi déterminer la masse d'un quart de sac ?

2• a) Convertis en grammes **15** kg.
b) Effectue la division à quotient entier du nombre obtenu par **4**.
c) Quelle est la masse en g d'un quart de sac ?

3• a) Quelle est la masse en kg du contenu d'un quart de sac ?
b) Calcule **4** × **3,75**. À quoi correspond ce résultat ?
On dit que **3,75** est le **quotient de la division décimale** de **15** par **4**.
On note aussi **15** : **4** = **3,75**.

Je retiens

Une **division à quotient entier** permet de calculer un quotient et un reste.
Son quotient est un **nombre entier**.

13 = (**2** × **5**) + **3** avec **3** < **5**.
2 est le quotient et **3** est le reste de la **division à quotient entier** de **13** par **5**.

Une **division décimale** permet de calculer un quotient.
Son quotient est un **nombre à virgule**.

5 × **2,6** = **13**.
2,6 est le quotient de la **division décimale** de **13** par **5**.
On note **13** : **5** = **2,6**.

Remarque : le quotient d'une division décimale est parfois un **nombre entier**.
5 × **6** = **30**. On note **30** : **5** = **6**.

Je comprends

Énoncé

Réponds aux questions ci-dessous en utilisant les égalités suivantes :

$\mathbf{17} = (\mathbf{3} \times \mathbf{5}) + \mathbf{2}$ et $\mathbf{17} = \mathbf{5} \times \mathbf{3{,}4}$.

1) Jean veut partager équitablement 17 livres entre ses 5 fils.
Combien de livres chacun aura-t-il ?

2) Chloé veut partager équitablement 17 € entre ses 5 filles.
Combien d'argent chacune recevra-t-elle ?

Solution

1) $\mathbf{17} = (\mathbf{3} \times \mathbf{5}) + \mathbf{2}$ avec $\mathbf{2} < \mathbf{5}$.
Jean va donner **3** livres à chacun de ses fils.
Il lui restera **2** livres.

2) $\mathbf{17} = \mathbf{5} \times \mathbf{3{,}4}$.
Chloé va donner 3,40 € à chacune de ses filles.

J'applique

Réponds aux questions des exercices **A** à **D**, en utilisant les égalités suivantes :

$\mathbf{45} = (\mathbf{11} \times \mathbf{4}) + \mathbf{1}$ et $\mathbf{45} = \mathbf{4} \times \mathbf{11{,}25}$;
$\mathbf{141} = (\mathbf{23} \times \mathbf{6}) + \mathbf{3}$ et $\mathbf{141} = \mathbf{6} \times \mathbf{23{,}5}$.

A Dora souhaite partager équitablement 45 bandes dessinées entre ses 4 neveux.
Combien de bandes dessinées chacun aura-t-il ?

B Farid a cueilli 45 kg de prunes. Il veut les partager équitablement avec 3 de ses amis.
Quelle masse de prunes chacun recevra-t-il ?

C Irma parcourt à pied 141 km en 6 jours.
Elle marche la même distance chaque jour.
Quelle distance parcourt-elle chaque jour ?

D Gilles veut ranger 141 CD dans des boîtes qui peuvent contenir 6 CD chacune.
Combien de boîtes va-t-il utiliser ?

Je m'entraîne

ORAL
1 **1)** Quels sont le quotient et le reste de la division à quotient entier de 15 par 2 ?
2) Quel est le quotient de la division décimale de 15 par 2 ?

ORAL
2 **1)** Quels sont le quotient et le reste de la division à quotient entier de 42 par 7 ?
2) Quel est le quotient de la division décimale de 42 par 7 ?

ORAL
3 Calcule les quotients des divisions décimales suivantes :
15 : 3 I 32 : 8 I 56 : 7 I 48 : 2 I 50 : 10.

ORAL
4 Quel est le quotient de la division décimale de 3 par 2 ? de 10 par 4 ?

5 **1)** Calcule $8 \times 3{,}5$. Déduis-en le quotient de la division décimale de 28 par 8.
2) Calcule les produits suivants :
a) $2{,}25 \times 12$; **b)** $4{,}5 \times 6$; **c)** $1{,}5 \times 18$.
3) Déduis-en le quotient de la division décimale :
a) de 27 par 6 ; **b)** de 27 par 12 ; **c)** de 27 par 18.

6 Recopie et complète.
1) $10 \times 3{,}4 = \dots$; donc $\dots : 10 = 3{,}4$.
2) $\dots \times 1{,}58 = 158$; donc $158 : \dots = 1{,}58$.
3) $100 \times \dots = 34$; donc $34 : 100 = \dots$.

7 **1)** Calcule la moitié de la moitié de :
a) 20 ; **b)** 32 ; **c)** 44 ; **d)** 36 ; **e)** 100.
2) Calcule le quart de :
a) 20 ; **b)** 32 ; **c)** 44 ; **d)** 36 ; **e)** 100.
3) Calcule mentalement 7 : 4. Comment as-tu fait ?

J'approfondis

8 **1)** Louis range ses 135 voitures dans 2 boîtes en mettant autant de voitures dans chacune.
Combien de voitures contient chaque boîte ?
2) Sarah découpe une corde de 135 cm en 2 morceaux de même longueur.
Quelle est la longueur de chaque morceau ?

9 PROBLÈME **1)** Invente un énoncé d'exercice utilisant la division à quotient entier de 11 par 2.
2) Invente un énoncé d'exercice utilisant la division décimale de 11 par 2.

10 PROBLÈME **1)** Calcule $5 \times 4{,}2$.
2) Aliette a rapporté de ses vacances un sac contenant 21 kg de sable et 21 coquillages.
Elle crée 5 compositions identiques avec ces éléments.
Quelle masse de sable et combien de coquillages Aliette met-elle dans chaque vase ?

47 UNITÉS DE MESURE (3)

Connaître, utiliser des unités de mesure d'une surface

Grandeurs

Calcul mental
100 × 5,7 = ?
0,02 × 100 = ?
30,04 × 100 = ?
…

Je découvre une unité d'aire

1• On choisit comme unité d'aire le carré rouge.
Quelle est l'aire de la figure bleue ?

2• Le carré rouge est un carré de 1 cm de côté.
L'aire d'un carré de 1 cm de côté s'appelle le **centimètre carré**, noté **cm²**.
Quelle est l'aire de la figure bleue en **cm²** ?

3• Quelle est l'aire en cm² de la figure verte ?

Je découvre comment convertir une unité d'aire

1• Quelle est l'aire en cm² du carré rouge (**Figure A**) ?

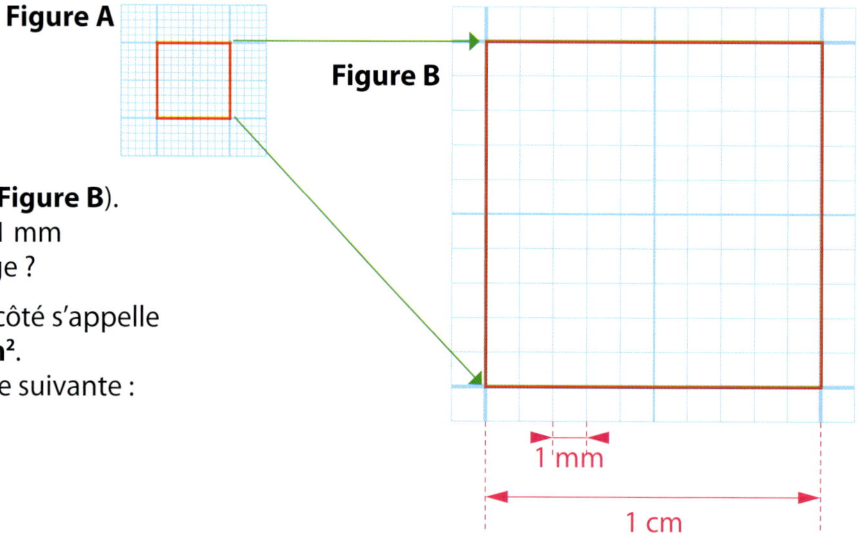

2• On a agrandi ce carré rouge (**Figure B**).
Combien de petits carrés de 1 mm de côté contient le carré rouge ?

3• L'aire d'un carré de 1 mm de côté s'appelle le **millimètre carré**, noté **mm²**.
Recopie et complète la phrase suivante :
« Il y a … mm² dans … cm². »

Je retiens

L'**aire** d'une figure est la mesure de sa surface.
L'unité d'aire est le **mètre carré**, noté **m²**.
1 m² est l'aire d'un carré de 1 m de côté.

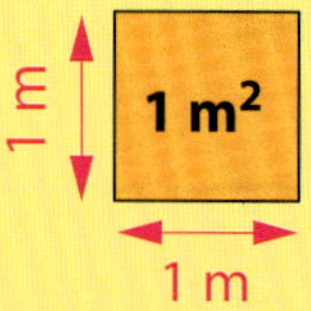

Multiples de l'unité						Unité		Sous-multiples de l'unité					
km²		hm²		dam²		m²		dm²		cm²		mm²	
							1	0	0	0	0	0	0

Remarque : 1 m² = 100 dm² = 10 000 cm² = 1 000 000 mm².

Attention ! 1 cm = 10 mm mais 1 cm² = 100 mm².
1 dm = 0,1 m mais 1 dm² = 0,01 m².

Je comprends

Énoncé

Convertis en millimètres carrés 3,5 cm^2.
Convertis en kilomètres carrés 3 872 m^2.

Solution

km^2		hm^2		dam^2		m^2		dm^2		cm^2		mm^2	
											3	5	**0**
	0,	**0**	**0**	3	8	7	2						

3,5 cm^2 = 35**0** mm^2.
3 872 m^2 = **0,00**3872 km^2.

J'applique

A **1)** Convertis en millimètres carrés :
a) 421,8 cm^2 ; **b)** 9,78 dm^2.
2) Convertis en kilomètres carrés :
a) 3 219 m^2 ; **b)** 342 hm^2.

B **1)** Convertis en mètres carrés :
a) 4,7 dam^2 ; **b)** 3 km^2.
2) Convertis en centimètres carrés :
a) 2,76 m^2 ; **b)** 452 785 dam^2.

C Recopie et complète chaque égalité :
a) 2 m^2 = 2 000 000 … = 200 … = 0,0002 … ;
b) 128,6 cm^2 = 0,0001286 … = 1,286 … .

D Convertis 0,0000032 hm^2 dans une unité mieux adaptée.

Je m'entraîne

ORAL
1 Dans chaque cas, donne l'unique réponse possible.
1) L'aire de la porte de la classe est environ :
a) 2 mm^2 ; **b)** 2 km^2 ; **c)** 2 dam^2 ; **d)** 2 m^2.
2) L'aire de la salle de classe est environ :
a) 5 m^2 ; **b)** 50 m^2 ; **c)** 5 cm^2 ; **d)** 5 hm^2.
3) L'aire d'un terrain de rugby est environ :
a) 8 000 m^2 ; **b)** 80 m^2 ; **c)** 8 km^2 ; **d)** 800 mm^2.

ORAL
2 Convertis en mètres carrés :
a) 1 dam^2 ; **b)** 1 hm^2 ; **c)** 1 km^2.

ORAL
3 Convertis en centimètres carrés :
a) 1 mm^2 ; **b)** 100 mm^2 ; **c)** 1 dm^2.

4 **1)** Recherche dans un dictionnaire la superficie de chaque département de ta région.

2) Calcule la superficie en km^2 de ta région.

5 La chambre de Tom a une aire de 19 m^2.
La chambre de Lilou a une aire de 0,185 dam^2 et celle de Martin a une aire de 189 679 cm^2.
Quel enfant a la chambre la plus grande ?

6 Julien utilise 137 carreaux pour recouvrir le bar de sa cuisine.
Chaque carreau a une aire de 36 cm^2.
Calcule en m^2 l'aire carrelée par Julien.

J'approfondis

7 Range dans l'ordre croissant les aires :
328 m^2 | 0,033 hm^2 | 3 270 000 cm^2 | 4 dam^2.

8 Recopie ces phrases en convertissant chaque aire dans une unité mieux adaptée.
a) Un terrain de volley-ball a une aire de 16 200 dm^2.
b) L'aire d'une feuille de papier est 0,062 m^2.
c) Une punaise a une aire de 0,006 dm^2.
d) L'île de Ré a une superficie de 850 000 dam^2.

9 PROBLÈME En alignant des dominos, Sonia réalise une chaîne de longueur 85 cm.
Chaque domino a une aire de 12,5 cm^2 et une longueur de 5 cm.
Quelle est l'aire de la chaîne réalisée par Sonia ?

10 PROBLÈME En agriculture, on utilise l'**hectare** (**ha**) comme unité d'aire :
1 **ha** = 10 000 m^2 = 1 hm^2.
Un agriculteur cultive un champ de 2,8 km^2.
Son champ produit 60 quintaux de blé pour chaque hectare.
1) Quelle est l'aire de son champ en hectares ?
2) Quelle masse de blé ce champ produit-il ?

DIVISION (3)

Calculer la division décimale de deux nombres entiers

Calcul mental
2 × ? = 9
4 × ? = 6
? × 5 = 1
…

Je découvre comment déterminer le quotient d'une division décimale

La porte de la chambre d'Emma mesure 87 cm de largeur.
Pour la décorer, Emma veut peindre 5 bandes verticales de même largeur.

1• Quelle opération permet de calculer la largeur en cm d'une bande ?
Sais-tu effectuer cette opération ?

2• **a)** Convertis en millimètres 87 cm.
b) Calcule alors la largeur en mm d'une bande.

3• **a)** Convertis cette largeur en cm.
b) Quel est le quotient de la division décimale de 87 par 5 ?
c) Vérifie ce résultat à l'aide d'une multiplication.

Je découvre comment poser et effectuer une division décimale

Emma a posé et effectué la division à quotient entier de 87 par 5.

1• Recopie cette division à quotient entier.

Laisse un peu d'espace entre le **dividende** (**87**) et le **diviseur** (**5**).

2• **a)** Pour diviser son **reste** par **5** :
- écris au dividende **87,0** ;
- abaisse le chiffre **0** des dixièmes du **dividende** au niveau du **reste** ;
- mets une virgule au **quotient** ;
- continue la division et calcule le chiffre des dixièmes du **quotient**.

b) Le nouveau **reste** obtenu est-il égal à zéro ?

3• Recopie et complète « **87** : **5** = **…** ».

Division d'Emma

	8	7	…			5
−	5				1	7	…
	3	7				
−	3	5				
		2	…			

Je retiens

Méthode pour calculer la division décimale de deux entiers
On veut poser et effectuer la division décimale de 188 par 8.

Étape 1 : on pose et on effectue la **division à quotient entier** de **188** par **8**.

	C	D	U		D	U
	1	8	8	8		
−	1	6			2	3
		2	8			
−		2	4			
			4			

Étape 2 :
- on écrit au dividende **188,0** ;
- on abaisse le chiffre **0** des dixièmes du **dividende** au niveau du **reste** ;
- on place une **virgule** au **quotient** ;
- on calcule le chiffre des dixièmes du **quotient**.

	C	D	U	$\frac{1}{10}$		D	U	$\frac{1}{10}$
	1	8	8,	0	8			
−	1	6				2	3,	5
		2	8					
−		2	4					
			4	0				
−			4	0				
			0	0				

Étape 3 : comme le **reste** trouvé est égal à **0**, on a **188** : **8** = **23,5**.

Je comprends

Énoncé

Calcule **13** : **4**.

Solution

D	U	$\frac{1}{10}$	$\frac{1}{100}$				
1	**3,**	**0**	**0**	**4**			
– 1	2	↓		**U**	$\frac{1}{10}$	$\frac{1}{100}$	
	1	**0**	→	**3,**	**2**	**5**	
	–	8					
		2	**0**				
		– 2	0				
		0	**0**				

Ainsi, **13** : **4** = **3,25**.

J'applique

A 1) Pose et effectue la division décimale de 141 par 6.
2) Quel est le quotient de la division décimale de 141 par 6 ?

B Calcule le quotient de la division décimale de 243 par 5.

C Calcule le quotient de la division décimale de 17 par 4.

D Calcule le quotient de la division décimale de 414 par 12.

E Calcule le quotient de la division décimale de 690 par 8.

Je m'entraîne

ORAL
1 Cite une différence entre une division à quotient entier et une division décimale.

ORAL
2 Calcule le quotient de la division décimale de :
a) 1 par 2 ; **b)** 1 par 4 ; **c)** 1 par 5 ; **d)** 1 par 10.

ORAL
3 1) Sur une calculatrice, tape :

[1] [3] [÷] [4] [=]

À quoi correspond ce résultat ?
2) Utilise une calculatrice pour calculer :
7 : 4 | 54 : 8 | 81 : 12 | 442 : 17 | 11 : 8.

4 Mourad a acheté 5 tubes de peinture de même prix. Il a payé 17 €.
Quel est le prix de chaque tube de peinture ?

5 Marion veut partager une boule de pâte à modeler en 6 boulettes de même masse.
La boule de pâte à modeler pèse 375 g.
Quelle sera la masse de chaque boulette ?

6 Sarah a acheté 8 affiches de même prix.
Elle a payé 22 €.
Quel est le prix de chaque affiche ?

7 Un bijoutier réalise 12 colliers identiques en or. Il utilise une masse de 381 g d'or.
Quelle est la masse de chaque collier ?

J'approfondis

8 Calcule le quotient de la division décimale de 263 par 8.

9 PROBLÈME 1) Pose la division décimale de 25 par 3. Laisse beaucoup d'espace entre le dividende et le diviseur.
2) Calcule le chiffre des unités du quotient.
Quel est le reste correspondant ?
3) Calcule le chiffre des dixièmes du quotient.
Quel est le reste correspondant ?
4) Calcule le chiffre des centièmes du quotient.
Quel est le reste correspondant ?
5) Trouve les chiffres suivants du quotient.

10 PROBLÈME Fred marche d'un pas régulier.
Lorsqu'il fait 15 pas, il parcourt 9 m.
1) Combien mesure chaque pas de Fred ?

2) Fred calcule qu'il doit faire 1 667 pas pour parcourir 1 km.
A-t-il raison ? Justifie ta réponse.

49 MESURE DE GRANDEURS (5)

Calculer l'aire d'un rectangle

Grandeurs

Calcul mental
$11 \times 15 = ?$
$12 \times 15 = ?$
$12 \times 23 = ?$
...

Je revois comment trouver l'aire d'un rectangle par pavage

1• Sur une feuille à petits carreaux, trace un rectangle de longueur 7 cm et de largeur 5 cm.
Construis un quadrillage dans ce rectangle en traçant des colonnes et des lignes de 1 cm de largeur.

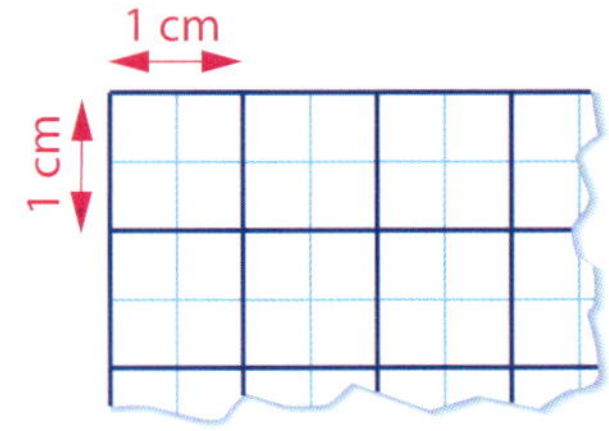

2• a) Quelle est l'aire de chacune des cases ainsi obtenues ?
b) Quelle est l'aire du rectangle ?
c) Explique comment tu as calculé cette aire.

Je découvre comment calculer l'aire d'un rectangle

1• a) Trace un rectangle de longueur 9 cm et de largeur 6,5 cm.
b) Quadrille ce rectangle en centimètres carrés.
c) Compte le nombre de centimètres carrés contenus dans ce rectangle.
d) Quelle est l'aire en cm^2 du rectangle ?

2• a) Calcule le produit de 9 et de 6,5.
b) Que remarques-tu ?

Je retiens

1• Aire d'un rectangle

Un **rectangle** de longueur L et de largeur ℓ a pour aire :
$\mathcal{A} = L \times \ell$

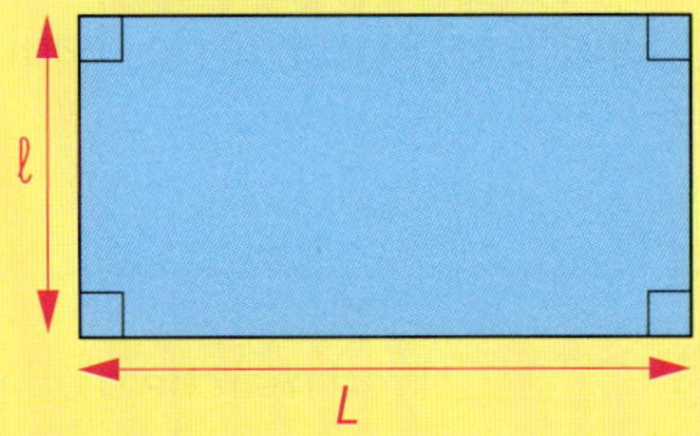

Rectangle de longueur 6,2 cm et de largeur 4 cm.
$\mathcal{A} = L \times \ell$
$\mathcal{A} = 6{,}2 \text{ cm} \times 4 \text{ cm}$
$\mathcal{A} = 24{,}8 \text{ cm}^2$
L'aire de ce rectangle est 24,8 cm^2.

2• Aire d'un carré

Un **carré** de côté c a pour aire :
$\mathcal{A} = c \times c$

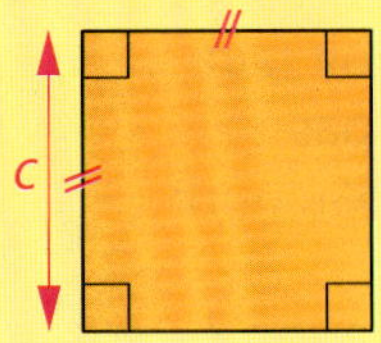

Carré de côté 5 cm.
$\mathcal{A} = c \times c$
$\mathcal{A} = 5 \text{ cm} \times 5 \text{ cm}$
$\mathcal{A} = 25 \text{ cm}^2$
L'aire de ce carré est 25 cm^2.

Remarque : il ne faut pas confondre l'**aire** d'une figure (la **mesure de sa surface**) et son **périmètre** (la **mesure de son contour**).

Je comprends

Énoncé

Calcule l'aire de la figure verte.

Solution

La figure verte est un rectangle.
$\mathcal{A} = L \times \ell$
$\mathcal{A} = 2\ \text{cm} \times 4{,}8\ \text{cm}$
$\mathcal{A} = 9{,}6\ \text{cm}^2$
Ce rectangle a une aire de $9{,}6\ \text{cm}^2$.

J'applique

Les figures suivantes sont en vraie grandeur.
Calcule l'aire de chaque figure :

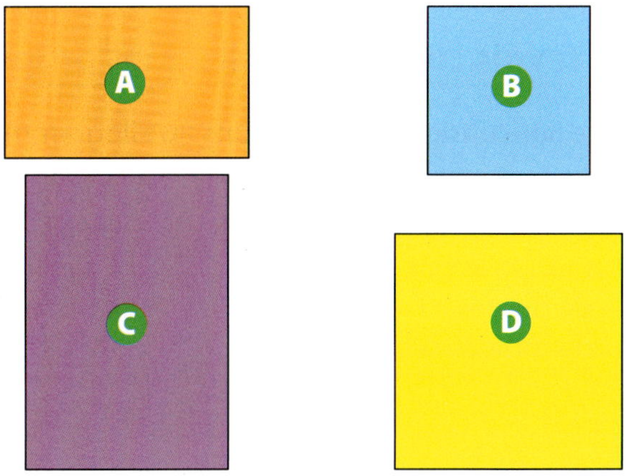

Je m'entraîne

ORAL
1 Calcule l'aire de chaque figure :

a)

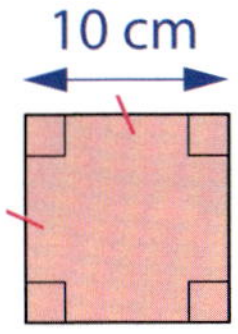

b)

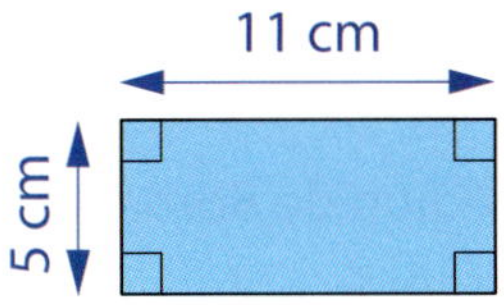

c)

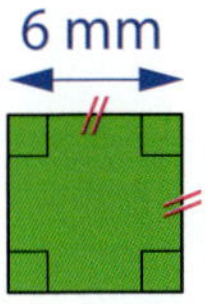

d)

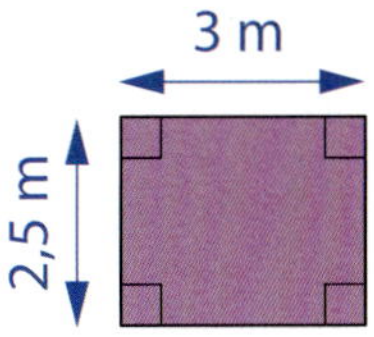

ORAL
2 Calcule :
a) l'aire d'un carré de côté 11 m ;
b) la longueur du côté d'un carré d'aire 81 m^2 ;
c) l'aire d'un carré de côté 60 mm ;
d) la longueur du côté d'un carré d'aire 4 900 mm^2.

3 **1)** Calcule l'aire d'un rectangle de longueur 7,3 cm et de largeur 4 cm.
2) Calcule l'aire d'un carré de côté 120 m.

4 Calcule l'aire, en m^2, d'un rectangle de longueur 1,2 km et de largeur 456 m.

5 **1)** Calcule l'aire, en cm^2, d'un carré de côté 1,25 m.
2) Quelle est son aire en m^2 ?

6 Calcule l'aire de la figure orange.

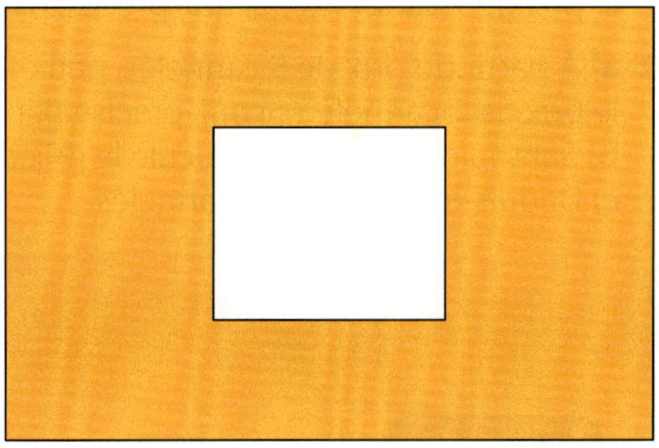

J'approfondis

7 Calcule l'aire d'un rectangle dont la longueur est le double de la largeur. Sa largeur mesure 7,5 cm.

8 **PROBLÈME** Les parents d'Antoine achètent une parcelle de terrain de forme rectangulaire de longueur 25 m et de largeur 17,2 m.
Ils y font construire une villa rectangulaire de largeur 8,5 m et de longueur 12 m.
Quelle est l'aire du jardin autour de la maison ?

9 **PROBLÈME** Léna recouvre un livre de 20 cm de largeur, 28 cm de longueur et 3 cm d'épaisseur. Elle compte 1,5 cm de chaque côté pour les rabats.
1) Fais un schéma pour y noter les longueurs de l'énoncé.
2) Quelle est l'aire de la feuille de plastique utilisée par Léna ?

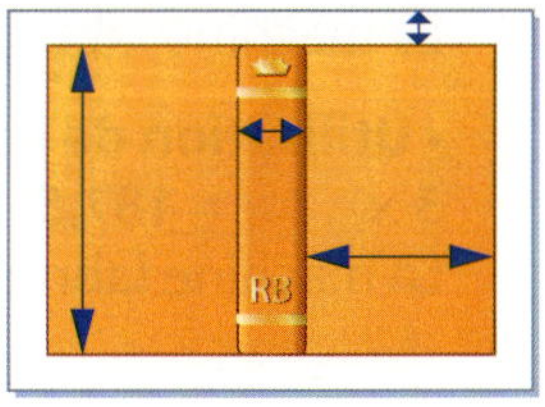

50 PROPORTIONNALITÉ (2)

Résoudre une situation de proportionnalité par passage par l'unité

Données

Calcul mental
(12 : 3) × 5 = ?
(20 : 4) × 3 = ?
(30 : 5) × 7 = ?
…

Je revois comment utiliser les propriétés de la proportionnalité

Une agricultrice vend des fruits au kilogramme.

1• Kévin achète 0,5 kg de prunes et paye 1,20 €. Calcule le prix de **1 kg** de prunes à l'aide du tableau ci-dessous.

2• Dounia achète 2 kg de poires et paye 6,00 €. Calcule le prix de **1 kg** de poires à l'aide du tableau ci-dessous.

3• Jérémie achète 5 kg de pêches et paye 13,00 €. Calcule le prix de **1 kg** de pêches à l'aide du tableau ci-dessous.

(…)

Masse de prunes (en kg)	0,5	**1**
Prix payé (en €)	1,2	…

(…)

(…)

Masse de poires (en kg)	2	**1**
Prix payé (en €)	6	…

(…)

(…)

Masse de pêches (en kg)	5	**1**
Prix payé (en €)	13	…

(…)

Je découvre pourquoi passer par l'unité

Les cannelés sont des petits gâteaux, spécialités de la région de Bordeaux.
Armand achète **5** cannelés dans une pâtisserie. Il paye 7,00 €.
On souhaite calculer le prix de **7** cannelés.

1• À partir du prix de **5** cannelés, peux-tu trouver en une seule opération le prix de **7** cannelés ? Si oui, précise par quelle opération.

2• a) À partir du prix de **5** cannelés, peux-tu trouver en une seule opération le prix de **1** cannelé ? Si oui, précise par quelle opération.
b) Sans faire de tableau, calcule le prix de **1** cannelé.
c) Déduis-en le prix de **7** cannelés.

Je retiens

Dans une **situation de proportionnalité**, il est parfois utile de **passer par l'unité**.

En **8** heures de fonctionnement, une machine tisse **500** m de tissu.
On veut calculer la longueur de tissu que fabrique cette machine en **3** heures.

• Passage par l'unité
On calcule la longueur fabriquée en **1** heure :
500 : 8 = 62,5.
La machine fabrique **62,5** m de tissu en **1** heure.

• Utilisation de l'unité
3 × 62,5 = 187,5.
La machine fabrique **187,5** m de tissu en **3** heures.

(: 8) (× 3)

Durée de fonctionnement (en h)	**8**	**1**	**3**
Longueur de tissu fabriqué (en m)	**500**	**62,5**	**187,5**

(: 8) (× 3)

Je comprends

Énoncé

Flore achète 6 CD qui coûtent tous le même prix.
Elle paye 51,00 €.
Quel est le prix de 5 de ces CD ?

Solution

J'ai calculé le prix de 1 CD à l'aide d'une division décimale.

51 : 6 = **8,5**.
Un CD coûte **8,50** €.

5 × **8,5** = 42,5.
Cinq CD coûtent **42,50** €.

5 1, 0	6
– 4 8	8, 5
3 0	
– 3 0	
0	

J'applique

A Stéphane achète 8 tartelettes aux fraises.
Il paye 14,00 €.
Combien coûtent 9 tartelettes aux fraises ?

B Akuti met l'un sur l'autre 5 cahiers de même épaisseur. Elle obtient une pile de 4 cm.
Quelle est l'épaisseur d'une pile de 7 cahiers ?

C Jia Li achète 4 bandes dessinées de son héros favori. Elle paye 13,00 €.
Combien coûtent 3 de ces bandes dessinées ?

D Habib achète 15 kg de pommes réparties dans 12 sacs de même masse.
Quelle est la masse de 5 sacs de pommes ?

Je m'entraîne

ORAL
1 Les livres coûtent tous le même prix.

Nombre de livres	3	1	4
Prix (en €)	12	?	?

Combien coûtent 4 livres ?

ORAL
2 Les billes sont de même masse.

Nombre de billes	2	1	3
Masse (en g)	30	?	?

Quelle est la masse de 3 billes ?

ORAL
3 Les pinceaux sont tous au même prix.

Nombre de pinceaux	4	1	5
Prix (en €)	10	?	?

Combien coûtent 5 pinceaux ?

4 Lors de l'essorage, le tambour d'une machine à laver effectue 5 700 tours en 6 minutes.
Combien de tours fait ce tambour lors d'un essorage qui dure 5 minutes ?

5 Léa possède 6 poules. Chaque jour, elle donne 510 g de blé à manger à ses poules.
Au marché, elle achète 5 nouvelles poules.
Quelle masse de blé va-t-elle donner à manger à l'ensemble de ses poules ?

6 Manuel se connecte sur Internet dans un cybercafé.
Le jeudi, il est resté connecté 5 heures.
Le vendredi, il s'est connecté durant 3 heures.
En tout, il a payé 12,00 €.
a) Combien a-t-il payé le jeudi ?
b) Combien a-t-il payé le vendredi ?

J'approfondis

7 PROBLÈME L'éléphant d'Afrique est un grand mammifère qui vit en groupes familiaux.
Sur la photographie ci-contre, une longueur de 40 mm représente une longueur réelle de 320 cm.
1) Quelle longueur réelle est représentée sur la photographie par une longueur de 1 mm ?
2) **a)** Mesure, sur la photographie, la hauteur de la maman éléphant.
b) Déduis-en sa taille réelle.
c) Quelle est la longueur réelle (entre le début de la queue et le haut du front) de l'éléphante ?
3) Quelles sont la taille et la longueur de l'éléphanteau ?

51 NOMBRES DÉCIMAUX (7)
Donner une valeur approchée d'un nombre décimal

Calcul

Calcul mental
Compare :
12,3 et 13,2
4,32 et 4,178
3,19 et 3,2
…

Je revois comment encadrer un nombre décimal

1• Un nombre ***a*** est placé sur la portion de demi-droite graduée ci-contre.
a) Donne une valeur possible du nombre ***a***.
b) Encadre le nombre ***a*** par deux nombres entiers consécutifs.
c) Donne l'écriture à virgule de chaque nombre ***b*** et ***c***.
d) Encadre le nombre ***a*** à l'aide des nombres ***b*** et ***c***.

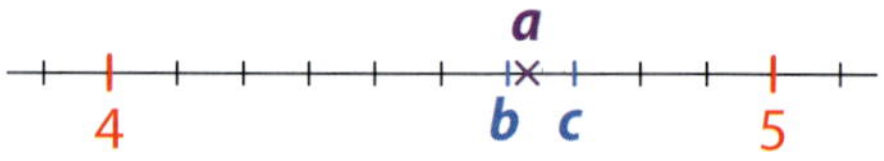

2• On a agrandi la portion de cette demi-droite graduée située entre les nombres ***b*** et ***c***.
On a divisé cette portion de demi-droite en 10 parts égales.
a) Recopie cette portion de demi-droite graduée.
Remplace chaque nombre ***b***, ***c***, ***d*** et ***e*** par son écriture à virgule.
b) Donne une nouvelle valeur possible du nombre ***a***.
c) Encadre le nombre ***a*** à l'aide des nombres ***d*** et ***e***.

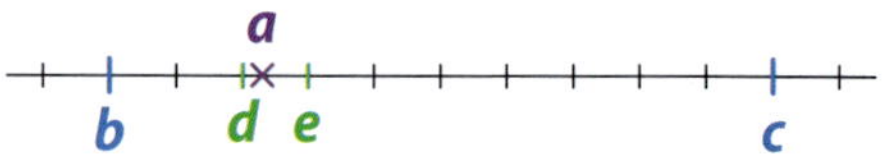

Je découvre comment donner une valeur approchée d'un nombre décimal

Kevin tape sur sa calculatrice :	Sa calculatrice affiche :
4 8 ÷ 1 7 =	2.823529412

1• Qu'a calculé Kevin ? Quel nombre décimal ***a*** est affiché par sa calculatrice ?

2• On peut écrire : **2** < ***a*** < **3**.
a) Comment s'appelle cet encadrement ?
b) On dit que le nombre **2** est une **valeur approchée à l'unité** du nombre ***a***.
Donne une autre valeur approchée à l'unité du nombre ***a***.

3• On considère les quatre nombres suivants :
1,7 I 2,8 I 2,9 I 5,2.
a) En utilisant ces nombres, écris quatre encadrements possibles du nombre ***a***.
b) Un de ces encadrements du nombre ***a*** est précis au dixième. Lequel ?
c) Donne une valeur approchée au dixième du nombre ***a***.

Je retiens

Un **nombre décimal** possède plusieurs **valeurs approchées**.

6 < **6,4765** < 7
6 et 7 sont des **valeurs approchées** à l'unité du nombre **6,4765**.

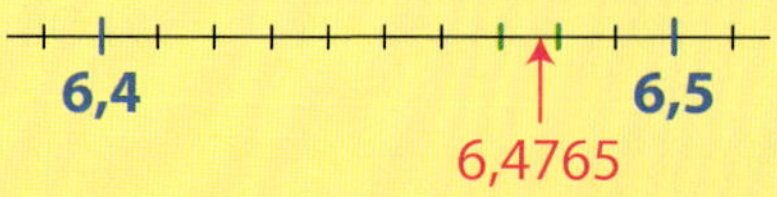

6,4 < **6,4765** < **6,5**
6,4 et **6,5** sont des **valeurs approchées au dixième** du nombre **6,4765**.

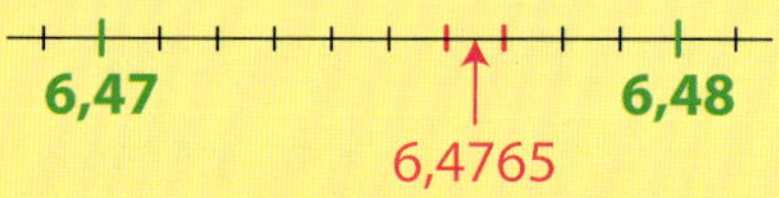

6,47 < **6,4765** < **6,48**
6,47 et **6,48** sont des **valeurs approchées au centième** du nombre **6,4765**.

Je comprends

Énoncé

1) Encadre par deux entiers consécutifs le nombre 3,794.
2) Donne une valeur approchée au dixième du nombre 3,794.

Solution

1) 3 < 3,794 < 4.
2) 3,**7** < 3,**7**94 < 3,**8**.

Une valeur approchée au dixième du nombre 3,794 est par exemple **3,7**.

J'applique

A 1) Encadre par deux entiers consécutifs le nombre 15,243.
2) Donne une valeur approchée au dixième du nombre 15,243.

B 1) Encadre par deux entiers consécutifs le nombre 0,685.
2) Donne une valeur approchée au centième du nombre 0,685.

C On considère le nombre 54,8072.
Donne une de ses valeurs approchées :
a) à l'unité ; **b)** au dixième ; **c)** au centième.

D Donne deux valeurs approchées au millième du nombre 3,5387.

Je m'entraîne

ORAL
1 Encadre par deux entiers consécutifs chaque nombre :
7,86 | 148,841 | 25,059 | 0,1983.

ORAL
2 Donne une valeur approchée au dixième de chaque nombre :
44,758 | 3,28 | 0,684 | 12,4579.

ORAL
3 Donne une valeur approchée au centième de chaque nombre :
3,588 | 12,6894 | 9,954 | 24,6084.

ORAL
4 On considère le nombre 329,0835.
Donne une de ses valeurs approchées :
a) à l'unité ;
b) au dixième ;
c) au centième.

5 1) Encadre le nombre 49,5976 par deux entiers consécutifs.
2) Que représentent les deux nombres entiers de cet encadrement pour le nombre 49,5976 ?

6 1) Reproduis la portion de demi-droite graduée suivante et places-y le nombre 3,9127 :

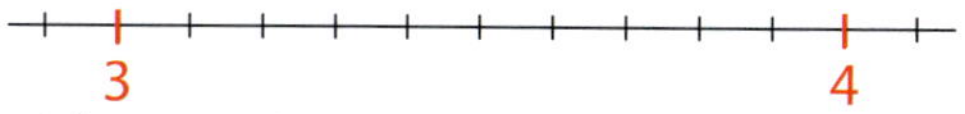

2) Déduis-en deux valeurs approchées au dixième du nombre 3,9127.

7 1) Reproduis la portion de demi-droite graduée suivante et places-y le nombre 2,3935 :

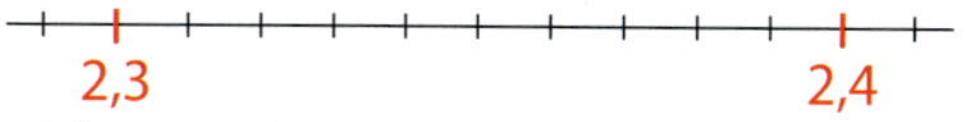

2) Déduis-en deux valeurs approchées au centième du nombre 2,3935.

J'approfondis

8 1) **a)** Avec ta calculatrice, calcule le quotient de la division décimale de 500 par 29.
b) Écris le nombre affiché par la calculatrice.
2) Encadre-le par deux entiers consécutifs.
3) Donne ses valeurs approchées au millième.

9 PROBLÈME 1) Pose et effectue la division décimale de 9 par 7 pour obtenir le chiffre des millièmes de son quotient.
2) Donne une valeur approchée au centième du quotient de 9 par 7.

10 Sur les murs de cette salle du palais de la Découverte (Paris) sont écrites les 704 premiers chiffres après la virgule du nombre π (pi).
1) Donne une valeur approchée du nombre π :
a) au dixième ; **b)** au centième ; **c)** au millième.
2) Donne un exemple d'utilisation de ce nombre.

52 MESURE DE GRANDEURS (6)

Calculer l'aire d'un triangle

Grandeurs

Calcul mental
$(3 \times 6) : 2 = ?$
$(5 \times 7) : 2 = ?$
$(4 \times 1,5) : 2 = ?$
…

Je découvre comment calculer l'aire d'un triangle rectangle

1• Sur une feuille, trace un rectangle ABCD tel que AB = 10 cm et BC = 8 cm.
Trace le segment [BD].

2• **a)** Quelle est la nature du triangle ABD ?
b) Quelle est la nature du triangle BCD ?
c) Ces triangles sont-ils superposables ?

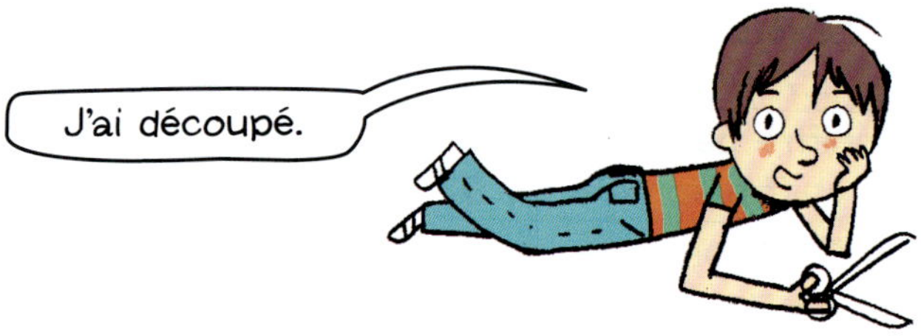

3• **a)** Calcule l'aire du rectangle ABCD.
b) Déduis-en l'aire du triangle ABD.

Je découvre comment calculer l'aire d'un triangle

1• On considère le triangle ABC ci-contre.
a) Quelle est la longueur du côté [AB] ?
b) À quoi correspond le segment rouge pour le triangle ABC ?
c) Sur une feuille, reproduis en vraie grandeur le triangle ABC.

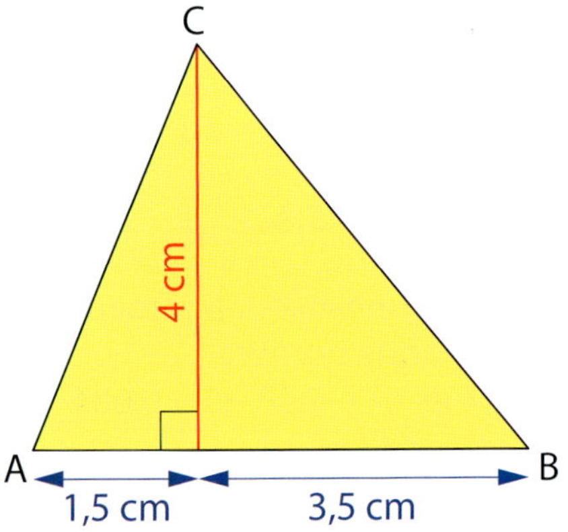

2• **a)** Reproduis à nouveau sur ta feuille le triangle ABC.
b) Découpe tes deux triangles.
Découpe chaque triangle le long du segment rouge.
c) Assemble les quatre morceaux obtenus pour former un rectangle.

3• **a)** Quelle est l'aire de ce rectangle ?
b) Déduis-en l'aire du triangle ABC.

Je retiens

1• Aire d'un triangle rectangle

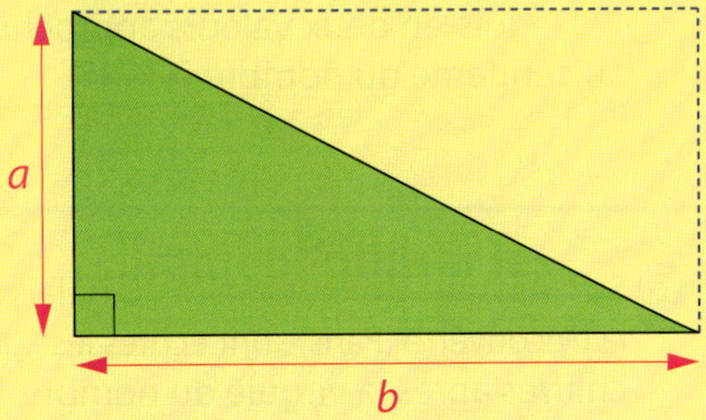

L'aire d'un **triangle rectangle** est :
$\mathcal{A} = (a \times b) : 2$

Triangle rectangle dont les longueurs des côtés de l'angle droit sont 6 cm et 4 cm :
$\mathcal{A} = (4 \text{ cm} \times 6 \text{ cm}) : 2$
$\mathcal{A} = 12 \text{ cm}^2$
L'aire du triangle est **12 cm²**.

2• Aire d'un triangle

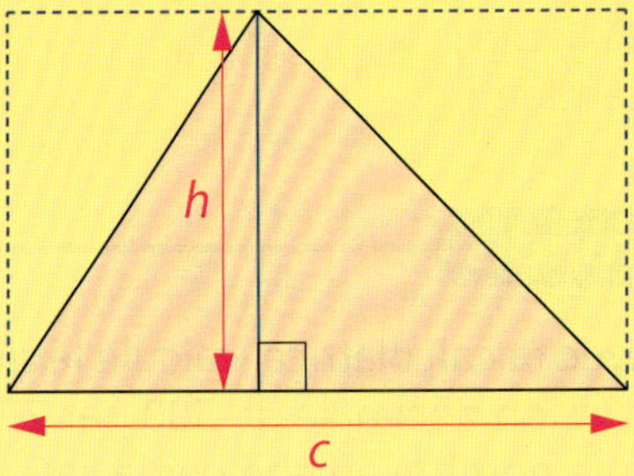

L'aire d'un **triangle** est :
$\mathcal{A} = (c \times h) : 2$

Triangle dont la longueur d'un côté est 5 cm et la longueur de la hauteur perpendiculaire à ce côté est 3 cm :
$\mathcal{A} = (5 \text{ cm} \times 3 \text{ cm}) : 2$
$\mathcal{A} = 7,5 \text{ cm}^2$
L'aire du triangle est **7,5 cm²**.

Je comprends

Énoncé

Calcule l'aire du triangle ci-dessous.

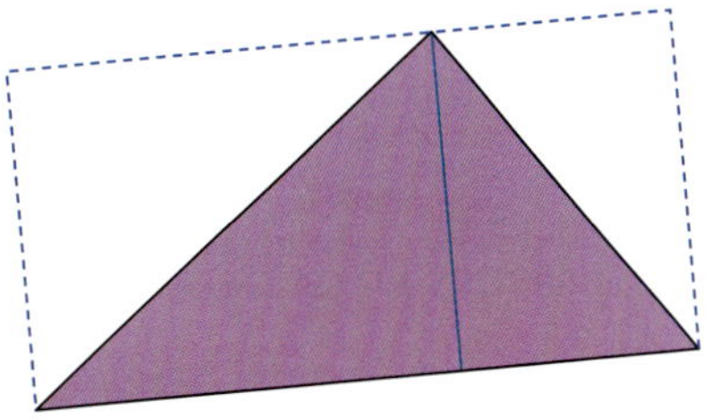

Solution

La hauteur tracée mesure 2,5 cm et le côté perpendiculaire à cette hauteur 5 cm.

$\mathcal{A} = (c \times h) : 2$

$\mathcal{A} = (5\text{ cm} \times 2{,}5\text{ cm}) : 2$

$\mathcal{A} = 12{,}5\text{ cm}^2 : 2$

$\mathcal{A} = 6{,}25\text{ cm}^2$

L'aire du triangle est **6,25 cm²**.

J'applique

Calcule l'aire de chacun des triangles ci-dessous.

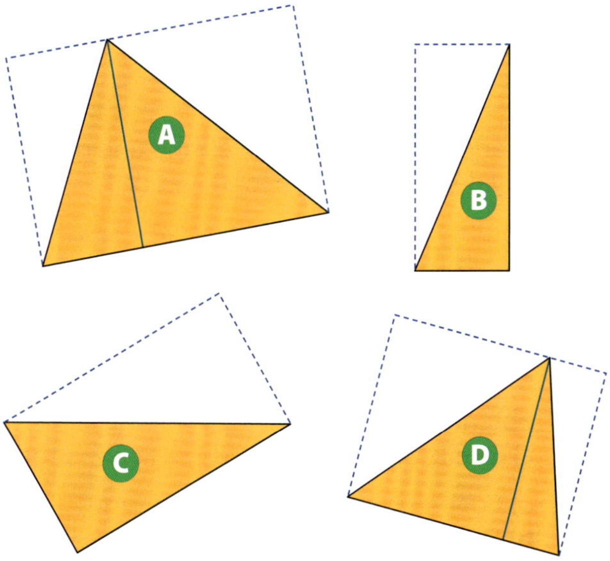

Je m'entraîne

ORAL

1 Calcule l'aire de chaque triangle.

a)

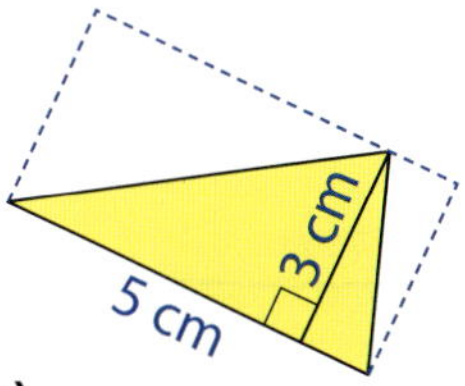

b)

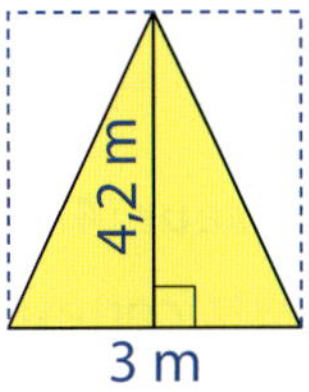

c)

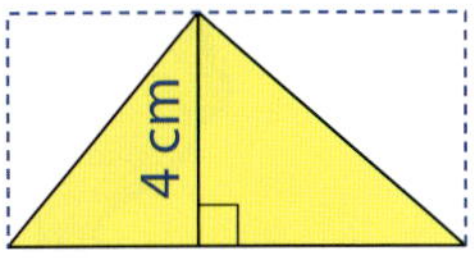

d)

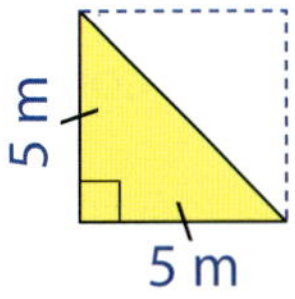

2 **1)** Trace le triangle SUD tel que SU = 10 cm, UD = 6 cm et DS = 7 cm.
2) Calcule l'aire du triangle SUD.

3 Calcule l'aire de la figure bleue.

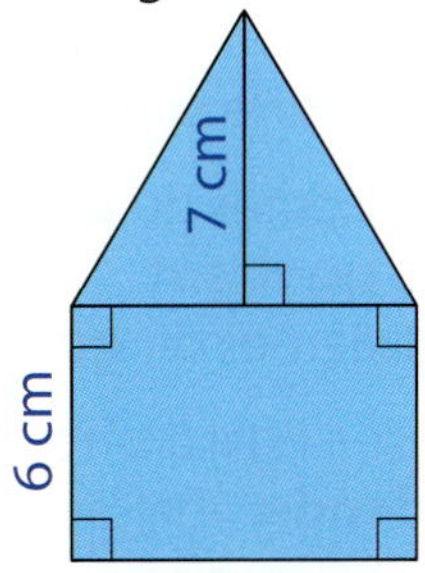

4 Calcule l'aire de la figure verte.

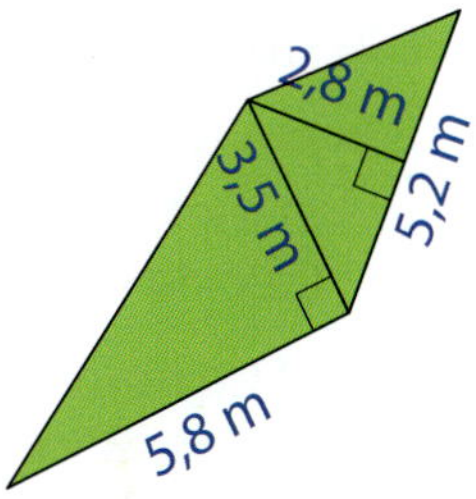

J'approfondis

5

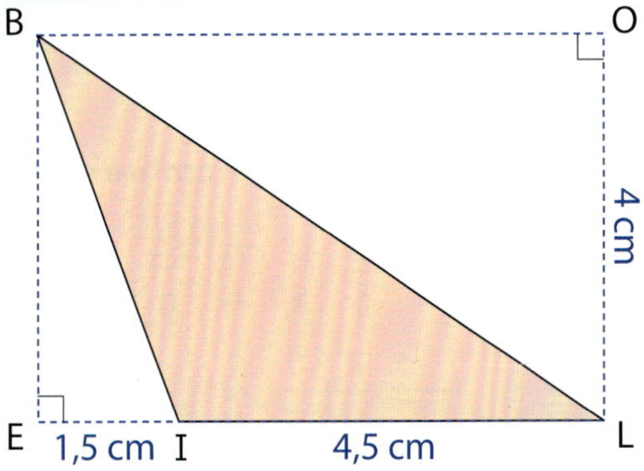

1) **a)** Calcule l'aire du rectangle BOLE.
b) Calcule l'aire du triangle BOL et celle du triangle BEI.
c) Déduis-en l'aire du triangle BIL.
2) **a)** Calcule (BE × IL) : 2.
b) Que remarques-tu ? Explique pourquoi.

6 PROBLÈME Construis un rectangle ABCD. Place des points M et N sur le côté [AB]. Trace les triangles MCD et NCD. Compare les aires de ces deux triangles.

7 PROBLÈME Réponds aux questions suivantes sans faire de dessin.
1) Quelle est l'aire du triangle rectangle LOT ?
2) Que cherches-tu en calculant (OH × LT) : 2 ?
3) Déduis-en la longueur OH.

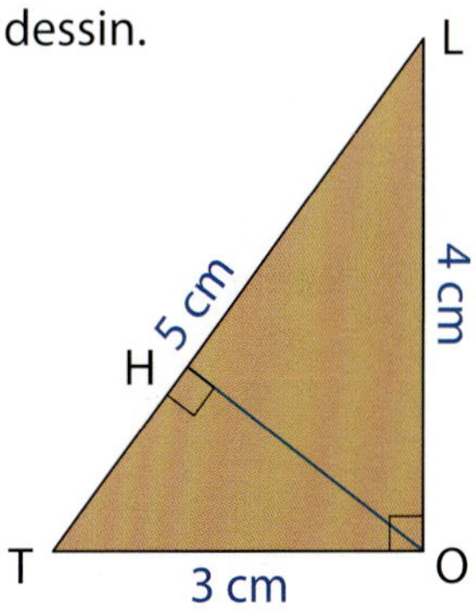

53 Calcul

DIVISION (4)

Calculer la division décimale d'un décimal par un entier

Calcul mental
100 : 5 = ?
1 : 4 = ?
4 : 5 = ?
…

Je revois comment calculer le quotient d'une division décimale

Le grand-père de Teddy lui donne une pépite d'or d'une masse de 35,4 g.
Teddy décide de la faire fondre et de l'utiliser pour fabriquer 4 pendentifs en or identiques.

1• Quelle opération permet de calculer la masse en g d'un de ces pendentifs en or ?
Sais-tu effectuer cette opération ?

2• **a)** Convertis en décigrammes 35,4 g.
b) Pose et effectue la division décimale du nombre obtenu par 4.
c) Quelle est la masse en dg d'un pendentif en or ?

3• **a)** Convertis cette masse en grammes.
b) Quel est le quotient de la division décimale de 35,4 par 4 ?
c) Vérifie ce résultat à l'aide d'une multiplication.

Je découvre comment effectuer une division d'un nombre décimal

On veut poser et effectuer la division décimale de 35,4 par 4.

1• Pose la division décimale de **35,4** par **4**.
Laisse un peu d'espace entre le **dividende** (**35,4**) et le **diviseur** (**4**).

2• Trouve le chiffre des unités de son **quotient**. Calcule le **reste** correspondant.

3• Abaisse le chiffre des dixièmes du **dividende** au niveau du **reste** et mets une **virgule** au **quotient**.
Calcule le chiffre des dixièmes du **quotient**, ainsi que le **reste** correspondant.

4• **a)** Ce nouveau **reste** est-il égal à zéro ?
b) Écris **35,40** au **dividende**, abaisse le chiffre **0** des centièmes au niveau du **reste**.
Calcule le chiffre des centièmes du **quotient**, ainsi que le **reste** correspondant.

5• Recopie et complète « **35,4** : **4** = **…** ».

Je retiens

Méthode pour calculer la division décimale d'un nombre décimal par un nombre entier

On veut effectuer la division décimale du nombre décimal **13,9** par le nombre entier **5**.

Dès que l'on abaisse le **chiffre des dixièmes** du **dividende**, on met une **virgule** au **quotient**.

Remarque : on écrit autant de **0** que nécessaire après le dernier chiffre du **dividende**.
13, 9 = 13,9000…

	D	U	$\frac{1}{10}$	$\frac{1}{100}$		U	$\frac{1}{10}$	$\frac{1}{100}$
	1	3,	9	0	5			
–	1	0				2,	7	8
		3	9					
–		3	5					
			4	0				
–			4	0				
			0	0				

Comme le **reste** trouvé est égal à **0**, on a **13,9 : 5 = 2,78**.

Je comprends

Énoncé

Calcule le quotient de la division décimale de 11,4 par 8.

Solution

D	U	$\frac{1}{10}$	$\frac{1}{100}$	$\frac{1}{1\,000}$		U	$\frac{1}{10}$	$\frac{1}{100}$	$\frac{1}{1\,000}$
1	1,	4	0	0	8				
	3	4				1,	4	2	5
		2	0						
			4	0					
				0					

J'ai calculé mentalement les soustractions : 11 – (1 × 8) = 3.

Ainsi **11,4** : **8** = **1,425**.

J'applique

A Calcule le quotient de la division décimale de 45,6 par 6.

B Calcule le quotient de la division décimale de 43,2 par 12.

C Calcule le quotient de la division décimale de 50,8 par 8.

D Calcule le quotient de la division décimale de 40,18 par 7.

E Calcule le quotient de la division décimale de 19,3 par 4.

J'ai trouvé un reste égal à zéro.

Je m'entraîne

ORAL

1 Calcule avec une calculatrice :
3,24 : 5 | 15,8 : 4 | 83,6 : 11 | 414,6 : 12.

ORAL

2 1) Quel est le nombre décimal qui, multiplié par 2, donne 4,6 ? Déduis-en le quotient de la division décimale de 4,6 par 2.
2) Calcule le quotient de la division décimale de :
a) 6,8 par 2 ; **b)** 4,8 par 4 ;
c) 8,12 par 2 ; **d)** 5,5 par 5.

ORAL

3 1) Quel est le nombre décimal qui, multiplié par 10, donne 5,8 ? Déduis-en le quotient de la division décimale de 5,8 par 10.
2) Calcule le quotient de la division décimale de :
a) 4,7 par 10 ; **b)** 0,5 par 10 ; **c)** 3,4 par 100.

4 Élyas a pesé 24 dragées de chewing-gum. Leur masse totale est 139,2 g.
Quelle est la masse de chaque dragée ?

5 Carl découpe en 5 morceaux identiques un ruban de longueur 2,36 m.
Quelle est la longueur de chaque morceau ?

J'ai choisi une unité mieux adaptée.

6 À l'âge adulte, Armel mesure 1,94 m. À sa naissance, il mesurait le quart de sa taille adulte.
Quelle était la taille d'Armel à la naissance ?

J'approfondis

7 Éva achète 6 bouteilles de jus d'orange. Elle paye 8,10 €.
1) Combien coûte 1 bouteille de jus d'orange ?
2) Combien coûtent 5 bouteilles de jus d'orange ?

8 PROBLÈME En empilant des briques toutes identiques, Cédric a fabriqué deux murs :
- l'un de 5 rangées de briques ;
- l'autre de 8 rangées de briques.

Le mur le plus haut a une hauteur de 1,48 m.
Quelle est la hauteur du mur le plus bas ?

9 PROBLÈME Pour réaliser un tableau, Lennie achète une plaque de bois d'une surface de 6 m^2. Elle paye 50,40 €. Lennie découpe cette plaque en 4 morceaux identiques.
1) Quelle est la surface d'un morceau découpé ?
2) Quel est le prix d'un morceau découpé ?
3) Combien coûte 1 m^2 de cette plaque de bois ?

54 Géométrie

SOLIDES (1)

Reconnaître, décrire un cube, un pavé droit

Calcul mental
10 × 24 = ?
5 × 24 = ?
15 × 24 = ?
…

Je revois comment reconnaître des pavés droits

1• Parmi les objets ci-contre, lesquels ont la forme :
a) d'un pavé droit ?
b) d'un cube ?

2• Cite d'autres objets de la vie quotidienne qui ont la forme :
a) d'un pavé droit ;
b) d'un cube.

Je revois comment décrire les pavés droits

1• Lequel de ces solides est un cube ?
Combien possède-t-il de faces ?
Quelle est la forme de ses faces ?
Combien possède-t-il d'arêtes ?
Combien possède-t-il de sommets ?

2• Lequel de ces solides possède le même nombre de faces que le cube ? Comment se nomme-t-il ?
Quelle est la forme de ses faces ?
Combien possède-t-il d'arêtes ?
Combien possède-t-il de sommets ?

3• Les trois autres solides dessinés sont :
une pyramide à base triangulaire, un cylindre et un prisme droit à base triangulaire.
Retrouve la lettre qui correspond à chacun de ces solides.
Précise le nombre de faces de chacun de ces solides.

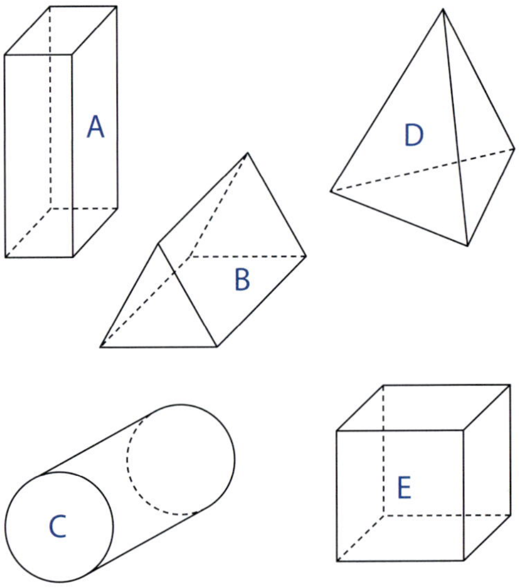

Je retiens

1• Pavé droit

Le **pavé droit** ou parallélépipède rectangle est un solide qui a **6 faces rectangulaires**.
Il possède 8 sommets et 12 arêtes.

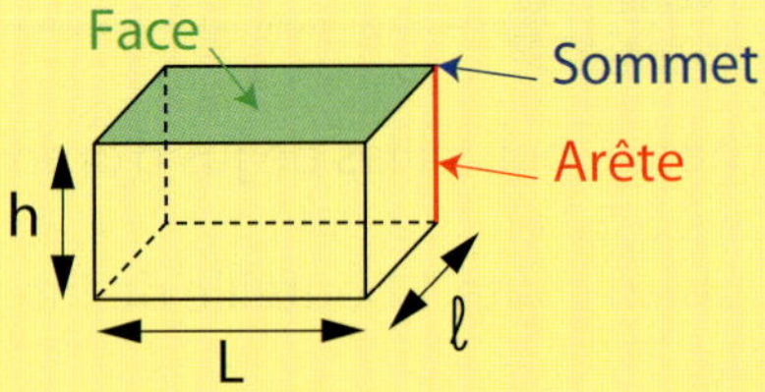

Remarque : le pavé droit a une longueur (L), une largeur (ℓ) et une hauteur (h).

2• Cube

Le **cube** est un pavé droit particulier :
ses 6 **faces** sont des **carrés**.

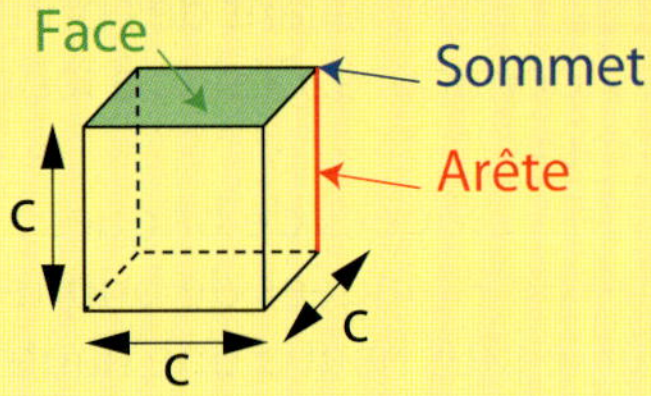

Remarque : les 12 arêtes du cube ont la même longueur.

Je comprends

Énoncé

Nomme toutes les faces de ce pavé droit.
Quelle est la face opposée à la face ABCD ?

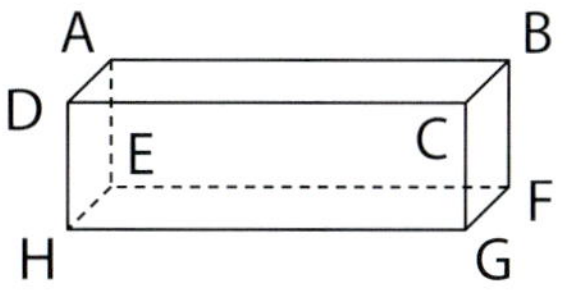

Solution

Les faces de ce pavé droit se nomment ABCD, CBFG, DCGH, DAEH, ABFE, EFGH.
La face opposée à la face ABCD est la face EFGH.

J'applique

Pour les exercices **A** à **C**, on utilise le cube PLATINES.

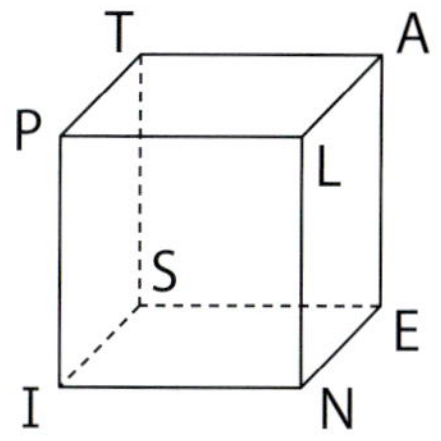

A Nomme toutes les faces de ce cube.

B **1)** Nomme toutes les arêtes de ce cube.
2) Que peux-tu dire de ces arêtes ?

C **1)** Nomme la face opposée à la face PIST.
2) Nomme la face opposée à la face AEST.
3) Nomme la face opposée à la face SINE.

Je m'entraîne

Pour les exercices **1** et **2**, observe ce pavé droit :

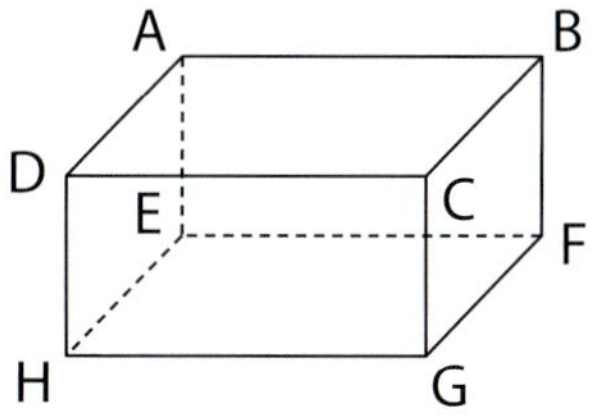

ORAL

1 Pour chaque phrase, précise si elle est vraie ou fausse.
a) La face ADHE est un losange.
b) La face BFGC est un rectangle.
c) La face DCGH est un carré.
d) La face EFGH est un rectangle.

ORAL

2 Nomme toutes les arêtes qui ont la même longueur que :
a) l'arête [CD] ; **b)** l'arête [BF] ; **c)** l'arête [AD].

3 Voici un pavé droit MNOPQRST.

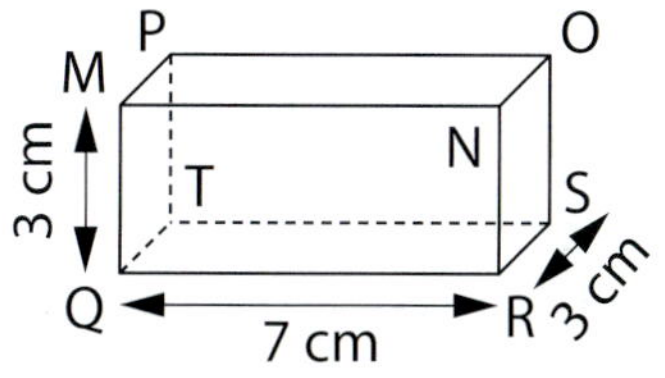

1) Quelle est la forme des faces de ce pavé droit ?
2) Dessine en vraie grandeur les faces :
a) POST ; **b)** PONM ; **c)** NOSR.

4 Un cube a une arête de 3 cm.
1) Trace en vraie grandeur une face de ce cube.
2) Calcule l'aire de la surface totale de ce cube.

J'approfondis

5 Calcule la longueur totale des arêtes d'un cube d'arête 12 cm.

6 PROBLÈME Calcule la longueur totale des arêtes d'un parallélépipède rectangle de dimensions : L = 12,5 cm ; ℓ = 8,5 cm ; et h = 10 cm.

7 PROBLÈME Leïla décore un coffret avec du papier doré.
Son coffret est un pavé droit de dimensions :
L = 25 cm ; ℓ = 14 cm ; et h = 12 cm.
Calcule l'aire du coffret qu'il faut recouvrir.

8 PROBLÈME Émilie range des cubes dans une boîte. La boîte est un pavé droit qui a pour dimensions : L = 16 cm ; ℓ = 12 cm ; et h = 4 cm.
Chaque cube mesure 2 cm d'arête.
Combien Émilie range-t-elle de cubes dans la boîte ?

FRACTIONS (6)
Prendre une fraction d'une quantité

Calcul mental
3,6 : 3 = ?
4,6 : 2 = ?
2,4 : 4 = ?
...

Je revois comment partager une quantité

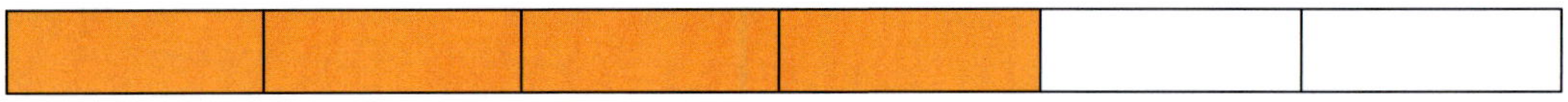

Une bande de longueur 14,1 cm a été partagée en 6 parties identiques.

1• a) Calcule la longueur d'une part.
b) Quelle opération as-tu utilisée ?

2• a) Déduis-en la longueur de la partie coloriée.
b) Quelle opération as-tu utilisée ?

3• Quelle fraction de l'aire totale représente la partie colorée ?

Je découvre comment calculer la fraction d'une quantité

Au cross de l'école, les élèves courent sur un circuit de longueur 2,45 km.
Les élèves de CM2 parcourent $\frac{8}{7}$ du circuit.
Les élèves de CM1 en parcourent $\frac{6}{7}$.

1• a) Calcule un septième de la longueur du circuit.
b) Quelle opération as-tu utilisée ?
c) Déduis-en la longueur parcourue par un élève de CM2.

2• Quelle distance parcourt chaque élève de CM1 ?

Je retiens

Méthode pour calculer la fraction d'une quantité

On veut calculer $\frac{3}{4}$ de 22 m².

On procède en deux étapes : on effectue d'abord une **division décimale**, puis une **multiplication**.

Étape 1 :
on calcule « **un quart** » de 22 m².
22 **: 4** = 5,5
Un quart de 22 m² est égal à **5,5 m²**.

Étape 2 :
on calcule « **trois** » fois « **un quart** » de 22 m².
3 × 5,5 = 16,5
Trois quarts de 22 m² sont égaux à **16,5 m²**.

Je comprends

Énoncé

La mère de Pierre a fait un gâteau de 600 g.
Elle mange $\frac{2}{5}$ du gâteau.
Quelle masse de gâteau a-t-elle mangée ?

Solution

Je calcule 600 **: 5** = 120.
Puis **2 ×** 120 = 240.
Elle a mangé 240 g de gâteau.

J'applique

A Lors d'une tombola, 720 € sont répartis en plusieurs lots.
Amaury gagne un lot qui correspond à cinq sixièmes du total des gains.
Quel est le montant de son lot ?

B J'ai acheté 400 g de bonbons.
J'en ai donné $\frac{3}{8}$ à mon frère.
1) Quelle masse de bonbons mon frère a-t-il eue ?
2) Quelle masse de bonbons me reste-t-il ?

C Convertis en minutes chaque durée :
a) $\frac{1}{2}$ h ; **b)** $\frac{3}{2}$ h ; **c)** $\frac{5}{4}$ h.

Je m'entraîne

ORAL
1 Calcule :
a) la moitié de 24 ; **b)** le tiers de 15 ;
c) le quart de 20 ; **d)** le sixième de 36.

ORAL
2 Voici un segment unité, noté ***u*** :

3 cm

Exprime en centimètres les longueurs suivantes :
a) $\frac{2}{3}$ ***u*** ; **b)** $\frac{3}{2}$ ***u*** ; **c)** $\frac{5}{3}$ ***u*** ; **d)** $\frac{1}{6}$ ***u*** ; **e)** 1 ***u*** + $\frac{1}{6}$ ***u***.

ORAL
3 Calcule :
a) deux tiers de 12 ;
b) trois cinquièmes de 15 ;
c) trois quarts de 100 ;
d) cinq quarts de 48.

4 La tour *Tout-là-haut* mesure 138 m de hauteur. La hauteur de la tour *Vers-le-ciel* est égale aux $\frac{4}{5}$ de la tour *Tout-là-haut*.
Quelle est la hauteur de la tour *Vers-le-ciel* ?

5 Le grand-père de Félix lui donne 30 € pour aller à la fête foraine.
Félix dépense les $\frac{3}{5}$ de cet argent en attractions. En partant, Félix dépense le tiers de ce qui lui reste en friandises.
1) Combien Félix dépense-t-il pour les attractions ?
2) Combien lui reste-t-il d'argent avant d'acheter les friandises ?
3) Combien lui reste-t-il d'argent après la fête ?

J'approfondis

6 **1)** Trouve la durée en minutes qui correspond à chacune de ces fractions d'heure :
$\frac{4}{3}$ h I $\frac{5}{12}$ h I $\frac{1}{10}$ h I $\frac{5}{6}$ h I $\frac{2}{5}$ h I $\frac{7}{10}$ h.
2) Trouve la fraction d'heure qui correspond à chacune de ces durées :
6 min I 18 min I 66 min I 15 min I 150 min.

7 PROBLÈME Marine, Julien et Fred offrent un cadeau à Damien.
Marine donne la moitié du prix du cadeau.
Julien donne les deux tiers de ce qu'a donné Marine.
Fred donne le reste.
Le cadeau coûte 31,20 €.
Calcule la participation de chaque enfant.

8 PROBLÈME Léa participe à un triathlon de 50 km :
- $\frac{3}{100}$ de l'épreuve se fait à la nage ;
- $\frac{4}{25}$ de l'épreuve s'effectue en course à pied ;
- le reste correspond à la course cycliste.

Quelle distance Léa parcourt-elle à vélo ?

56 SOLIDES (2)

Reconnaître, compléter un patron de pavé droit

Géométrie

Calcul mental

$\frac{1}{3}$ de 15

$\frac{2}{3}$ de 15

$\frac{3}{4}$ de 20

…

Je revois comment obtenir un patron de pavé droit

1• Prends une boîte en carton qui s'ouvre des deux côtés et ayant la forme d'un pavé droit.

2• Découpe les languettes.

3• **a)** Découpe la boîte en suivant une arête.
b) Ouvre la boîte et mets le carton à plat.
Tu obtiens un **patron** de cette boîte.

Je découvre comment compléter un patron de pavé droit

On veut compléter ce patron de pavé droit.
Sur ce pavé droit, deux faces opposées sont de même couleur.

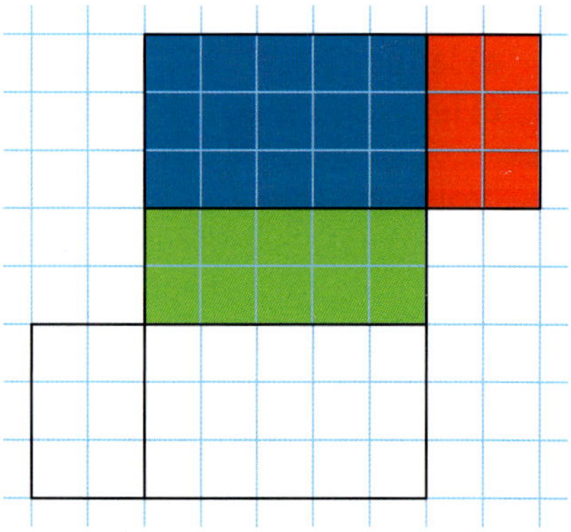

1• Reproduis sur ta feuille ce patron.

2• Colorie de la bonne couleur les deux faces non coloriées du patron.

3• Combien manque-t-il de faces ?
De quelle(s) couleur(s) serai(en)t-elle(s) coloriée(s) ?

4• Complète ce patron de pavé droit.

Je retiens

1• Pavé droit

faces
opposées
identiques

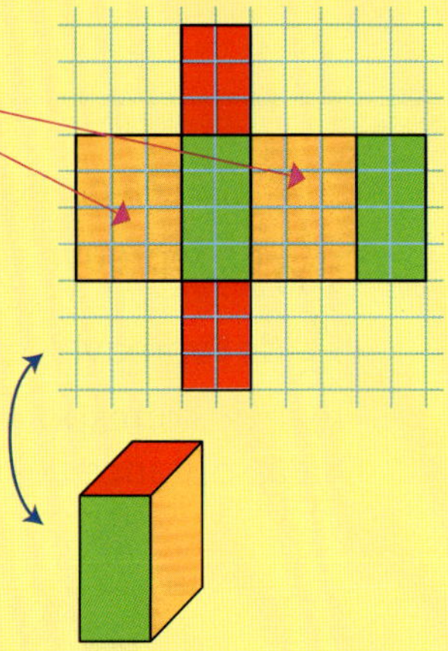

2• Cube

Toutes
les faces
sont
identiques.

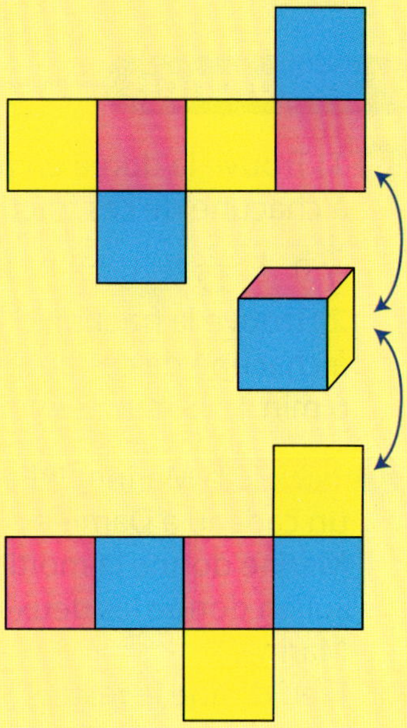

Remarques :

- Les 6 faces d'un pavé droit sont des rectangles.
- Des faces opposées ont les mêmes dimensions.
- Plusieurs patrons différents correspondent au même solide.

Je comprends

Énoncé

Reproduis et complète cette figure pour obtenir un patron de pavé droit.

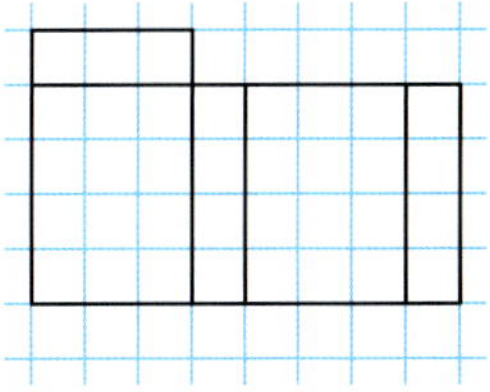

Solution

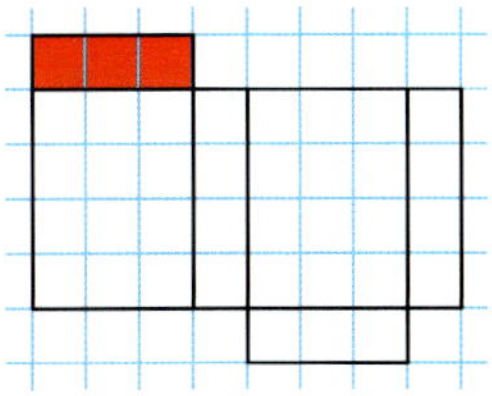

J'applique

Pour les exercices A à D, reproduis et complète la figure pour obtenir un patron de pavé droit.

A

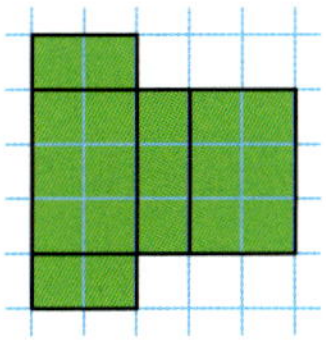

B

C

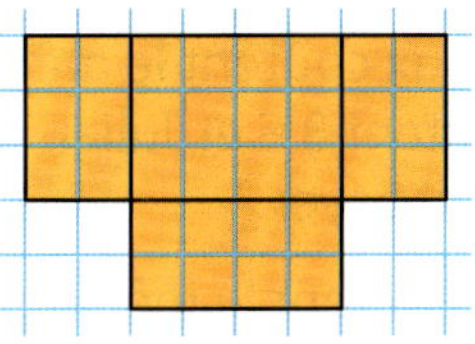

D

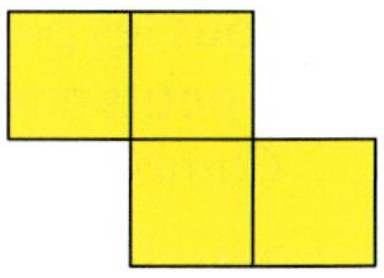

Je m'entraîne

ORAL

1 Parmi ces figures, lesquelles ne sont pas des patrons de cubes ? Justifie tes réponses.

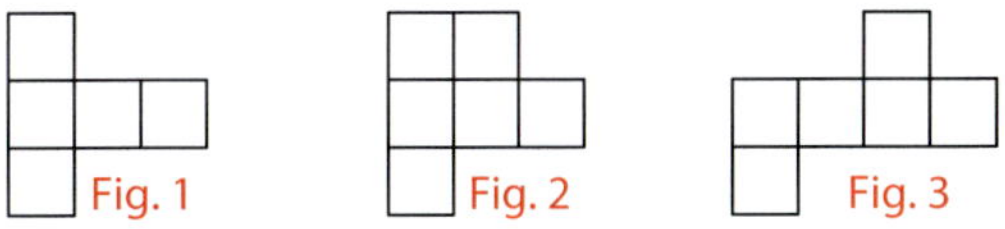

Fig. 1 Fig. 2 Fig. 3

ORAL

2 Explique pourquoi ces figures ne sont pas des patrons de pavés droits.

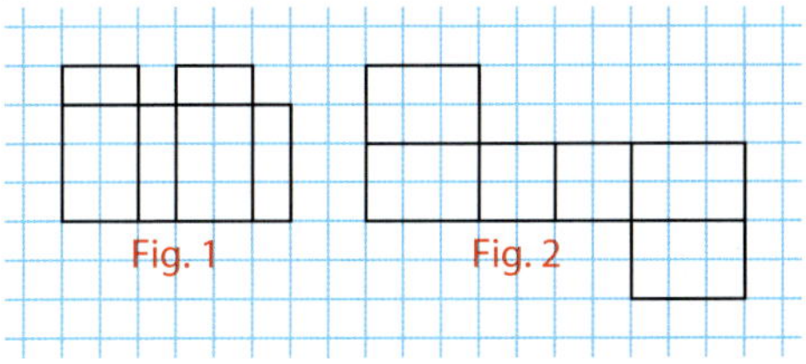

Fig. 1 Fig. 2

3 Fabrique un cube de 3 cm d'arête.

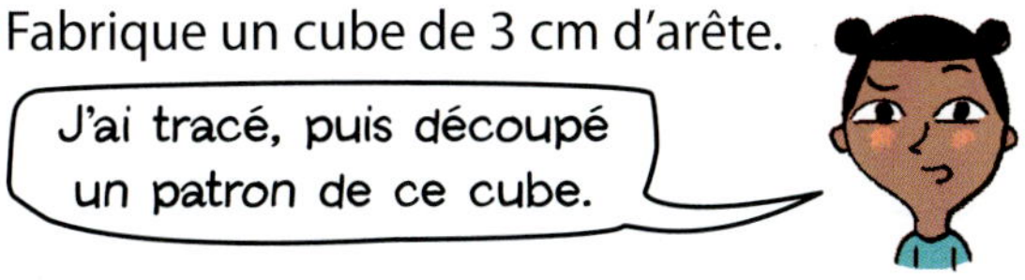

4 Fabrique un pavé droit de longueur 4 cm, de largeur 3 cm et de hauteur 2 cm.

5 Reproduis et complète cette figure pour obtenir un patron de pavé droit.

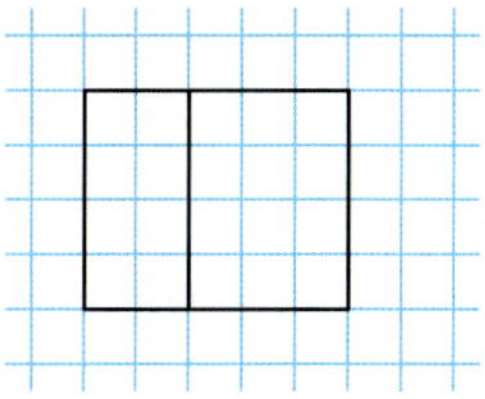

J'approfondis

6 Voici un patron de cube :

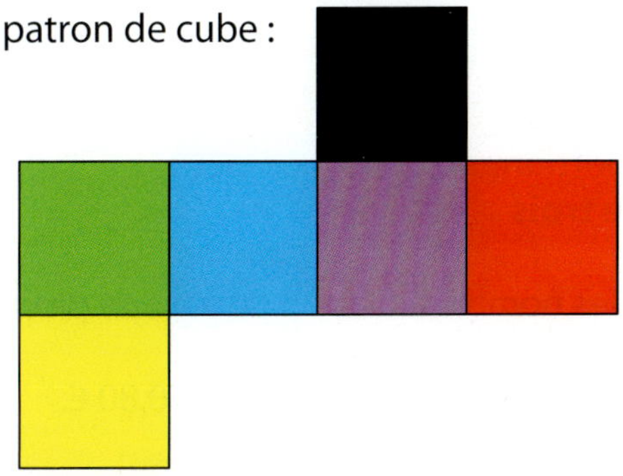

1) Reproduis ce patron, puis fabrique le cube.

2) Quelles sont les vues de ce cube ?

Fig. 1 Fig. 2 Fig. 3 Fig. 4

7 PROBLÈME La somme des points de deux faces opposées d'un dé à jouer est égale à 7.
Recopie et complète le patron du dé à jouer suivant :

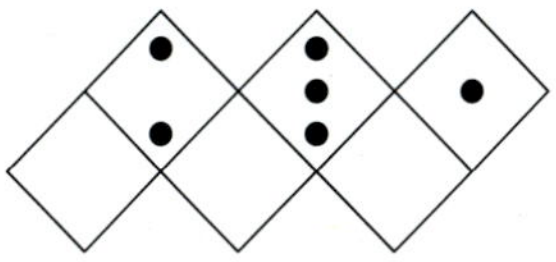

8 PROBLÈME Reproduis et complète cette figure pour obtenir un patron de pavé droit.

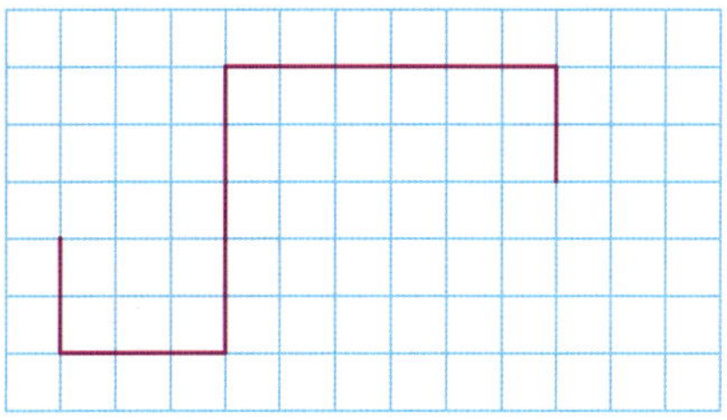

57 PROPORTIONNALITÉ (3)

Résoudre une situation de proportionnalité en utilisant la règle de 3

Données

Calcul mental

(6 × 3) : 2 = ?
(6 : 2) × 3 = ?
(4 × 5) : 10 = ?
(4 : 10) × 5 = ?
…

Je revois l'étude d'une situation de proportionnalité

Julien commence une collection de figurines.

1• Tous les grands animaux coûtent le même prix.
5 grands animaux coûtent 6,50 € et Julien en choisit 20.
Combien Julien va-t-il payer ?

2• Tous les petits animaux coûtent le même prix.
4 petits animaux coûtent 8 € et Julien en choisit 10.
Combien Julien va-t-il payer ?

3• Tous les accessoires coûtent le même prix.
6 accessoires coûtent 2,10 € et 9 accessoires coûtent 3,15 €.
Combien Julien va-t-il payer pour l'achat de 15 accessoires ?

Je découvre comment utiliser la règle de trois

On propose de répondre autrement aux questions de l'exercice ci-dessus.

1• Pour les grands animaux

a) Recopie le tableau :

Nombre de personnages	5	20
Prix (en €)	6,5	?

b) Calcule (6,5 × 20) : 5.

c) Quel résultat retrouves-tu ainsi ?

2• Pour les petits animaux

a) Recopie le tableau :

Nombre d'animaux	4	10
Prix (en €)	8	?

b) Calcule (8 × 10) : 4.

c) Quel résultat retrouves-tu ainsi ?

3• Pour les accessoires

a) Recopie le tableau :

Nombre d'accessoires	6	15
Prix (en €)	2,1	?

b) Calcule (2,1 × 15) : 6.

c) Quel résultat retrouves-tu ainsi ?

Je retiens

Si l'on connaît trois données d'un tableau de proportionnalité, alors on peut calculer la quatrième valeur à l'aide de **la règle de trois**.

Remarque : pour utiliser la règle de trois, on place les nombres dans un tableau de proportionnalité.

Mehdi achète des roses toutes au même prix. Un bouquet de 8 roses coûte 10,80 €.
On veut calculer le prix de 7 roses.

Nombre de roses	8	7
Prix payé (en €)	10,8	?

On calcule (10,8 × 7) : 8 = 9,45.

Mehdi va payer **9,45 €** pour l'achat de 7 roses.

Je comprends

Énoncé

Noémie achète des crayons de couleur.
5 crayons coûtent 3,25 €.
Combien va-t-elle payer pour 8 crayons ?

Solution

Nombre de crayons	5	8
Prix (en €)	3,25	**?**

D'après la calculatrice : (8 × 3,25) : 5 = 5,2.
Pour l'achat des 8 crayons, Noémie va payer 5,20 €.

J'applique

A Michel achète des croissants.
4 croissants coûtent 3,80 €.
Combien va-t-il payer pour 7 croissants ?

B Sarah fabrique des coupelles en terre.
24 coupelles ont une masse de 1,32 kg.
Quelle est la masse de 16 coupelles ?

C Quentin carrelle une pièce avec des carreaux identiques. Avec 12 carreaux, il couvre une surface de 1,62 m^2.
Quelle surface couvre-t-il avec 42 carreaux ?

D Pour fabriquer un collier, Aude achète 35 perles pour un prix total de 6,30 €. Il lui manque 15 perles pour terminer son collier.
Combien va-t-elle payer ces 15 perles ?

Je m'entraîne

ORAL

1 Les stylos coûtent tous le même prix.

Nombre de stylos	2	5
Prix (en €)	3	**?**

Combien coûtent 5 stylos ?

ORAL

2 Les kiwis sont vendus à l'unité.

Nombre de kiwis	6	9
Prix (en €)	4	**?**

Combien coûtent 9 kiwis ?

ORAL

3 Les cahiers coûtent tous le même prix.

Nombre de cahiers	10	3
Prix (en €)	12	**?**

Combien coûtent 3 cahiers ?

4 Pour assaisonner des volailles, un rôtisseur prépare un mélange de sel et de poivre.
Pour 140 g de sel, il ajoute 35 g de poivre.
Quelle masse de poivre doit-il mélanger à 100 g de sel ?

5 Pour sa tondeuse, Lisa utilise un mélange d'essence et d'huile. Pour 6 litres d'essence, elle ajoute 15 centilitres d'huile.
Quel volume d'huile doit-elle ajouter à 10 litres d'essence ?

J'approfondis

6 Les murs de la chambre de Marco ont une aire de 34 m^2.
5 litres de peinture lui permettent de peindre une aire de 40 m^2.
1) Quel volume de peinture Marco doit-il prévoir pour repeindre sa chambre ?
2) Combien de pots de 2 litres de peinture Marco doit-il acheter ?

7 PROBLÈME Pour faire du caramel, un pâtissier ajoute 6 mL d'eau à 90 g de sucre.
Le pâtissier a ajouté 16 mL d'eau.
Quelle masse de sucre a-t-il utilisée ?

8 PROBLÈME Sylvain invite à goûter 8 de ses amis.
Il décide de préparer un gâteau au chocolat.

Recette du gâteau de grand-mère
Ingrédients pour 6 personnes :
- 150 g de chocolat ;
- 100 g de farine ;
- 90 g de beurre ;
- 3 œufs ;
- une pincée de sel.

1) Pour combien de personnes doit-il préparer son gâteau ?
2) Quelle quantité de chaque ingrédient va-t-il utiliser ?

58 DIVISION (5)

Diviser un nombre par 10, 100, 1 000...

Calcul

Calcul mental

$10 \times ? = 7{,}2$

$100 \times ? = 9$

$1\,000 \times ? = 3$

...

Je découvre comment diviser mentalement un nombre par 10

1• Tom ramasse 53,2 kg de pommes de terre.
Il remplit 10 sacs de même masse.
a) Quelle opération dois-tu effectuer pour trouver la masse de chaque sac ?
b) Pose et effectue cette opération.
c) Quel est la masse d'un sac de pommes de terre ?

2• Tom se rappelle que, pour **multiplier** mentalement un nombre par 10, on décale sa virgule d'un rang vers la droite.
a) Propose une méthode pour **diviser** mentalement un nombre par 10.
b) Calcule sans poser l'opération :
853,7 : 10 | 123 : 10 | 5,4 : 10.

Je découvre comment diviser mentalement un nombre par 100, 1 000

1• Tayfun pense acheter un appartement dont la cuisine a une aire de 621,4 dm^2.
Il souhaite connaître l'aire de cette cuisine en m^2.
a) Quelle opération va-t-il effectuer ?
b) Essaie de trouver mentalement le résultat de cette opération.
c) Vérifie ton résultat à l'aide d'une multiplication.

2• a) Recopie et complète les égalités suivantes :
? × 100 = 621,4 donc 621,4 **:** 100 = ...
b) Propose une méthode pour diviser un nombre par 100.

3• a) Recopie et complète les égalités suivantes :
? × 1 000 = 621,4 donc 621,4 **:** 1 000 = ...
b) Propose une méthode pour diviser un nombre par 1 000.

Je retiens

Méthode pour diviser un nombre par 10, 100, 1 000

Pour diviser un nombre par :	on décale la virgule de :	Exemples
10	1 rang vers la gauche.	52,7 : 10 = 5,27
100	2 rangs vers la gauche.	203,15 : 100 = 2,0315
1 000	3 rangs vers la gauche.	741,8 : 1 000 = **0**,7418

Remarque : on doit parfois écrire des **zéros** supplémentaires.
51,4 : 100 = **0**,514
4,32 : 1 000 = **0,00**432

Je comprends

Énoncé

1) Calcule 59 : 10.
2) Recopie et complète : 205,7 : ... = 2,057.

Solution

1) 59 : 10 = 5,9

2) 205,7 : 100 = 2,057

J'applique

A Calcule :
a) 148 : 100 ; b) 3 561 : 10 ;
c) 552 : 1 000 ; d) 25 : 100.

B Calcule :
a) 789,24 : 100 ; b) 302,7 : 1 000 ;
c) 2,37 : 10 ; d) 90,12 : 100.

C Recopie et complète :
a) 576 : ... = 5,76 ; b) ... : 10 = 1,3 ;
c) 609 : ... = 0,609 ; d) ... : 100 = 25,75.

D Recopie et complète :
a) 9340 : ... = 9,34 ; b) 30 : ... = 0,03 ;
c) ... : 1 000 = 0,04 ; d) ... : 100 = 0,534.

Je m'entraîne

ORAL
1 Calcule chaque division décimale :
a) 73 : 10 ; b) 60 : 10 ;
c) 81 : 1 000 ; d) 93 : 100.

ORAL
2 Calcule chaque division décimale :
a) 3,6 : 10 ; b) 2,21 : 100 ;
c) 4,12 : 10 ; d) 5,302 : 1 000.

ORAL
3 Donne l'écriture à virgule de chaque nombre suivant :
a) « 5 centièmes » ; b) « 23 dixièmes » ;
c) « 752 centièmes» ; d) « 59 millièmes » ;
e) « 9 872 centièmes» ; f) « 6 872 millièmes ».

ORAL
4 Quel est le quotient de la division décimale de la somme de 5 et de 0,4 par 10 ?

5 Calcule chaque division décimale.
Écris chaque résultat en chiffres, puis en toutes lettres :
a) 10 : 10 ; b) 10 : 100 ;
c) 1 000 : 100 ; d) 1 : 1 000 ;
e) 10 : 1 000 ; f) 100 000 : 1000.

6 Donne l'écriture à virgule de chaque fraction décimale :
$\frac{32}{10}$ | $\frac{7\,682}{1\,000}$ | $\frac{958}{100}$ | $\frac{408}{1\,000}$ | $\frac{7\,853}{100}$.

7 Un électricien reçoit un carton de 3,4 kg contenant 100 interrupteurs et un rouleau de fil électrique de 28 kg et de longueur 100 m.
1) Quelle est la masse de chaque interrupteur ?
2) Quelle est la masse en grammes d'un mètre de fil électrique ?

J'approfondis

8 PROBLÈME Les cinq écoles d'une commune se regroupent pour commander du matériel scolaire à moindre prix. Elles commandent chacune les mêmes quantités.
Voici la facture globale :

- 1 000 stylos bleus au prix de 76 € les mille ;
- 800 cahiers à 97 € la centaine ;
- 200 ramettes de papier à 37,50 € les dix.

1) Quel est le montant total de cette facture ?
2) Calcule la somme payée par chaque école.
3) Calcule le prix d'un stylo bleu, le prix d'un cahier et celui d'une ramette de papier.

9 PROBLÈME Les enfants d'un centre de loisirs vont visiter un zoo. Le prix du transport pour un bus de 36 places est de 192,00 €.
Combien chaque enfant paye-t-il pour le transport, lorsqu'il y a :
a) 10 participants ? b) 20 participants ?
c) 30 participants ? d) 40 participants ?
e) 50 participants ? f) 100 participants ?

59 PROGRAMMES DE CONSTRUCTION (1)

Suivre un programme de construction d'une figure

Géométrie

Calcul mental
3,5 km = ? m
280 m = ? km
350 cm = ? m
…

Je revois comment suivre un programme de construction étape par étape

Programme de construction
1) Construis un triangle ABC rectangle en B.
2) Construis la droite (d_1) parallèle à la droite (AC) et qui passe par le point B.
3) Construis la droite (d_2) perpendiculaire à la droite (BC) et qui passe par le point C.

1• 1re étape : construction du triangle ABC.
Les dimensions du triangle ABC ne sont pas précisées.
a) Trace une droite et places-y les points A et B.
b) Construis la droite perpendiculaire à la droite (AB) passant par le point B.
c) Place un point C sur cette droite.
d) Trace le triangle ABC.

2• 2e étape : construction de la droite (d_1).
Trace la droite (d_1) en utilisant le programme de construction d'une droite parallèle (regarde la page 14 de ton manuel).

3• 3e étape : construction de la droite (d_2).
Trace la droite (d_2) en utilisant le programme de construction d'une droite perpendiculaire (regarde la page 10 de ton manuel).

Je choisis le bon programme de construction

Programme de construction
Trace un cercle de centre A. Trace un diamètre [BC] de ce cercle.
Trace le cercle de centre B et de rayon BA.

1• Parmi les trois figures ci-dessous, laquelle correspond à ce programme de construction ?

Figure 1

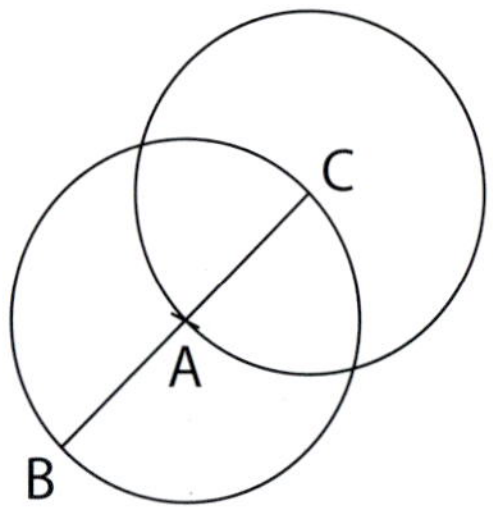

Figure 2

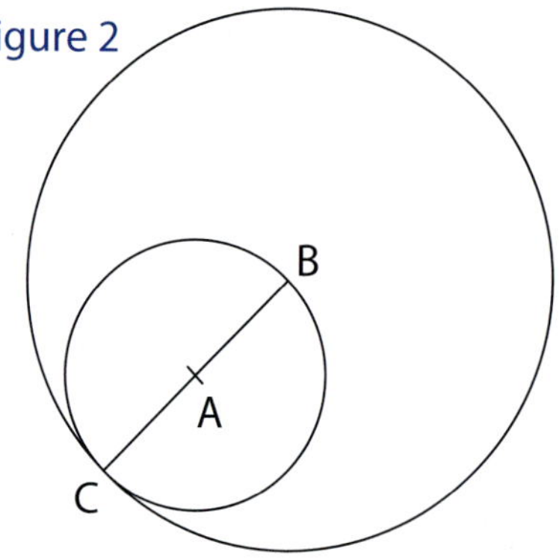

Figure 3

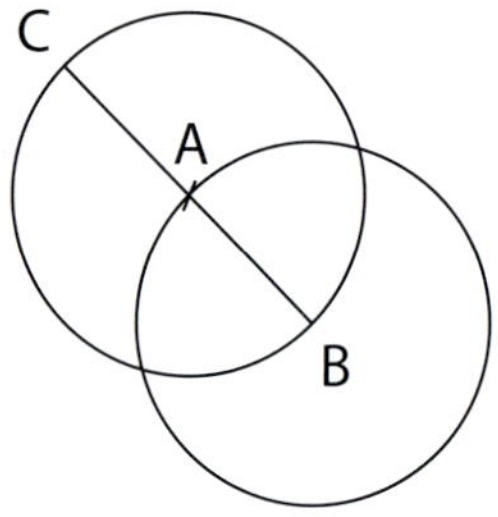

2• Écris un programme de construction pour chacune des deux autres figures.

Je m'entraîne

1 **1)** Construis un triangle ABC isocèle en B.
2) Construis la droite (d_1) parallèle à la droite (BC) et qui passe par le point A.
3) Construis la droite (d_2) parallèle à la droite (AB) et qui passe par le point C.
4) Les droites (d_1) et (d_2) se coupent au point D.
a) Colorie en bleu la figure ABCD.
b) Quelle est la nature de la figure ABCD ?

2 **1)** Construis un carré ABCD.
Trace les droites (AC) et (BD).
2) Construis en rouge la droite perpendiculaire à la droite (AC) et qui passe par le point A.
3) Construis en bleu la droite perpendiculaire à la droite (AC) et qui passe par le point C.
4) Construis en vert la droite perpendiculaire à la droite (BD) et qui passe par le point B.
5) Construis en noir la droite perpendiculaire à la droite (BD) et qui passe par le point D.

3 **1)** Construis un triangle équilatéral ABC de côté 6 cm. Place le milieu D du côté [BC].
Trace la droite (AD).
Que peux-tu dire des droites (AD) et (BC) ?
2) Construis la hauteur issue du point B.
Elle coupe le segment [AC] en E.
Que représente le point E pour le segment [AC] ?

4 **1)** Trace une droite (d) et place un point A sur cette droite.
Trace le cercle ($\mathscr{C}$) de centre A et de rayon 4 cm.
Nomme B et D les points d'intersection du cercle ($\mathscr{C}$) et de la droite (d).
2) Trace la droite (d_1) perpendiculaire à la droite (d) et qui passe par le point A.
Nomme E et F les points d'intersection du cercle ($\mathscr{C}$) et de la droite (d_1).
3) **a)** Trace le cercle de centre B et de rayon 4 cm.
b) Trace le cercle de centre D et de rayon 4 cm.
c) Trace le cercle de centre E et de rayon 4 cm.
d) Trace le cercle de centre F et de rayon 4 cm.

5 **1)** Reproduis la figure ci-dessous.

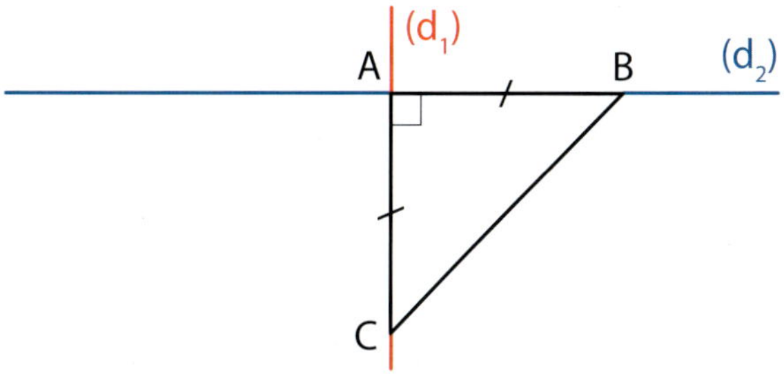

2) **a)** Construis le point D symétrique du point B par rapport à la droite (d_1).
b) Construis le point E symétrique du point C par rapport à la droite (d_2).
c) Quelle est la nature de la figure BCDE ?

J'approfondis

6 Construis un carré ABCD.
À partir de cette figure, construis un carré BDEF.

7 Construis un losange ABCD.
Sur la même figure, construis un carré ABEF.

8 Construis un triangle ABC, non rectangle.
Construis sa hauteur issue du point A.
Nomme H le point d'intersection de cette hauteur et de la droite (BC).
Sur la même figure, construis un triangle équilatéral AHE.

9 Construis un rectangle ABCD, de longueur 8 cm et de largeur 5 cm.
Sur la même figure, trace un rectangle BDEF tel que le point A appartienne au segment [EF].

10 **1)** Reproduis la figure ci-dessous.

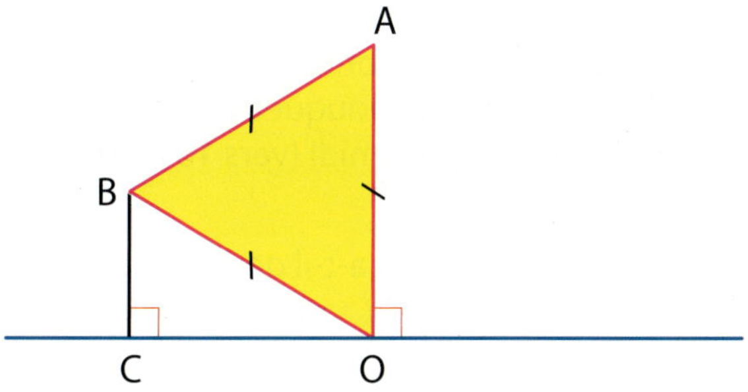

2) **a)** Construis le symétrique du point C par rapport à la droite (AO). Nomme ce point G.
b) Construis le symétrique du point B par rapport à la droite (CO). Nomme ce point D.
c) Construis le symétrique du point A par rapport à la droite (CO). Nomme ce point E.
d) Trace les droites (BO) et (DO).
e) Construis la droite (d) perpendiculaire à la droite (CG) passant par le point G.
Cette droite (d) coupe la droite (DO) au point H et la droite (BO) au point F.
f) Trace le polygone ABCDEFGH.

PROBLÈMES DE LA VIE QUOTIDIENNE (4)

Calcul mental
5,8 t = ? kg
688 g = ? kg
784 kg = ? q
…

Je résous un problème en suivant plusieurs étapes

Énoncé
Pour un repas de fête, Guillian et son épouse ont invité trois couples d'amis.
Guillian prépare des homards en croûte de sel.
Il achète 4 homards bretons à 38,60 € pièce et 6 kg de gros sel de Guérande à 4,35 € le kg.
Le poissonnier lui fait cadeau des 1,5 kg d'algues marines dont il a besoin.

Question
Quel est le prix par invité de ce plat ?

1• Combien de personnes vont manger à ce repas ?

2• Combien Guillian a-t-il payé pour ses achats ?

3• Quel est le prix par personne de ce plat ?

Je résous un problème en posant les bonnes questions

Énoncé
Pour la fête des Mères, un fleuriste a reçu 4 colis contenant 150 roses chacun.
Il a payé 380,80 € pour cette commande.
Avec ces roses, il confectionne des bouquets contenant chacun 11 fleurs.
Il revend chaque bouquet 14,80 €.
En milieu d'après-midi (vers 16 h 30), il a déjà vendu tous ses bouquets.

Question
Combien d'argent a-t-il gagné entre l'achat des fleurs et la vente des bouquets ?

1• Des questions suivantes, laquelle n'est pas utile à la résolution de ce problème ?

Quel est le montant total de la vente des bouquets ?	Combien de bouquets a-t-il faits ?	Quel est le prix d'une rose ?	Combien de roses a-t-il reçues ?

2• **a)** Des questions restantes, laquelle dois-tu te poser en premier ?
b) Réponds à cette question.

3• Réponds alors à chacune des deux autres questions.

4• Déduis-en la somme d'argent qu'il a gagnée entre l'achat des fleurs et la vente des bouquets.

Je m'entraîne

1 Maxence fait de la confiture d'abricots. Il utilise 3 kg d'abricots à 1,44 € le kg, 2 kg de sucre à 0,76 € le kg et des bocaux à 1,25 € pièce. Il remplit ainsi 8 pots.
1) Quel est le montant de ses achats ?
2) Combien lui coûte chaque pot de confiture ?

2 La directrice de l'école commande :
- 800 trombones à 1,20 € la boîte de cent ;
- 180 enveloppes à 1,45 € le paquet de douze.

L'école paie cette facture en trois fois.
1) Combien de boîtes de trombones a-t-elle commandées ? Combien de paquets d'enveloppes ?
2) Quel est le montant de cette commande ?
3) Quel est le montant de chaque versement ?

3 Nayla possède une collection de 156 voitures miniatures. Elle participe à une bourse d'échange de collectionneurs. Pour les transporter, elle utilise des boîtes qui peuvent chacune contenir 18 voitures. À cette bourse, Nayla échange les cinq douzièmes de sa collection.
1) Combien de boîtes Nayla utilise-t-elle pour transporter ses voitures ?
2) Combien de voitures a-t-elle échangées lors de cette rencontre ?

4 Christophe possède 142,80 € d'économies. Il en dépense un huitième pour acheter un jeu vidéo et trois huitièmes pour une console de jeux d'occasion.
1) Combien Christophe dépense-t-il pour l'achat du jeu vidéo ?
2) Combien Christophe dépense-t-il pour l'achat de la console d'occasion ?

5 Pour sa cabane, Rémi a besoin de tissu de 0,6 m de large. Il achète une longueur de 5 m de tissu et paye 28,50 €.

1) Quel est le prix d'un morceau d'un mètre de longueur de ce tissu ?
2) Quelle aire de tissu Rémi a-t-il achetée ?
3) Quel est le prix d'un morceau d'un mètre carré de ce tissu ?

6 Adélaïde pose du carrelage dans une pièce rectangulaire de longueur 560 cm et de largeur 350 cm. Elle utilise des carreaux carrés de côté 30 cm.
1) Combien met-elle de carreaux :
a) sur une longueur ? **b)** sur une largeur ?
2) Combien de carreaux va-t-elle utiliser ?

J'approfondis

7 Dimitri a invité 11 de ses amis à son anniversaire. Il a préparé 160 petits gâteaux secs. Lors de la fête, Dimitri et ses invités mangent chacun 6 petits gâteaux. Avant leur départ, Dimitri et ses amis décident de partager équitablement les gâteaux. Dimitri garde en plus les gâteaux non distribués. Combien de gâteaux Dimitri garde-t-il ?

8 Mayssa a acheté 800 carreaux de céramique. Elle a payé 65,60 €. Chaque carreau est un carré de 1,5 cm de côté. Elle coupe un plateau de forme rectangulaire et veut le recouvrir de céramique. Mayssa veut utiliser toute la céramique achetée.
1) Donne un exemple de dimensions possibles de ce plateau.
2) Les carreaux étant vendus par paquet de 100, calcule le prix de chaque paquet.

9 Un commerçant commande :
- 90 bouteilles de lait à 5,10 € le pack de 6 ;
- 180 œufs à 2,25 € la boîte de 12 ;
- 30 kg de farine à 0,75 € le kg.

Il paye un quart du montant de la facture à la commande et le reste à la livraison. Combien ce commerçant va-t-il payer à la livraison ?

En route vers la 6e

JE RÉDIGE LA SOLUTION D'UN EXERCICE

Énoncé de l'exercice

Pour assister à une représentation, un cirque propose deux tarifs : enfant et adulte.
Le prix payé par 4 enfants est 35,40 €.
Le prix payé par 3 adultes est 34,05 €.

Combien va payer une famille de 2 adultes et 3 enfants pour assister à cette représentation ?

Rédaction de la solution

Mes conseils

- **Prix pour deux adultes :**

(: 3 puis × 2)

Nombre d'adultes	3	1	2
Prix (en €)	34,05	11,35	22,7

(: 3 puis × 2)

Le prix pour deux adultes est 22,70 €.

J'ai d'abord cherché le prix des places des parents, puis celui des places des enfants.

J'ai fait un tableau de proportionnalité en précisant les titres de chaque ligne. Je suis **passée par l'unité**.

- **Prix pour trois enfants :**

Nombre d'enfants	4	3
Prix (en €)	35,4	?

Je calcule (35,40 × 3) : 4 = 106,2 : 4 = 26,55.
Le prix pour trois enfants est 26,55 €.

J'ai fait un nouveau tableau de proportionnalité. J'ai utilisé **la règle de trois**.

Il est rassurant de trouver moins que le prix pour 4 enfants.

- **Prix pour la famille :**

22,7 + 26,55 = 49,25

Pour assister à cette représentation, une famille de 2 adultes et de 3 enfants va payer 49,25 €.

N'oublie pas de répondre à la question posée. J'ai relu la question de l'énoncé pour rédiger correctement ma réponse.

Je m'entraîne à rédiger la solution d'un exercice

Un musée d'Histoire naturelle propose deux tarifs : enfant et adulte.
Le prix payé par 4 enfants est 11,60 €.
Le prix payé par 6 adultes est 25,50 €.
Combien va payer un groupe d'amis de 7 adultes et de 12 enfants pour visiter ce musée ?

Il n'y a qu'une seule bonne réponse par énoncé !

		Énoncé	Réponse A	Réponse B	Réponse C	Si erreur revoir :
Calcul	1	23 = (**4** × 5) + **3** et 23 = 5 × **4,6**. Le quotient de la division décimale de 23 par 5 est :	3	4	4,6	**page 116**
	2	Le quotient de la division décimale de 35 par 4 est :	8	8,7	8,75	**page 120**
	3	Une valeur approchée au centième du nombre 8,436 est :	8,44	8,4	8	**page 126**
	4	Le quotient de la division décimale de 8,7 par 6 est :	14,5	1,45	145	**page 130**
	5	$\frac{4}{3}$ de 120 est égal à :	160	90	40	**page 134**
	6	5,376 : 100 est égal à :	537,6	0,05376	0,5376	**page 140**
	7	Pour ranger 141 œufs dans des boîtes de 6, on utilise :	23 boîtes	23,5 boîtes	24 boîtes	**page 144**
Géométrie	8	Un pavé droit possède :	12 arêtes	8 arêtes	6 arêtes	**page 132**
	9	Un cube a pour patron :				**page 136**
	10	Kim a tracé un cercle de diamètre [OP]. Son dessin est :	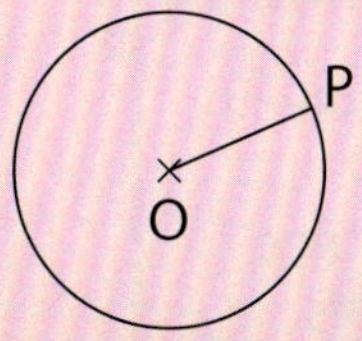	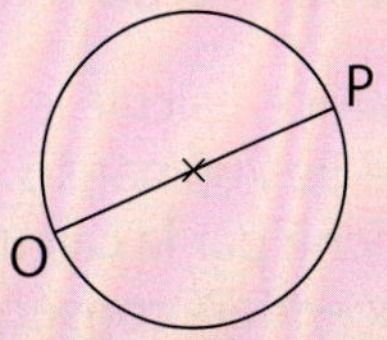	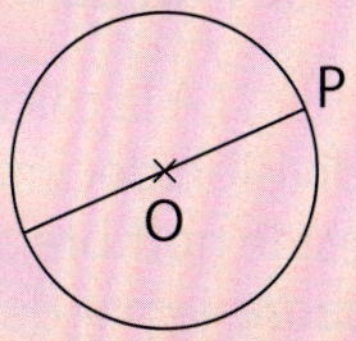	**page 142**
Grandeurs	11	1 285 cm^2 sont égaux à :	0,1285 m^2	12,85 m^2	128 500 m^2	**page 118**
	12	Un rectangle de longueur 5 m et de largeur 3 m a une aire de :	16 m	15 m	15 m^2	**page 122**
	13	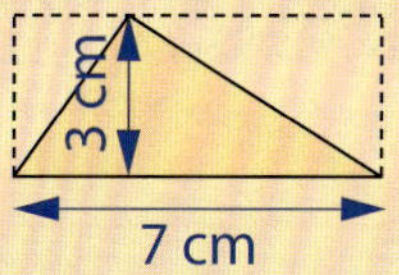	L'aire du triangle est 21 cm^2.	L'aire du triangle est 10,5 cm^2.	L'aire du triangle est 5 cm^2.	**page 128**
Données		Une usine fabrique des bougies. Ces bougies sont mises en cartons. Tous les cartons ont la même masse. La masse de 6 cartons est 8,1 kg.				
	14	La masse en kg de 5 cartons est égale au résultat de :	8,1 : 6	(8,1 : 5) × 6	(8,1 : 6) × 5	**page 124**
	15	La masse en kg de 7 cartons est égale au résultat de :	(7 × 8,1) : 6	(7 × 6) : 8,1	(6 × 8,1) : 7	**page 138**

Les réponses commentées sont présentées page 190.

Nombres et calcul

1 On donne :
$43 = (10 \times 4) + 3$ et $43 = 4 \times 10,75$.
Solal adore faire de la compote. Il partage équitablement sa production avec ses trois enfants.
1) Il a fabriqué 43 kg de compote de pommes. Combien en donnera-t-il à chacun de ses enfants ?
2) Il a fait 43 pots de compote de poires. Combien en donnera-t-il à chacun de ses enfants ?

2 **1)** Calcule les produits suivants :
$7,5 \times 4$ | $3,75 \times 8$ | $2,5 \times 12$ | $1,875 \times 16$.
2) Déduis-en le quotient de la division décimale de 30 par : 8 | 16 | 12 | 4.

3 **1)** Calcule le quotient de la division décimale de 285 par 6.
2) Calcule le quotient de la division décimale de 87 par 12.

4 Margot découpe 8 morceaux identiques d'une étoffe d'aire 9 m^2.
Quelle est l'aire de chaque morceau ?

5 On considère le nombre 67,8059.
Donne une de ses valeurs approchées :
a) à l'unité ; **b)** au dixième ; **c)** au centième.

6 **PROBLÈME** **1)** À la calculatrice, calcule le quotient de la division décimale de 200 par 13.
Quel est le nombre affiché par la calculatrice ?
2) Encadre-le par deux entiers consécutifs.
3) Donne ses valeurs approchées au centième.

7 **1)** Calcule le quotient de la division décimale de 20,4 par 3.
2) Calcule le quotient de la division décimale de 13,7 par 5.

8 Sylvain achète 12 piles AAA.
Il paye 5,70 €.
1) Combien coûte 1 pile AAA ?
2) Combien coûtent 7 piles AAA ?

9 **1)** Convertis en minutes $\frac{1}{5}$ d'heure.
2) Convertis en minutes $\frac{4}{5}$ d'heure.

10 **PROBLÈME** Tasnim possède un réservoir d'eau de pluie contenant 1 600 L.
Elle utilise $\frac{5}{8}$ de cette eau pour arroser les fleurs de son jardin. Elle arrose la pelouse avec $\frac{3}{4}$ de l'eau qui reste.
Combien d'eau reste-t-il dans le réservoir ?

11 Calcule chaque division décimale :
8,2 : 100 | 56,8 : 10 | 32 : 1 000 | 0,6 : 10.

12 Recopie et complète chaque égalité :
5,6 : 10 = … | 54 : … = 0,54
… : 100 = 0,065 | 6,7 : … = 0,00067.

13 **PROBLÈME** Un pâtissier commande :
- 192 œufs à 1,45 € la douzaine ;
- 14 kg de sucre à 0,87 € le kg ;
- 4,5 kg de chocolat à 13 € le kg.

Il paye un quart du montant de la facture à la commande et le reste à la livraison.
Combien ce commerçant va-t-il payer :
a) à la commande ? **b)** à la livraison ?

Géométrie

On utilise ce pavé droit pour les exercices **14** et **15** ci-contre.

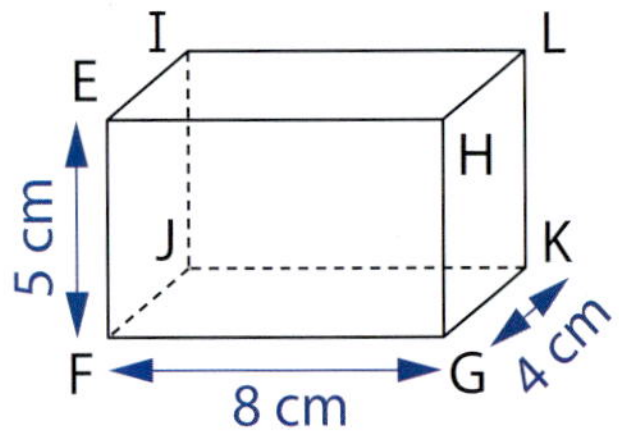

14 **1)** Cite toutes les arêtes de ce pavé droit qui mesurent 8 cm.
2) Quelle est la face opposée à la face EHLI ?
3) Dessine en vraie grandeur la face EHLI.

15 **PROBLÈME** **1)** Cite toutes les arêtes de ce pavé droit qui mesurent 4 cm.
2) Quel est le périmètre de la face FGKJ ?
3) Quelle est l'aire de la face EFGH ?

16 Explique pourquoi ce dessin n'est pas le patron d'un pavé droit.

17 Reproduis et complète cette figure pour obtenir un patron de pavé droit.

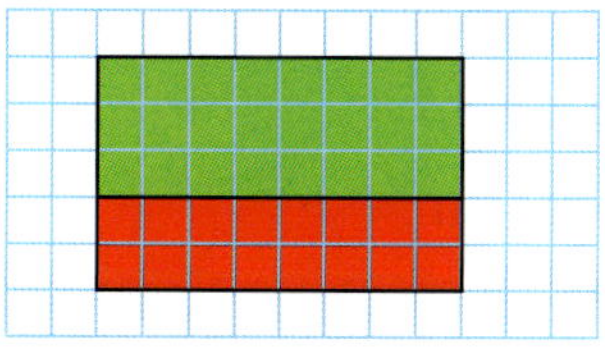

18 Sur papier quadrillé, construis un patron de cube de côté 4 carreaux.

19 **PROBLÈME** Programme de construction

- Trace un cercle de centre A.
- Choisis deux points O et B sur ce cercle.
- Trace le triangle AOB.
- Trace en bleu sa hauteur issue du point A.

1) Maé a correctement suivi ce programme de construction. Quel est son dessin ?

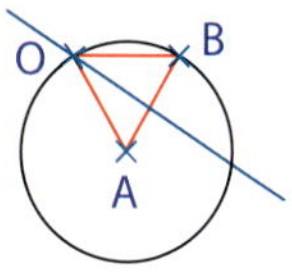

Figure a

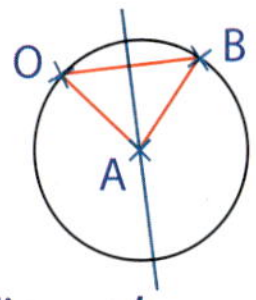

Figure b

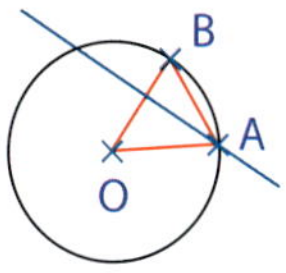

Figure c

2) Pour chacune des deux autres figures, écris un programme de construction.

Grandeurs et mesures

20 1) Convertis en mètres carrés.
a) 2,7 km^2 ; **b)** 780 000 mm^2.
2) Recopie et complète :
56 dm^2 = 5 600… = 0,0056….

21 **PROBLÈME** Le parc du château des Mille-Fleurs est composé de :
- 6,828 hm^2 de bois ;
- 653,5 dam^2 de pelouses fleuries ;
- 6952,8 m^2 de bassins aquatiques.

1) Laquelle de ces trois surfaces a :
a) la plus grande aire ? **b)** la plus petite aire ?
2) Calcule l'aire totale de ce parc.

22 1) Calcule l'aire d'un rectangle de longueur 7,3 m et de largeur 6 m.
2) Calcule l'aire d'un carré de côté 15 cm.

23 **PROBLÈME** On considère un rectangle de longueur 8 cm et de largeur 68 mm. Calcule son périmètre et son aire.

24 1) Construis le triangle TRI rectangle en R tel que TR = 7 cm et RI = 5 cm.
2) Calcule son aire.

25 En mesurant sur la figure, calcule l'aire du rectangle bleu et l'aire du triangle jaune.

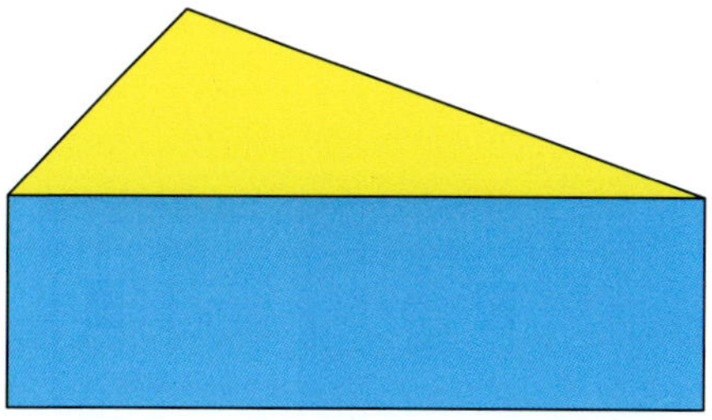

Organisation et gestion de données

26 Élisa fabrique des pains aux céréales, tous de même masse.
La masse de 6 pains aux céréales est 2,73 kg.
1) Quelle est la masse de 18 de ces pains ?
2) Quelle est la masse de chaque pain ?
3) Quelle est la masse de 4 de ces pains ?
4) Un restaurateur a acheté 4,55 kg de pains aux céréales. Combien en a-t-il achetés ?

27 Nils passe ses vacances d'hiver à la montagne.
Il a payé 45,40 € pour 4 jours de location du matériel de ski.
Il décide de prolonger son séjour de 3 jours.
Combien va-t-il payer pour la location du matériel pour 3 jours supplémentaires ?

28 **PROBLÈME** À l'aide d'une pompe, Yves gonfle 100 ballons pour son anniversaire.
Il a mis 12 minutes pour gonfler les 30 premiers ballons.
Combien de temps lui faut-il pour gonfler les autres ballons ?

J'utilise un **tableau à double entrée** pour organiser et présenter des données.
Ce tableau me permet de classer des informations ou encore de les comparer plus rapidement.

Je découvre comment « Insérer un tableau » avec un logiciel de traitement de texte

Le logiciel de traitement de texte utilisé est « OpenOffice » version 3.1.

On veut recopier le tableau suivant sur une page de texte d'ordinateur :

Tableau des effectifs de l'école					
Classes	CP	CE1	CE2	CM1	CM2
Effectifs	18	21	23	24	19

1• Clique sur l'icône du traitement de texte située sur le bureau.

2• La fenêtre ci-contre s'ouvre.
Clique sur l'icône pour « **Créer un nouveau document** ».

3• Un nouveau document « **Sans nom 1** » s'ouvre.
Écris le titre du tableau, puis va à la ligne.

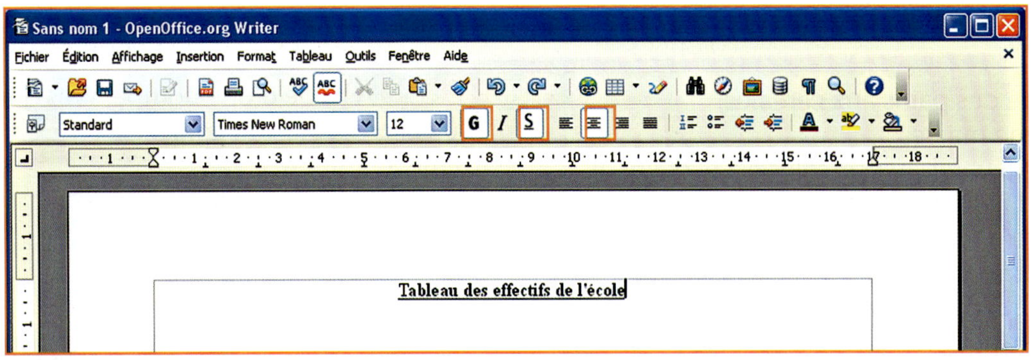

4• Dans la barre de tâches, clique sur Tableau.

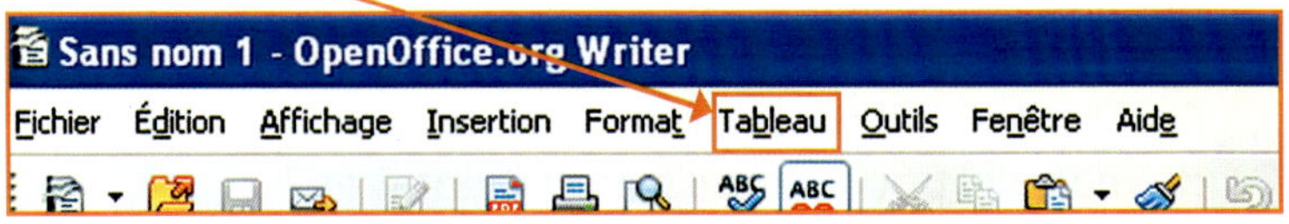

5• Le menu déroulant « **Tableau** » s'ouvre.
Clique sur « **Insérer** », puis sur « **Tableau** ».

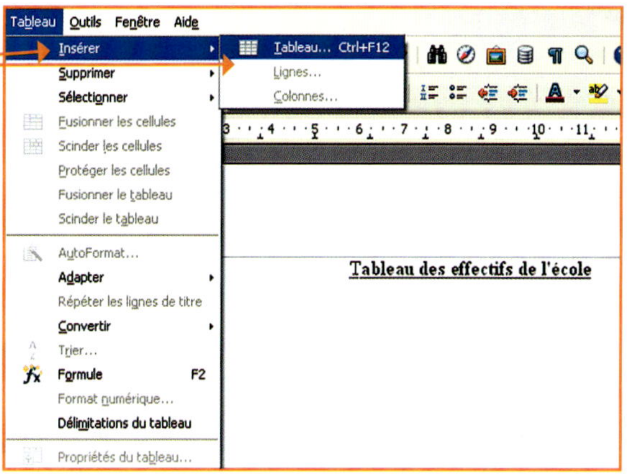

6• La fenêtre « **Insérer un tableau** » s'ouvre.
Modifie le nombre de « **Colonnes** » et de « **Lignes** » pour créer le tableau désiré.

Valide en cliquant sur la touche « **OK** ».

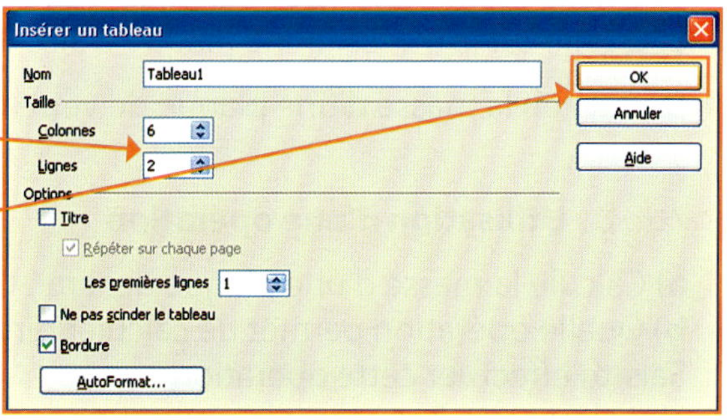

7• Recopie les données de l'énoncé dans le tableau créé.

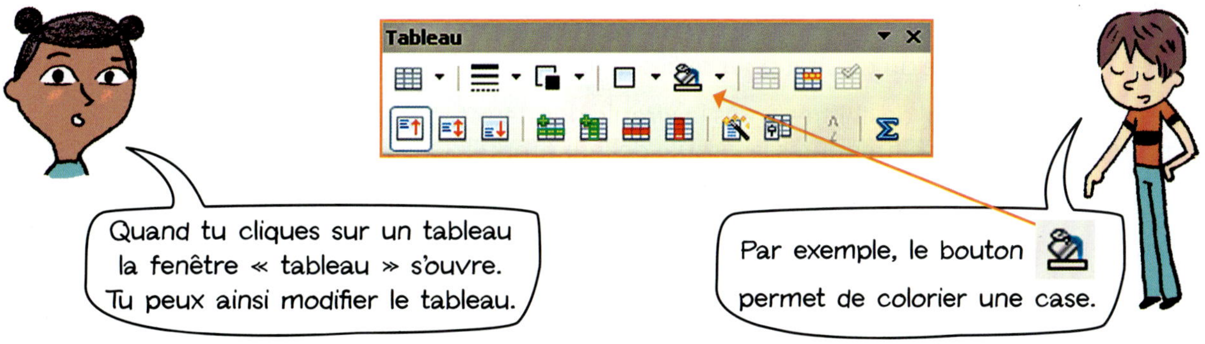

Je m'entraîne à créer des tableaux

1 Crée un tableau de 2 lignes et de 2 colonnes dans lequel tu classeras le nombre de garçons et le nombre de filles qu'il y a dans ta classe.

2 François 1er, Henri IV, Louis XIV et Louis XVI sont quatre rois de France.
1) Dans un dictionnaire, recherche leur date de naissance et la durée de leur règne.
2) Classe ces informations dans un tableau que tu créeras avec le logiciel de traitement de texte.

3 Crée un tableau dans lequel tu pourras lire la température qu'il fait le matin et l'après-midi tous les jours de la semaine.

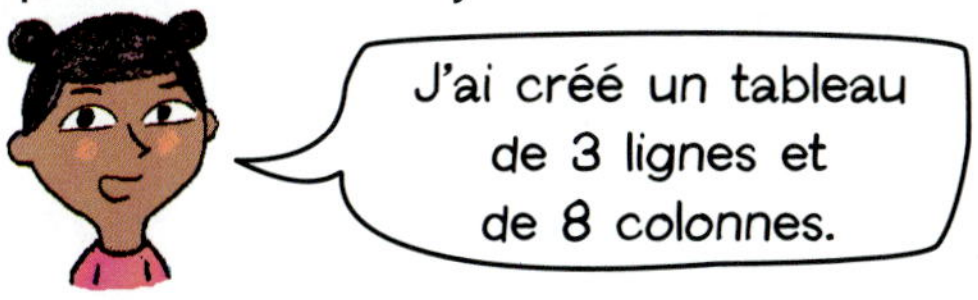

4 **1)** Cherche dans une encyclopédie ou sur Internet le nombre d'habitants des dix villes les plus peuplées de France.
2) Organise ces données dans un tableau que tu créeras avec le logiciel de traitement de texte.

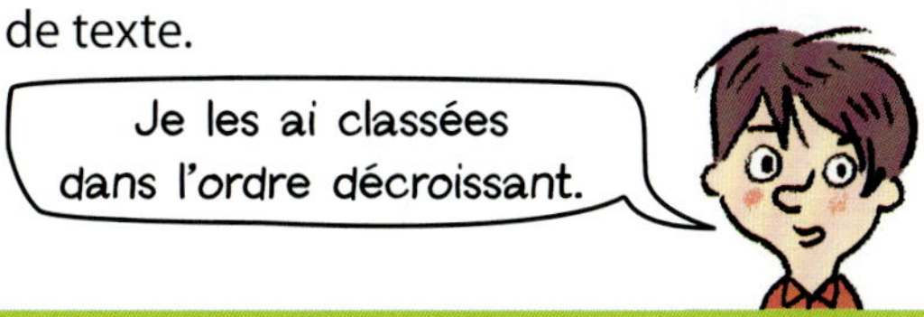

61 Calcul

MULTIPLICATION (4)

Multiplier un nombre décimal par un nombre décimal

Calcul mental

$6 \times 0,8 = ?$
$4 \times 2,3 = ?$
$5 \times 1,7 = ?$
...

Je découvre comment effectuer la multiplication de deux nombres décimaux

Un miroitier utilise des plaques de verre pour fabriquer des fenêtres.
Une plaque de verre d'aire 1 m² a une masse de 6,15 kg.
On souhaite calculer la masse d'une plaque de 2,7 m².

Partie A : Utilisation des propriétés de la proportionnalité

1• Une plaque de verre de **1** m² a une masse de **6,15** kg.
a) Quelle est la masse d'une plaque d'aire **2** m² ?
b) Quelle est la masse d'une plaque d'aire **0,1** m² ?
c) Quelle est la masse d'une plaque d'aire **0,7** m² ?

2• Déduis-en la masse d'une plaque de verre d'aire **2,7** m².

Partie B : Utilisation d'une opération

1• **a)** Calcule la masse d'une plaque de **6** m². Quelle opération as-tu effectuée ?
b) Quelle opération permet de calculer directement la masse d'une plaque de **2,7** m² ?
Sais-tu effectuer cette opération ?
c) Vu la **partie A**, quel est le résultat de cette opération ?

2• **a)** Pose et effectue la multiplication **27 × 615**.
b) Dans ton opération, écris en rouge la virgule du facteur **2,7** et la virgule du facteur **6,15**.
Écris en rouge la virgule du résultat pour qu'il soit juste.

3• Compte le nombre total de chiffres après la virgule des deux facteurs de ton opération.
Compte le nombre de chiffres après la virgule de leur produit. Que remarques-tu ?

Je retiens

Méthode pour poser la multiplication de deux nombres décimaux

On veut calculer le **produit** de **1,385** et de **4,1**.

Étape 1 : on pose la multiplication et on l'effectue **sans tenir compte des virgules.**

Étape 2 : on compte le **nombre total de chiffres après la virgule** des deux facteurs.

Étape 3 : on place la virgule du résultat. Le nombre de chiffres après la virgule est le nombre trouvé à l'étape précédente.

		1,	3	8	5
×				4,	1
		1	3	8	5
+	5	5	4	0	0
	5	6	7	8	5

1,385 → **3** chiffres après la virgule.
4,1 → **1** chiffre après la virgule.
3 + 1 = 4
Donc, **4** chiffres après la virgule. →

		1,	3	8	5
×				4,	1
		1	3	8	5
+	5	5	4	0	0
		5,	6	7	8	5

On a : **1,385 × 4,1 = 5,6785.**

Je comprends

Énoncé

Pose cette opération en colonnes et effectue-la :

3,8 × 2,46

Solution

		2,	4	6
×			3,	8
	[1]1	[1]9	6	8
+	7	3	8	0
	9,	3	4	8

On a : **3,8 × 2,46 = 9,348**.

J'applique

A Pose et effectue les opérations en colonnes :
a) 4,1 × 5,7 ; **b)** 2,3 × 13,34 ; **c)** 5,42 × 6,53.

B Pose et effectue les opérations en colonnes :
a) 3,4 × 0,58 ; **b)** 4,31 × 7,05 ; **c)** 7,9 × 0,056.

C Pose et effectue l'opération 3,75 × 8,64.
Quel est le produit de 3,75 et de 8,64 ?

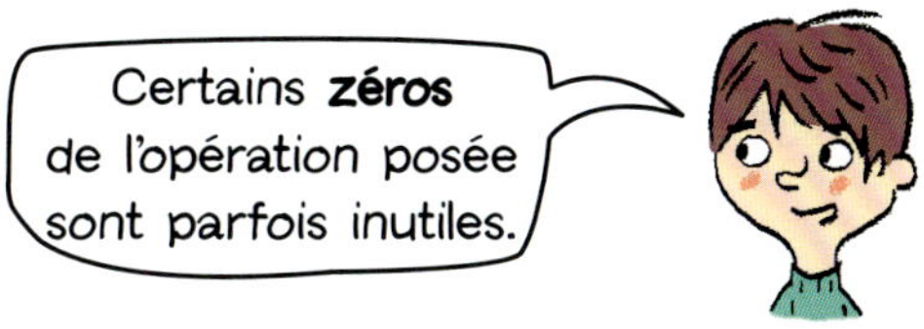

D Calcule le produit de 1,6 et de 2,375.

Je m'entraîne

ORAL
1 Calcule chaque produit :
a) 0,3 × 0,3 ; **b)** 0,7 × 0,4 ; **c)** 0,8 × 0,11 ;
d) 0,4 × 2,1 ; **e)** 1,1 × 0,9 ; **f)** 0,5 × 0,8.

ORAL
2 Calcule chaque produit :
a) 0,08 × 0,06 ; **b)** 0,05 × 0,11 ;
c) 1,2 × 0,03 ; **d)** 0,05 × 0,5 ;
e) 8 × 1,001 ; **f)** 0,4 × 0,25.

ORAL
3 On donne : **56 × 87 = 4 872**.
Déduis-en les produits :
a) 5,6 × 8,7 ; **b)** 8,7 × 0,56 ;
c) 56 × 0,087 ; **d)** 0,87 × 0,56 ;
e) 0,056 × 87 ; **f)** 0,056 × 0,87.

4 **1)** Calcule 37 × 428.
2) Détermine, sans poser l'opération, chaque produit :
a) 3,7 × 42,8 ; **b)** 37 × 0,428 ; **c)** 4,28 × 3,7 ;
d) 0,37 × 4,28 ; **e)** 0,428 × 0,037.

5 Cynthia veut acheter une belle daurade. Chez son poissonnier, les daurades sont vendues à 17,45 € le kilogramme.
1) Quel est le prix d'une daurade de 2 kg ?
2) Cynthia choisit une daurade de 1,4 kg. Combien va-t-elle payer ?

6 **1)** Calcule l'aire en cm^2 d'un rectangle de longueur 4,6 cm et de largeur 3,2 cm.
2) Calcule l'aire en cm^2 d'un carré de côté 4,3 cm.

J'approfondis

7 Naïm achète chez son boucher 0,865 kg d'agneau à 14,60 € le kilogramme.
Combien va-t-il payer ?

8 **1)** Trouve un ordre de grandeur du produit de 2,925 et de 2,48.
2) Parmi les nombres suivants, lequel peut être le résultat de ce produit ?

72,54	0,07254	7,254
0,7254	725,4	0,007254

3) Calcule ce produit et vérifie la réponse à la question précédente.

9 PROBLÈME **1)** Calcule le produit de la somme de 4,5 et 3,3 et de la somme de 5,2 et 0,04.
2) Calcule la somme du produit de 4,5 et de 3,3 et du produit de 5,2 et de 0,04.

10 PROBLÈME Les Anglais mesurent les longueurs en *inch* (pouce), en *foot* (pied) et en *yard* (cour).
Un *inch* mesure 2,54 cm.
Un *foot* correspond à 12 *inches*.
Un *yard* correspond à 3 *feet*.
Quelle est la longueur en mètres d'un *yard* ?

SOLIDES (3)
Reconnaître, décrire un prisme droit

Calcul mental
0,2 × 0,3 = ?
0,6 × 0,7 = ?
1,1 × 0,8 = ?
…

Je revois comment reconnaître un prisme droit

	A	B	C	D	E
Polygone	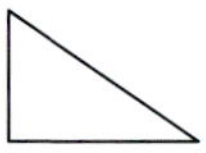		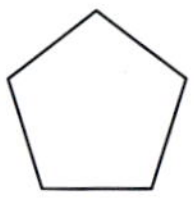	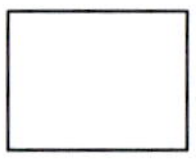	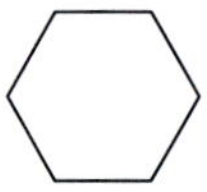

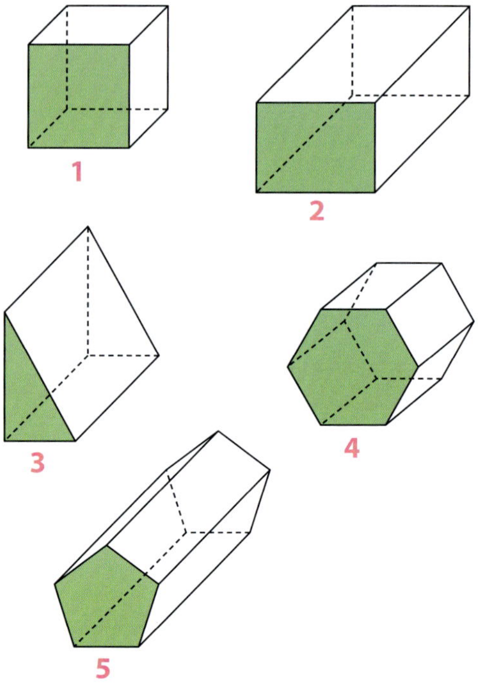

1• Des solides ci-contre, lequel possède des faces identiques au polygone **A** ?
Combien de ses faces sont identiques au polygone **A** ?
Quelle est la nature des autres faces de ce solide ?
Combien ce solide a-t-il de faces en tout ?
Ce solide s'appelle **un prisme droit à base triangulaire**.

2• Associe chaque solide à un polygone du tableau.

3• Comment appelle-t-on le solide 1 ? le solide 2 ?

4• Un de ces solides est **un prisme droit à base hexagonale**.
Lequel ? Pourquoi ?

Je revois comment décrire un prisme droit

On étudie les solides de l'activité précédente :
- prisme droit à base triangulaire (solide 3) ;
- pavé droit (solide 2) ;
- prisme droit à base hexagonale (solide 4) ;
- cube (solide 1) ;
- prisme droit à base pentagonale (solide 5).

J'ai 5 faces, 6 sommets et 9 arêtes.

J'ai 6 faces carrées, 8 sommets et 12 arêtes.

J'ai 7 faces, 10 sommets et 15 arêtes.

J'ai 6 faces rectangulaires, 8 sommets et 12 arêtes.

1• Trouve le prisme droit qui correspond à chaque étiquette ci-contre.

2• Un prisme droit n'est pas décrit. Lequel ?
Combien a-t-il de faces ? de sommets ? d'arêtes ?

Je retiens

Prisme droit

Un **prisme droit** est un solide qui possède :
- **deux faces superposables** appelées « **bases** » du prisme droit ;
- des **faces latérales** qui sont toutes des **rectangles**.

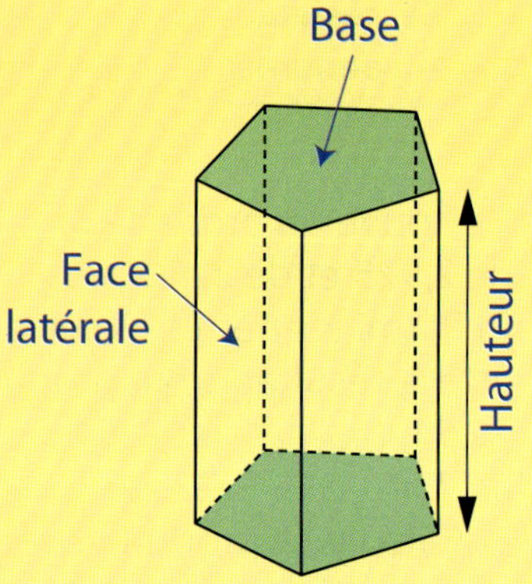

Remarques :
- Le cube et le pavé droit sont des prismes droits particuliers.
- Toutes les arêtes latérales d'un prisme droit ont la même longueur. Cette longueur est appelée « la **hauteur** du prisme droit ».

Je comprends

Énoncé

1) Nomme les bases de ce prisme droit.
Quelle est la nature de ces bases ?
2) Quelle est la nature de ce solide ?

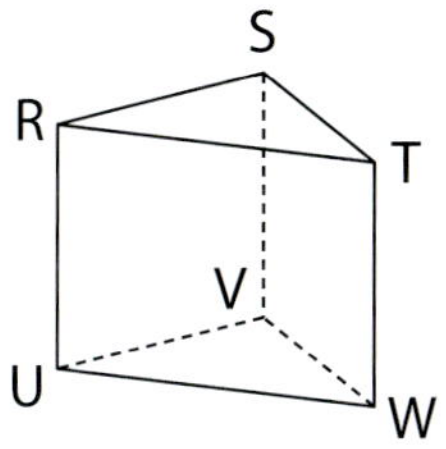

Solution

1) Les bases de ce solide sont les faces RST et UVW. Ce sont des triangles.
2) Ce solide est un prisme droit à base triangulaire.

J'applique

Pour les exercices A à C, observe le prisme droit ci-contre.
La face IJKL est la face avant.

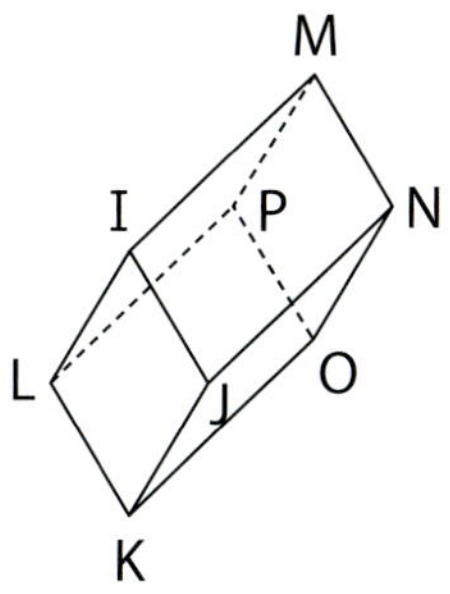

A Quelles sont les bases de ce prisme droit ?
Quelle est la nature de ce prisme droit ?

B Combien ce solide possède-t-il :
a) de faces ? **b)** de sommets ? **c)** d'arêtes ?

C Quelle est la nature de ses faces latérales ?
Nomme chacune de ses faces latérales.

Je m'entraîne

Pour les exercices 1 à 3, on considère le prisme droit suivant et une de ses bases :

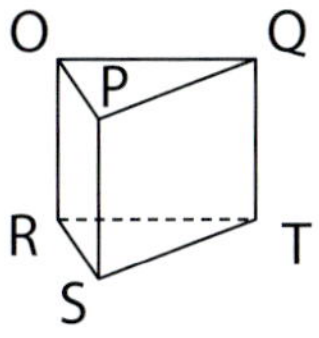

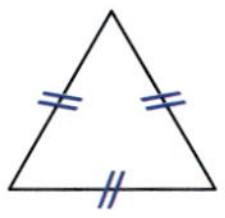

ORAL
1 1) Nomme une base de ce prisme.
Nomme une face latérale de ce prisme.
2) Combien ce solide possède-t-il :
a) de faces ? **b)** de sommets ? **c)** d'arêtes ?

ORAL
2 Quelles arêtes ont la même longueur que :
a) l'arête [QT] ? **b)** l'arête [QP] ?

ORAL
3 Quelle est la nature de la face PQTS ?

4 Voici un prisme droit.
On sait que :
AB = BC et
CD = AE

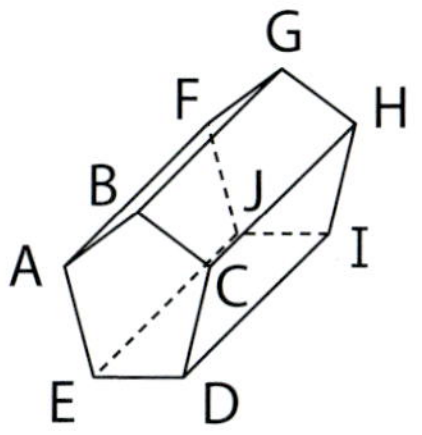

1) Quelle est la nature des bases de ce solide ?
Quelles sont ses bases ?
2) Quelles faces ont les mêmes dimensions que :
a) la face BGHC ? **b)** la face CDIH ?

5 Un prisme droit a pour base un triangle équilatéral de côté 3 cm. Sa hauteur est 5 cm.
1) Construis en vraie grandeur une base de ce prisme droit.
2) Construis en vraie grandeur une de ses faces latérales.

J'approfondis

6 Un prisme droit a pour base le polygone orange.
1) Combien ce solide possède-t-il de faces ?
2) Quelle est la nature de ce prisme droit ?

7 PROBLÈME Un prisme droit a pour base un losange de côté 4,5 cm. Il a une hauteur de 7,2 cm.
1) Calcule la longueur totale des arêtes de ce prisme.
2) Calcule l'aire d'une de ses faces latérales.

8 PROBLÈME Simon fabrique une boîte en bois avec un couvercle décoré. Cette boîte est un pavé droit qui a pour base un rectangle de longueur 10,6 cm et de largeur 8,5 cm.
Sa hauteur mesure 6,4 cm.
1) Quelle est l'aire décorée du couvercle ?
2) Calcule l'aire totale des faces en bois.

63 PROPORTIONNALITÉ (4)

Résoudre une situation de proportionnalité (pourcentages)

Données

Calcul mental

(20 × 4) : 100 = ?
12 + (12 : 3) = ?
20 – (20 : 4) = ?
…

Je revois pourquoi utiliser des pourcentages

Deux élèves répondent à deux quiz différents.
Jessica a répondu au **test A** de 50 questions. Elle a répondu juste à 38 d'entre elles.
Wael a répondu au **test B** de 80 questions. Il a répondu juste à 56 d'entre elles.

1• Sans faire de calculs, peux-tu dire qui a le mieux réussi son test ?
Explique pourquoi.

2• Pour comparer leurs résultats, il serait utile que les deux quiz aient le même nombre de questions.
On propose de ramener à 100 le nombre de questions de chaque test.
a) Recopie et complète les tableaux de proportionnalité suivants.

Test A

Nombre de questions	50	100
Questions réussies	38	…

Test B

Nombre de questions	80	10	100
Questions réussies	56	…	…

b) Qui a le mieux réussi son quiz : Jessica ou Wael ?

Je découvre comment appliquer un pourcentage

Liana collectionne des fèves de galettes des Rois. Elle en possède **155**.
40 % des fèves de sa collection sont en porcelaine.

1• En moyenne, sur 100 fèves de cette collection, combien de fèves sont en porcelaine ?

2• a) Recopie, sans le compléter, le tableau de proportionnalité suivant :

Nombre de fèves	**100**	**155**
Nombre de fèves en porcelaine	…	…

b) Utilise la question 1 pour remplir la case verte.
c) Utilise alors la règle de trois pour remplir la case orange.

3• Combien de fèves en porcelaine Liana possède-t-elle ?

Je retiens

Pour **appliquer un pourcentage**, on utilise généralement un tableau de proportionnalité.

Dans une école de **72** élèves, **25** % des élèves viennent à l'école à pied.

25 % se lit « **25 pour 100** ».
Cela signifie que sur **100** élèves de l'école, **25** élèves y viennent à pied.

Nombre total d'élèves	**100**	**72**
Nombre d'élèves venant à pied	**25**	**?**

? = (72 × 25) : 100 = 18.

18 élèves viennent à pied à cette école.

Je comprends

Énoncé

Un T-shirt qui coûte 12 € est vendu avec une remise de 20 %.
Quel est le prix soldé de ce T-shirt ?

Solution

Prix initial (en €)	100	12
Remise (en €)	20	?

? = (12 × 20) : 100 = 2,4.

Attention ! ne confonds pas la remise et le prix soldé.

12 – 2,4 = 9,6.
Le prix soldé du T-shirt est 9,60 €.

J'applique

A Un pantalon qui coûte 25 € est vendu avec une remise de 20 %.
Quel est son nouveau prix ?

B Une casquette qui coûte 8,40 € est vendue avec une réduction de 35 %.
Quel est son prix soldé ?

C Des chaussures qui coûtent 42,80 € sont soldées à – 45 %.
Quel est le prix soldé de ces chaussures ?

D Le prix d'une veste qui coûte 64,50 € augmente de 4 %.
Quel est le nouveau prix de cette veste ?

Je m'entraîne

ORAL

1 Un téléphone portable coûte 100 €.
Le magasin qui le vend décide de le solder.
Dans chaque cas, donne le prix soldé de ce téléphone portable.

– 20 %	– 48 %	– 35 %	– 22,5 %

ORAL

2 Un lecteur MP3 coûte 100 €.
Le magasin qui le vend décide de le solder.
Dans chaque cas, donne le pourcentage des soldes effectuées par le magasin.
a) La remise est de 25,80 €.
b) Le prix soldé du lecteur MP3 est 85 €.
c) Le prix soldé du lecteur MP3 est 53 €.
d) Le prix soldé du lecteur MP3 est 79,99 €.

ORAL

3 Le prix d'un article qui coûte 100 € augmente de 2,4 %. Quel est son nouveau prix ?

4 Pour chaque commande de miel, une apicultrice offre 50 % de miel en plus.
1) Recopie et complète le tableau suivant :

Commande (en g)	100	300	50	350
Masse offerte (en g)				

2) Propose une méthode qui permet de calculer mentalement 50 % d'un nombre donné.
3) Calcule mentalement 50 % de :
a) 240 ; **b)** 62 ; **c)** 16,4 ; **d)** 13.

5 Pour chaque commande de fleurs, un horticulteur offre 25 % de fleurs en plus.
1) Recopie et complète le tableau suivant :

Fleurs commandées	100	400	40	440
Fleurs offertes				

2) Propose une méthode qui permet de calculer mentalement 25 % d'un nombre donné.
3) Calcule mentalement 25 % de :
a) 80 ; **b)** 36 ; **c)** 48 ; **d)** 14.

J'approfondis

6 En 2005, une ville avait 252 800 habitants.
En 5 ans, sa population a augmenté de 8,5 %.
Quelle est la population de cette ville en 2010 ?

7 Dans une école A de 280 élèves, 75 % des élèves savent nager.
Dans une autre école B de 320 élèves, 65 % des élèves savent nager.
Laquelle de ces deux écoles a le plus grand nombre d'élèves qui savent nager ?
Justifie ta réponse.

8 PROBLÈME Un aquarium contient 40 litres d'eau. Un matin, Bilal ajoute 15 % de l'eau contenue dans l'aquarium.
Le soir même, il retire 15 % de l'eau contenue dans l'aquarium.
Combien reste-t-il d'eau dans l'aquarium ?

64 FRACTIONS (7)
Additionner des fractions de même dénominateur

Calcul

Calcul mental
$5{,}3 = \frac{?}{10}$
$25{,}75 = \frac{?}{100}$
…

Je découvre comment additionner des fractions de même dénominateur

Exemple 1 – On veut calculer $\frac{3}{8} + \frac{2}{8}$.

a) Construis un cercle de rayon 4 cm.
Partage le disque obtenu en 8 parties identiques.

b) Colorie en rouge $\frac{3}{8}$ de la surface du disque.
Colorie en vert $\frac{2}{8}$ de la surface du disque.

c) Quelle fraction du disque est coloriée ?

d) Recopie et complète : $\frac{3}{8} + \frac{2}{8} = \frac{\dots}{\dots}$.

Exemple 2 – On veut calculer $\frac{3}{5} + \frac{4}{5}$.

a) À combien de cinquièmes est égale la fraction $\frac{3}{5}$?
À combien de cinquièmes est égale la fraction $\frac{4}{5}$?

b) Ainsi, à combien de cinquièmes est égale la somme de ces deux fractions ?

c) Recopie et complète : $\frac{3}{5} + \frac{4}{5} = \frac{\dots}{\dots}$.

Exemple 3 – On veut calculer $\frac{7}{10} + \frac{21}{10}$.

a) Quelle est l'écriture à virgule de la fraction $\frac{7}{10}$?
Quelle est l'écriture à virgule de la fraction $\frac{21}{10}$?

b) Calcule la somme de ces deux nombres décimaux.

c) Donne une fraction décimale égale à cette somme.

d) Recopie et complète : $\frac{7}{10} + \frac{21}{10} = \frac{\dots}{\dots}$.

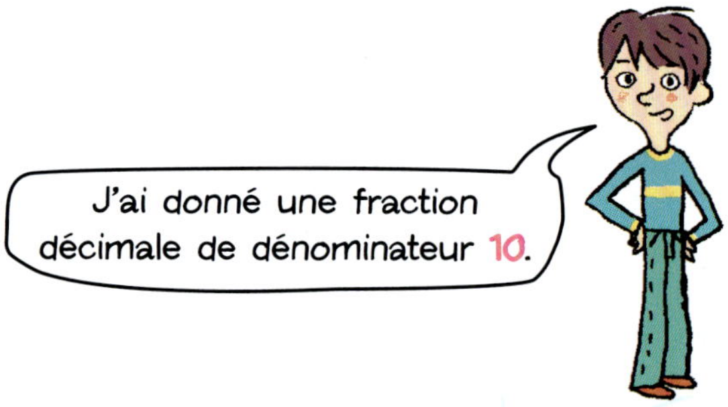

Exemple 4 – On veut calculer $\frac{7}{12} + \frac{1}{4}$.

a) Contrairement aux exemples ci-dessus, que remarques-tu concernant les deux fractions à ajouter ?

b) On peut lire dans un manuel de mathématiques de la **classe de cinquième** :

$$\frac{7}{12} + \frac{1}{4} = \frac{10}{12}$$

Est-il facile de trouver ce résultat ?

Je retiens

Pour ajouter deux **fractions de même dénominateur**, on ajoute les numérateurs sans modifier le dénominateur.

$\frac{3}{7} + \frac{2}{7} = \frac{5}{7}$ $\frac{7}{11} + \frac{8}{11} = \frac{15}{11}$ $\frac{1}{4} + \frac{5}{4} = \frac{6}{4}$ $\frac{3}{10} + \frac{5}{10} = \frac{8}{10}$ $\frac{11}{3} + \frac{5}{3} = \frac{16}{3}$

Remarque : on ne sait pas encore ajouter des fractions qui n'ont pas le même dénominateur.

Je comprends

Énoncé

$\frac{2}{3} + \frac{2}{5}$ | $\frac{2}{3} + \frac{5}{3}$.

1) Laquelle de ces deux sommes de fractions ne sais-tu pas calculer ? Pourquoi ?

2) Calcule la somme que tu sais calculer.

Solution

1) Je ne sais pas calculer $\frac{2}{3} + \frac{2}{5}$, car les fractions $\frac{2}{3}$ et $\frac{2}{5}$ n'ont pas le même dénominateur.

2) $\frac{2}{3} + \frac{5}{3} = \frac{7}{3}$.

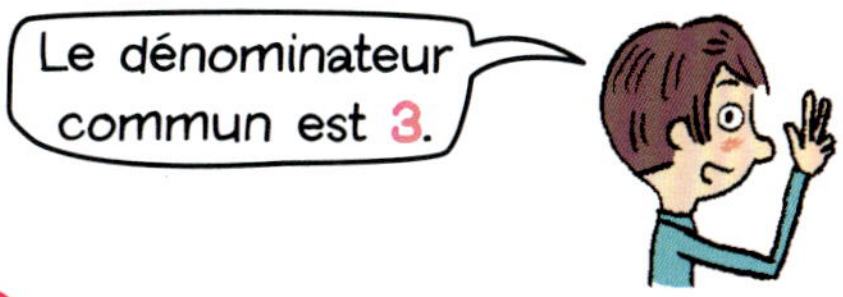

J'applique

A $\frac{5}{7} + \frac{4}{7}$ | $\frac{3}{8} + \frac{3}{5}$.

1) Laquelle de ces deux sommes de fractions ne sais-tu pas calculer ? Pourquoi ?

2) Calcule la somme que tu sais calculer.

B $\frac{3}{11} + \frac{5}{9}$ | $\frac{5}{11} + \frac{7}{11}$ | $\frac{15}{13} + \frac{17}{13}$ | $\frac{7}{12} + \frac{12}{7}$.

1) Lesquelles de ces sommes de fractions ne sais-tu pas calculer ? Pourquoi ?

2) Calcule chaque somme que tu sais calculer.

C Calcule : $\frac{5}{13} + \frac{9}{13} + \frac{8}{13} + \frac{11}{13}$.

Je m'entraîne

ORAL

1 $\frac{12}{17} + \frac{9}{17}$ | $\frac{7}{11} + \frac{11}{7}$

$\frac{9}{23} + \frac{9}{13}$ | $\frac{1}{15} + \frac{7}{15}$.

1) Lesquelles de ces sommes de fractions ne sais-tu pas calculer ? Pourquoi ?

2) Calcule chaque somme que tu sais calculer.

ORAL

2 Calcule : $\frac{1}{3} + \frac{2}{3} + \frac{4}{3} + \frac{5}{3} + \frac{7}{3}$.

ORAL

3 Chaque somme de fraction suivante est égale à un nombre entier. Lequel ?

$\frac{5}{7} + \frac{2}{7}$ | $\frac{8}{9} + \frac{10}{9}$

$\frac{7}{3} + \frac{5}{3}$ | $\frac{17}{4} + \frac{15}{4}$.

4 $\frac{13}{7} + \frac{8}{7}$ | $\frac{3}{5} + \frac{11}{5}$

$\frac{11}{6} + \frac{13}{6}$ | $\frac{21}{4} + \frac{9}{4}$.

1) Calcule chaque somme ci-dessus.

2) Lesquelles de ces sommes sont égales à un nombre entier ? Justifie ta réponse.

5 Quel est l'intrus dans la liste suivante ?

$\frac{11}{7} + \frac{3}{7}$ | $\frac{1}{3} + \frac{5}{3}$ | $\frac{9}{4} + \frac{3}{4}$

$\frac{1}{5} + \frac{9}{5}$ | $\frac{7}{11} + \frac{15}{11}$ | $\frac{1}{2} + \frac{3}{2}$.

6 Dans une classe, $\frac{3}{8}$ des élèves ont plus de 10 ans et $\frac{1}{8}$ des élèves ont moins de 10 ans. Quelle fraction d'élèves de cette classe a 10 ans ?

J'approfondis

7 Recopie et complète chaque égalité :

a) $\frac{7}{5} + \ldots = \frac{11}{5}$; **b)** $\ldots + \frac{5}{7} = \frac{9}{7}$;

c) $\frac{12}{11} + \ldots = \frac{25}{11}$; **d)** $\frac{3}{4} + \ldots = 1$;

e) $\ldots + \frac{5}{8} = 1$; **f)** $\frac{7}{6} + \ldots = 2$.

8 PROBLÈME **1)** Trace un carré de côté 8 carreaux.

Colorie en bleu $\frac{1}{2}$ de sa surface.

Colorie en rouge $\frac{1}{4}$ de sa surface.

2) a) Quelle fraction de la surface est coloriée ?

b) Déduis-en la somme de $\frac{1}{2}$ et de $\frac{1}{4}$.

3) À l'aide d'un nouveau schéma, calcule $\frac{1}{2} + \frac{1}{8}$.

9 On a demandé aux élèves d'une école de citer leur loisir favori :

- $\frac{14}{31}$ des élèves préfèrent un sport collectif ;
- $\frac{6}{31}$ des élèves préfèrent un sport individuel ;
- $\frac{3}{31}$ des élèves préfèrent une activité artistique ;
- le reste des élèves préfère jouer à un jeu électronique.

Quelle fraction d'élèves de cette école préfèrent jouer à un jeu électronique ? Justifie ta réponse.

65 Géométrie

SOLIDES (4)

Reconnaître, compléter un patron de prisme droit

Calcul mental
50 % de 12 ?
10 % de 150 ?
25 % de 200 ?
…

Je découvre comment fabriquer un patron de prisme droit

Un prisme droit a pour hauteur 5 cm.
Sa base est le triangle isocèle ci-contre.

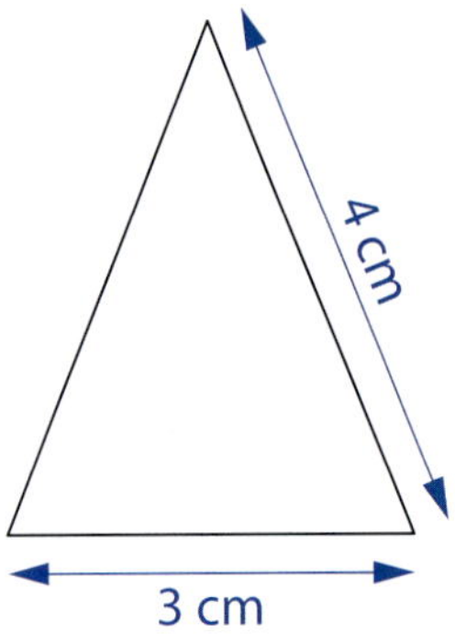

1• Combien ce solide a-t-il de bases ?
Sur une feuille, construis en vraie grandeur chacune de ses bases.

2• Quelle est la nature de ses faces latérales ?
Construis en vraie grandeur chacune de ses faces latérales.

3• **a)** Découpe toutes les faces de ce solide.
b) À partir des éléments découpés, fabrique un patron de ce prisme droit et colle-le sur ta feuille.

Je découvre comment compléter un patron de prisme droit

On a commencé à construire le patron d'un prisme droit à base triangulaire.

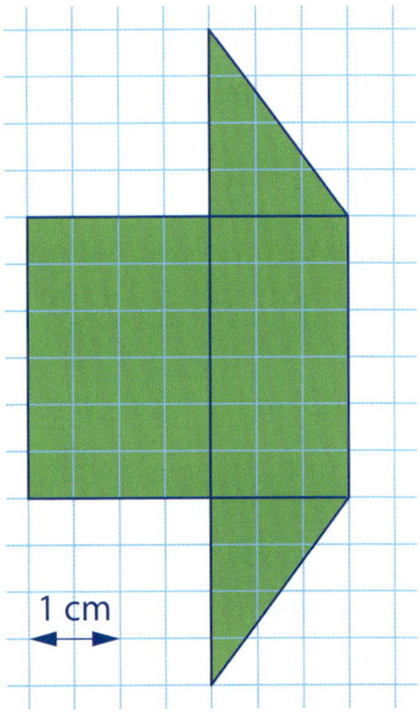

1• Reproduis cette figure sur une feuille à petits carreaux.

2• **a)** Combien ce prisme a-t-il de bases ?
Combien sont dessinées sur la figure ?
b) Combien ce prisme a-t-il de faces latérales ?
Combien sont dessinées sur la figure ?

3• On veut compléter la figure afin d'obtenir un patron de ce prisme droit.
a) Quelle est la nature de la face manquante ?
Quelle est sa longueur ? Mesure sa largeur.
b) Complète le patron de ce prisme droit.

Je retiens

Patron d'un prisme droit

Dans un **patron de prisme droit**, toutes les faces sont dessinées en vraie grandeur.

Remarques :
- Un prisme droit a deux bases superposables.
- Le nombre de faces latérales d'un prisme droit est égal au nombre de côtés de sa base.
- Chaque face latérale est un rectangle.
- Toutes les faces latérales ont une dimension commune : la **hauteur** du prisme droit.

Prisme droit à base triangulaire

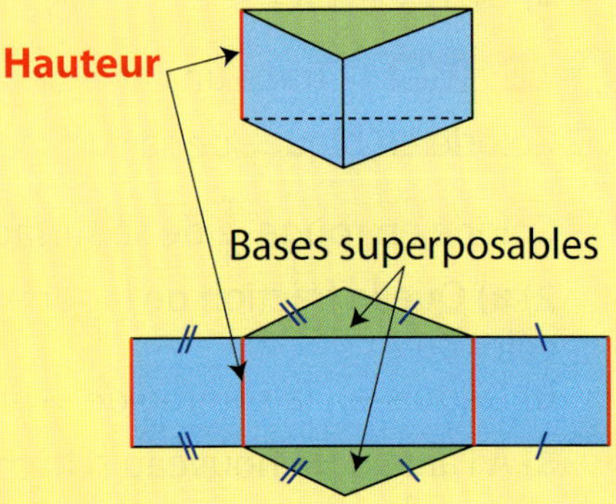

Je comprends

Énoncé

Reproduis et complète cette figure pour obtenir un patron de prisme droit.

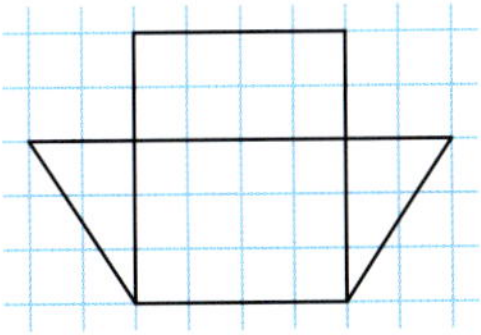

Solution

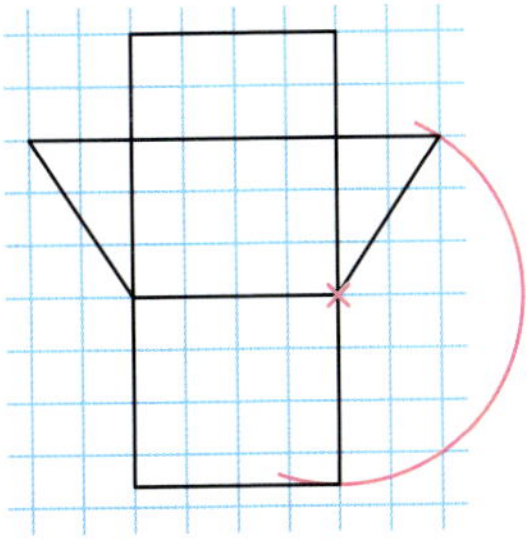

J'applique

Reproduis et complète chaque figure pour obtenir un patron de prisme droit à base triangulaire.

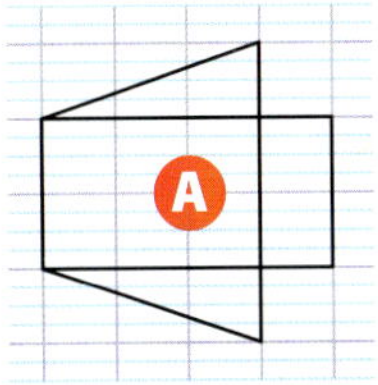

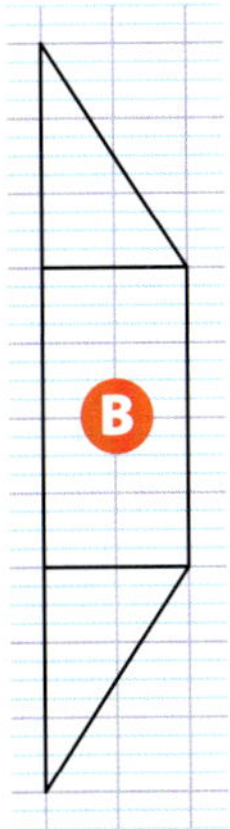

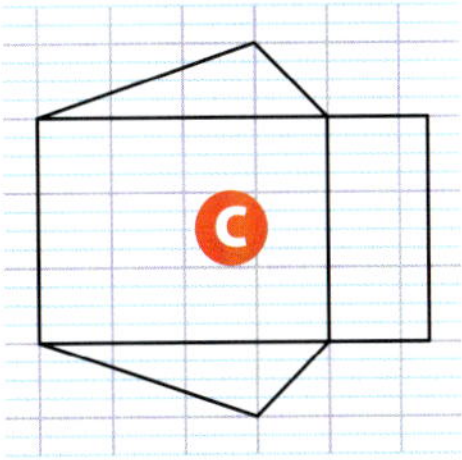

Je m'entraîne

ORAL

1 Parmi ces figures, lesquelles ne sont pas des patrons de prismes droits ?
Justifie tes réponses.

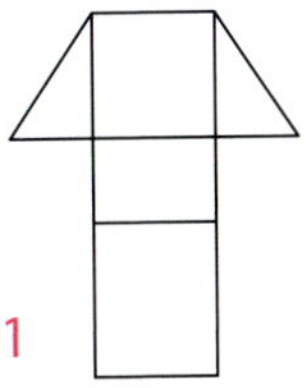
Fig. 1

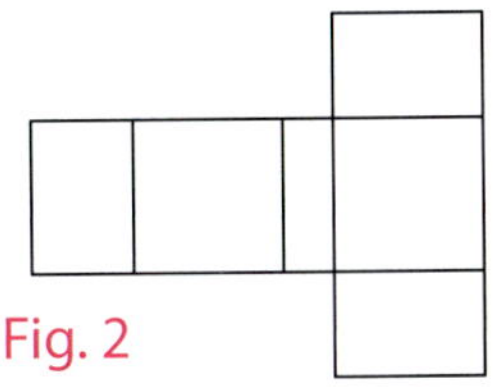
Fig. 2

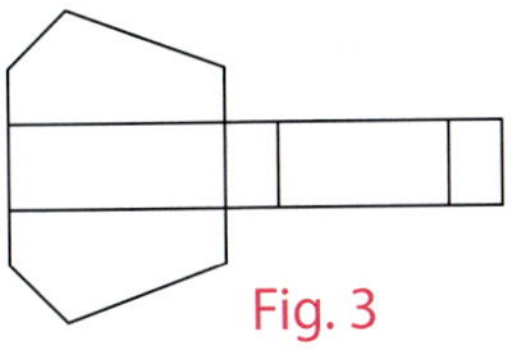
Fig. 3

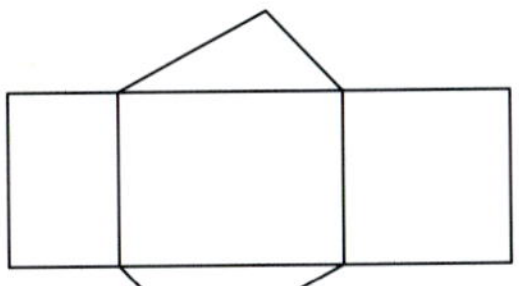
Fig. 4

2 Reproduis et complète cette figure pour obtenir un patron de prisme droit à base triangulaire.

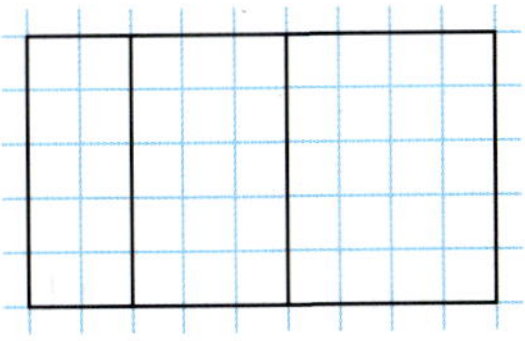

3 Reproduis et complète cette figure pour obtenir un patron de prisme droit ayant pour base le polygone bleu.

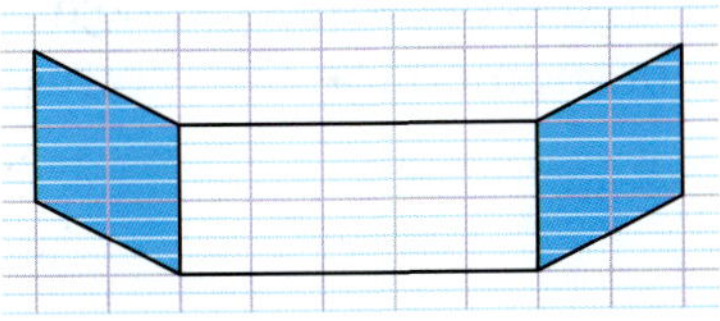

J'approfondis

4 Un prisme droit a pour base un triangle équilatéral de côté 6 cm. Sa hauteur est 5 cm.

1) Construis ce solide.

2) Calcule la longueur totale de toutes les arêtes.

5 PROBLÈME Un prisme droit a pour base un triangle rectangle dont les côtés mesurent 3 cm, 4 cm et 5 cm.

1) Trace un patron de ce prisme droit sachant que sa hauteur mesure 6 cm.

2) Calcule l'aire totale des faces de ce prisme droit.

6 PROBLÈME On a commencé le patron d'un prisme droit ayant pour base le losange orange.

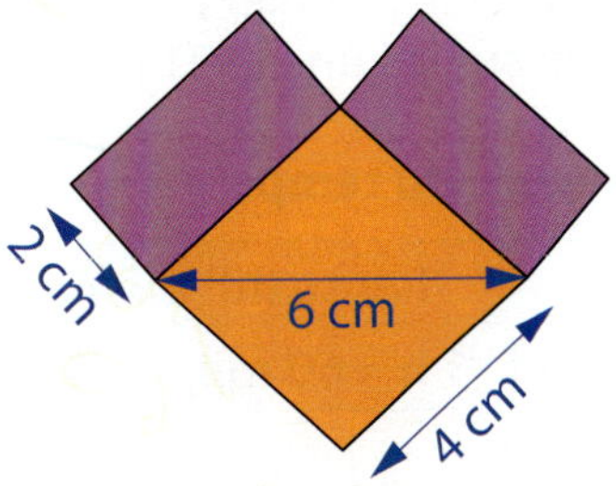

1) Reproduis cette figure en vraie grandeur.

2) Complète cette figure pour obtenir un patron de prisme droit.

3) Découpe ce patron et fabrique ce prisme droit.

66 UNITÉS DE MESURE (4)
Connaître, utiliser les unités de mesure du temps

Grandeurs

Calcul mental
$\frac{3}{4}$ h = ? min
180 min = ? h
80 min = ? h ? min
…

Je revois des objets qui permettent de mesurer le temps

1• Retrouve le nom de chaque objet dessiné.

Objet 1

Objet 2

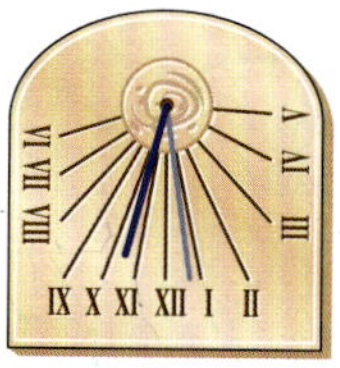
Objet 3

Objet 4

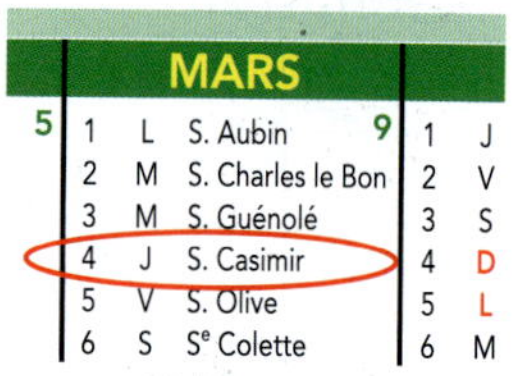

Objet 5

2• a) Lequel de ces objets permet de lire une date ?
Quelle est la date marquée sur cet objet ?
b) Lesquels de ces objets permettent de lire une heure ?
Quelle est l'heure indiquée par chacun de ces objets ?
c) Le temps écoulé entre deux instants s'appelle une **durée**.
Lesquels de ces objets permettent de mesurer une durée ?

Je revois comment additionner les unités de mesure du temps

Voici les temps de passage de Kathy à l'entraînement de cross :
1er tour : 8 min 42 s **2e tour :** 8 min 46 s.
Elle veut connaître le temps qu'elle a mis pour faire deux tours.

Addition de Kathy

	8	min	42 s
+	8	min	46 s
	16	min	88 s

1• Kathy a additionné ci-contre les temps de chacun de ses tours.
Elle pense ainsi avoir couru en moins de 17 minutes.
Kathy a-t-elle raison ? Justifie ta réponse.

2• À la fin des deux tours, son chronomètre indique **17 min 28 s**.
Ce chronométrage est-il correct ? Justifie ta réponse.

Je retiens

Le temps est une grandeur que l'on mesure à l'aide d'un calendrier, d'une horloge…

Neil Armstrong est le premier homme à avoir marché sur la Lune.
Il posa son pied sur la Lune le 21 juillet 1969 à 3 h 56 min (heure française).

Unités de mesure du temps

jour (j)	**heure** (h)	**minute** (min)	**seconde** (s)
1 j = 24 h	**1 h = 60 min**	**1 min = 60 s**	**1 s**

Le **mois** : entre 28 et 31 jours.
L'**année** : 365 ou 366 jours.
Le **siècle** : 100 ans.

Neil Armstrong est resté 151 minutes sur le sol lunaire.
151 min = 120 min + 31 min = (2 × 60 min) + 31 min = (2 × 1 h) + 31 min = 2 h 31 min.
Neil Armstrong est resté **2 h 31 min** sur le sol lunaire.

Je comprends

Énoncé

a) Convertis en minutes 6 h 45 min.
b) Convertis en minutes et secondes 385 s.

Solution

a) 6 h = 6 × 60 min = 360 min
6 h 45 min = 360 min + 45 min
6 h 45 min = 405 min
b) 385 = (6 × 60) + 25
385 s = 6 min 25 s

J'applique

A 1) Convertis en minutes les temps suivants :
a) 4 heures ; **b)** 7 h 28 min.
2) Convertis en minutes et secondes :
a) 791 s ; **b)** 1 532 s.

B Convertis en minutes les temps suivants :
a) 1 jour ; **b)** 3 j 7 h ; **c)** 1 j 5 h 33 min.

C Convertis en heures les temps suivants :
a) 5 j 8 h ; **b)** 1 semaine ; **c)** 420 min.

D Convertis 13 220 secondes en heures, minutes et secondes.

Je m'entraîne

ORAL
1 Pour chaque pendule, donne toutes les étiquettes qui indiquent son heure.

a)

3 h 12 — 2 h 15 — trois heures et quart — 14 h 15 — 15 h 12

b)

7 h 53 — 10 h 35 — 21 h 35 — 22 h 35 — onze heures moins vingt-cinq

ORAL
2 Complète avec une unité de temps cohérente.
a) « Je suis parti à Barcelone passer quelques …. »
b) « L'… dernier, j'étais en CM1. »
c) « Je me réveille une … avant d'aller à l'école. »
d) « Chaque …, je vais à mon cours de solfège. »

3 Convertis un jour en heures, puis en minutes et enfin en secondes.

4 Tom enfourne à 18 h 45 un poulet qui doit cuire 1 h 25 min.
À quelle heure le poulet sera-t-il cuit ?

5 Chaque mercredi, Amandine se rend à une séance de 35 minutes chez son kiné.
À quelle heure sortira-t-elle si elle prend rendez-vous à :
a) 11 h 10 ? **b)** 14 h 16 ? **c)** 16 h 40 ?

6 Le film préféré de Roan dure 1 h 18.
Roan lance le DVD à 18 h 55.
À quelle heure ce film se terminera-t-il ?

7 Gina a mis 37 minutes pour aller chez sa grand-mère. Elle y est restée pendant 55 minutes.
Elle a mis 33 minutes pour en revenir.
Combien de temps Gina s'est-elle absentée de chez elle ?

J'approfondis

8 Paul a taché son pantalon favori.
Il le met à la machine à laver à 12 h 36.
Le lavage dure 40 min. Paul met ensuite le pantalon au sèche-linge pendant 45 min.
À quelle heure pourra-t-il remettre son pantalon ?

9 PROBLÈME Les élèves de CP font un gâteau au chocolat. Sur la recette, il est indiqué :
15 min de préparation et 55 min de cuisson.
Le gâteau doit refroidir 20 min.
La classe commence à 8 h 30 et les ateliers commencent un quart d'heure plus tard.
Les élèves de CP pourront-ils manger leur gâteau à la récréation de 10 h ?

10 PROBLÈME Naya a apporté à l'école un sablier de 35 min. Elle l'a retourné 6 fois depuis son entrée en classe à 8 h 30. Elle est sortie de la classe après l'écoulement total du dernier sablier.
1) Combien de fois 35 minutes se sont-elles écoulées depuis le début de la classe ?
2) À quelle heure Naya a-t-elle quitté la classe ?

67 SOLIDES (5)

Reconnaître un cylindre, compléter un de ses patrons

Géométrie

Calcul mental
$0{,}7 \times 0{,}9 = ?$
$0{,}6 \times 0{,}004 = ?$
$1{,}3 \times 0{,}5 = ?$
...

Je découvre comment reconnaître un cylindre

1• Parmi les solides ci-contre, lesquels sont des prismes droits ?
Quelle est la nature de leurs faces latérales ?
Que peux-tu dire des bases d'un prisme droit ?

2• Des solides restants, lesquels possèdent deux bases superposables ?
Quelle est la nature de leurs bases ?
Ces solides sont des **cylindres**.

3• Donne des exemples d'objets de la vie quotidienne qui ont la forme d'un cylindre.

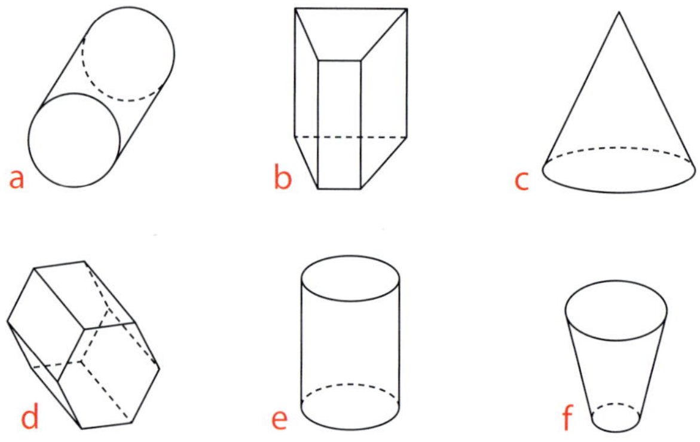

Je découvre comment construire un patron de cylindre

1• Prends un rouleau vide d'essuie-tout.
Pose-le sur ta feuille et trace deux fois le contour de sa base.
Découpe les deux disques obtenus.

2• a) Mesure la hauteur de ce rouleau.
b) Trace sur le rouleau un segment ayant pour longueur la hauteur du rouleau (voir **Figure A**).
c) Découpe ton rouleau suivant la hauteur tracée.
Déplie et met à plat le carton. Quelle forme obtiens-tu ?

3• Assemble les formes découpées pour obtenir un patron de cylindre. Colle ce patron sur ta feuille.

Figure A

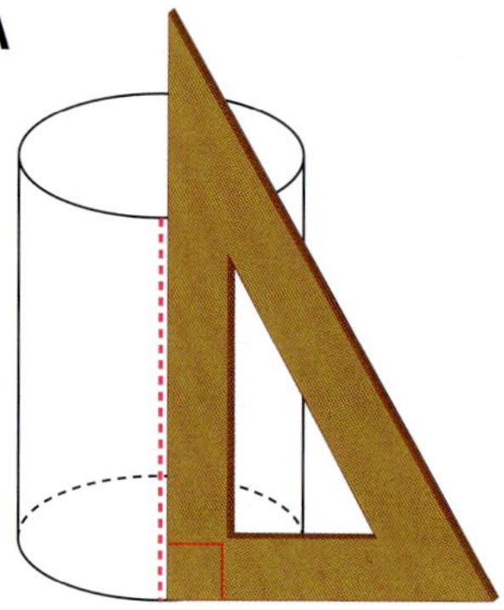

Je retiens

1• Cylindre

Un cylindre droit est un solide constitué :
- de deux **bases superposables** qui ont la forme d'un disque ;
- d'une **face latérale** qui s'enroule autour des disques.

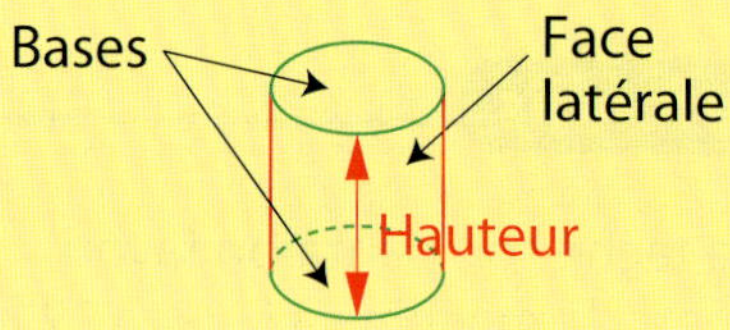

2• Patron d'un cylindre

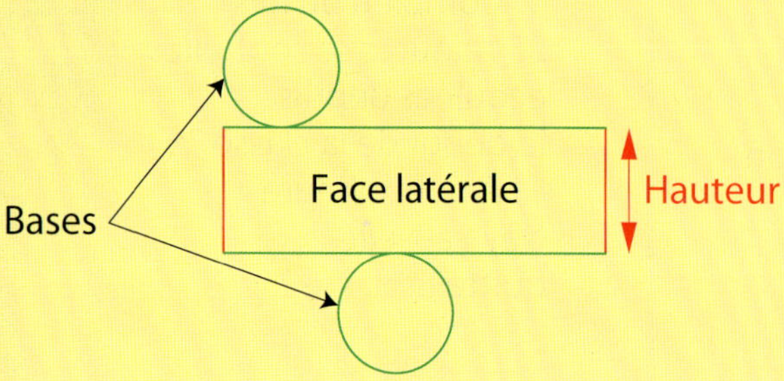

Remarques : sur le patron, la face latérale est un rectangle. Ses dimensions sont la **hauteur** du cylindre et le **périmètre d'une base**.

Je comprends

Énoncé

Voici une base d'un cylindre de hauteur 1,5 cm.
Recopie et complète son patron.

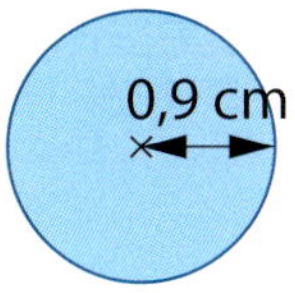

Solution

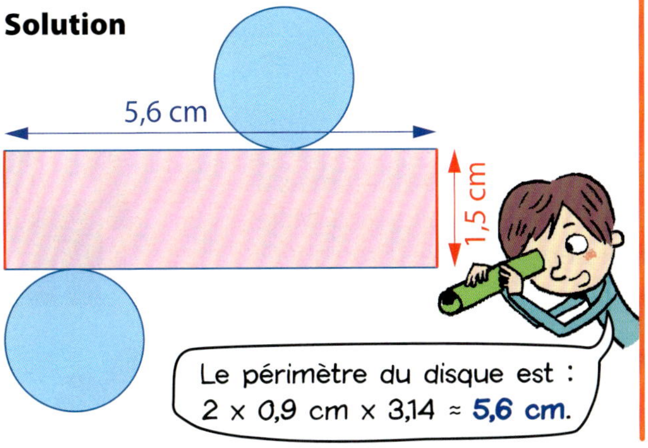

J'applique

A Voici une base d'un cylindre de hauteur 2 cm.
Recopie et complète son patron.

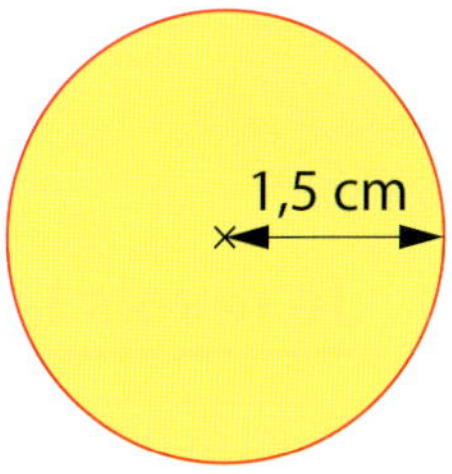

B On a commencé le patron d'un cylindre. Une base est tracée ; la face latérale est seulement commencée.
Recopie et complète ce patron de cylindre.

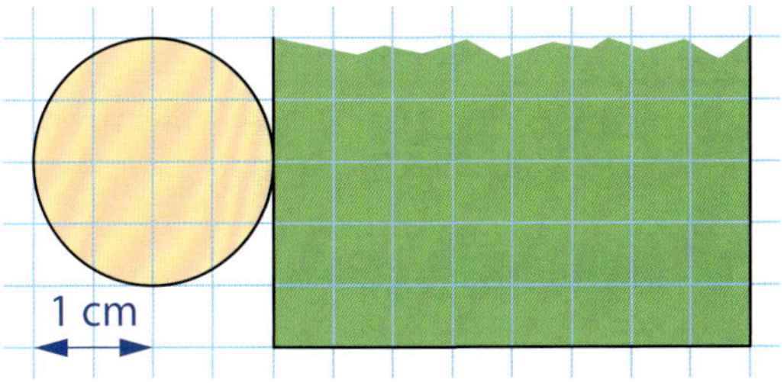

Je m'entraîne

ORAL

1 Donne le nom de chaque solide ci-dessous.

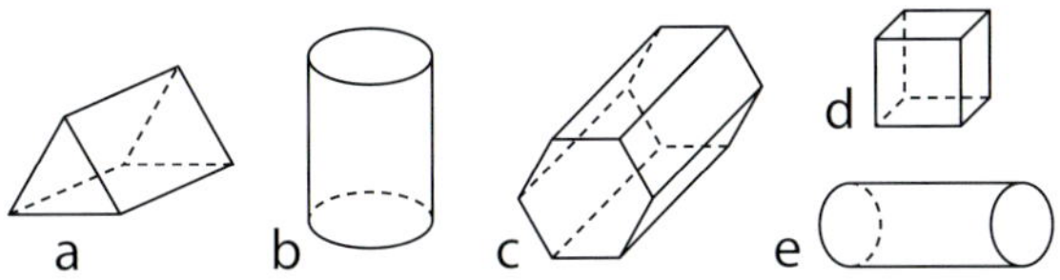

ORAL

2 Parmi ces figures, lesquelles ne sont pas des patrons de cylindres ? Justifie tes réponses.

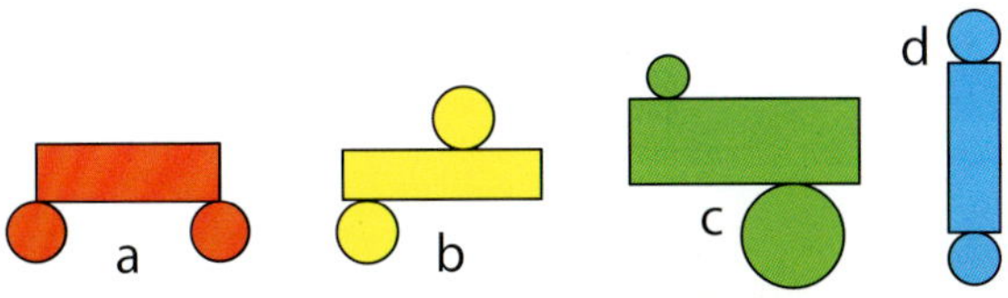

3 Un cylindre a une hauteur de 5 cm.
Le rayon de sa base mesure 3 cm.
Calcule les dimensions de la face latérale.

4 Un cylindre a une hauteur de 2,3 m.
Le rayon de sa base mesure 1,7 m.
Calcule les dimensions de la face latérale.

5 Un cylindre a une hauteur de 12 cm.
Le rayon de sa base mesure 3,2 cm.
Calcule l'aire de la face latérale.

6 Un cylindre a une hauteur de 2 dm.
Le rayon de sa base mesure 41 mm.
Calcule l'aire de la face latérale.

J'approfondis

7 On veut ranger un cylindre à l'intérieur d'une boîte qui a la forme d'un pavé droit.
Le cylindre a une hauteur de 8 cm et sa base a un rayon de 2,5 cm.
1) Trace la base du cylindre.
Sur le même dessin, trace une face du pavé droit.
2) Quelles sont les dimensions de la boîte ?

8 PROBLÈME 1) Construis le cylindre de l'exercice 7.
2) Construis le pavé droit de l'exercice 7, en laissant une face ouverte.
3) Vérifie que le tube entre dans la boîte.

9 PROBLÈME Mattéo fabrique une niche pour son chien Pixel. Cette niche a la forme d'un pavé droit surmonté d'un demi-cylindre.
Elle mesure 115 cm de hauteur, 80 cm de largeur et 200 cm de profondeur.
Calcule l'aire du toit cylindrique de la niche.

68 MESURE DE GRANDEURS (7)

Calculer une durée

Grandeurs

Calcul mental
1 h – 20 min = ?
1,5 h = ? min
28 min + ? = 1 h
…

Je revois la notion de durée

Voici la fiche cinéma d'un film avec l'acteur américain Zac Efron.

Titre du film : *17 ans encore.*
Sorti en France le 22 avril 2009.
Comédie, USA, 1 h 40.
Résumé : En 1989, Mike O'Donnell est la star d'une équipe de basket, mais il décide de tout lâcher pour vivre avec sa petite amie. Vingt ans plus tard, Mike semble bien déçu par la vie. Mais un miracle va lui permettre de se retrouver physiquement à ses 17 ans et ainsi de repartir à zéro…

1• Donne toutes les durées citées dans cette fiche cinéma.

2• Lynda est allée voir ce film à la séance de 16 h 15.
La séance a duré 1 h 55 min.
À quelle heure est-elle sortie de la salle de cinéma ?

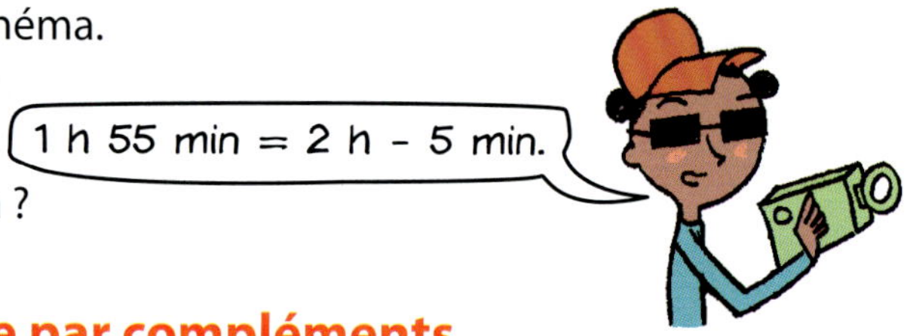

Je découvre comment calculer une durée par compléments

Pour se rendre à Paris, Jonas prend le train de nuit à 22 h 40. Il arrive à Paris le lendemain à 7 h 06.

1• Recopie et complète le schéma ci-dessous.

2• Quelle est la durée du trajet de Jonas ?

Je retiens

1• Durée

La mesure du temps entre **deux instants** s'appelle « sa **durée** ».

La récréation du matin commence à 10 h 30 et se termine à 10 h 40. Donc, la récréation dure 10 min.
10 h 30 et 10 h 40 sont deux **instants** ; **10 min** est une **durée**.

2• Méthode de calcul d'une durée

On utilise souvent un schéma.

Un spectacle commence à 20 h 35 et se termine à 22 h 50.
On veut calculer la durée de ce spectacle.

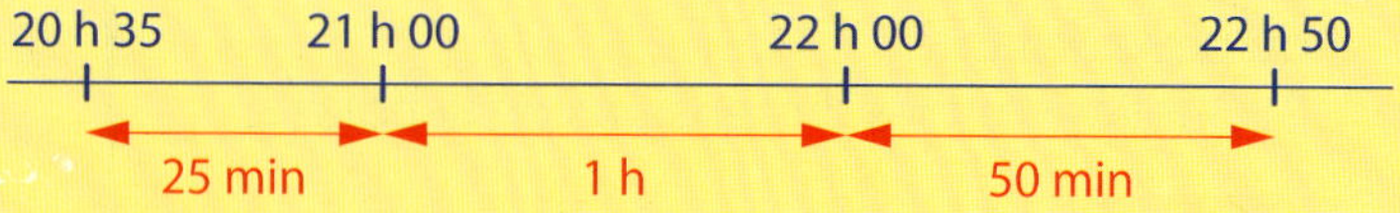

25 min + 1 h + 50 min = 1 h 75 min.
Mais 1 h 75 min = 1 h + 60 min + 15 min = 1 h + 1 h + 15 min = 2 h 15 min.
Ce spectacle dure 2 h 15 min.

Je comprends

Énoncé

Kader part à 7 h 55 de chez lui et arrive à l'école à 8 h 17.
Combien de temps a-t-il mis pour aller à l'école ?

Solution

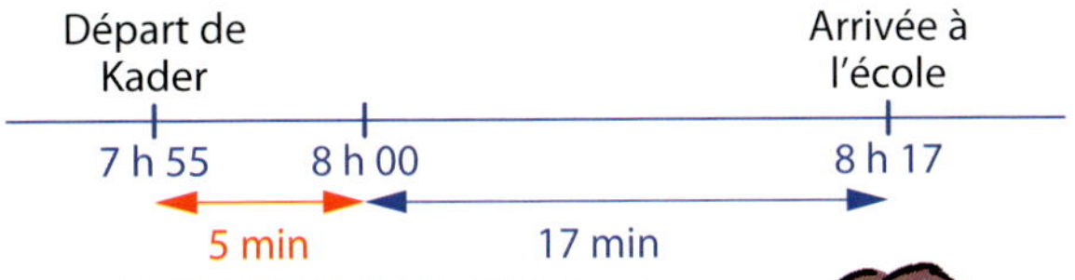

5 min + **17 min** = 22 min
Kader a mis 22 minutes pour aller à l'école.

J'applique

Pour les exercices **A** à **D**, réalise un schéma pour t'aider à répondre à la question.

A Le professeur de judo a réservé la salle de sport de 19 h 30 à 21 h 00.
Combien la séance de judo dure-t-elle ?

B Le bus qui transporte les élèves à la piscine part de l'école à 8 h 45 et arrive à 9 h 13.
Quelle est la durée du trajet ?

C Vivien s'est connecté à Internet à 15 h 17.
Il s'est déconnecté à 17 h 23.
Combien de temps a-t-il surfé sur Internet ?

D Naïma passe ses mercredis au centre aéré.
Elle arrive le matin à 7 h 48 et en repart à 16 h 25.
Combien de temps reste-t-elle au centre aéré ?

Je m'entraîne

ORAL
1 Donne un ordre de grandeur de :
a) la durée de cuisson d'un œuf dur ;
b) la durée du record du monde du 100 m ;
c) la durée d'un spot publicitaire à la télévision ;
d) la durée d'un match de tennis.

ORAL
2 Calcule la durée entre :
a) 6 h 15 et 7 h 00 ; **b)** 17 h 36 et 18 h 00 ;
c) 21 h 54 et 22 h 00 ; **d)** 0 h 09 et 1 h 00.

ORAL
3 Loïc est arrivé à la cantine à 12 h 28 ; il en est ressorti à 13 h 05.
Combien de temps est-il resté à la cantine ?

ORAL
4 Lilou est arrivée chez le docteur à 14 h 07 ; elle en est partie à 15 h 08.
Combien de temps a-t-elle passé chez le docteur ?

5 Calcule la durée entre :
a) 8 h 10 et 12 h 20 ; **b)** 7 h 30 et 18 h 00 ;
c) 15 h 15 et 16 h 45 ; **d)** 21 h 13 et 23 h 06.

6 Rodolphe rentre de l'école à 17 h 37.
Son émission favorite commence à 19 h 15.
Combien de temps a-t-il mis pour goûter et faire ses devoirs avant de regarder la télévision ?

7 La leçon de mathématiques a commencé à 9 h 50 et s'est terminée à 11 h 03. Entre temps, les élèves ont eu 15 minutes de récréation.
Calcule la durée de la séance de mathématiques.

8 Nora fabrique des cartons d'invitations pour son anniversaire. Elle passe 12 minutes par carton et elle invite 9 camarades.
Combien de temps met-elle, en heures et minutes, pour réaliser ses cartons d'invitation ?

J'approfondis

9 PROBLÈME Lors d'un tournoi de rugby, les élèves des écoles de la ville se rencontrent de 9 h 40 à 15 h 00 à la salle de sport.
Chaque match dure 2 mi-temps de 6 minutes, changement de terrain compris.
Les élèves font une pause de 45 minutes pour le déjeuner, puis une pause de 15 minutes pour le goûter. Afin d'établir le classement des équipes, les matchs se terminent 20 minutes avant le départ.
1) Quel est le temps réservé aux matchs ?
2) Sachant qu'il y a 4 terrains, combien de matchs se sont joués lors de cette journée ?

10 PROBLÈME Samuel téléphone à trois de ses amis : il passe 3 min 56 s avec le premier, 2 min 15 s avec le deuxième et 3 min 27 s avec le dernier.
1) Calcule le temps total de ses communications.
2) Sachant qu'il a un forfait bloqué de 30 minutes, combien de temps lui reste-t-il sur son forfait ?

69 FIGURES GÉOMÉTRIQUES PLANES (4)

Agrandir ou réduire une figure

Géométrie

Calcul mental
$5 \times 2{,}5 = ?$
$2{,}5 : 5 = ?$
$9 \times ? = 7{,}2$
…

Je découvre comment agrandir une figure

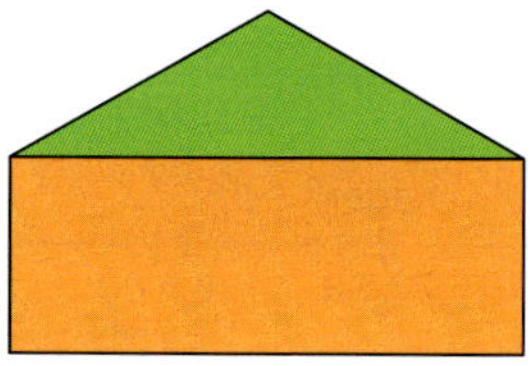

1• a) Quelle est la nature du quadrilatère orange ?
b) Mesure les dimensions du quadrilatère orange.
Calcule le double de chacune de ces dimensions.
c) Construis un rectangle :
• dont la longueur est le double de celle du rectangle orange ;
• dont la largeur est le double de celle du rectangle orange.

2• a) Mesure les longueurs des côtés du triangle vert.
Quelle est la nature de ce triangle ?
b) Au-dessus de ton rectangle, construis un triangle dont les longueurs des côtés sont le double de celles du triangle vert.
Quelle est la nature du triangle tracé ?

Je découvre comment réduire une figure

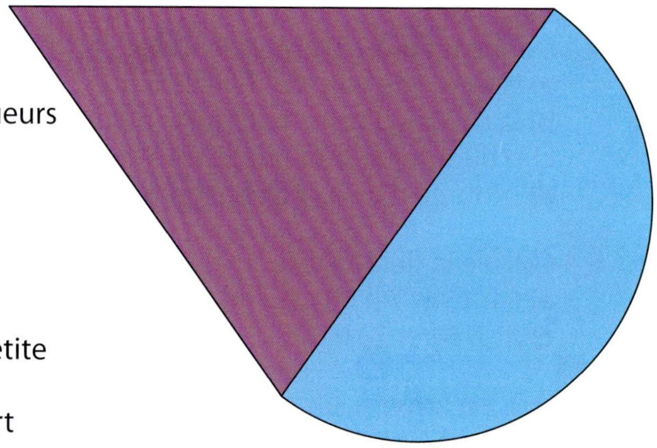

1• a) Mesure les longueurs des côtés du triangle violet.
Calcule la moitié de chacune de ces longueurs.
b) Sur une feuille, construis un triangle dont les longueurs des côtés sont la moitié de celles du triangle violet.
Découpe ton triangle.
c) Compare les angles du triangle tracé avec ceux du triangle violet. Que remarques-tu ?

2• Colle ton triangle sur ton cahier.
Trace un demi-cercle pour obtenir une figure plus petite mais ayant la même forme que la figure ci-contre.
Que peux-tu dire du rayon du cercle tracé par rapport à celui du cercle bleu ?

Je retiens

Pour **agrandir** une figure, on **multiplie** toutes ses longueurs par un même nombre.
Les deux figures ont la **même forme**.

Agrandissement par 2

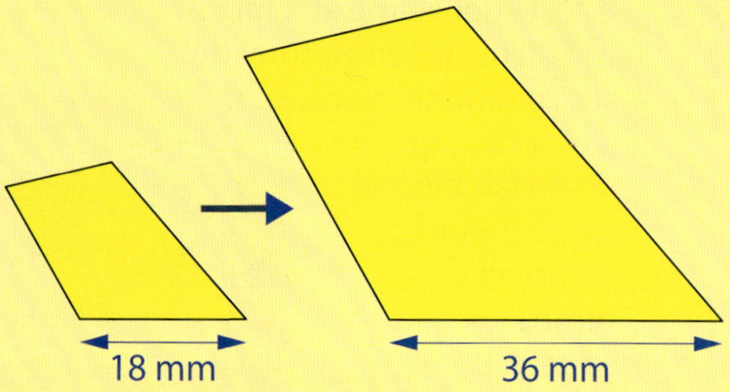

Longueurs × 2

Pour **réduire** une figure, on **divise** toutes ses longueurs par un même nombre.
Les deux figures ont la **même forme**.

Réduction par 3

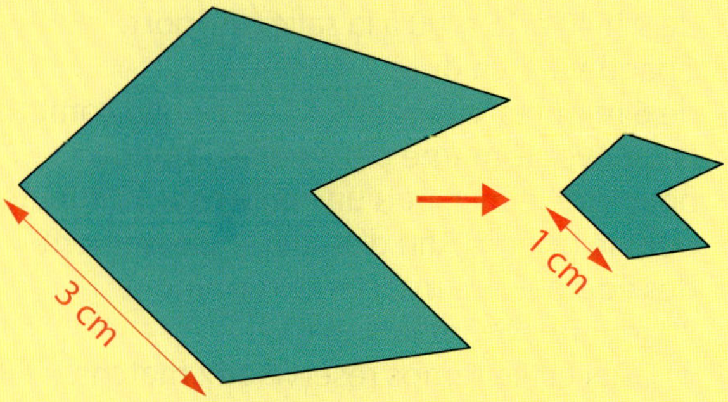

Longueurs : 3

Je comprends

Énoncé

Agrandis par **2**
la figure ci-contre.

Solution

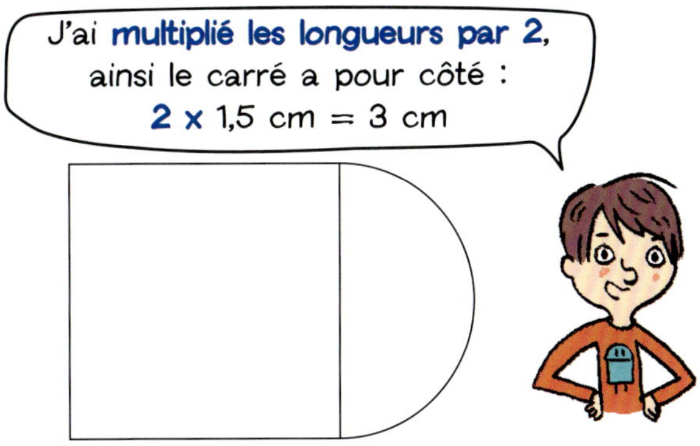

J'applique

A Agrandis par **3** la figure orange.

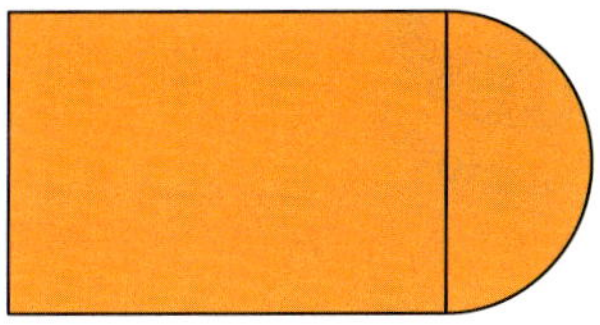

B Agrandis par **5** la figure verte.

C Réduis par **2** la figure jaune.

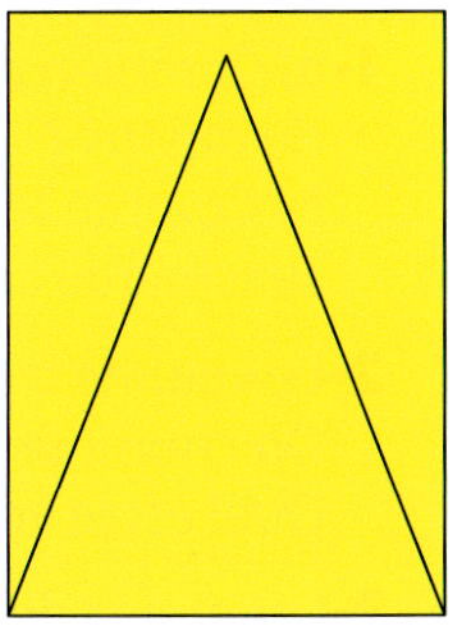

Je m'entraîne

Pour les exercices **1** à **3**, précise la nature et les dimensions de chaque figure obtenue après agrandissement ou réduction.

ORAL
1 Agrandissement par **4** de la figure bleue.

ORAL
2 Agrandissement par **5** de la figure jaune.

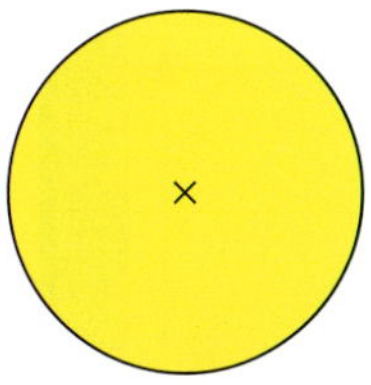

ORAL
3 Réduction par **4** de la figure rose.

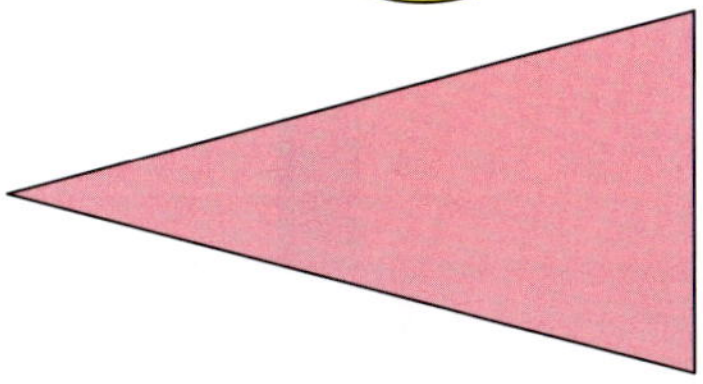

4 Sur une feuille quadrillée, agrandis par **1,5** la figure verte.

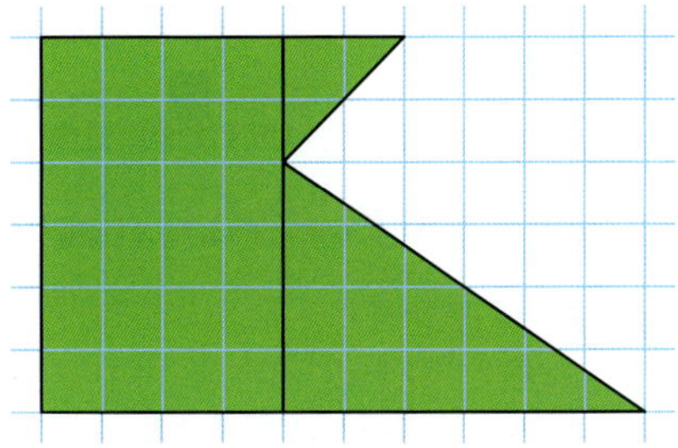

5 Réduis par **3** la figure orange.

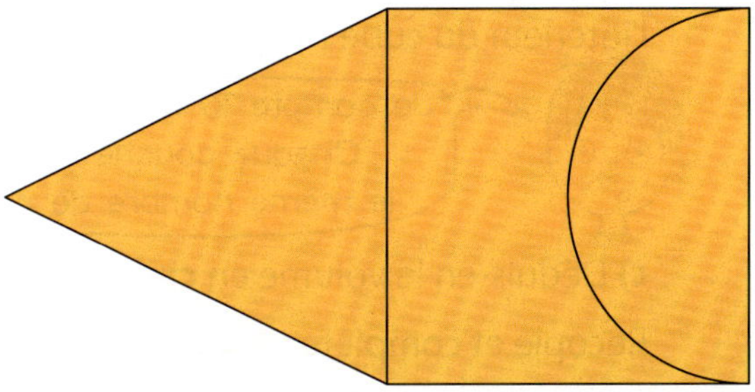

J'approfondis

6 PROBLÈME

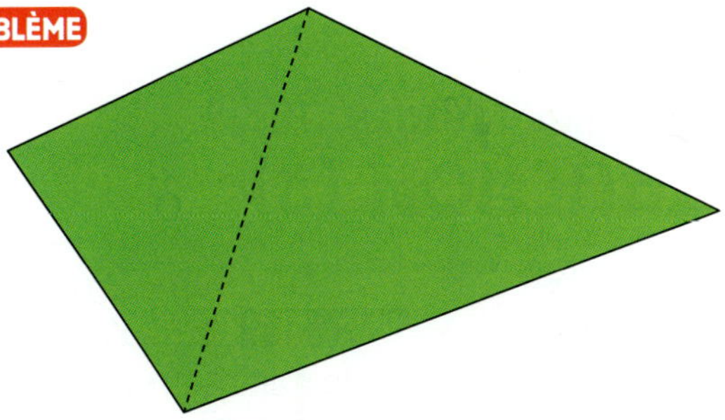

1) Agrandis par **2** la figure verte.
2) a) Quel est le périmètre de la figure verte ?
b) Quel est le périmètre de la figure agrandie ?
c) Que remarques-tu ?

7 PROBLÈME

1) Reproduis la figure bleue sur ton cahier.
2) Réduis par **3** la figure bleue.
3) Justifie que l'aire de la figure réduite est **9 fois** plus petite que l'aire de la figure bleue.

70 Grandeurs

UNITÉS DE MESURE (5)

Connaître, utiliser des unités de mesure d'un volume

Calcul mental
14 h 30 + ? = 15 h 10
6 h 30 + ? = 10 h 00
7 h 28 + ? = 8 h 12
…

Je découvre comment mesurer le volume d'un solide

En empilant des petits cubes de même dimension, on a obtenu le solide ci-contre.

1• **a)** Combien de petits cubes y a-t-il sur la couche du dessus ?
b) Compte le nombre de petits cubes contenus sur chaque couche.

2• Le volume d'un solide est la mesure de son **intérieur**.
On choisit un petit cube comme unité de volume.
Quel est le volume de ce solide ?

3• Les arêtes de chaque petit cube ont pour longueur 1 cm.
Le volume d'un petit cube est égal à un **centimètre cube** (noté **1 cm³**).
Quel est le volume en **cm³** de ce solide ?

Je découvre comment convertir des unités de volume

Sur la figure ci-contre, chaque cube bleu  a pour arête 1 cm.

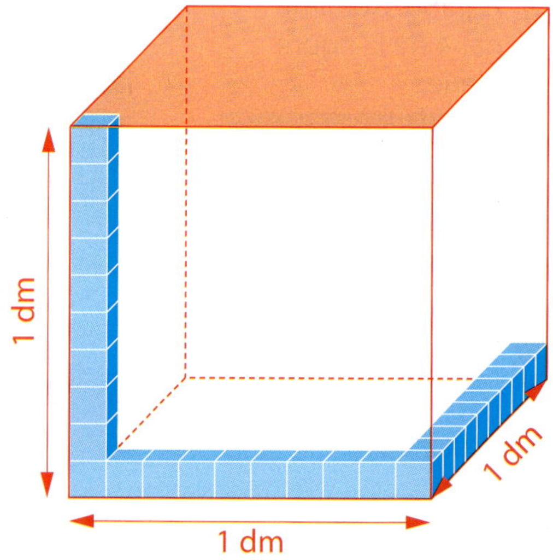

1• Quelles sont les dimensions du pavé droit rouge ?
Son volume est égal à un **décimètre cube** (noté **1 dm³**).

2• **a)** Quel est le volume d'un petit cube bleu ?
b) Combien faut-il de cubes bleus pour remplir l'intérieur du cube rouge ?

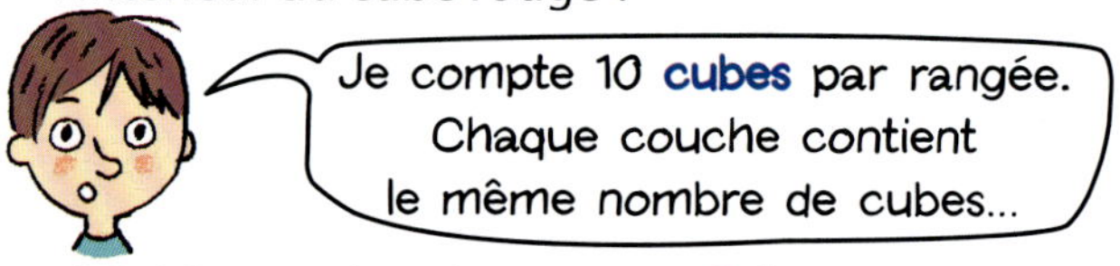

c) Déduis-en le volume en **cm³** du pavé rouge.

3• Recopie et complète : **1 dm³** = … **cm³**.

Je retiens

Le **volume** d'un solide est la mesure de son intérieur.
Le volume d'un cube de **1 m** d'arête est le **mètre cube** (**m³**).

Autres unités de volume :

Le volume d'un cube de **1 dm** d'arête est le décimètre cube (**dm³**). 1 **m³** = 1 000 **dm³**	Le volume d'un cube de **1 cm** d'arête est le centimètre cube (**cm³**). 1 **dm³** = 1 000 **cm³**	Le volume d'un cube de **1 mm** d'arête est le millimètre cube (**mm³**). 1 **cm³** = 1 000 **mm³**

Remarque : 1 m³ = 1 000 **dm³** = 1 000 000 **cm³** = 1 000 000 000 **mm³**.

Je comprends

Énoncé

On choisit un petit cube bleu comme unité de volume. Quel est le volume de ce solide ?

Solution

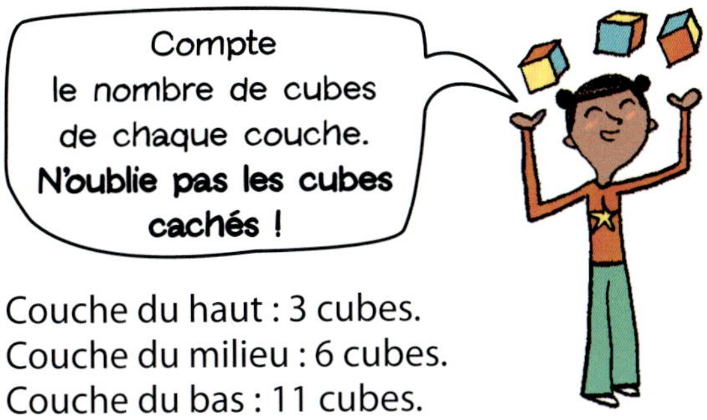

Couche du haut : 3 cubes.
Couche du milieu : 6 cubes.
Couche du bas : 11 cubes.
3 + 6 + 11 = 20 cubes.
Le volume de ce solide est 20 unités de volume.

J'applique

Pour les exercices **A** à **D**, on choisit un petit cube orange comme unité de volume.
Quel est le volume de chaque solide ?

A

B

C

D

Je m'entraîne

ORAL

1 Trouve la bonne réponse parmi celles proposées.

1) Un morceau de sucre a un volume de :
3 mm³ | 3 dm³ | 3 cm³ | 3 m³.

2) Une boîte à chaussures a un volume de :
3 mm³ | 3 dm³ | 3 cm³ | 3 m³.

3) Une machine à laver le linge a un volume extérieur de :
0,5 mm³ | 0,5 dm³ | 0,5 cm³ | 0,5 m³.

4) Un grain de sable a un volume de :
0,5 mm³ | 0,5 dm³ | 0,5 cm³ | 0,5 m³.

ORAL

2 Donne l'unité la mieux adaptée pour mesurer le volume d'une :
a) piscine ; **b)** pièce de jeu de construction.

3 On a construit des marches en empilant des briques.

1) L'unité de volume étant le volume d'une brique, calcule le volume de ces marches.
2) Chaque brique a un volume de 8 dm³.
Quel est le volume en dm³ de ces marches ?

4 Dans son jardin, Kathleen possède un puits de volume intérieur 8 000 000 cm³.
1) Quel est le volume de ce puits en dm³ ?
2) Donne le volume de ce puits dans une unité mieux adaptée.

J'approfondis

5 Pour chaque action proposée, précise si tu dois calculer un périmètre, une aire ou un volume.
a) Tapisser les murs d'une chambre.
b) Poser des plinthes dans une pièce.
c) Remplir une piscine.
d) Clôturer un jardin.
e) Planter de la pelouse.
f) Mettre de la terre dans un pot.
g) Poser du carrelage.

6 PROBLÈME Pour sa tortue, Moïse possède un bassin de volume 250 000 000 mm³.
Quel est le volume de ce bassin en litres ?

71 — Géométrie

PROGRAMMES DE CONSTRUCTION (2)

Écrire un programme de construction d'une figure

Calcul mental
Aire d'un carré :
de côté 0,8 cm
de côté 0,05 m
…

Je découvre comment écrire un programme de construction étape par étape

Partie A

Pour chaque étape, écris une consigne qui permet de réaliser la figure en vraie grandeur.

Étape 1

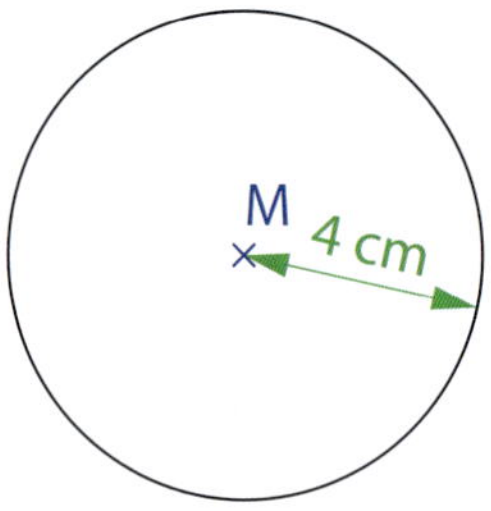

Étape 2

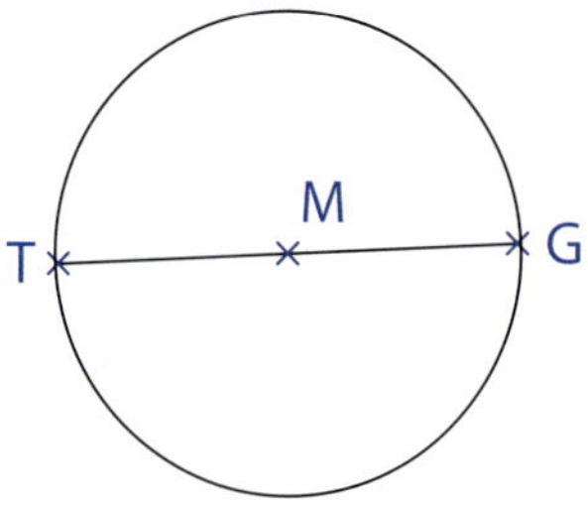

Étape 3

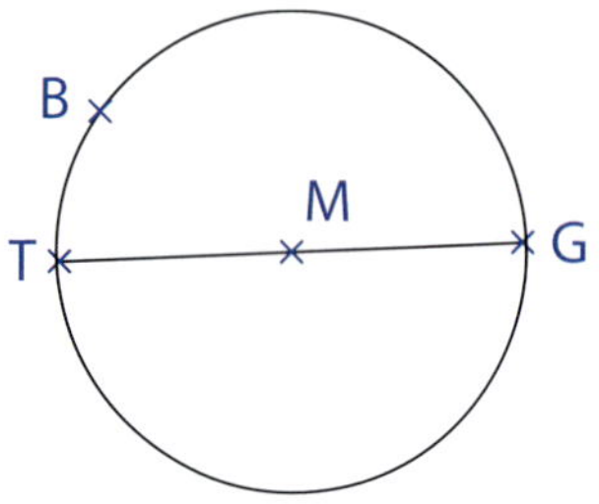

Étape 4

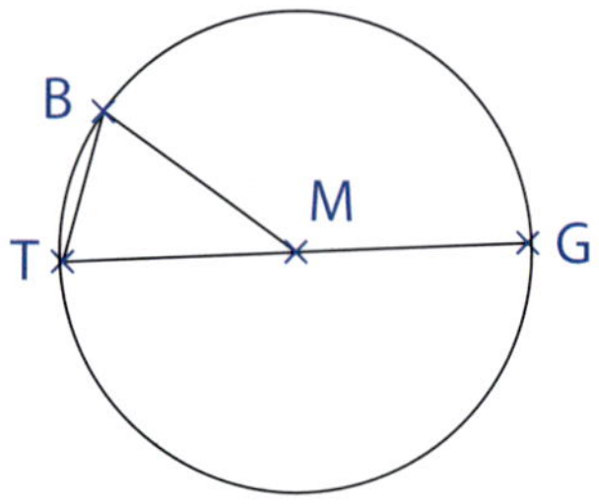

Partie B

Pour chaque étape, écris une consigne qui permet de réaliser la figure en vraie grandeur.

Étape 1

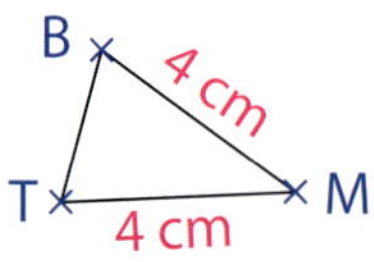

Étape 2

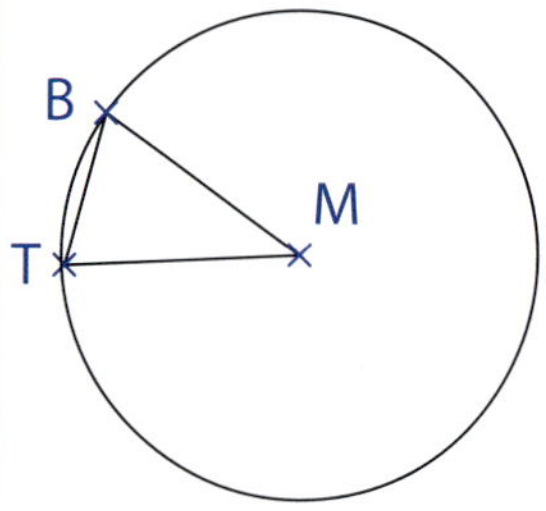

Étape 3

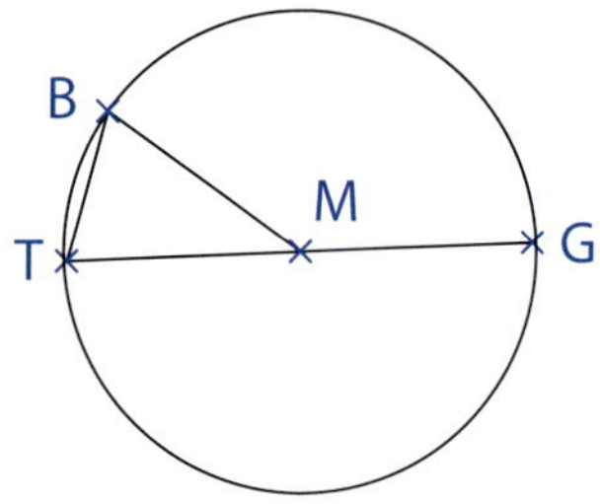

Je découvre comment valider un programme de construction

Modèle 1

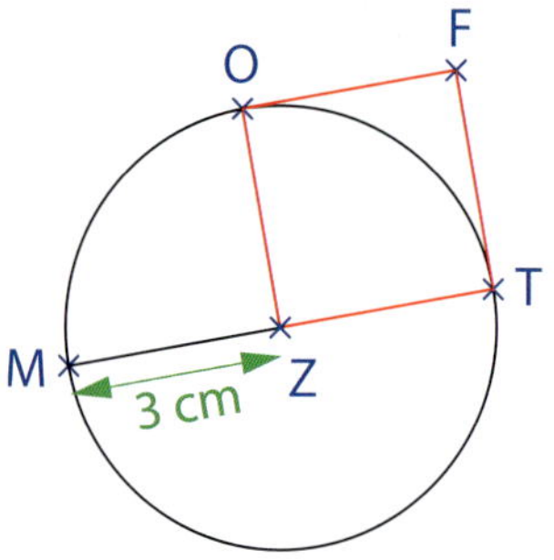

Modèle 2

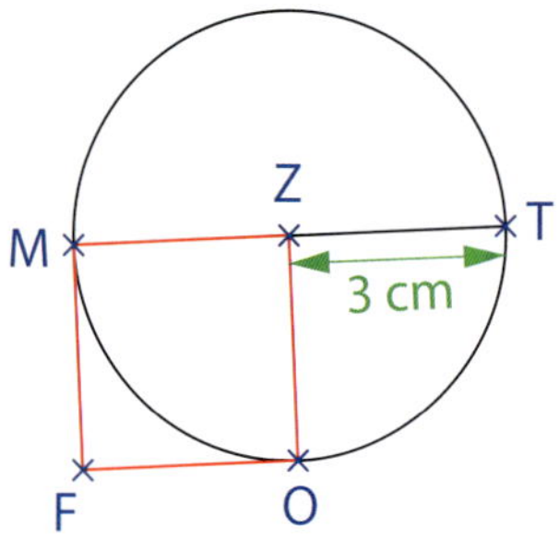

Modèle 3

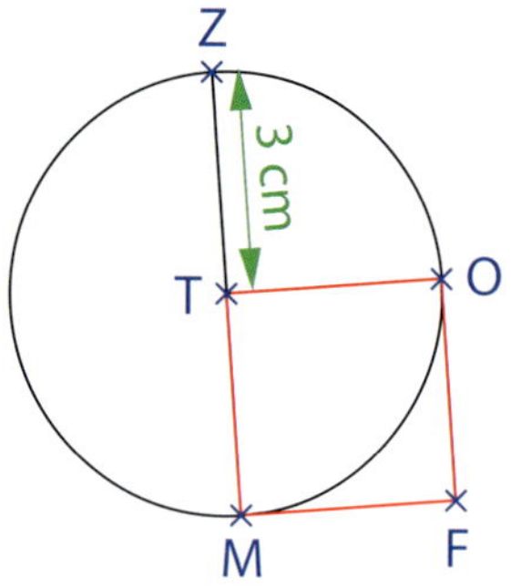

Modèle 4

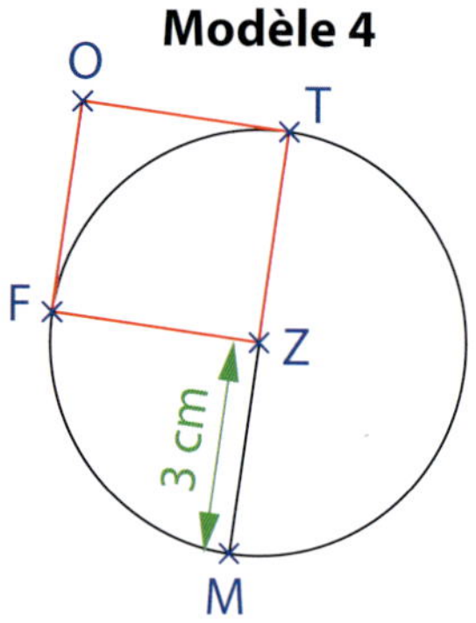

1• Choisis un des 4 modèles ci-dessus. Écris son numéro sur un petit papier et cache-le.
Écris un programme de construction de la figure choisie.
Puis, ferme ton manuel de mathématiques.

2• Échange ton programme de construction avec celui de ton voisin ou de ta voisine.
Construis une figure en vraie grandeur en suivant le programme qu'il ou elle a écrit.

3• Ouvre ton manuel et compare ta figure aux modèles proposés. Quel modèle as-tu obtenu ?
Vérifiez ensemble (avec les petits papiers) que chaque programme correspond bien au modèle choisi.

Je m'entraîne

1 1) Pour chaque étape, écris une consigne qui permet de réaliser la figure.

Étape 1

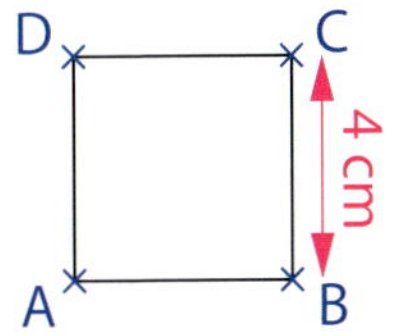

Étape 2

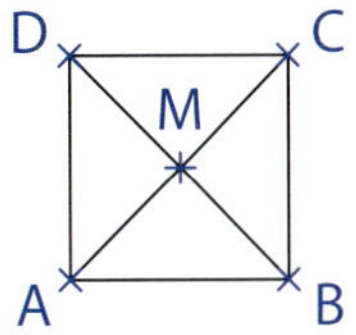

Étape 3

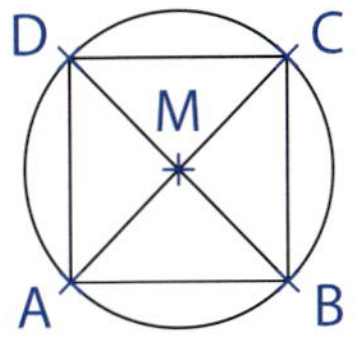

2) Demande à un ou une camarade de suivre ton programme de construction.
Obtient-il(elle) la figure de l'**étape 3** ?

2 1) Pour chaque étape, écris une consigne qui permet de réaliser la figure.

Étape 1

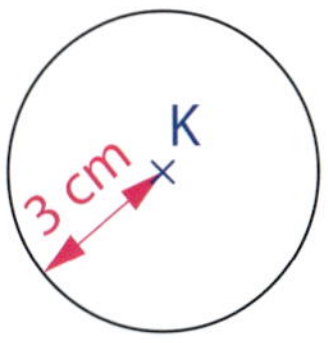

Étape 2

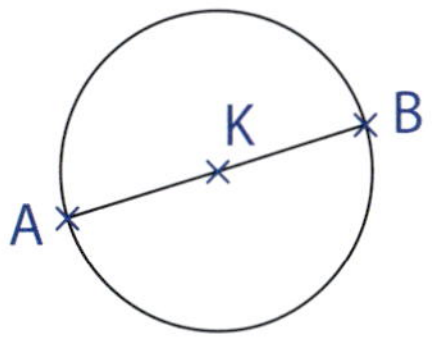

Étape 3

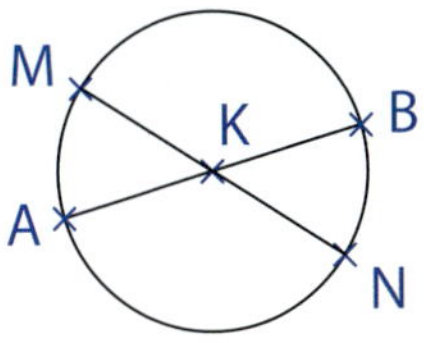

Étape 4

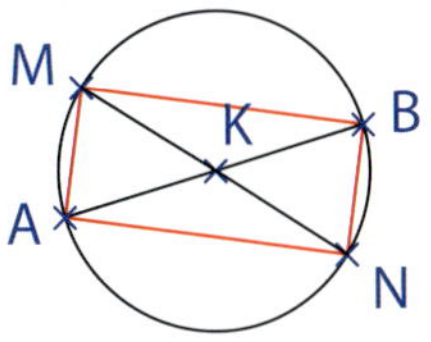

2) Demande à un ou une camarade de suivre ton programme de construction.
Obtient-il(elle) la figure de l'**étape 4** ?

3 1) Pour chaque étape, écris une consigne qui permet de réaliser la figure.

Étape 1

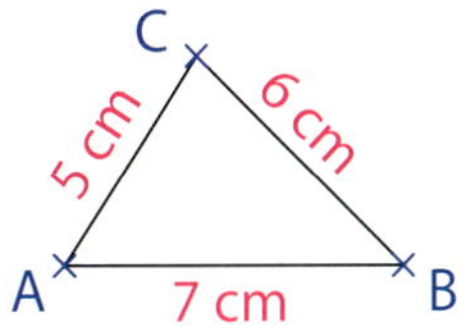

Étape 2

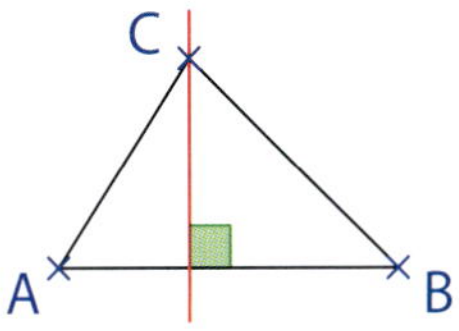

Étape 3

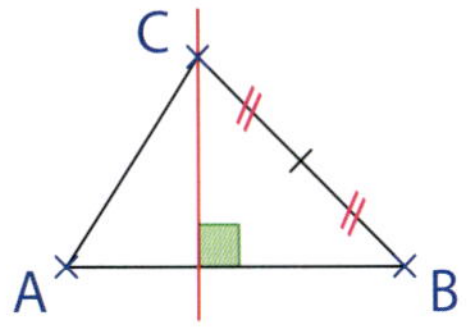

Étape 4

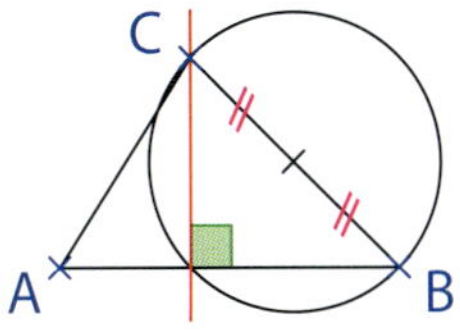

2) Demande à un ou une camarade de suivre ton programme de construction.
Obtient-il(elle) la figure de l'**étape 4** ?

4 1) Pour chaque étape, écris une consigne qui permet de réaliser la figure.

Étape 1

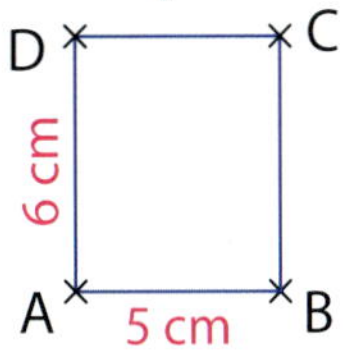

Étape 2

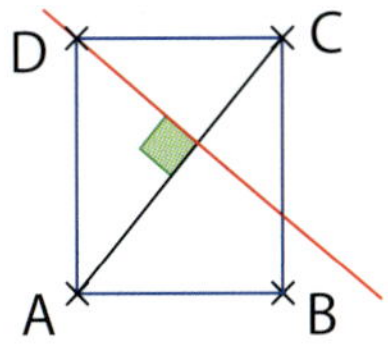

Étape 3

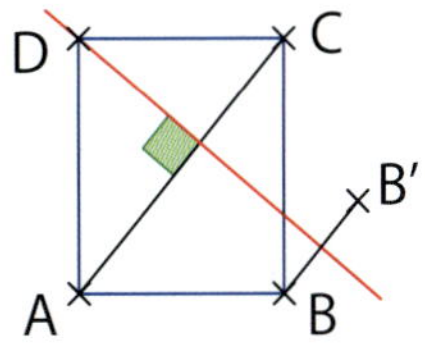

Étape 4

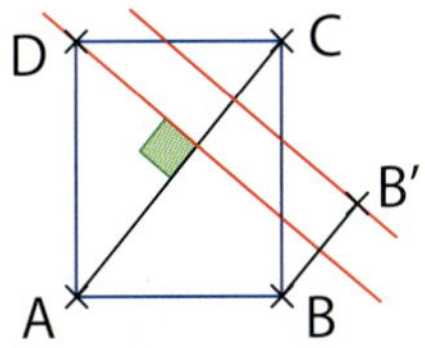

2) Demande à un ou une camarade de suivre ton programme de construction.
Obtient-il(elle) la figure de l'**étape 4** ?

J'approfondis

Pour les exercices **5** à **7**, écris un programme de construction qui permet de réaliser chaque figure en vraie grandeur.

5

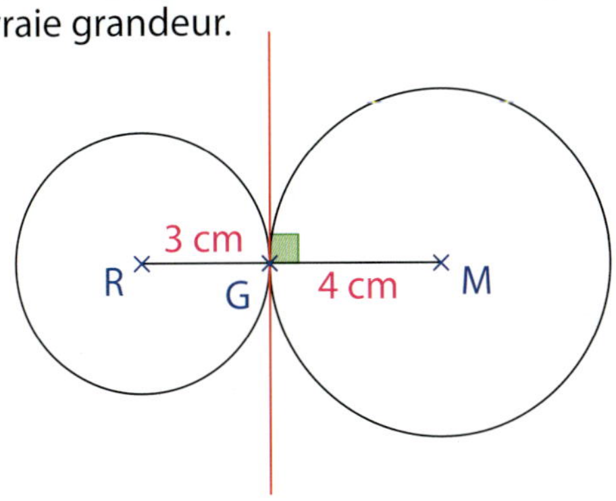

6

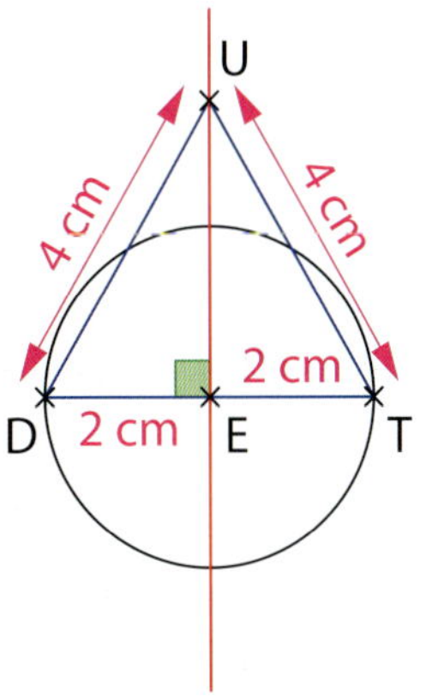

7

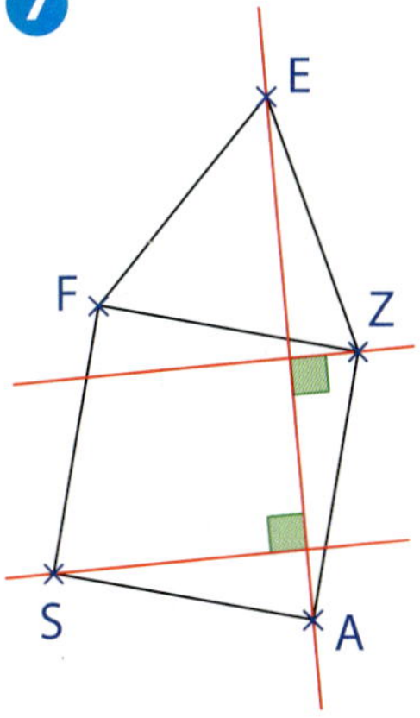

MESURE DE GRANDEURS (8)

Calculer le volume d'un pavé droit

Calcul mental

100 = ? × ? × ?
60 = ? × ? × ?
1 000 = ? × ? × ?
…

Je découvre comment déterminer le volume d'un pavé droit

On choisit le petit cube rouge comme unité de volume.

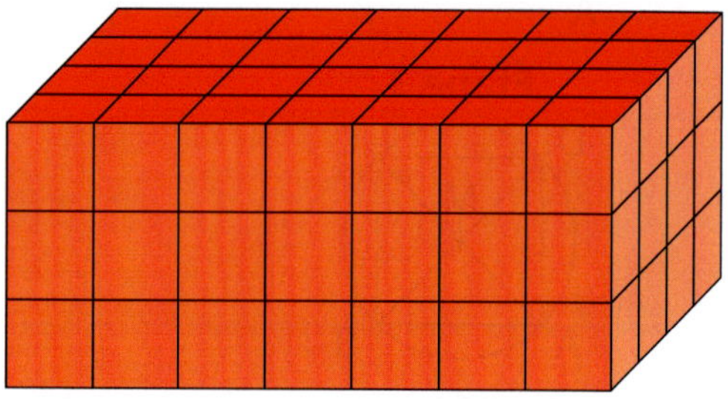

1• On fabrique le pavé droit ci-contre avec des cubes rouges.
a) Combien de cubes rouges contient chaque couche du solide ? Quelle opération as-tu utilisée ?
b) Combien de couches ce pavé droit contient-il ?
c) Quel est le volume de ce pavé droit ? Quelle opération as-tu utilisée ?

2• Un autre pavé droit est constitué de 5 couches contenant chacune 6 rangées de 8 cubes rouges.
Quel est le volume de ce nouveau pavé droit ?

Je découvre comment calculer le volume d'un pavé droit

On veut calculer le volume du pavé droit ci-contre.
L'unité choisie est le centimètre cube (cm^3).

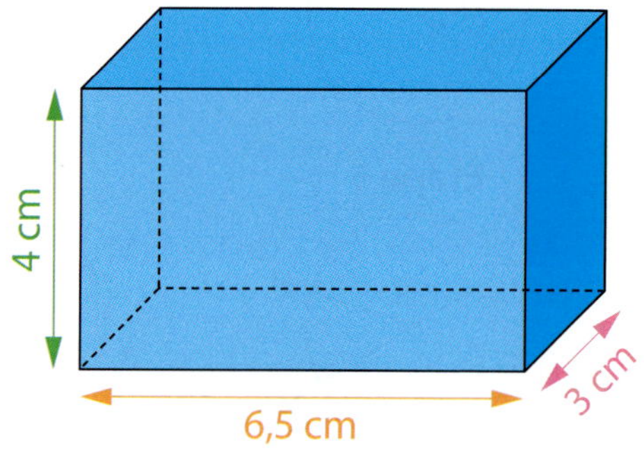

1• a) Dessine en vraie grandeur la face de dessous de ce solide. Déduis-en le nombre (pas obligatoirement entier) de cubes de 1 cm d'arête que l'on pourrait poser sur cette face.
b) Combien de couches ainsi formées faudrait-il pour remplir ce pavé droit ?
c) Déduis-en le volume en cm^3 de ce pavé droit ?

2• Calcule le produit **6,5** × **3** × **4**.
Que remarques-tu ?

3• Propose une méthode pour calculer le volume d'un pavé droit dont les dimensions sont données.

Je retiens

Volume d'un pavé droit

Volume = longueur × largeur × hauteur
$\mathcal{V} = L \times \ell \times h$

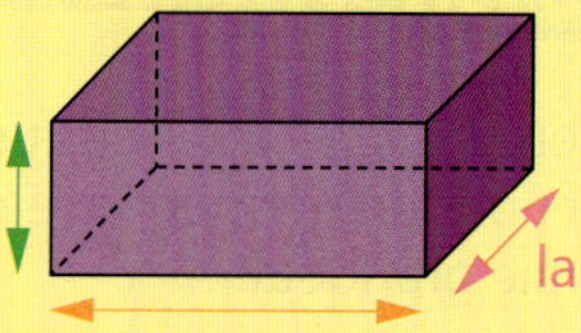

Remarque : pour le calcul, les mesures doivent être exprimées dans **la même unité**.

On veut calculer le volume d'un pavé droit de longueur 64 mm, de largeur 3,7 cm et de hauteur 4 cm.

$\mathcal{V} = L \times \ell \times h$

$\mathcal{V}$ = **64 mm** × 3,7 cm × 4 cm = **6,4 cm** × 3,7 **cm** × 4 **cm** = 6,4 × 3,7 × 4 **cm^3**.

$\mathcal{V}$ = 94,72 **cm^3**

Le volume de ce pavé droit est **94,72 cm^3**.

Je comprends

Énoncé

Calcule le volume d'un pavé droit de longueur 62 mm, de largeur 53 mm et de hauteur 3 cm.

Solution

3 cm = 30 mm

$\mathcal{V} = L \times \ell \times h$

$\mathcal{V} = 62$ **mm** $\times 53$ **mm** $\times 30$ **mm**

$\mathcal{V} = 3\,286 \times 30$ **mm³**

$\mathcal{V} = 98\,580$ **mm³**

Le volume de ce pavé droit est **98 580 mm³**.

J'applique

A Calcule le volume d'un pavé droit de longueur 17 m, de largeur 12 m et de hauteur 8 m.

B Calcule le volume d'un cube d'arête 3,5 cm.

C Calcule le volume d'un pavé droit de longueur 85 mm, de largeur 4,7 cm et de hauteur 2,9 cm.

D Calcule le volume d'un pavé droit de longueur 12 dm, de largeur 9,6 cm et de hauteur 50 mm.

Je m'entraîne

ORAL
1 Calcule le volume d'un cube de 2 cm d'arête.

ORAL
2 Calcule le volume d'un pavé droit de longueur 10 m, de largeur 5 m et de hauteur 4 m.

ORAL
3 Calcule le volume d'un pavé droit de longueur 4 m, de largeur 2,5 m et de hauteur 7 m.

ORAL
4 Calcule le volume d'un pavé droit de longueur 3,5 m, de largeur 2 m et de hauteur 10 m.

ORAL
5 Calcule le volume d'un cube d'arête 30 mm.

6 Une boîte a la forme d'un pavé droit de longueur 1,6 dm, de largeur 8,5 cm et de hauteur 137 mm.
Calcule son volume :
a) en cm³ ; **b)** en dm³ ; **c)** en mm³.

7 Voici le patron d'un pavé droit.
1) Mesure les dimensions de ce pavé droit.
2) Calcule son volume.

J'approfondis

8 PROBLÈME Le solide ci-dessous est constitué d'un assemblage de 2 pavés droits.
Calcule le volume de ce solide.

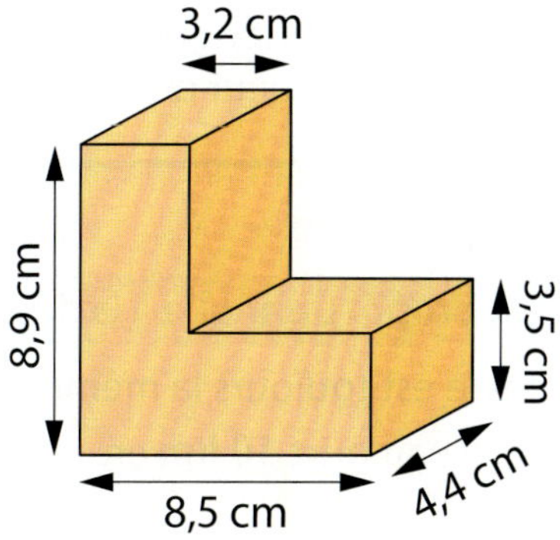

9 PROBLÈME On cherche les dimensions d'un pavé droit. Ses dimensions en cm sont des nombres entiers. Son volume est égal à 64 cm³.
Cherche toutes les possibilités.

10 PROBLÈME La piscine d'Ismaël a la forme d'un pavé droit de longueur 9 m, de largeur 4,5 m et de hauteur 2 m.
Elle est remplie d'eau à $\frac{4}{5}$ de sa hauteur.
Calcule, en m³, le volume d'eau contenu dans cette piscine.

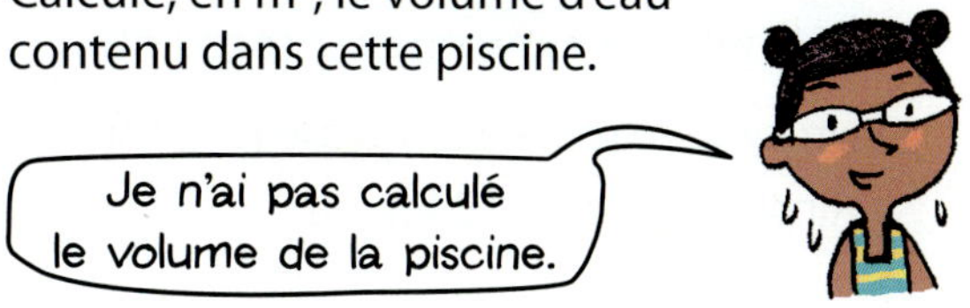

73 PROPORTIONNALITÉ (5)

Données

Résoudre une situation de proportionnalité : échelle, vitesse moyenne

Calcul mental
Échelle :
2 km → 5 cm
1 km → ? cm
? km → 10 cm
…

Je revois comment utiliser l'échelle d'une carte

La **place des Quinconces** se situe à Bordeaux.
C'est la plus grande place d'Europe !

1• Recopie le tableau suivant.
Complète-le au fur et à mesure des questions.

Longueur sur la carte (en mm)	…	**1**	…	…
Longueur réelle (en m)	**60**	…	…	…

2• Quelle longueur sur la carte (en mm) correspond à une longueur réelle de 60 m ?

3• Quelle longueur réelle (en m) correspond à une longueur de 1 mm sur la carte ?

4• Mesure sur la carte la longueur de la place des Quinconces. Calcule sa longueur réelle.

5• Détermine la largeur réelle de la place des Quinconces.

Je découvre comment utiliser une vitesse moyenne

Un camion roule sur autoroute toujours à la même vitesse.
En 30 minutes, il parcourt une distance de 52 km.

1• Combien de km parcourt-il chaque heure ?
Comment appelle-t-on ce nombre ?

2• Quelle distance ce camion va-t-il parcourir en 2 h 30 min ?

Je retiens

1• Carte à l'échelle

Sur une carte **à l'échelle**, les longueurs sur la carte sont **proportionnelles** aux longueurs réelles.

Sur une carte **à l'échelle**, une longueur réelle de **4 km** est représentée par une longueur de **2 cm**.
Ainsi, une longueur réelle de **2 km** est représentée sur cette carte par une longueur de **1 cm**.
Une longueur réelle de **1 km** est représentée sur cette carte par une longueur de **0,5 cm**…

2• Vitesse moyenne

Si la **vitesse moyenne** est constante, la distance parcourue est **proportionnelle** à la durée du trajet.

Un cycliste roule à la vitesse moyenne de **20 km par h**. Sa vitesse est toujours la même.
Ainsi, il parcourt **20 km** en **1 h**. Donc, il parcourt **40 km** en **2 h**, il parcourt **10 km** en $\frac{1}{2}$ **h**…

Je comprends

Énoncé

Sur une carte à l'échelle, une longueur réelle de 5 km est représentée par une longueur de 25 mm.
Par quelle longueur sur la carte est représentée une longueur réelle de 3,6 km ?

Solution

Longueur réelle (en km)	5	3,6
Longueur sur la carte (en mm)	25	?

? = (25 × 3,6) : 5
? = **18**.
Sur cette carte, une longueur réelle de **3,6 km** est représentée par une longueur de **18 mm**.

J'applique

A Sur une carte à l'échelle, une longueur réelle de 4 km est représentée par une longueur de 2 cm.
Par quelle longueur sur la carte est représentée une longueur réelle de 5,6 km ?

B Sur un plan à l'échelle, une longueur réelle de 6 m est représentée par une longueur de 9 cm.
Par quelle longueur sur le plan est représentée une longueur réelle de 4,8 m ?

C Sur une carte à l'échelle, une longueur réelle de 150 km est représentée par une longueur de 6 cm.
Quelle longueur réelle est représentée par une longueur de 8,4 cm sur la carte ?

Je m'entraîne

ORAL
1 Une carte est à l'échelle.
Complète le tableau suivant :

Longueur réelle (en km)	1	0,5	7
Longueur sur la carte (en mm)	2	?	?

ORAL
2 Un piéton marche à vitesse constante.
Complète le tableau suivant :

Durée (en min)	10	1	60
Distance parcourue (en m)	500	?	?

ORAL
3 Quelle est la vitesse moyenne en km par h d'une voiture qui parcourt 20 km en 15 min ?

4 Un escargot parcourt 4 m en 10 min.
Sa vitesse est toujours la même.
1) Quelle distance va-t-il parcourir en :
a) 5 min ? **b)** 15 min ? **c)** 45 min ?
2) Quelle est sa vitesse moyenne exprimée en mètres par heure ?

5 Un lapin parcourt 300 m en 4 min. Sa vitesse est toujours la même.
1) Quelle est sa vitesse moyenne exprimée en mètres par minute ?
2) Quelle distance parcourt-il en 15 min ?

6 Une tortue parcourt 15 m en 3 min.
Sa vitesse est toujours la même.
Quelle est sa vitesse moyenne exprimée en kilomètres par heure ?

J'approfondis

7 PROBLÈME Un pirate a caché son butin sur l'île de la Réunion. Il a laissé le message suivant pour indiquer l'endroit où est caché son trésor :

> En partant du point le plus haut de l'île, marche 15 km vers le nord, puis 10 km vers l'ouest. Parcours ensuite 30 km vers le sud et enfin 5 km vers l'ouest.

Utilise un calque et la carte ci-contre pour trouver le village où est caché le trésor.

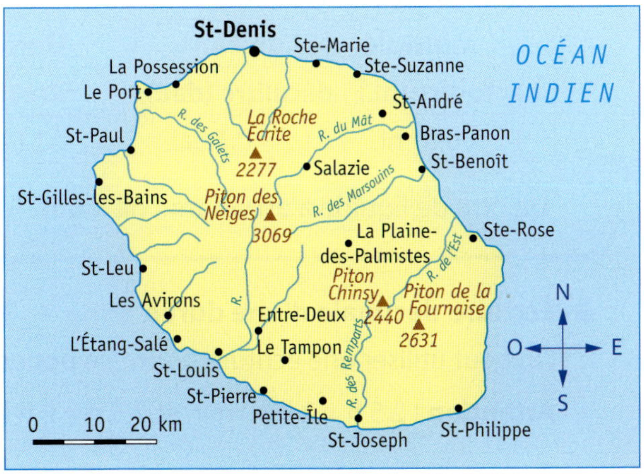

74 MESURE DE GRANDEURS (9)
Résoudre des problèmes utilisant des mesures différentes

Grandeurs

Calcul mental
Vitesse :
15 min → 25 km
30 min → ? km
1 h → ? km
…

Je découvre la correspondance entre litre et dm³

Valentin achète trois briques de lait de marques différentes.
Il se rend compte qu'elles sont aussi de dimensions différentes :

- la brique A mesure 9,7 cm de longueur, 6,1 cm de largeur et 17 cm de hauteur.
- la brique B mesure 9 cm de longueur, 5,8 cm de largeur et 19,2 cm de hauteur.
- la brique C mesure 9,5 cm de longueur, 6,3 cm de largeur et 16,8 cm de hauteur.

1• **a)** Calcule le volume en cm³ de chacune de ces briques.
b) Exprime chacun de ces trois volumes en dm³. Que remarques-tu ?

2• En réalité, chacune de ces trois briques contient **1 litre** de lait.
Quel est le volume en dm³ de 1 litre de lait ?

Je découvre l'écriture décimale d'une durée

Evan et Layana gardent les chiens de leurs voisins pour gagner un peu d'argent de poche.
Ce mois-ci, chacun d'eux a gardé les chiens pendant 4 h 30 min.
Ils sont payés 6 € de l'heure.
Chacun d'eux calcule ce qu'il a gagné.

4,3 × 6 = 25,8
Evan pense avoir gagné 25,80 €.

4,5 × 6 = 27
Layana pense avoir gagné 27,00 €.

1• Quel est le prix payé pour 4 heures de gardiennage ?
Quel est le prix payé pour 30 minutes de gardiennage ?

2• Lequel des deux enfants a raison ?

3• Quelle est l'écriture décimale de 4 h 30 min ?

Je retiens

1• Contenance

L'unité de **contenance** est le **litre** (**L**).

Autres unités de contenance :

Multiples de l'unité		Unité	Sous-multiples de l'unité		
hectolitre (hL)	**décalitre (daL)**	**litre (L)**	**décilitre (dL)**	**centilitre (cL)**	**millilitre (mL)**
1 L = 0,01 hL	1 L = 0,1 daL	1 L	1 L = 10 dL	1 L = 100 cL	1 L = 1 000 mL

Un litre de liquide a un volume de 1 dm³ : **1 L = 1 dm³**.

2• Écriture décimale d'une durée

On peut utiliser une écriture décimale pour écrire une durée.

Attention ! 2,5 h ≠ 2 h 50 min et 2,5 h ≠ 2 h 05 min.

2 h 30 min = 2 h + $\frac{1}{2}$ h
2 h 30 min = 2 h + 0,5 h
2 h 30 min = 2,5 h.

Je comprends

Énoncé

Martin a effectué 8 tours d'un circuit en 14 minutes. Il a couru à vitesse constante. Calcule en minutes et secondes le temps qu'il a mis pour faire un tour.

Solution

J'ai effectué une division décimale.

14 min : 8 = 1,75 min

1,75 min = 1 min + 0,75 min

1,75 min = 1 min + (0,75 × 60 s)

1,75 min = 1 min 45 s

Martin a mis **1 min 45 s** pour effectuer chaque tour de circuit.

J'applique

A Augustina a mis 15 minutes pour recouvrir ses 6 livres.
Calcule en minutes et secondes le temps qu'elle a mis pour recouvrir chaque livre.

B L'employé du pressing repasse 48 chemises en une heure. Combien de temps en minutes et secondes met-il pour chaque chemise ?

C Louise a fait cuire 80 crêpes en 2 heures.
Calcule en minutes et secondes le temps qu'elle met pour cuire chaque crêpe.

D En 17 minutes, Léo a écouté 5 fois d'affilée sa chanson préférée.
Quelle est la durée en minutes et secondes de cette chanson ?

Je m'entraîne

Pour les exercices **1** et **2**, indique les calculs qui ont une signification dans la situation décrite. Précise ce qu'ils permettent de calculer concrètement.

ORAL

1 Yann achète 2,6 kg de poires à 2,8 € le kg et 3 bouteilles de jus de poire à 2,75 € la bouteille.

2,6 + 2,8	3 × 2,75	2,6 × 2,8	2,8 + 2,75

ORAL

2 Nathalie a peint un muret de hauteur 1,5 m et de longueur 6 m. Pour cela, elle a utilisé 4 pots de peinture à 6,25 € le pot.

1,5 + 4	1,5 × 6	6 + 6,25	4 × 6,25

ORAL

3 Combien de litres y a-t-il dans 1 m^3 ?
Justifie ta réponse.

4 Pour réparer la ceinture de son pantalon, Lola achète 60 cm d'élastique à 5,25 € le mètre.
Combien dépense-t-elle ?

5 Pour la randonnée de fin d'année des CM2, la maîtresse a prévu de faire un parcours de 5 000 m. Les élèves marchent à une vitesse constante de 2 km par heure.
Combien de temps vont-ils marcher ?

6 Alicia fait des pas réguliers de 60 cm.
Elle a fait 350 pas en 5 min.
Calcule sa vitesse moyenne exprimée en mètres par minute.

7 Jo prend le train à 20 h 42 le 21 octobre et arrive à 14 h 12 le 22 octobre.
La vitesse moyenne du train est de 50 km par h.
Quelle distance Jo a-t-il parcourue ?

J'approfondis

8 PROBLÈME La maîtresse dispose d'une grande quantité de dés cubiques de 3 cm d'arête. Elle remplit une boîte de forme cubique de 18 cm d'arête avec ces dés. Chaque dé pèse 42 g. La boîte vide pèse 1,218 kg.
Combien la boîte pleine de dés pèse-t-elle ?

9 PROBLÈME L'aquarium de Medhi est un pavé droit de longueur 60 cm, de largeur 30 cm et de hauteur 40 cm. Combien de litres d'eau faut-il pour remplir l'aquarium de Medhi jusqu'à 5 cm du bord ?

10 PROBLÈME On mesure le débit d'un torrent au cœur d'une forêt. L'eau de ce torrent coule à un débit constant de 3 m^3 par seconde.
Cela signifie que chaque seconde, 3 m^3 d'eau coulent à cet endroit du torrent.
Combien de litres d'eau coulent en une journée à cet endroit du torrent ?

75 PROBLÈMES DE LA VIE QUOTIDIENNE (5)

Calcul

Calcul mental

$(12 \times 100) : 4 = ?$

$(12 \times 5) \times 5 = ?$

$(12 \times 20) + (12 \times 5) = ?$

…

Je résous un problème en suivant plusieurs étapes

Énoncé

Les Gaspy, une famille de 4 personnes, ont reçu leur facture d'eau.
Leur voisin M. Économe leur donne quelques conseils pour réduire leurs dépenses en eau le mois prochain :

- prendre une douche au lieu d'un bain économise 70 L par douche ;
- réparer la fuite du robinet de la cuisine économise 36 000 L par an.

Chaque membre de la famille Gaspy se lave une fois par jour.
Le prix d'un m^3 d'eau (1 000 L) est 2,56 €.

Question

Quel sera, chaque mois, le montant des économies réalisées par la famille Gaspy si elle suit les deux conseils de M. Économe ?

1• **a)** Calcule la quantité d'eau économisée chaque jour par les Gaspy en prenant une douche plutôt qu'un bain.
b) Calcule la quantité d'eau économisée en un mois.

2• Calcule la quantité d'eau économisée par mois s'ils réparent le robinet.

3• Combien de m^3 d'eau la famille Gaspy économisera-t-elle chaque mois ?

4• Calcule le montant des économies réalisées chaque mois par la famille Gaspy.

Je résous un problème en posant les bonnes questions

Énoncé

Noé veut redécorer sa chambre de forme rectangulaire.
Cette pièce a pour dimensions 3,2 m de longueur, 2,60 m de largeur et 2,5 m de hauteur.
La fenêtre de la chambre se trouve en face de la porte d'entrée.
Il repeint le plafond en bleu avec une peinture monocouche à 6,20 € le pot.
Un pot de peinture permet de peindre 5 m^2.
Il colle des étoiles fluorescentes à 7,45 € le sachet. Il en achète un sachet.
Il pose derrière son lit un poster mural représentant le système solaire à 38,80 €.

Question

Combien Noé va-t-il dépenser pour la nouvelle décoration de sa chambre ?

1• Des questions suivantes, laquelle n'est pas utile à la résolution de ce problème ?

Quelle est la surface du plafond ?	Quelle est la surface des murs de sa chambre ?	Combien Noé dépensera-t-il pour la peinture ?	Combien de pots de peinture faut-il pour peindre le plafond ?

2• **a)** Des questions restantes, laquelle dois-tu te poser en premier ?
b) Réponds à cette question.

3• Réponds alors à chacune des deux autres questions.

4• Calcule alors le coût de la nouvelle décoration de la chambre de Noé.

Je m'entraîne

1 Pour le goûter de fin d'année, une maîtresse achète un seau de 6 kg de bonbons à 43,50 €. Elle le partage avec deux de ses collègues. Combien chacune d'elles devra-t-elle payer ?

2 Rosy participe aux vendanges.
Elle a ramassé 263 kg de raisin dans la première vigne et 157 kg dans la seconde.
Elle range sa collecte dans des cageots contenant 20 kg de raisin chacun.
Combien de cageots a-t-elle remplis ?

3 Rayan achète 8 paquets de gâteaux identiques. Il paye avec un billet de 20 €. La caissière lui rend 2 pièces de 20 centimes.
Combien coûte un paquet de gâteaux ?

4 Pour animer un tournoi entre cinq clubs de football, les dirigeants décident de louer un jeu gonflable et de partager les frais.
La rencontre débute à 9 h 30 et se termine à 16 h 00.
Voici les tarifs pour le jeu gonflable :
- location : 36 € de l'heure ;
- transport et montage : 145 €.

1) Quel sera le montant total de la facture pour ce jeu gonflable ?
2) Quel en sera le coût pour chaque club ?

5 La mairie refait le sol de la classe des CM2.
Le sol est un rectangle de largeur 4,60 m et de longueur 6,50 m.
Le maire se met d'accord avec un artisan sur le devis suivant :
- matériel : 24 € le m^2 ;
- main-d'œuvre : 8,20 € le m^2.

1) Quel est le montant du devis ?
2) La mairie reçoit une aide de la région qui représente 30 % du coût total des travaux. Quelle sera la part à payer par la mairie ?

J'approfondis

6 Rémy se rend tous les jours à son travail en voiture. Il utilise cette voiture uniquement pour ces trajets.
Lundi matin, le compteur de la voiture indiquait 127 835 km.
Le vendredi soir, le compteur indique 128 495 km.
À quelle distance Rémy habite-t-il de son travail ?

7 Sofiane part en train avec 4 de ses amis.
L'aller ou le retour plein tarif coûte 16,20 €.
Ils achètent 20 € une carte de groupe.
Cette carte permet à chacun de bénéficier d'une réduction de 20 % à l'aller et d'une réduction de 50 % au retour.
1) Quel est le prix réduit du trajet aller ?
2) Quel est le prix réduit du trajet retour ?
3) Combien chacun a-t-il économisé ?

8 En astronomie, on utilise l'***année-lumière*** pour exprimer de très grandes distances.
C'est la distance parcourue par la lumière en une année. La lumière se déplace dans l'espace à environ 300 000 kilomètres par seconde.
À combien de km est égale une ***année-lumière*** ?

9 Julie a ramassé 180 kg de pommes. Elle apporte sa récolte au moulin pour en faire du jus.
Le coût du pressage est de 0,55 € par litre.
Les bouteilles de 1 L coûtent 0,50 € chacune.
Le coût de la stérilisation est de 0,25 € la bouteille.
On obtient 5 litres de jus avec 12 kg de pommes.
Combien Julie va-t-elle payer en tout ?

10 Le tableau ci-dessous précise des tarifs d'envoi de la poste.

Poids jusqu'à	Tarifs nets (€) Vers France métropolitaine	Vers zone Outre-mer 1 (1)	Vers zone Outre-mer 2 (2)
20 g	0,56 €	0,56 €	0,56 €
50 g	0,90 €	Tarif lettre prioritaire France métropolitaine + 0,05 € par tranche de 10 g. Exemple : lettre prioritaire de 30 g : 0,90 € + 3 × 0,05 € = 1,05 €	Tarif lettre prioritaire France métropolitaine + 0,11 € par tranche de 10 g. Exemple : lettre prioritaire de 30 g : 0,90 € + 3 × 0,11 € = 1,23 €
100 g	1,35 €		
250 g	2,22 €		
500 g	3,02 €		
1 kg	3,92 €		
2 kg	5,16 €		
3 kg	6,04 €		

1) Explique pourquoi le prix d'envoi d'une lettre de 80 g en zone Outre-mer 2 est 2,23 €.
2) Théo poste deux lettres identiques pour la zone Outre-mer 1. Il paye 9,04 €.
Quel est le poids maximum de chacune de ses lettres ?

JE RÉDIGE LA SOLUTION D'UN EXERCICE

Énoncé de l'exercice

Une piscine a la forme d'un pavé droit de longueur 8,5 m, de largeur 4 m et de profondeur 180 cm.
On recouvre cette piscine avec une bâche qui dépasse de 50 cm tout autour du bassin.
Cette bâche est vendue 2,36 € le m².

1• Quel est le volume de cette piscine ?

2• Calcule le prix de la bâche.

Rédaction de la solution

Mes conseils

1• 180 cm = 1,8 m.
$\mathcal{V} = L \times \ell \times h$
$\mathcal{V} = 8{,}5 \times 4 \times 1{,}8$
$\mathcal{V} = 34 \times 1{,}8$
$\mathcal{V} = 61{,}2$
Le volume de cette piscine est 61,2 m³.

Les longueurs doivent être exprimées dans la même unité. J'ai utilisé la formule du volume d'un pavé droit.

2• Calcul des dimensions de la bâche :
50 cm = 0,5 m
Longueur de la bâche :
L = 0,5 + 8,5 + 0,5 = 9,5 m.
Largeur de la bâche :
ℓ = 0,5 + 4 + 0,5 = 5 m.

Pour calculer le prix de la bâche, il te faut son aire, et donc ses dimensions.

Fais un schéma pour visualiser :

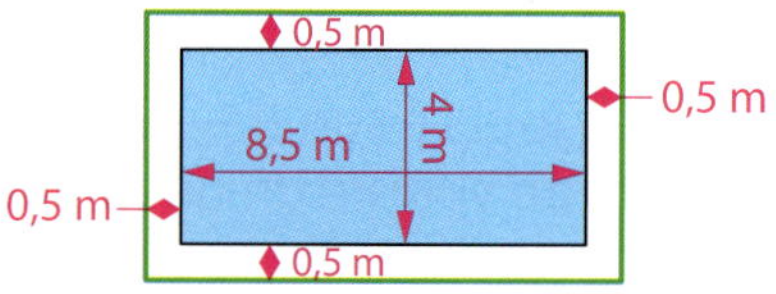

Calcul de l'aire de cette bâche :
$\mathcal{A} = L \times \ell$
$\mathcal{A} = 9{,}5 \times 5 = 47{,}5$ m².
L'aire de cette bâche est 47,5 m².

N'oublie pas de préciser l'unité.

Calcul du prix de cette bâche :

				4	7,	5
×				2,	3	6
		^{1}	^{1}2	^{1}8	5	0
+	^{1}	1	4	2	5	0
+		9	5	0	0	0
	1	1	2,	1	0	0

47,5 × 2,36 = 112,1.
Cette bâche coûte 112,10 €.

1 m² coûte 2,36 €. Donc 47,5 m² coûtent 47,5 fois plus. J'ai posé et effectué cette multiplication. Son résultat a 1 + 2 = 3 chiffres après la virgule.

Je m'entraîne à rédiger la solution d'un exercice

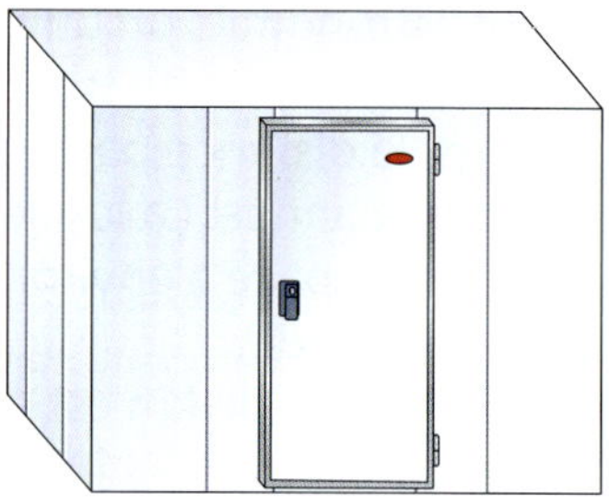

La chambre froide ci-contre a la forme d'un pavé droit.
Ses dimensions extérieures sont :
longueur : 2,6 m ; largeur : 1,5 m ; hauteur : 2,3 m.
L'épaisseur de son plancher est 10 cm.
Ses parois et son plafond ont une épaisseur de 20 cm.
1) Calcule la surface que cette chambre froide occupe au sol.
2) Calcule le volume extérieur de cette chambre froide.
3) Calcule son volume intérieur.

JE VÉRIFIE MES CONNAISSANCES

Il n'y a qu'une seule bonne réponse par énoncé !

		Énoncé	Réponse A	Réponse B	Réponse C	Si erreur, revoir :
Calcul	1	Le produit de 1,25 et de 18,4 est égal à :	19,65	21,546	23	**page 152**
Calcul	2	$\frac{3}{7} + \frac{5}{7}$ égale :	$\frac{8}{14}$	$\frac{8}{7}$	$\frac{35}{7}$	**page 158**
Calcul	3	840 g de jambon à 16,25 € le kg coûtent :	13,65 €	13 650 €	17,45 €	**page 180**
Géométrie	4	Un exemple de prisme droit à base triangulaire est :	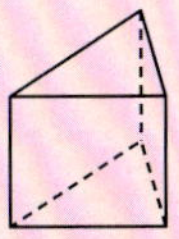	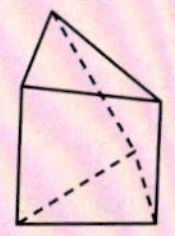	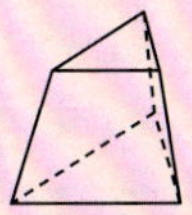	**page 154**
Géométrie	5	Un patron d'un prisme droit à base triangulaire est :				**page 160**
Géométrie	6	Sur un patron de cylindre, la face latérale est :	un cercle	un disque	un rectangle	**page 164**
Géométrie	7	L'agrandissement par **2** d'un cercle de rayon 6 cm est :	un cercle de rayon 12 cm	un cercle de rayon 3 cm	un cercle de diamètre 12 cm	**page 168**
Géométrie	8	**Programme de construction d'un triangle ABC rectangle :** • *Trace un segment [AB].* • *Trace la droite perpendiculaire à la droite (AB) et qui passe par le point A.* La suite de ce programme est :	• *Choisis un point C sur cette droite.*	• *Trace le cercle de centre A passant par le point B.*	• *Choisis un point C sur cette droite.* • *Trace le triangle ABC.*	**page 172**
Grandeurs	9	90 min sont égales à :	1,3 h	1 h 30 min	1,5 s	**page 162**
Grandeurs	10	J'ai marché de 9 h 45 à 10 h 12. J'ai marché durant :	environ 1 heure	27 minutes	33 minutes	**page 166**
Grandeurs	11	1 m^3 est égal à :	1 000 000 cm^3	100 cm^3	100 dm^3	**page 170**
Grandeurs	12	Le volume d'un pavé droit de longueur 5 m, de largeur 3,5 m et de hauteur 4 m est :	17,5 m^2	70	70 m^3	**page 174**
Grandeurs	13	1 h de connexion Internet coûte 1,40 €. Le prix de 2 h 15 min de connexion est :	3,15 €	3,01 €	2,80 €	**page 178**
Données	14	15 % de 48 kg sont égaux à :	720 kg	15 kg	7,2 kg	**page 156**
Données	15	Sur une carte à l'échelle, 5 km dans la réalité sont représentés par une longueur de 2 cm. Ainsi :	3 cm sur la carte représentent 7,5 km.	3 cm sur la carte représentent 2,5 km.	3 cm sur la carte représentent 1,2 km.	**page 176**

Les réponses commentées sont présentées page 192.

Nombres et calcul

1 1) Calcule 64 × 683.
2) Calcule, sans poser l'opération :
a) 0,64 × 68,3 ; **b)** 6,4 × 0,683.

2 1) Calcule le produit de 3,2 et de 3,425.
2) Calcule le produit de 1,4 et de la somme de 1,23 et 3,4.

3 Calcule l'aire d'un carré de côté 2,9 mm.

4 $\frac{5}{7}+\frac{4}{7}$ | $\frac{7}{3}+\frac{5}{3}$ | $\frac{11}{7}+\frac{11}{5}$ | $\frac{7}{4}+\frac{3}{4}$.
1) Laquelle de ces sommes de fractions ne sais-tu pas calculer ? Pourquoi ?
2) Calcule chaque somme que tu sais calculer.
3) Laquelle de ces sommes est égale à un nombre entier ? Lequel ?

5 Sandro achète 1,35 kg d'oranges vendues à 1,80 € le kilogramme.
Combien va-t-il payer ?

6 PROBLÈME Une plaque de bois d'aire 1 m^2 a une masse de 1,25 kg.
Vivien découpe une plaque rectangulaire de longueur 1,8 m et de largeur 1,2 m.
Quelle est la masse de cette plaque ?

7 PROBLÈME Jonathan achète :
- 1,2 kg de tomates à 1,85 € le kg ;
- 3 paquets de gâteaux à 2,10 € le paquet ;
- 0,250 kg de jambon à 14,80 le kg ;
- 6 bouteilles d'eau à 0,85 € la bouteille.

Jonathan paye avec un billet de 20 €.
Combien le caissier lui rend-il ?

Géométrie

8

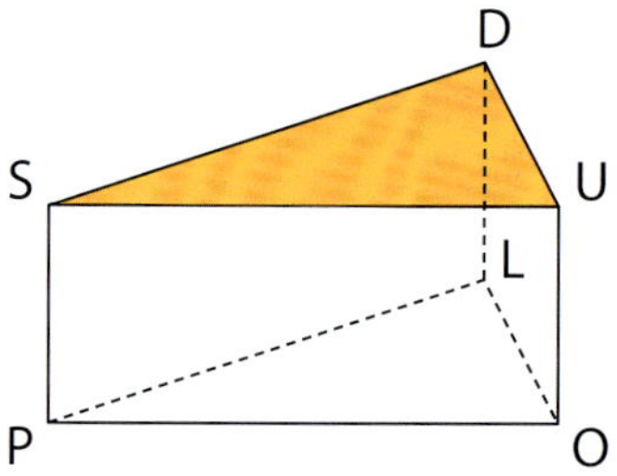

1) Nomme les bases de ce prisme droit.
Quelle est la nature de ce prisme droit ?
2) Quelle est la nature des faces latérales ?
Nomme toutes ses faces latérales.

9 PROBLÈME Un prisme droit a pour base un losange de côté 5 cm.
La hauteur du prisme est de 6 cm.
1) Combien ce prisme possède-t-il :
a) de sommets ? **b)** de faces ? **c)** d'arêtes ?
2) Trace en vraie grandeur une de ses faces latérales.

10 Recopie et complète le patron de prisme droit ci-contre.

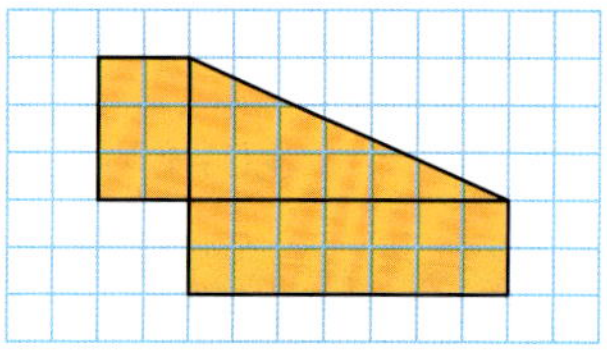

11 Recopie et complète le patron de prisme droit ci-contre.

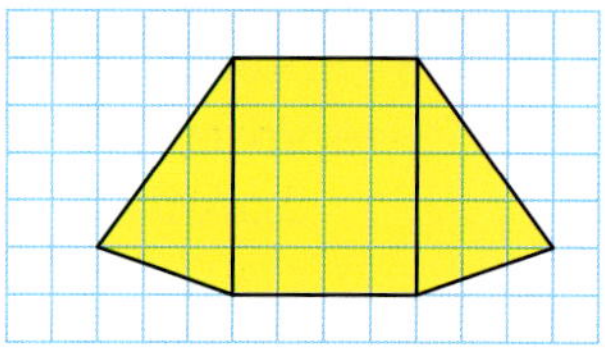

12 Un cylindre a une hauteur de 6 cm.
Le rayon de sa base mesure 4 cm.
1) Calcule les dimensions de la face latérale.
2) Calcule l'aire de la face latérale.

13 Explique pourquoi la figure suivante n'est pas un patron de cylindre.

14 Voici une base d'un cylindre de 4 cm de hauteur.
Trace son patron.

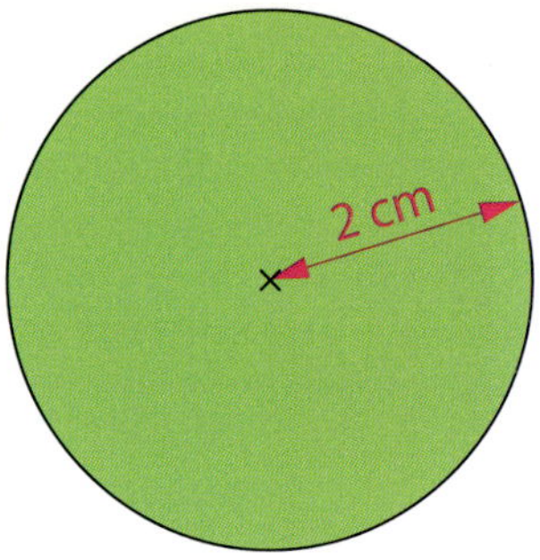

15 Réduis par **2** la figure bleue.

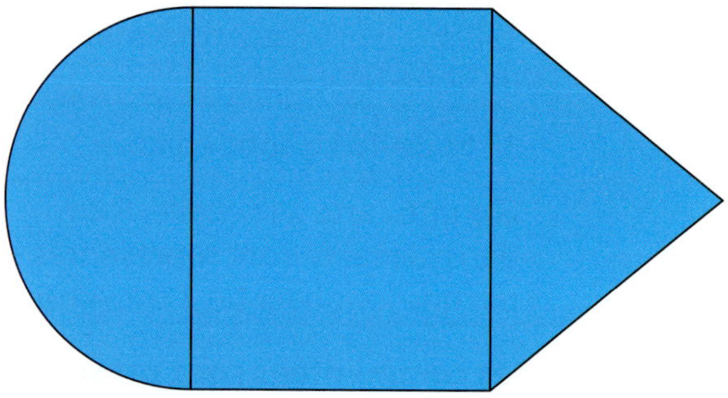

16 Sur une feuille quadrillée, agrandis par **3** la figure rose.

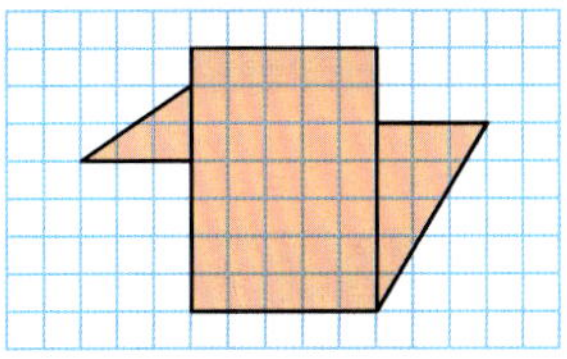

17 PROBLÈME Écris un programme de construction de la figure ci-dessous.

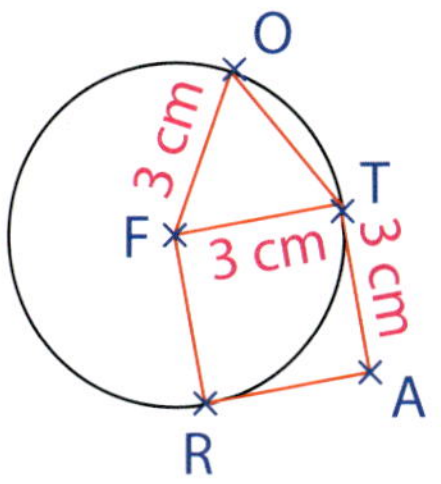

18 Pour chaque étape, écris une consigne qui permet de réaliser la figure.

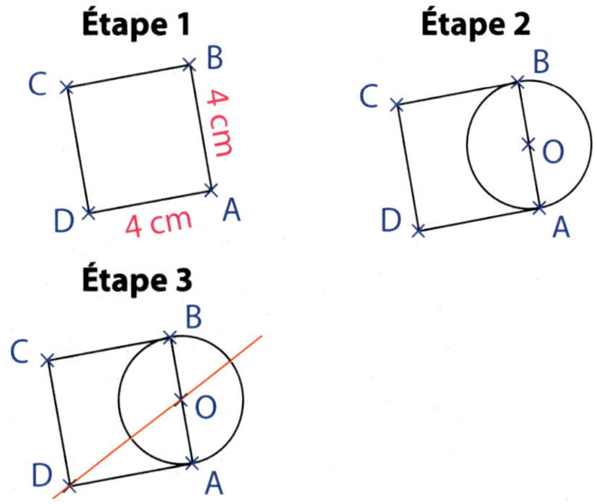

Grandeurs et mesures

19 Convertis en minutes :
a) 12 h ; **b)** 3,5 h ; **c)** 900 s.

20 Carmen est arrivée chez sa cousine à 9 h 42.
Elle y est restée 45 minutes.
À quelle heure en est-elle partie ?

21 Convertis en minutes 2,3 h.

22 PROBLÈME Josué est allé au cinéma. La séance a débuté à 14 h 35 et s'est terminée à 16 h 15.
Il y a eu 15 minutes de bandes-annonces avant le début du film.
Quelle est la durée de ce film ?

23 On a empilé des petits cubes verts pour former les solides ci-dessous.
On choisit le cube vert pour unité de volume.
Trouve le volume de chaque solide.

a)

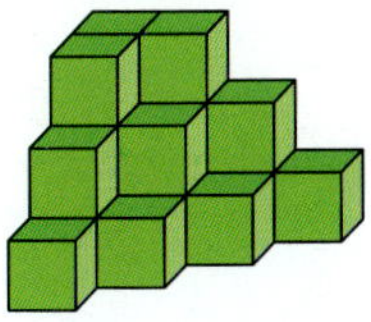

b)

24 PROBLÈME On a emboîté des pièces d'un jeu de construction toutes identiques.
Chaque pièce a un volume de 6 cm³.

Quel est le volume de ce solide en cm³ ?

25 Calcule le volume d'un pavé droit de longueur 13 dm, de largeur 82 cm et de hauteur 0,7 m.

26 PROBLÈME Orlane possède un grand aquarium ayant la forme d'un pavé droit.
Cet aquarium mesure 6 dm de longueur et 3,5 dm de largeur. Il mesure 5 dm de hauteur, mais Orlane laisse 8 cm non remplis.
Combien de litres d'eau Orlane met-elle dans son aquarium ?

Organisation et gestion de données

27 Une paire de skis qui coûte 162,80 € est soldée avec une remise de 40 %.
Quel est le prix soldé de cette paire de skis ?

28 Le prix d'une calculatrice qui coûtait 9,40 € augmente de 5 %.
Quel est le nouveau prix de cette calculatrice ?

29 PROBLÈME Un club de basket-ball a 160 adhérents dont 35 % de filles. 25 % des adhérentes font de la compétition. Combien de filles de ce club font-elles de la compétition ?

30 Sur une carte à l'échelle, une longueur réelle de 25 km est représentée par une longueur de 10 cm.
Quelle longueur réelle est représentée par une longueur de 6,2 cm sur la carte ?

31 PROBLÈME Une péniche parcourt 3 km en 15 minutes. Sa vitesse est constante.
1) Quelle est sa vitesse moyenne en km par h ?
2) Combien de temps lui faut-il pour parcourir une distance de 27 km ?

L'eau sur la planète Terre

L'eau est un élément indispensable à la vie.
Sur Terre, l'eau est présente sous différentes formes : liquide (mers, fleuves…), solide (glaces) et gazeuse (nuages). Le tableau ci-dessous précise la répartition des provenances de l'eau sur Terre.

Provenance de l'eau	Volume en km³
Lacs, rivières…	216 000
Eaux souterraines	8,2 millions
Glaces	27,5 millions
Humidité de l'air	13 000
Humidité du sol	70 000
Océans et mers	1,35 milliard
Eau des cellules vivantes	1 000

Un iceberg.

1 1) Range les provenances de l'eau par ordre décroissant de leur volume.
2) a) À quoi correspond 1 km³ ?
b) Calcule le volume total en km³ d'eau sur Terre.

2 Observe le graphique ci-contre.
1) Quels renseignements donne ce graphique ? Donne-lui un titre.
2) Interprète ce graphique.
Quel problème met-il en avant ?

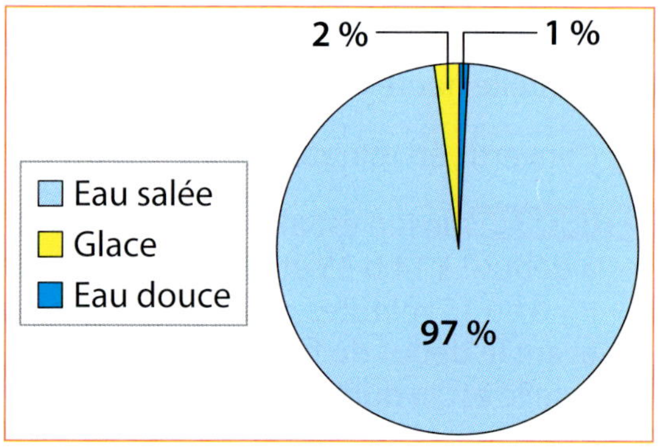

L'eau potable dans le monde

L'être humain utilise seulement l'**eau douce**, mais cette eau douce doit être traitée pour être potable.
Les ressources en **eau potable** ne sont pas équitablement réparties dans le monde : l'accès à l'eau potable est rare pour de nombreuses populations.
Aujourd'hui, un tiers des hommes ne disposent que de 3 litres d'eau potable par jour. Ainsi, 4 millions de personnes meurent chaque année de maladies liées au manque d'eau potable.

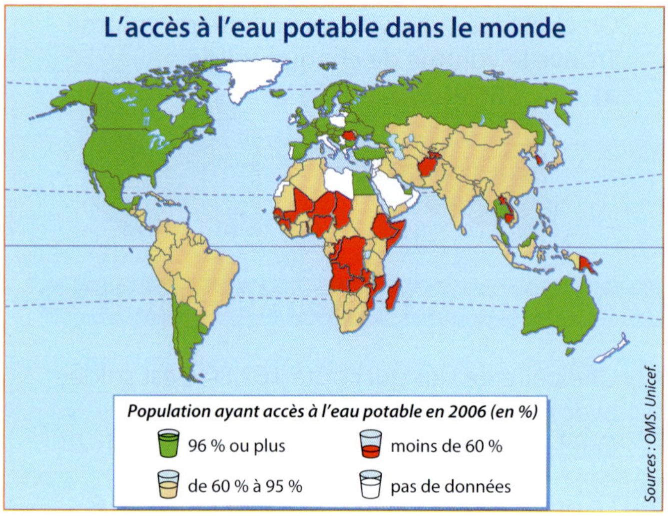

3 1) Explique la différence entre l'**eau douce** et l'**eau potable**.
2) Observe la carte.
a) Sur quel continent l'accès à l'eau potable est-il le plus problématique ? Propose une explication.
b) Cite 8 pays pour lesquels plus de 96 % des habitants ont accès à l'eau potable.
3) Nous sommes environ 6,6 milliards d'êtres humains sur Terre.
Combien d'entre nous ne disposent que de 3 litres d'eau potable par jour ?

La collecte des déchets municipaux en Europe

Les déchets municipaux sont les déchets dont le traitement est placé sous la responsabilité des communes. Ce sont les ordures ménagères, les encombrants, les déchets collectifs, les déchets industriels des petites entreprises (artisans, commerçants…).

Le graphique ci-contre représente les quantités en kg de déchets municipaux par an et par habitant en France et en Europe.

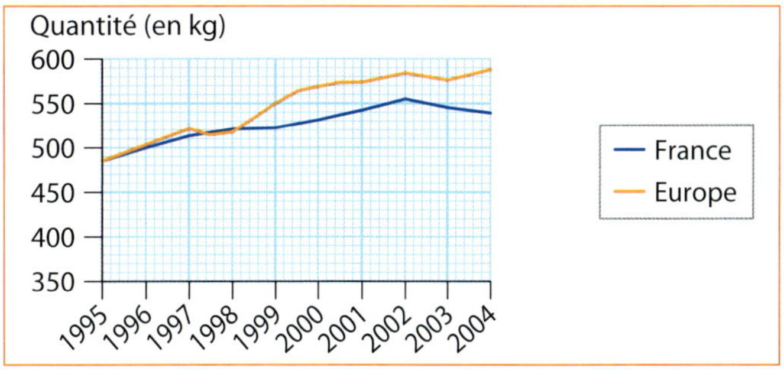

Données Eurostat, IFEN.

4 **1)** Quelle est la quantité annuelle de déchets municipaux collectés par Français en 2000 ?
2) La même année, quelle est la quantité annuelle de déchets collectés par Européen ?
3) À partir de quelle année la quantité de déchets collectés en France :
a) devient-elle inférieure à celle de l'Europe ? **b)** commence-t-elle à diminuer ?

5 Les déchets sont traités de trois façons : le recyclage, la décharge et l'incinération. Les diagrammes ci-contre précisent les répartitions des traitements des déchets municipaux en Europe en 1995 et en 2010.
1) Compare la part de la décharge en 1995 et sa part en 2010.
2) Compare la part du recyclage en 1995 et sa part en 2010.

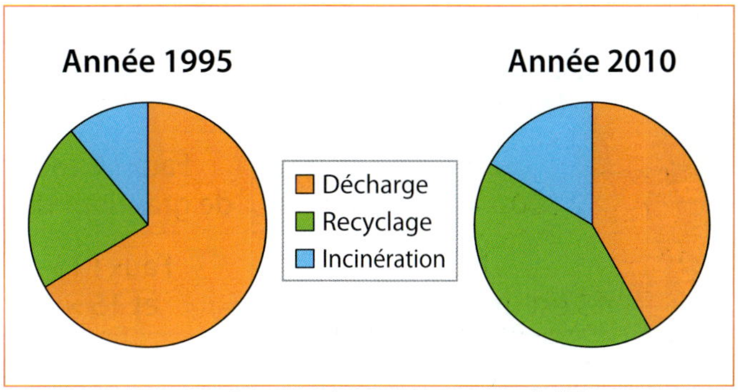

Données Agence européenne de l'Environnement.

Réduire ses déchets, c'est possible !

En adoptant des gestes simples de prévention, chaque citoyen peut réduire ses ordures ménagères.

Gestes de prévention :
- choisir des produits labellisés ;
- poser un autocollant « Stop Pub » sur sa boîte aux lettres ;
- réutiliser les sacs ;
- imprimer moins ;
- transformer les déchets organiques en compost ;
- choisir des produits peu emballés ;
- boire de l'eau du robinet ;
- utiliser des piles rechargeables…

En adoptant quatre de ces gestes, la masse totale des ordures ménagères diminue de 23 %.

Par exemple, la pose d'un autocollant « Stop Pub » sur la boîte aux lettres permet de réduire de 15 kg par an et par habitant la masse de papier.

6 **1)** La masse d'ordures ménagères d'un habitant ne suivant pas ces gestes de prévention est de 158 kg par an.
Que devient cette masse si l'habitant adopte 4 des gestes de prévention ?
2) Calcule la masse totale de papier économisée si seulement un quart des 64 millions de Français utilisaient un autocollant « Stop Pub ».

Période 1, page 39

		Réponse A	Réponse B	Réponse C	Si erreur, revoir :
Calcul	1	Faux ! 0 est un chiffre comme les autres.	Faux ! C'est le nombre de milliers.	**Bravo !**	page 8
	2	Faux ! C'est un encadrement par deux centaines consécutives.	**Bravo !**	Faux ! 340 et 390 ne sont pas des dizaines consécutives.	page 12
	3	**Bravo !** Tu as correctement additionné.	Faux ! Tu as calculé leur différence.	Faux ! Tu as oublié une retenue.	page 16
	4	Faux ! Tu as calculé leur somme.	**Bravo !** Tu as correctement soustrait.	Faux ! Dans une soustraction posée, on retranche le nombre du bas à celui du haut.	page 16
	5	Faux ! Tu as oublié le décalage en posant la multiplication.	Faux ! C'est un ordre de grandeur de ce produit.	**Bravo !** Tu as correctement multiplié.	page 20
	6	**Bravo !** 2 300 – 400 = 1 900.	Faux ! C'est un ordre de grandeur de la somme.	Faux ! C'est le résultat exact de l'opération.	page 24
	7	Faux ! 15 est un multiple de 5.	Faux ! 15 × 6 = 90 et 15 × 7 = 105.	**Bravo !** 60 = 15 × 4.	page 28
	8	**Bravo !** 141 = 11 × 12 + 9.	Faux ! Le reste ne peut pas être supérieur à 12.	Faux ! C'est le quotient de cette division.	page 32
Géométrie	9	Faux ! Utilise une équerre pour vérifier.	Faux ! Ces droites semblent parallèles.	**Bravo !** Elles se coupent en formant un angle droit.	page 10
	10	Faux ! Utilise une règle et une équerre pour vérifier.	**Bravo !** Ces droites sont parallèles.	Faux ! Ces droites se coupent hors du cadre.	page 14
	11	**Bravo !** Il a 4 côtés de la même longueur.	Faux ! Il n'a pas d'angles droits.	Faux ! Il n'a pas d'angles droits.	page 18
	12	Faux ! Aucun de ses angles n'est droit.	**Bravo !** Les côtés [FA] et [FE] ont la même longueur.	Faux ! Le côté [AE] est plus long que le côté [FA].	page 22
	13	**Bravo !** L'angle de sommet C est droit.	Faux ! Ses côtés ont tous des longueurs différentes.	Faux ! Ses côtés ne sont pas tous de la même longueur.	page 26
	14	Faux ! La règle permet seulement de commencer la construction.	Faux ! L'équerre sert plutôt à construire un triangle rectangle.	**Bravo !** Le compas permet de reporter les longueurs des côtés.	page 30
Données	15	Faux ! C'est la température du samedi après-midi.	Faux ! C'est la température du samedi matin.	**Bravo !** C'est le nombre écrit dans la ligne « vendredi » et dans la colonne « après-midi ».	page 34

Période 2, page 75

		Réponse A	Réponse B	Réponse C	Si erreur, revoir :
Calcul	1	**Bravo !** Trois parties sur quatre sont coloriées.	Faux ! Ceci correspond à la partie non coloriée.	Faux ! L'aire totale n'est pas découpée en trois.	**page 44**
	2	Faux ! C'est son chiffre des dizaines.	Faux ! C'est son chiffre des centièmes.	**Bravo !** C'est le premier chiffre après la virgule.	**page 48**
	3	Faux ! Tu as oublié une retenue.	**Bravo !** 36,75 + 5,8 = 42,55.	Faux ! Tu as calculé séparément 36 + 5 et 75 + 8.	**page 52**
	4	**Bravo !** 3,12 – 1,5 = 1,62.	Faux ! Tu as calculé séparément 3 – 1 et 12 – 5.	Faux ! Pour le chiffre des dixièmes, tu as calculé 5 – 1 au lieu de 11 – 5.	**page 56**
	5	Faux ! Regarde bien où se situe le nombre 1.	**Bravo !** L'unité est partagée en 3.	Faux ! L'unité n'est pas partagée en 4.	**page 60**
	6	Faux ! Tu as calculé séparément 3 × 32 et 3 × 5.	**Bravo !** 3 × 32,5 = 97,5.	Faux ! Tu as calculé une somme.	**page 64**
	7	**Bravo !** Tu as calculé 10 – (6 × 0,95)	Faux ! C'est le prix des 6 bouteilles d'eau.	Faux ! Tu n'as pas effectué la bonne opération.	**page 72**
Géométrie	8	Faux ! Ses côtés ne sont pas de même longueur.	Faux ! Le carré tracé se nomme ABDC.	**Bravo !** C'est un carré et il est correctement nommé.	**page 46**
	9	Faux ! Le point K est à l'intérieur du cercle (C).	**Bravo !** Tous les rayons ont pour extrémité le point K.	Faux ! On parle de milieu pour un segment et non pour un cercle.	**page 62**
	10	**Bravo !** Le côté opposé au point A est le côté [BC].	Faux ! Une hauteur est perpendiculaire à un côté.	Faux ! Le côté opposé au point A n'est pas [AC].	**page 66**
Grandeurs	11	Faux ! 3,2 mm est beaucoup plus petit que 3 200 m.	**Bravo !** 1 km = 1 000 m.	Faux ! 32 km = 32 000 m.	**page 50**
	12	Faux ! 3,66 t = 3 660 kg.	Faux ! 36,6 q = 3 660 kg.	**Bravo !** 1 q = 100 kg.	**page 54**
	13	Faux ! Il faut préciser son unité.	Faux ! Un carré a 4 côtés et non 3.	**Bravo !** 4 × 5 cm = 20 cm.	**page 58**
	14	**Bravo !** 2 × 3,14 × 3 m = 18,84 m.	Faux ! Tu as oublié de multiplier par 2 et tu as oublié l'unité.	Faux ! Tu as oublié de multiplier par 2.	**page 70**
Données	15	Faux ! Louise va payer le double et non la moitié.	Faux ! Tu as calculé 7,20 + 3.	**Bravo !** 14,4 est le double de 7,2.	**page 68**

Période 3, page 111

		Réponse A	Réponse B	Réponse C	Si erreur, revoir :
Calcul	1	Faux ! C'est son quart.	**Bravo !** $3 \times 8 = 24$.	Faux ! C'est sa moitié.	**page 80**
	2	Faux ! $6 \times 6 = 36$; $7 \times 6 = 42$ et $36 < 42 < \mathbf{50}$.	Faux ! $7 \times 6 = 42$; $8 \times 6 = 48$ et $42 < 48 < \mathbf{50}$.	**Bravo !** $8 \times 6 = 48$; $9 \times 6 = 54$ et $\mathbf{48} < \mathbf{50} < \mathbf{54}$.	**page 84**
	3	**Bravo !** $4 + \frac{3}{5} = \frac{20}{5} + \frac{3}{5} = \frac{23}{5}$.	Faux ! $3 + \frac{2}{5} = \frac{15}{5} + \frac{2}{5} = \frac{17}{5}$.	Faux ! $2 + \frac{3}{5} = \frac{10}{5} + \frac{3}{5} = \frac{13}{5}$.	**page 88**
	4	Faux ! $1{,}358 = \frac{1\,358}{1\,000}$.	Faux ! $135{,}8 = \frac{1\,358}{10}$.	**Bravo !** $13{,}58 = \frac{1\,358}{100}$.	**page 92**
	5	Faux ! Il n'est pas placé sur un trait de graduation.	**Bravo !** 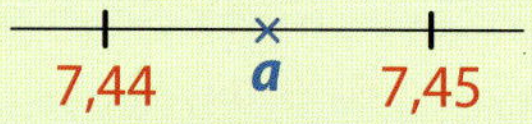	Faux ! La demi-droite est graduée de 0,01 en 0,01.	**page 96**
	6	Faux ! $3{,}\mathbf{2} > 3{,}\mathbf{19}$ car $\mathbf{2} > \mathbf{1}$.	**Bravo !** $3{,}\mathbf{19} < 3{,}\mathbf{20} < 3{,}\mathbf{25}$	Faux ! $3{,}2\mathbf{5} > 3{,}2\mathbf{0}$ car $\mathbf{5} > \mathbf{0}$.	**page 100**
	7	**Bravo !** Tu as décalé la virgule de trois rangs vers la droite.	Faux ! $357 = 3{,}57 \times 100$.	Faux ! $35{,}7 = 3{,}57 \times 10$.	**page 104**
	8	Faux ! C'est le prix de 7 feutres et de 5 lots de 5 cahiers.	Faux ! C'est le prix d'un feutre et d'un lot de 5 cahiers.	**Bravo !** $(7 \times 1{,}15) + 2{,}35 = 10{,}4$.	**page 108**
Géométrie	9	**Bravo !** Elles sont superposables.	Faux ! Elles sont de part et d'autre de l'axe de symétrie	Faux ! Elles peuvent avoir n'importe quelle forme.	**page 90**
	10	**Bravo !** Après pliage, ces triangles se superposent.	Faux ! La droite rouge n'est pas verticale.	Faux ! Après pliage, ces triangles ne se superposent pas.	**page 94**
Grandeurs	11	Faux ! Son périmètre est de 16 côtés de carreaux.	**Bravo !** Tu as compté tous les carreaux.	Faux ! Tu n'as compté que les carreaux du carré central.	**page 82**
	12	Faux ! Elle semble plus grande, mais ce n'est pas le cas.	Faux ! Son périmètre est sans doute inférieur à celui de la figure bleue.	**Bravo !** 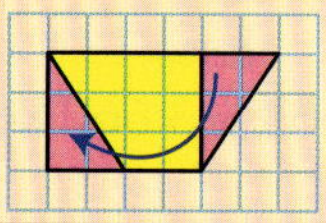	**page 86**
	13	**Bravo !** Il est supérieur à l'angle droit.	Faux ! Compare-le à l'angle droit d'une équerre.	Faux ! Compare-le à l'angle droit d'une équerre.	**page 98**
	14	Faux ! Compare ces angles à l'aide d'un gabarit.	**Bravo !** Ces angles sont superposables (gabarit).	Faux ! Compare ces angles à l'aide d'un gabarit.	**page 102**
Données	15	Faux ! Le nombre de filles est supérieur au nombre de garçons.	Faux ! Il n'y a pas autant de filles que de garçons.	**Bravo !** C'est la seule réponse possible.	**page 106**

Période 4, page 147

		Réponse A	Réponse B	Réponse C	Si erreur, revoir :
Calcul	1	Faux ! 3 est le reste de la division à quotient entier.	Faux ! 4 est le quotient de la division à quotient entier.	**Bravo !**	**page 116**
	2	Faux ! 8 est le quotient de la division à quotient entier.	Faux ! Tu n'as pas encore obtenu de reste égal à zéro.	**Bravo !** Tu as obtenu un reste égal à zéro.	**page 120**
	3	**Bravo !** 8,43 < 8,436 < **8,44**	Faux ! C'est une valeur approchée au dixième.	Faux ! C'est une valeur approchée à l'unité.	**page 126**
	4	Faux ! Tu t'es trompé(e) en mettant la virgule au quotient.	**Bravo !** 6 × 1,45 = 8,7.	Faux ! Tu as oublié de mettre la virgule au quotient.	**page 130**
	5	**Bravo !** 4 × (120 : 3) = 160.	Faux ! Tu as calculé $\frac{3}{4}$ de 120.	Faux ! C'est $\frac{1}{3}$ de 120.	**page 134**
	6	Faux ! Tu as multiplié par 100.	**Bravo !** Tu as décalé la virgule de 2 rangs vers la gauche.	Faux ! Tu as divisé par 10.	**page 140**
	7	Faux ! C'est le nombre de boîtes qui seront remplies.	Faux ! Il ne faut pas faire de division décimale.	**Bravo !** 3 œufs seront dans la 24e boîte.	**page 144**
Géométrie	8	**Bravo !** 4 en haut, 4 en bas et 4 sur les côtés.	Faux ! C'est le nombre de ses sommets.	Faux ! C'est le nombre de ses faces.	**page 132**
	9	Faux ! Les faces verte et rouge ne sont pas opposées.	**Bravo !** On peut former un cube avec ce patron.	Faux ! Il manque une face.	**page 136**
	10	Faux ! Le segment [OP] est un rayon du cercle.	**Bravo !** Le segment [OP] est un diamètre du cercle.	Faux ! Le segment tracé est un diamètre, mais pas le segment [OP].	**page 142**
Grandeurs	11	**Bravo !** 1 285 cm^2 = 0,1285 m^2	Faux ! 1 285 cm^2 = 12,85 dm^2	Faux ! 1 285 cm^2 = 128 500 mm^2	**page 118**
	12	Faux ! C'est son périmètre.	Faux ! Tu t'es trompé(e) d'unité.	**Bravo !** 3 m × 5 m = 15 m^2	**page 122**
	13	Faux ! Tu n'as pas divisé par 2.	**Bravo !** (3 × 7) : 2 = 10,5.	Faux ! Tu as calculé (3 + 7) : 2.	**page 128**
Données	14	Faux ! C'est la masse d'un carton.	Faux ! Commence par calculer la masse d'un carton.	**Bravo !** Tu es passé(e) par l'unité.	**page 124**
	15	**Bravo !** Tu as utilisé la règle de trois.	Faux ! Organise tes données dans un tableau.	Faux ! Organise tes données dans un tableau.	**page 138**

Période 5, page 183

		Réponse A	Réponse B	Réponse C	Si erreur, revoir :
Calcul	1	Faux ! Tu as calculé la somme : 1,25 + 18,4.	Faux ! C'est le seul résultat avec 3 chiffres après la virgule, pourtant il est faux.	**Bravo !** 1,25 × 18,4 = 23,000.	**page 152**
	2	Faux ! Tu ne dois pas additionner les dénominateurs.	**Bravo !** $\frac{3}{7}+\frac{5}{7}=\frac{3+5}{7}$	Faux ! Additionne 3 septièmes et 5 septièmes.	**page 158**
	3	**Bravo !** 0,84 × 16,25 = 13,65.	Faux ! C'est le prix de 840 **kg** de jambon.	Faux ! 840 g de jambon coûtent moins que 1 kg de jambon.	**page 180**
Géométrie	4	**Bravo !** Ses faces latérales sont des rectangles.	Faux ! Les deux triangles ne sont pas l'un sous l'autre.	Faux ! Les deux triangles ne sont pas superposables.	**page 154**
	5	Faux ! Les deux triangles ne sont pas dans le même sens.	**Bravo !** En repliant, tu obtiendrais un prisme droit.	Faux ! La face mauve est trop longue.	**page 160**
	6	Faux ! C'est le contour de ses bases.	Faux ! Ses bases sont des disques.	**Bravo !** C'est un rectangle enroulé autour des bases.	**page 164**
	7	**Bravo !** Le double de est 12.	Faux ! Tu as réduis par 2.	Faux ! C'est le cercle initial.	**page 168**
	8	Faux ! Il faut encore tracer le triangle ABC.	Faux ! Tu obtiens : 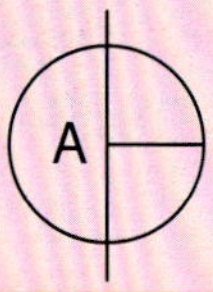	**Bravo !**	**page 172**
Grandeurs	9	Faux ! 1 h 30 min = 1,5 h et non 1,3 h.	**Bravo !** 90 min = 60 min + 30 min 90 min = 1 h + 30 min	Faux ! Tu as confondu heure (h) et seconde (s).	**page 162**
	10	Faux ! Tu dois tenir compte des minutes.	**Bravo !** (60 – 45) + 12 = 27.	Faux ! Tu ne peux pas effectuer de soustraction.	**page 166**
	11	**Bravo !** 1 dm^3 = 1 000 cm^3 et 1 m^3 = 1 000 dm^3.	Faux ! Tu confonds avec les longueurs 1 m = 100 cm.	Faux ! Tu confonds avec les aires 1 m^2 = 100 dm^2.	**page 170**
	12	Faux ! C'est l'aire de la face avant.	Faux ! Tu as oublié son unité.	**Bravo !** 5 m × 3,5 m × 4 m = 70 m^3.	**page 174**
	13	**Bravo !** 2 h 15 min = 2 h + $\frac{1}{4}$ h = 2,25 h 2,25 × 1,4 = 3,15.	Faux ! 2 h 15min ≠ 2,15 h	Faux ! C'est le prix de 2 h de connexion.	**page 178**
Données	14	Faux ! Tu n'as pas divisé par 100.	Faux ! C'est 15 % de 100 kg.	**Bravo !** (48 × 15) : 100 = 7,2.	**page 156**
	15	**Bravo !** 1 cm représente 2,5 km, 3 cm représentent 7,5 km.	Faux ! 2,5 km est représenté sur la carte par 1 cm.	Faux ! C'est 3 km qui sont représentés par 1,2 cm.	**page 176**

Achevé d'imprimer en Italie par ELCOGRAF
Dépôt légal : Avril 2021 - Collection n°86 - Édition 10
11/7484/6

CRÉDITS PHOTOGRAPHIQUES

P. 8 : © Olivier Joly/Explorer/Hoa-Qui/Eyedea. **P. 9 :** © Fotex/Sunset. **P. 16 :** © Sylvain Grandadam/Age Fotostock/Hoa-Qui/Eyedea. **P. 17 :** © G. Bowater/Corbis. **P. 24 :** © Gilles Rolle/RÉA. **P. 28 :** © Peter Holmes/Age Fotostock/Hoa-Qui/Eyedea. **P. 29 :** © Mermet/Photononstop. **P. 33 :** © Rex Interstock/Sunset. **P. 36 :** © Picture Partners/Hoa-Qui/Eyedea. **P. 37 :** © Liane Cary/Age Fotostock/Hoa-Qui/Eyedea. **P. 38 :** © Hans Bernhard Huber/LAIF-RÉA. **P. 42a :** © Thierry Perrin/Hoa-Qui/Eyedea. **P. 42b :** © RMN/Hervé Lewandowski. **P. 43a :** © Akg-images/Gérard Degeorge. **P. 43b :** © RMN/Agence Bulloz. **P. 45 :** © Yann Brioux/Grandeur Nature/Hoa-Qui/Eyedea. **P. 51 :** © J.-F. Hagenmuller/Hoa-Qui/Eyedea. **P. 53 :** © Getty Images/Dorling Kindersley. **P. 54a :** © Yann Brioux/Grandeur Nature/Eyedea. **P. 54b :** © Mary McDonald/NPL/Jacana/Eyedea. **P. 55 :** © Daniel Czap/Top/Eyedea. **P. 56 :** © Photo12/Alamy. **P. 57 :** © Photo12/Alamy. **P. 60 :** © Biosphoto/Jeffrey Rotman. **P. 64 :** © Photo12/Alamy. **P. 65 :** © Photo12/Alamy. **P. 69 :** © Patrick Forget/Eyedea illustration. **P. 71 :** © Photo12/Alamy. **P. 72 :** © Dennis MacDonald/Age Fotostock/Hoa-Qui/Eyedea. **P. 73a :** © Claudius Thiriet/Jacana/Eyedea. **P. 73b :** © Trapman/Explorer/Hoa-Qui/Eyedea. **P. 76 :** © Age Fotostock/Hoa-Qui/Eyedea. **P. 78 :** © Casio France. **P. 80 :** © Getty Images/Dirk Anschutz. **P. 81 :** © Getty Images/Fraser Hall. **P. 92 :** © Fondation Hôpitaux de Paris-Hôpitaux de France. **P. 93 :** © AFM/Roland Bourguet. **P. 97 :** © Getty Images/Dorling Kindersley. **P. 100 :** © Paul Box/Report digital/RÉA. **P. 101 :** © Joseph Polleross/REDUX/RÉA. **P. 105 :** © Juniors Bildarchiv/Sunset. **P. 106 :** © Louis Cavelier/Sunset. **P. 108 :** © Photo12/Alamy. **P. 109a :** © Frank Lukasseck/Imagestate/GHFP/Eyedea. **P. 109b :** © Aflo Foto/Photononstop. **P. 112 :** © Labat-Rouquette/Sunset. **P. 114a :** M. C. Escher's « Self Portrait » © 2009 The M. C. Escher Company-Holland. All rights reserved. www.mcescher.com. **P. 114b :** © Adam Woolfitt/Corbis. **P. 114c :** M. C. Escher's « Symetry drawing E70 » © 2009 The M. C. Escher Company-Holland. All rights reserved. www.mcescher.com. **P. 116 :** © Biosphoto/Jerry Harpur/GAP. **P. 117 :** © Getty Images/Lisa Charles Watson. **P. 119 :** © Fred/Photononstop. **P. 121 :** © Philippe Roy/Hoa-Qui/Eyedea. **P. 124 :** © Jarry-Tripelon/Top/Eyedea. **P. 125 :** © Anup Shah/NPL/Jacana/Eyedea. **P. 127 :** © Palais de la découverte/C. Rousselin. **P. 130 :** © Bertrand Rieger/Hemis/Corbis. **P. 131 :** © Lluis Real/Age/Eyedea Illustration. **P. 133 :** © S. Villeger/Explorer/Hoa-Qui/Eyedea. **P. 134 :** © James Tyler/Imagestate/GHFP/Eyedea. **P. 135 :** © Photo12/Alamy. **P. 138 :** © Tim Ridley/Getty Images. **P. 139 :** © Carmen Barea/Grandeur Nature/Hoa-Qui/Eyedea. **P. 140 :** © E. A. Janes/Age Fotostock/Hoa-Qui/Eyedea. **P. 141 :** © Véronique Savigny/Jacana/Eyedea. **P. 144 :** © Jean-Daniel Sudres/Top/Eyedea. **P. 145a :** © Uwe Umstätter/Mauritius/Photononstop. **P. 145b :** © John Davis/Imagestate/GHFP/Eyedea. **P. 146 :** © Paul Charbit/Explorer/Hoa-Qui/Eyedea. **P. 148 :** © Maurice Rougement/TOP/Eyedea. **P. 149 :** © Liane Cary/Age Fotostock/Hoa-Qui/Eyedea. **P. 152 :** © Dino Fracchia/RÉA. **P. 153 :** © Hank Delespinasse/AGE Fotostock/Hoa-Qui/Eyedea. **P. 155 :** © Joanne Myes/Photo12/Alamy. **P. 157 :** © Photo12/Alamy. **P. 159 :** © Roger Harvey/Imagestate/GHFP/Eyedea. **P. 163 :** © SSPL via Getty Images. **P. 166 :** © Archives du 7e Art/Photo12. **P. 167 :** © Picture partners/Hoa-Qui/Eyedea. **P. 176 :** © Philippe Roy/Hoa-Qui/Eyedea. **P. 178 :** © Getty Images/Dorling Kindersley. **P. 179 :** © Michel Peres/Hoa-Qui/Eyedea. **P. 180 :** © Getty Images/Terry Williams. **P. 181 :** © Éric Baccega/Jacana/Eyedea. **P. 182 :** © Nicolas Jos/Explorer/Eyedea. **P. 186 :** © Delphine Aures/Jacana/Eyedea.

- **Création de la maquette intérieure :** Estelle Chandelier
- **Mise en pages :** Typo-Virgule
- **Création et exécution de la couverture :** Estelle Chandelier
- **Illustration de la couverture et création de la mascotte « Petit Phare » :** Matthieu Roussel
- **Création des personnages Elyna et Manoha et illustrations :** Vincent Bergier
- **Dessins techniques, infographies et cartographie :** Gilles Poing
- **Fabrication :** Nicolas Schott
- **Édition :** Julie Berthet-Amara
- **Recherche iconographique :** Julie Berthet-Amara

J'ai appris avant le CM2

Double et moitié

Nombre	Double
0,25	0,5
0,75	1,5
1,25	2,5
1,5	3
2	4
2,5	5
4,5	9
5	10
25	50
50	100

Nombre	Moitié
0,6	0,3
1	0,5
5	2,5
8	4
11	5,5
15	7,5
24	12
70	35
100	50
125	62,5

Unités de temps

L'unité de temps est la **seconde** (**s**).

Autres unités de temps :

le jour (j)	l'heure (h)	la minute (min)
1 j = 24 h	1 h = 60 min	1 min = 60 s

Tableau de conversion des unités de longueur, masse et contenance

Multiples de l'unité				Sous-multiples de l'unité		
kilo (k)	hecto (h)	déca (da)	unité	déci (d)	centi (c)	milli (m)
1 000	100	10	1	$\frac{1}{10} = 0{,}1$	$\frac{1}{100} = 0{,}01$	$\frac{1}{1\,000} = 0{,}001$

Unités de longueur

L'unité de longueur est le **mètre** (**m**). 1 km = 1 000 **m** 1 cm = 10 mm

Unités de masse

L'unité de masse est le **gramme** (**g**). 1 kg = 1 000 **g**

Unités de contenance

L'unité de masse est le **litre** (**L**). 1 cL = 0,01 **L**